SPORT:HISTÓRIA

O surfe nas ondas da mídia:
esporte, juventude e cultura

RAFAEL FORTES

apicuri

Rio de Janeiro
2011

Copyright © 2011 Rafael Fortes

Todos os direitos reservados. Nenhuma parte desta edição pode ser utilizada ou reproduzida – em qualquer meio ou fórmula, seja mecânico ou eletrônico, por fotocópia, por gravação etc. – nem apropriada ou estocada em sistema de bancos de dados sem a expressa autorização da editora.

Este livro está revisado segundo o Acordo Ortográfico da Língua Portuguesa de 1990, que entrou em vigor no Brasil em 2009.

Edição apoiada pela Fundação Carlos Chagas Filho de Amparo à Pesquisa do Estado do Rio de Janeiro (FAPERJ)

Editora responsável
Rosangela Dias

Revisão tipográfica
Édio Pullig
Mairlon Melo

Revisão
Juliana Werneck

Editoração eletrônica
Aped – Apoio & Produção Ltda..

Capa
Fabiana Amaral

CIP-BRASIL. CATALOGAÇÃO-NA-FONTE
SINDICATO NACIONAL DOS EDITORES DE LIVROS, RJ

F844s

Fortes, Rafael
   O surfe nas ondas da mídia : esporte, juventude e cultura / Rafael Fortes. - Rio de Janeiro : Apicuri, 2011.
   376p.   (Sport: História)

   Inclui bibliografia
   ISBN 978-85-61022-54-9

   1. Fluir (Revista). 2. Surfe - Aspectos sociais. 3. Esportes - Aspectos sociológicos. 4. Comunicação de massa e esportes. 5. Comunicação - História. I. Título. II. Série.

11-3511.   CDD: 306.483
                CDU: 316.74:797.178

13.06.11   17.06.11
              027226

[2011]
Todos os direitos desta edição reservados à Editora Apicuri
Telefone/Fax (21)2533 7917
editora@apicuri.com.br
www.apicuri.com.br

AGRADECIMENTOS

Este livro é uma versão modificada da tese de doutorado defendida em março de 2009 no Programa de Pós-Graduação em Comunicação da Universidade Federal Fluminense (PPGCOM/UFF). A pesquisa foi realizada sob a orientação do professor Afonso de Albuquerque e participaram da banca Ana Lúcia Enne, Dênis de Moraes, Gilmar Mascarenhas e Victor Andrade de Melo.

À Fundação Carlos Chagas Filho de Amparo à Pesquisa do Estado do Rio de Janeiro (FAPERJ), pela bolsa.

Ao povo fluminense e brasileiro, por sustentar, com o suor de seu trabalho, as instituições (UFF, FAPERJ e Biblioteca Nacional) que tornaram esse estudo possível. Minha trajetória acadêmica é fruto da existência – malgrado todas as dificuldades – de uma universidade pública, gratuita (financiada pela população via Estado) e de qualidade.

Ao meu orientador, Afonso de Albuquerque, pelo incentivo e amizade ao longo de anos de convivência e por numerosas razões impossíveis de enunciar neste espaço.

A Ana Lúcia Enne, pela interlocução desde a elaboração do projeto, pelo precioso exame de qualificação e pelo coração que abraça o mundo.

A Victor Andrade de Melo, pelo acolhimento, pelo que me ensinou e ensina sobre estudos de esporte, pela amizade, impressionante generosidade e capacidade de trabalho colaborativo.

A Dênis de Moraes, pela amizade e, acima de tudo, por "cuidar do espírito".

A Marialva Barbosa, por tudo que fez por mim do ponto de vista acadêmico e profissional. Poucas linhas são insuficientes para demonstrar o quanto lhe sou grato.

A Ilana Polistchuck, colega que rapidamente se tornou amiga, por compartilhar angústias, alegrias, ideias, dilemas, problemas e soluções. Minha amiga, meu exemplo de inquietação intelectual, seriedade, ética e dedicação.

A Pablo Laignier, pelo companheirismo, horas de conversa e dicas sobre surfe.

A Claudio da Matta, jornalista e surfista, pelo estímulo, papos e dicas.

A todos aqueles que contribuíram para a elaboração da pesquisa que resultou neste livro, seja na fase inicial em que investigar o surfe era uma ideia exótica que eu não sabia se conseguiria transformar em um estudo consistente, debatendo resultados parciais da pesquisa em eventos acadêmicos, enviando material (livros, textos e filmes), sugerindo leituras e dando ideias, sendo meus amigos, prontificando-se a ajudar ou simplesmente me incentivando a seguir em frente. Muitos enviaram, emprestaram, sugeriram fontes. Por uma ou mais dessas razões, obrigado a Ana Maria Mauad, Antonio Edmilson Martins Rodrigues, Bruno Ryfer, Cláudia Melissa, Cleber Dias, colegas do PPGCOM/UFF, Elisa Tolomelli, Hilda Flores, Joëlle Rouchou, João Freire Filho, Jorge Ferreira, Leonardo Martinez, Marcelo Badaró Mattos, Márcio Melges, Marco Aurélio Canônico, Mariana Baltar, Marco Roxo, Mark Stranger, Miklós Palluch, Ricardo Jacomo, Rodrigo Borges, Rodrigo Viellas, Sheila Machado, Walter Marcelo Ramundo, Wilson Oliveira Filho.

A Bert Barickman, pela generosidade em trocar ideias e disponibilizar informações, lá do Arizona (Estados Unidos) e aqui no Rio, sobre as praias cariocas.

Aos colegas pesquisadores do Sport – Laboratório de História do Tempo e do Lazer –, vinculado ao Programa de Pós-Graduação em História Comparada da Universidade Federal do Rio de Janeiro (PPGHC/UFRJ), por exercitarem na prática o sentido da palavra grupo.

A Carla Ramos, chefe da Seção de Periódicos da Biblioteca Nacional, pelo acesso ao acervo quando este se encontrava indisponível. Aos funcionários do setor, pela presteza.

Sumário

LISTA DE SIGLAS 11

PREFÁCIO 13

INTRODUÇÃO 17

CAPÍTULO 1 - REVISTA DE ESPORTES RADICAIS 33
   1.1 Mídia revista, segmentação e Fluir 33
   1.2 Primeira fase: revista poliesportiva 44
      1.2.1 Primeiro número 44
          Publicidade 53
          Outros esportes 57
      1.2.2 De revista de esportes radicais a revista de surfe 60
          Características editoriais 60
          Uma revista de esportes radicais 67
          Bicicross 72
          Observações sobre jornalismo e fotografia 83

Fotografia 94
Relação com outros impressos 98
Vários papéis ao mesmo tempo 102
Publicidade 113

1.3 Estratégias de aproximação com o leitor 123

CAPÍTULO 2 - A MODERNIZAÇÃO DO SURFE BRASILEIRO NAS PÁGINAS DE FLUIR 135
2.1 Busca de organização e profissionalismo 135
2.2 O papel das empresas 173
2.3 Cobertura do Circuito Mundial e desempenho dos brasileiros no exterior 192

CAPÍTULO 3 SURFE, SUBCULTURA MIDIÁTICA E CULTURA POP 213
3.1 Surfe e cultura segmentada: a subcultura do surfe 213
   3.1.1 Surfe como subcultura midiática 214
3.2 Estigmas 220
   3.2.1 Alienação, politização, rebeldia: subcultura do surfe e traços da contracultura 222
   3.2.2 Drogas, vagabundagem e violência 230
3.3 Surfe e cultura pop 241
   3.3.1 Surfe e mídia sonora 243
   3.3.2 Surfe e audiovisual 251
3.4 O surfista e o leitor de Fluir: mediação de classe social 260
3.5 Gênero 273
   3.5.1 Corpo masculino e saúde 273
      Corpo feminino em Fluir 288

CAPÍTULO 4 - DIMENSÕES E DISPUTAS ESPACIAIS: PRAIA, LOCALISMO E VIAGENS 299

4.1 Praia: usos e disputas 299

    4.1.1 Disputas 303

4.2 Duas dimensões do espaço: o localismo e o desbravamento do Brasil 319

    4.2.1 Localismo 319

    4.2.2 Descobrindo e desbravando o Brasil 331

4.3 Viagens 338

    4.3.1 Sonho, prazer e êxtase 340

    4.3.2 Redenção através da natureza e das pessoas simples 344

    4.3.3 Classe social e peregrinação 352

REFERÊNCIAS BIBLIOGRÁFICAS 363

LISTA DE SIGLAS

A$_{BRASA}$ – Associação Brasileira de Surf Amador
A$_{BRASP}$ – Associação Brasileira de Surf Profissional
A$_{CS}$ – Associação Catarinense de Surf
A$_{NOCAS}$ – Associação Norte-Catarinense de Surf
A$_{PPB}$ – Associação Paulista dos Pilotos de Bicicross
A$_{SN}$ – Associação de Surf de Niterói
A$_{SP}$ – *Association of Surfing Professionals* (Associação dos Surfistas Profissionais)
C$_{CCS}$ – *Centre for Contemporary Cultural Studies* (Centro de Estudos Culturais Contemporâneos)
C$_{ND}$ – Conselho Nacional de Desportos
C$_{ETESB}$ – Companhia de Tecnologia de Saneamento Ambiental
C$_{OI}$ – Comitê Olímpico Internacional
D$_{CE}$ – Diretório Central de Estudantes
E$_{UA}$ – Estados Unidos da América
F$_{ECASURF}$ – Federação Catarinense de Surf
F$_{IAM}$ – Faculdades Integradas Alcântara Machado

F<small>MU</small> – Faculdades Metropolitanas Unidas
I<small>BGE</small> – Instituto Brasileiro de Geografia e Estatística
I<small>PEA</small> – Instituto de Pesquisa Econômica Aplicada
I<small>PS</small> – *International Professional Surfers* (Surfistas Profissionais Internacinais)
I<small>SA</small> – *International Surfing Association* (Associação Internacional de Surfe)
O<small>SP</small> – Organização dos Surfistas Profissionais
P<small>IB</small> – Produto Interno Bruto
U<small>FRGS</small> – Universidade Federal do Rio Grande do Sul
W<small>CT</small> – *World Championship Tour* (Campeonato Mundial)
W<small>QS</small> – *World Qualifying Series* (Séries de Qualificação Mundial)

13

PREFÁCIO

É possível afirmar que, no Brasil, os jornais e as revistas têm sido as principais fontes utilizadas pelos pesquisadores que se debruçam sobre os aspectos históricos do esporte. De um lado, isso se explica tanto pela importância desses periódicos, que nos permitem ter acesso a certa representação do cotidiano em um dado contexto, quanto pela relativa "facilidade" de encontrar tal material: ainda que comumente com falhas na preservação e disponível em poucos arquivos, são certamente mais acessíveis, por exemplo, que a documentação da maior parte dos clubes, que lamentavelmente perdeu-se no tempo; da mesma forma, para ficar no terreno dos meios de comunicação, tem se mostrado bastante difícil consultar os acervos de televisão e rádio, ou por restrições burocráticas ou porque também foram se perdendo por motivos diversos.

De outro lado, temos que reconhecer, a grande utilização de periódicos tem também a ver com certa "preguiça", certa tendência a não buscar novos olhares, típica das disciplinas (no caso uma subdisciplina) que caminham para sua consolidação: ainda pouco usamos, por exemplo, a literatura, o cinema e mesmo as fotografias como fontes principais em nossos estudos, não raramente destinando a essas o papel de coadjuvantes, de ilustração daquilo que o documento escrito está "consagrando".

Nesse quadro, entre tantas, uma das facetas que merece ser investigada melhor é a própria formação de uma imprensa esportiva: trata-se de não só considerar os periódicos como fonte, mas sim como objeto. A importância desse tema reside no fato de que os meios de comunicação não são um desprezível componente da conformação dos sentidos e significados da prática esportiva (e, logo, do campo esportivo como um todo). Em função de ter desempenhado o papel de mediação, o esporte em grande medida foi aquilo que os *media* configuraram, obviamente não de forma independente e alheia, mas sim traduzindo de forma ativa (isso é, também interferindo) os diversos vetores de poder que compõem qualquer quadro social.

Só por esse aspecto, deveríamos tecer loas ao livro de Rafael Fortes. Ao discutir a trajetória e a atuação de um dos mais importantes periódicos esportivos brasileiros, a *Fluir*, o autor nos mostra o quanto foi importante na conformação definitiva de uma, na época, nova prática esportiva, o surfe, que tinha grande potencialidade de se estabelecer no país em função tanto de condições geográficas (um enorme litoral) quanto de elementos culturais (uma relação com a praia que já vinha se fortalecendo desde a virada do xix para o xx), mas que necessitava ainda de elementos para se "profissionalizar", para se estruturar definitivamente no formato dos esportes modernos.

Se esse é um aspecto relevante do estudo, penso que há outro ainda mais significativo, que atende diretamente à questão central que norteia (ou deve nortear) os investigadores envolvidos com a história do esporte: "por que estudar isso?". Ora, se nos debruçamos sobre os aspectos históricos da prática esportiva é porque a reconhecemos como fato social relevante para entender um determinado quadro social em seus mais diversos aspectos.

É exatamente isso que faz Rafael Fortes, ao descortinar como o desenvolvimento do surfe esteve diretamente relacionado com as mais diferentes dimensões da sociedade brasileira nos anos 1980, que passava tanto por um momento de redemocratização quanto por uma reavaliação de suas questões culturais, processo compreensível em um país que começava a se preparar para sair de 20 longos e obscuros anos de ditadura. Nesse contexto, entre outros aspectos, foram relevantes para a popularização da modalidade tanto a conformação da "juventude" como grupo social de importância, a partir de parâmetros distintos aos dos da década de 1960, quanto a configuração de uma indústria do espetáculo mais "profissional", a exemplo do que ocorria também no cenário internacional.

A escrita precisa e elegante, a profundidade teórica e metodológica, o olhar multidisciplinar, a qualidade dos *insights*, qualidades já reconhecidas pela banca da tese de doutorado que deu origem a esse livro e pela FAPERJ, que concedeu apoio a essa publicação, a tornam indispensável para os que desejam melhor compreender a importância dessa incrível prática chamada esporte.

Estou seguro de que o leitor vai com prazer mergulhar e se deliciar nas ondas desse livro que tem em mãos.

Victor Andrade de Melo
Verão de 2011
Cidade de São Sebastião do Rio de Janeiro

17

INTRODUÇÃO

Em janeiro de 1988 a coluna "Convidados Especiais", que ocupava a última página da revista *Fluir* e trazia, a cada mês, uma entrevista, publicou um texto corrido. A exceção foi explicada em função da formação acadêmica do convidado: jornalista. Contudo, não se tratava de um *colega* qualquer – inclusive porque sua atividade principal era outra. Sidney Luiz Tenucci, conhecido como Sidão, foi apresentado assim: "33 anos, é nascido em São Paulo, surfa há 20 anos e é um dos grandes empresários da surfwear já há oito anos, quando fundou a OP – Ocean Pacific do Brasil. [...] jornalista formado pela Eca-Usp numa época em que, ele diz, sofria uma dupla discriminação: na faculdade, ele era o 'surfista alienado'; na praia ele era o 'intelectual da Usp'." Entre muitas passagens marcantes do artigo, destaco uma:

> Para terminar esse assunto eu gostaria de comentar sobre onde se tocam as duas filosofias e tentar mostrar que elas são muito mais afins do que se imagina. Muita gente pergunta: para que o surf competição, o prazer só não basta? Bastaria, se as pessoas se contentassem com um nível mínimo de subsistência. Pou-

quíssimas pessoas são despojadas o suficiente para encarar a vida desta maneira [...], com todas as suas conseqüências. Nós somos visceralmente ligados ao moderno, às necessidades com ou sem aspas do mundo de hoje. Todo mundo quer ter carro, TV, geladeira, uma casa e grana para o fim de semana, mas ninguém (pelo menos os surfistas que eu conheço) quer trabalhar como bancário, funcionário público etc. Todos querem um trabalho ligado ao esporte de alguma maneira, a mais remota que seja, para que, mesmo que não estejam na água, *vivam* o surf diariamente. Ora, a competição é isto. É viver do surf. É promover o esporte para que todos os possíveis segmentos ligados à ele cresçam e para que todas as pessoas envolvidas nele sobrevivam em maiores quantidades e cada vez melhor. As pessoas querem trabalhar com o surf para poder continuar surfando cada vez mais. E o crowd? É o risco que se corre, é o dilema também moderno. Se o surf não fosse assumido em sua plenitude pelos que o praticam, em pouco tempo, pelo seu interesse e charme comercial, seria tomado por pessoas e empresas que nada tem a ver com o meio, seria popularizado de qualquer maneira, com a diferença de que a maioria dos surfistas que criaram a transa teria que viver de outra coisa, e o crowd existiria de qualquer maneira. Eu acho que tem muito espaço no Brasil e o nosso destino talvez seja trabalhar cada vez mais para o surf crescer e procurar praias cada vez mais remotas para surfar (grifo meu).[1]

Os trechos citados aludem a uma série de questões – conflitos, dicotomias, contradições, dualidades – cruciais envolvendo o surfe brasileiro nos anos 1980. Primeiro, o conflito – beirando a hostilidade – entre praticar um esporte e cursar uma universidade (pública e de prestígio). Segundo, a disputa simbólica e discursiva entre duas concepções ou "filosofias": "surfe competição" (envolvendo disputa e/ou dinheiro) e *"free surf* ou surfe puro prazer". Tal dualidade está diretamente articulada às perspectivas profissionais dos jovens em busca da conciliação quase impossível entre, por um lado, terem prazer e fazerem o que gostam, e de outro, abraçarem uma profissão e se estabilizarem financeiramente. Colocando

---

1 "Convidados Especiais – Sidney Luiz Tenucci, 'Sidão'", *Fluir* n. 27, jan 1988, p. 130. Nota metodológica: embora o termo hegemônico nativo para se referir ao esporte seja *surf*, prefiro a forma aportuguesada *surfe*. Na maioria dos demais casos, utilizei as terminologias e categorias nativas.

de outra forma: buscar o prazer em atividades não remuneradas (*improdutivas*, dentro de determinada lógica) ou assumir responsabilidades? Terceiro, as consequências do sucesso do projeto de profissionalização e exploração comercial do surfe no Brasil – da crítica feita por surfistas ao crescimento insustentável do número de praticantes. A inserção do termo moderno, o qual, naquele contexto, tinha conotação positiva, faz supor que a visão oposta é *arcaica* ou *antiga* (no sentido de ultrapassada). Contudo, a argumentação defende o processo de profissionalização e comercialização como inevitável – portanto, no fundo não haveria dilema; tratar-se-ia apenas de escolher entre tomar as rédeas e aproveitar o máximo possível as benesses ou manter-se à margem (criticando o rio que passa) e ficar com os ônus.

Quando se fala, por exemplo, em *escolher* entre "trabalhar com o surfe para poder continuar surfando cada vez mais" e "trabalhar como bancário, funcionário público etc." (para adquirir bens materiais, estabilidade e dinheiro para o lazer do fim de semana), se está falando não apenas de um período distinto na configuração econômica e de trabalho da sociedade brasileira. Em tal período, apesar de passado o "milagre econômico" (com todas as aspas que o termo merece), a classe média brasileira ainda dava os últimos suspiros de proveito de uma política econômica que, de certa forma, a beneficiava e que sofreria uma inflexão importante na virada para os anos 1990. Fundamentalmente, discutem-se duas concepções de estilo de vida: viver para o conforto – a estabilidade e os bens que conformam uma família típica de classe média – ou tomar o prazer – continuar surfando – como força motriz fundamental das escolhas profissionais, arcando com riscos e consequências desta decisão (a começar, geralmente, pela desaprovação dos pais)?

Ao longo dos anos, o surfe extrapolou o espaço da praia e configurou um "estilo de vida" consumido por pessoas que podem ser ou não surfistas, frequentar ou não praias, enfrentar ou temer o mar agitado pelas ondas, viver ou não em cidades litorâneas. Durante as décadas de 1980-90, o esporte e aquilo que o envolve cresceram consideravelmente no Brasil: fábricas de roupas, equipamentos e acessórios; lojas e marcas; mídia especializada (sobretudo revistas e programas de TV); número de competições e de praticantes (amadores e profissionais). Definido como "universo", "mundo", "cultura", "subcultura" ou "estilo de vida", o surfe não se resume à prática de um esporte. Manifesta-se na cultura e no cotidiano: diz respeito a roupas, visual, comida, natureza, saúde, música, hábitos, cinema.

Trata-se, portanto, de um objeto importante do ponto de vista social, cultural e econômico, movimentando uma extensa e importante economia. O surfe conforma um campo discursivo que se comprovou tão perene quanto forte em termos de impacto sobre o imaginário da juventude, mais particularmente sobre as camadas médias de muitas cidades brasileiras (mais marcante nas litorâneas, mas longe de se restringir a elas). Constituiu e foi constituído por uma importante – e, no caso de *Fluir*, longeva – mídia específica.

O surfe é entendido neste livro como uma subcultura midiática, o que significa explorar sua dimensão cultural, mais precisamente o papel desempenhado pelos meios de comunicação na construção e divulgação da modalidade. A partir do diálogo interdisciplinar permitido pela noção de cultura, este trabalho aborda o surfe, que no Brasil está relacionado a uma cultura de classe média, a partir do referencial de subcultura. Utilizado para dar conta das mudanças comportamentais, culturais e materiais experimentadas pelos jovens da classe trabalhadora britânica no pós-guerra, o conceito *subculturas juvenis* inovou ao referir-se às práticas e valores da juventude sob a perspectiva marxista de uma sociedade dividida em classes.

A ocorrência de dois fenômenos mudou esse quadro. Por um lado, reduziu-se a importância da matriz marxista dentro dos Estudos Culturais. Há cada vez menos estudos que adotam referenciais como *classe social*. Conceitos criados a partir de uma perspectiva classista e com objetivo de crítica aguda e revolucionária do capitalismo, como o de *hegemonia*, de Gramsci, foram esvaziados de seu sentido, transformando qualquer disputa em luta por hegemonia. Por outro lado, ampliou-se significativamente o escopo dos estudos. Em articulação com a mudança de perspectiva teórica, novos objetos foram incluídos; perde espaço a classe trabalhadora e ganham as classes média e alta. A preocupação de muitos estudiosos migra da existência de classes para as afinidades e identidades construídas em torno de estilos, gostos e preferências – em suma, do consumo.

De maneira geral, marxistas seguem enfatizando a classe trabalhadora, ao passo que não marxistas (pós-modernos, sobretudo) focam seus estudos nas classes média e alta. Muitos pesquisadores não marxistas não explicitam o fato de seus objetos de estudo circunscreverem-se às classes média e alta e ignoram, omitem ou minimizam os aspectos classistas das culturas estudadas. Isso acontece por uma série de razões que não cabe discutir aqui. É claro que cada pesquisador tem liberdade para escolher seu objeto de estudo e as perspectivas teóricas a partir das quais irá investigá-lo. O problema é que, ao não inseri-lo na realidade concreta – ou seja, circunscrevê-lo e situá-lo –, o que se faz, na prática, é tomar como universais parâmetros que, na realidade, são de classe – parciais, portanto.

O ganho deste trabalho é tomar um veículo de comunicação produzido por sujeitos de carne e osso que atuam em uma realidade – midiática, econômica, social, cultural, geográfica, história – concreta. Voltando à fala de Sidão, cabe indagar: *quem*, em uma sociedade desigual e injusta como a do Brasil, pode de fato realizar tal *escolha*? *Quem* pode, para evitar a superlotação no mar, "procurar praias cada vez mais remotas para surfar"? De que surfista se está falando? De que modelo de surfe se está falando?

É a partir da tentativa de responder tais questões que este livro se debruça sobre o surfe e, mais especificamente, sobre a revista *Fluir* no período de 1983 a 1988. A abordagem a partir dos Estudos Culturais, lançando mão de conceitos como subcultura e mídia de nicho, busca, além de realizar uma análise do objeto, fazê-lo com um diferencial específico: incorporar as dimensões de classe e capitalistas envolvidas nas representações dos esportes radicais. Em outras palavras, identificar e analisar, no conteúdo (imagem e texto) da publicação, a presença de um lugar de construção que é, em última instância, de classe.

Uma segunda razão para esta abordagem é que ela permite lançar sobre o objeto – uma revista – um olhar que não o analisa a partir dos parâmetros do jornalismo tradicional, hegemônico, ortodoxo (ou outro adjetivo que se lhe queira dar). Alternativamente, a partir do conceito de mídia de nicho, pode-se melhor identificar as características de tal produção que, sem dúvida, é jornalística, mas não se enquadra – e, muitas vezes, sequer se aproxima – nos cânones da profissão.

* * *

Os meios de comunicação atuam em relação ao mundo do surfe em dois sentidos. Primeiro, apropriam-se do esporte e de sua cultura, provendo elementos para a compreensão e o consumo dos leitores específicos e do público em geral. Segundo, contribuem para o mundo do surfe no sentido de abastecê-lo com identidades. Fornecem matrizes, estimulam a existência de diferentes correntes, opiniões, vertentes. Trabalho com a ideia de que o surfe é um esporte midiático por excelência, sobretudo por seus atributos visuais: possibilita a produção de imagens bonitas, coloridas, emocionantes, impressionantes. Em termos de produção cinematográfica, somente o boxe foi tão filmado (Fortes e Melo, 2009). As representações construídas e veiculadas na mídia são decisivas para a passagem de esporte marginal a fonte de identidade para muitos jovens brasileiros. É, em grande medida, através dos meios de comunicação que se revelam e se afirmam socialmente as manifestações culturais relacionadas ao surfe.

Na medida em que a ação da mídia foi a preocupação central da pesquisa, havia uma miríade de objetos que poderiam ser discutidos. Menciono filmes, programas de televisão (ficção e jornalismo) e de rádio, livros, jornais, revistas e sítios da internet, mas seria impossível analisá-los adequadamente, dada a quantidade e a variedade de fontes e de tipos de mídia.

Dentre tantos produtos midiáticos, *Fluir* foi escolhida como fonte principal. A revista é, por excelência, mídia de segmentação na comunicação, e *Fluir* é um agente importante na discussão e no estabelecimento de padrões de consumo, referência e identidade, contribuindo para a construção de uma cultura e uma economia do surfe. Busca-se, portanto, discutir o papel da revista como mediadora da experiência do surfe para seus leitores.

O conteúdo é, primariamente, jornalístico: reportagens, colunas, editorial e entrevistas. As seções variam ao longo do tempo, assim como mudam de forma e ênfase o texto, a diagramação, as fotos e o desenho da publicação. Na medida em que a comunicação é encarada neste trabalho não somente como instância de representação do real, mas principalmente como agente na construção da realidade,[2] a atenção se volta para a discussão do

---

2 A construção social da realidade baseia-se na ideia de experiência da realidade. Ou seja, embora sem *negar* a realidade, enfatiza a noção de que ela não é um dado

conteúdo da revista. Ao apresentar, explicar e narrar o surfe, ela o constrói. Trata-se de um jornalismo que se volta prioritariamente aos membros da subcultura, mas visa também a um público mais amplo. O conteúdo publicitário é analisado com o objetivo de compreender as construções realizadas em anúncios dirigidos a um público interessado pelo esporte.

Este livro busca responder perguntas como: qual o papel dos veículos especializados na construção, afirmação, fortalecimento e definição da subcultura do surfe? Que representações são construídas a respeito do esporte nos veículos especializados? A quem tais produções são dirigidas – somente aos praticantes e aficionados, ou também ao público em geral? Qual a importância do jornalismo para o desenvolvimento do surfe e a formação da subcultura em torno dele? Qual a participação de *Fluir* na crescente importância dos valores ligados ao surfe como instância de identificação de uma parcela da juventude brasileira nos anos 1980? De que forma e em que medida a publicidade voltada para o admirador de esportes radicais se insere no processo geral de afirmação do jovem como consumidor e como público-alvo privilegiado dos comerciais? De que maneira o público ao qual os anúncios falam extrapola os praticantes do esporte?

Outro leque de questões diz respeito à participação de *Fluir* no desenvolvimento do surfe brasileiro durante os anos 1980. Que papel ela desempenha? Como refere-se a si mesma e aos demais agentes? Que agentes são legitimados ou deslegitimados? Que projetos são defendidos e quais são atacados? Que aspectos do surfe são realçados e quais são escondidos ou colocados em segundo plano? De que forma se expressam e coexistem o "surfe competição" e o "*free surf* ou surfe puro prazer"? Que sentidos são atribuídos ao passado e ao presente do esporte, de seus praticantes

---

da natureza ou algo essencial, mas uma construção social, na qual os meios de comunicação têm papel relevante (Berger e Luckmann, 1998).

e simpatizantes? Somam-se a estas perguntas as preocupações mencionadas anteriormente, relacionadas ao caráter de classe presente na publicação.

O livro se divide em quatro capítulos: os dois primeiros têm caráter panorâmico, ao passo que o terceiro e o quarto possuem maior teor analítico e se debruçam sobre questões específicas.

O primeiro cobre a trajetória de *Fluir* entre 1983 e 1988, tratando principalmente do período inicial como publicação poliesportiva, antes da especialização no surfe. A partir do conceito de *mídia de nicho*, aborda características do veículo impresso (estrutura, diagramação etc.) e a forma como se define e se apresenta para os leitores.

O discurso sobre o sentido da modernização é analisado no capítulo dois. A discussão tem dois objetivos: primeiro, identificar e analisar o discurso da modernização em *Fluir*. Segundo, desvendar a atuação da revista como mediadora deste processo.

No capítulo três enfatizam-se as múltiplas relações entre surfe e cultura, incluindo a definição do surfe como subcultura midiática, as imbricações com a cultura pop (música, televisão, cinema); quem são os membros da subcultura do surfe, os surfistas e os leitores de *Fluir*; os estigmas que perseguem os membros da subcultura (alienação, uso de drogas, *vagabundagem* etc.), dos quais estes tentam livrar-se.

Por fim, o quarto capítulo tem como cerne a maneira como o *espaço* aparece nas fontes. A análise volta-se para pontos como a praia e seus usos, o *desbravamento* do Brasil pelos surfistas (a maneira como os estados e regiões do país são apresentados), o localismo, os lugares secretos (*secret spots*), a importância das viagens (incluindo a ideia de peregrinação em busca da onda perfeita) na subcultura do surfe e sua articulação com aspectos como globalização neoliberal, natureza, população local e classe social.

* * *

Durante a década de 1980, particularmente, *Fluir* atuou de forma destacada na defesa de um projeto específico de desenvolvimento para o surfe brasileiro e na atribuição de valores a acontecimentos, atitudes, agentes, eventos etc. A construção de um discurso em torno da necessidade de modernização do surfe no Brasil serviu simultaneamente para impulsionar o projeto de profissionalização defendido por *Fluir* e outros agentes (cujas vozes foram amplificadas na revista), bem como legitimar a própria revista como agente relevante dentro do processo. *Fluir* realçou conquistas, fez cobranças quanto ao comportamento dos surfistas, discutiu certos problemas e minimizou aqueles de caráter estrutural (acidentes com banhistas, uso de drogas, cópia e uso sem licenciamento de marcas estrangeiras etc.).

O texto do empresário Sidney Tenucci toma posição em meio a um debate. Produzido em um momento no qual o projeto de comercialização está estabelecido, sua argumentação revela a permanência da discussão em torno dos modelos para o surfe, que prossegue até os dias atuais. Por isso, a fala do empresário faz parte de um projeto vencedor – ao menos de acordo com o conteúdo da revista e em relação ao mercado de surfe no Brasil e à institucionalização do surfe competitivo e profissional no país.

No fim da década, Gutenberg (1989, p.216) colocou a modalidade entre os "[...] três maiores esportes do país" e projetou uma "[...] terceira explosão dos anos 1990 quando um brasileiro conquistar o título de campeão mundial de surfe profissional". A expansão verificada durante a década autorizava previsões otimistas como a perspectiva de que o surfe seria o grande esporte dos anos 1990. De fato cresceu (e cresce até hoje), mas de certa forma se estabilizou. No imaginário da juventude de classe média e alta do Rio de Janeiro, por exemplo, passou a disputar espaço com as artes marciais e a busca de um corpo sarado através das academias e dos anabolizantes. Continua importante, mas a trajetória ascendente não durou para sempre, e há outros esportes em voga (com os quais o surfe divide atenção e valores da juventude), ainda que em termos de consumo de roupas continue o mais popular entre os jovens em geral.

O surfe hoje está consolidado e organizado como esporte profissional e como diversão, lazer e estilo de vida para numerosos adeptos em todo o mundo, além de fonte de desejo e identificação para um número ainda maior de pessoas, principalmente crianças, adolescentes e jovens que depositam anualmente bilhões de dólares nos cofres da indústria de surfwear. Isso não quer dizer, de forma alguma, que todos os problemas estejam resolvidos. Apesar de todo o esforço de legitimação e o trabalho sério de muitos durante as últimas décadas, esporte e praticantes ainda sofrem uma série de estigmas. Problemas como *crowd* e localismo permanecem. Uma diferença talvez seja que os impasses identificados ultimamente se dão em meio a um nível mais avançado de organização e profissionalismo.[3] Mesmo com os recuos e avanços inerentes ao processo histórico, a base organizativa, profissional e comercial estabelecida no período estudado segue firme.

Portanto, o recorte temporal justifica-se por cobrir um período em que o surfe sofreu intensas transformações e se consolidou definitivamente como esporte profissional no país. A luta para que esse projeto vingasse foi também, de certa forma, a luta de *Fluir* pela sobrevivência. O trabalho investiga o papel desempenhado pela revista no desenvolvimento do surfe como esporte profissional e na ampliação significativa do mercado em torno do mesmo. O crescimento dos três (surfe como esporte e mercado e a

---

[3] Ver, por exemplo, Reinaldo Andraus, "ABRASP 20 anos: 1987-1987", *Alma Surf* n. 40, set-out 2007, p. 36-40.

revista *Fluir*) está intimamente articulado: cada processo alimenta e fortalece os demais. A amostragem inicia com o lançamento da publicação e termina com o último ano antes de surfistas brasileiros, pela primeira vez, disputarem integralmente o Circuito Mundial de Surfe.[4] Naquele momento, *Fluir* ocupava indiscutivelmente o lugar de principal revista de surfe do país. Em 1989, era a "terceira maior publicação de surfe no mundo em tiragem e anúncios", atrás de *Surfing* e *Surfer* (Gutenberg, 1989, p.189).

A participação brasileira e os resultados positivos obtidos pelos atletas ampliarão significativamente o espaço para a cobertura do Circuito. Os atletas que realizam o sonho de corrê-lo por inteiro, como Fábio Gouveia e Flávio "Teco" Padaratz, não são os mesmos que disputavam os campeonatos profissionais e eram considerados os melhores do país durante o período estudado. O salto qualitativo do surfe profissional brasileiro corresponde também a uma mudança de geração: os que desbravarão o circuito e conquistarão resultados inéditos e expressivos durante os anos 1990 o farão desde cedo – pertencem a uma geração que disputava os campeonatos amadores entre 1983-8 – e começam a receber destaque em *Fluir* a partir de 1987. Os atletas celebrados como os grandes profissionais durante os anos cobertos pela pesquisa não foram os que, na década seguinte, puderam aproveitar as condições propiciadas por patrocinadores e participar sistematicamente do Circuito Mundial de Surfe. Os surfistas mais destacados por *Fluir* entre 1983 e 1988, alguns dos quais com resultados expressivos desde o final dos anos 1970, permaneceram na disputa de circuitos

---

4 Em *Fábio Fabuloso*, Alfio Lagnado (proprietário da marca Hang Loose) afirma ter feito uma proposta a Flávio "Teco" Padaratz e seu mentor e técnico, o *shaper* Avelino Bastos: o catarinense Padaratz correria o circuito sob seu patrocínio, mas teria que levar junto o paraibano Fábio Gouveia. A escolha de Padaratz se deu não só por suas qualidades como surfista, mas por ter sido preparado desde cedo por Bastos para ser um atleta profissional. Segundo Lagnado, "sabia viajar sozinho [...] e falar inglês" e residira por um período nos EUA. O documentário aborda as peripécias da dupla no Circuito Mundial de Surfe Profissional.

estaduais e brasileiros por anos, mas não lhes foi dada a oportunidade de correr o Circuito Mundial na íntegra. A meu ver, a evolução ocorrida durante os anos 1980 (discutida no capítulo dois) propiciou as condições – econômicas, esportivas, organizativas, técnicas, psicológicas – para o surgimento de uma geração que, desde o final da adolescência, se acostumaria a competir no exterior e obter bons resultados, primeiro nos campeonatos amadores e depois no Circuito Mundial.

Não obstante o crescimento do surfe e de sua indústria, parece que ao longo dos anos 1990 o esporte perdeu, ao menos no Rio de Janeiro, a hegemonia em relação às identidades e aos corpos. O *boom* das academias e da preocupação com o corpo, datado nos anos 1980 por autores como Gontijo (2002) e Castro (2003), revestia-se de preocupação com saúde e estética. Ao longo da década seguinte, no Rio de Janeiro, emergiram e tornaram-se hegemônicos "os 'pit boys' e sua cultura da corpulência e da violência" (Gontijo, 2002, p.61). Os corpos avantajados são fruto de musculação e, não raro, uso de substâncias como esteroides anabolizantes. Muitos vinculam-se a academias e equipes de luta, especialmente jiu-jitsu. Esse modelo de corpo, de sociabilidade e de associação a uma modalidade esportiva (jiu-jitsu) guarda diferenças notáveis em relação ao surfe, ao qual não substituiu, mas se tornou um concorrente importante na disputa por corações, mentes e bolsos da juventude fluminense. O surfe segue angariando praticantes e sendo consumido (nas roupas e hábitos) por muitos jovens, mas a liderança incontestável e disparada que exercia no fim dos anos 1980 reduziu-se. Em contrapartida, cresceu a participação de outras modalidades e das marcas a elas associadas.

Por último, a virada da década observa uma série de mudanças dentro do próprio surfe, como a divisão do Circuito Mundial em dois em 1992, mesmo ano em que o uso do *jet ski* para jogar surfistas nas ondas se estabeleceu (fora tentado antes, sem chamar a atenção).[5] Ao longo da obra, os mais familiarizados com o universo do surfe talvez percebam que uma série de aspectos desenvolvidos a partir dos anos 1990 são, na realidade, desdobramentos de ideias e iniciativas lançadas no período estudado, muitas das quais não puderam, naquele momento, concretizar-se ou estabelecer-se definitivamente.

* * *

Para não me alongar, gostaria de abordar um último aspecto. Há que se considerar uma especificidade do jornalismo impresso no que diz respeito à exatidão: a publicação de declarações dos agentes – entrevistas, falas diretas ou indiretas nas matérias etc. – sofre edição. Voluntária ou não, consciente ou não, a interferência dos jornalistas existe e é importante registrá-la. Ou seja, o fato de uma declaração ser publicada e atribuída a alguém não significa que aquela pessoa tenha dito exatamente aquelas palavras. A ressalva não objetiva lançar um manto de desconfiança sobre tudo o que é publicado ou sobre o objeto de estudo que escolhi, mas chamar a atenção para um aspecto intrínseco do jornalismo impresso e para a necessária crítica das fontes que convém a um trabalho acadêmico. Tentei problematizar o máximo possível, ao longo do estudo, as falas presentes em *Fluir*, fossem dela própria ou de terceiros. Contudo, é possível que falas truncadas ou que não correspondem à visão dos atletas tenham sido publicadas e aqui tomadas por mim pelo valor de face, sem problematização. É um risco a que se submete todo pesquisador.

---

5 "ASP History", sítio da ASP. Disponível em: http://www.aspworldtour.com/2008/history.asp. Acesso em: 19 dez 2008. A afirmação de que houve, alguns anos antes, o uso de jet-ski para auxiliar o surfe está no documentário *Riding Giants*. Cf. *Riding giants*. EUA, 2004, dir. Stacy Peralta, 104 min., documentário.

O mesmo vale para o uso de fontes como os livros e blogues de jornalistas e surfistas. Nas investigações sobre esportes radicais, tenho percebido uma utilização quase acrítica de tais fontes pelos pesquisadores acadêmicos. Não se trata, mais uma vez, de desconfiar da veracidade de tais relatos, mas sim da necessidade de não tomar o que está escrito pelo valor de face.[6] A repetição de informações e até de parágrafos inteiros em fontes (livros não acadêmicos) distintas, sem citação de fontes, longe de conferir confiabilidade, deve suscitar desconfiança. A maioria limita-se a compilar informações existentes de memória, seja de fontes escritas, seja de entrevistas com agentes envolvidos na trajetória dos esportes radicais, e transformá-las em textos que se pretendem históricos. Do ponto de vista acadêmico, cabe chamar a atenção para esta característica. Ela torna-se ainda mais nítida quando observam-se as discrepâncias e divergências – com relação a datas, por exemplo – encontradas às vezes dentro de uma mesma obra. A existência de erros factuais em obras de caráter jornalístico que se pretendem *relatos* do que ocorreu por si só já diz muito sobre a necessária crítica à maneira como tais livros lidam com as questões interpretativas de fundo. Sendo assim, são obras de *memória*, feitas a partir de pesquisa, mas com informações não confiáveis do ponto de vista científico.

---

[6] Exemplifico: de acordo com Booth (2001, p.206-7), a "história do surfe ortodoxa privilegia tecnologia das pranchas em suas explicações dos estilos de surfar. [...] Mas, ao focarem a tecnologia, comentaristas e historiadores do surfe tendem a ignorar fatores culturais mais salientes". Todas as citações de textos originalmente em inglês foram traduzidas por mim.

Capítulo 1

REVISTA DE ESPORTES RADICAIS

> Mas foi a época mais feliz da minha vida. Era um sonho, era surfar em São Paulo. A gente transcendeu a praia, trouxe o surf para São Paulo e vivia aquilo todo dia. Todas as nossas relações de amizade, relações comerciais, todas as nossas namoradas, era gente que vinha desse meio, vinha da praia, vinha do mar, vinha do surf.[1]

1.1 Mídia revista, segmentação e Fluir

As revistas constituem, simultaneamente, fonte e objeto de estudo não apenas no campo da Comunicação, mas também em outras ciências humanas, com destaque para a História. As transformações e os desdobramentos sofridos ao longo do tempo por esse tipo de impresso permitem um amplo leque de abordagens. Entre elas, "a análise da segmentação mais contemporânea do mercado de revistas, e sua relação com a construção de identidades a partir do consumo, é das mais instigantes" (Luca, 2005, p. 122). Na mesma direção, Thornton (1996, p.151) afirma que as revistas segmentadas operam nas subculturas, categorizando, explicando,

---

[1] "5 Minutos" – Entrevista de Cláudio Martins a Adrian Kojin. *Fluir* n.216, out 2003, p.52.

discutindo, rotulando grupos sociais, gostos e preferências, organizando dados disparatados, legitimando-os e apresentando-os como algo distintivo. Em suma, "não apenas cobrem subculturas, mas ajudam a construí-las". Essas posições deixam claro, desde já, que a segmentação em relação a público e tema é crucial para essa mídia e lhe conferem um lugar singular no panorama dos meios de comunicação social.

Para Thornton (1996, p.153), há duas razões principais para o envolvimento das revistas segmentadas com subculturas. Primeiro, aqueles que fazem a revista tiveram ou têm participação (pessoal) na subcultura, portanto têm interesses em comum com os leitores, as pessoas e os temas em pauta. Segundo, porque toda revista precisa de leitores, e se estiver associada a uma subcultura que gera consumo (de revistas, inclusive) nos jovens, em tese venderá mais. Às publicações especializadas que circulam nas subculturas a autora denomina *mídia de nicho*.

A mídia de nicho constitui jornalismo? Sim. Contudo, não pode ser avaliada ou analisada a partir dos parâmetros do jornalismo tal qual é feito hegemonicamente no Brasil. A mídia de nicho dialoga o tempo todo com a subcultura. O discurso não estabelece diferença entre quem faz a revista e o leitor. Ambos são colocados no mesmo plano, inclusive no que diz respeito ao conhecimento em torno do assunto: a legitimidade se constrói justamente porque o jornalista é alguém *que entende e gosta do assunto, assim como o leitor*. Ambos fazem parte da subcultura (ver capítulo três) e compartilham seus valores. A unidade em torno do surfe antecede a diferença de papéis estabelecida pelo jornalismo tradicional.

Fluir é uma revisa de engajamento: o patrocinador que investe no esporte e anuncia em suas páginas é apresentado como um *cara legal* mesmo, e ponto. Não se trata de jornalismo especializado ou segmentado nos moldes definidos pela maior parte dos autores e trabalhos acadêmicos, mas de jornalismo movido por uma causa – no caso, crescimento, desenvolvimento e profissionalização do surfe no Brasil. A sensibilidade, o conhecimento, o tom demonstrados são comuns em relação ao leitor. A participação é uma questão importante, na medida em que, nos primeiros dois anos, frequentemente o responsável por texto e imagem praticava o esporte coberto; às vezes havia competido no campeonato sobre o qual escrevia. A participação e o engajamento nas modalidades cobertas por parte da equipe que formava a redação estiveram bastante presentes e foram considerados valores positivos e fundamentais que legitimavam o trabalho jornalístico e aproximavam os produtores de conteúdo do público. O jornalismo tradicional funciona como uma referência um tanto genérica em termos de modelo e linguagem, mas o fundamental é a autoridade que se estabelece em relação ao objeto, marcada o tempo todo por proximidade, presença, testemunho e, com frequência, participação.

Por tudo isso, é inapropriado olhar esse veículo a partir das premissas normativas hegemônicas no jornalismo brasileiro, como a da (suposta) objetividade e a do (suposto) distanciamento em relação aos temas noticiados. Neste capítulo, discuto a revista considerada como mídia de nicho, enquanto no terceiro abordo a maneira pela qual ela interage com a subcultura.

No que diz respeito ao desenvolvimento do surfe no Brasil, *Fluir* não está sozinha entre os meios de comunicação. O papel da mídia segmentada na construção de subculturas é importante, mas não exclusivo. Mídia de massa, micromídia (fanzines, cartazes, filipetas) e outros tipos de mídia segmentada participam da formação de subculturas, podendo desempenhar diferentes papéis (que não cabe aprofundar neste trabalho, embora haja referências a esses veículos e produtos sempre que se mostrarem importantes para a discussão). Se por um lado mídias como televisão e cinema atingem um público muito mais amplo, por outro não costumam privilegiar a discussão de certos temas caros aos membros da subcultura, bem como a apresentação de diferentes pontos de vista. O espaço midiático para o debate aprofundado das questões foi, por excelência e por muito tempo, o impresso – com destaque para as revistas. Este quadro muda apenas a partir do fim da década de 1990, com a disseminação da internet, que amplia significativamente a arena de debates em torno do surfe.

Os periódicos sobre surfe tiveram e têm importante papel no desenvolvimento do esporte no país. Entre as revistas estão, nos anos 1970, *Surf Sul* (Florianópolis), *Quebramar* (Santos) e *Brasil Surf* (Rio de Janeiro) (Gutenberg, 1989, p. 186). Nas décadas seguintes: *Alma Surf, Hardcore, Inside, Mesklada, Venice, Visual Surf, Expresso do Surf, Fluir Girls, Ação, Swell, The Surf Press*. Um *boom* particular ocorreu em meados dos anos 1980, com *Surf Nordeste* (PE), *Swell* (BA), *Costa Sul* (RS), *Quiver* (RS), *Trip* (SP), *Terapia Intensiva* (PR), *Ação* (BA) e *Surfer* (RJ) (Gutenberg, 1989, p. 188). Entre os jornais, *Drop, Inside* (inicialmente um jornal publicado pela ACS, tornou-se revista em 1986) (Gutenberg, 1989, p.189), *Jornal do Surf*,[2] *Momento Esportivo – Surf, Now, Qual o Lance?, Quiver, Staff, Surf News* (Santos), *Surf-News* (Rio de Janeiro). Há ainda revistas que apresentam ou apresentaram, constantemente, conteúdo ligado ao surfe, como *Realce, Pop, Trip* e *Visual Esportivo*.

Fluir foi criada no segundo semestre de 1983 por cinco moradores da cidade de São Paulo.[3] Enfrentou concorrentes ao longo de sua existência, mas rapidamente firmou-se como a principal revista de surfe brasileira. Durante a década de 1980 acentua-se, no Brasil e no exterior, o caráter comercial desta modalidade esportiva, e a existência de publicações exclusivas é, em si, um exemplo da

---

2 Publicado no Rio de Janeiro por Carlos Loro e Fernando Lima (Fedoca). "Rádio Fluir", *Fluir* n.16, jul 1986, p.153.
3 Cláudio Martins, entrevista a Adrian Kojin, *Fluir* n. 216, outubro de 2003, p.52.

consolidação de um mercado em torno do surfe no Brasil. As revistas exigem não apenas público leitor, mas também anunciantes que custeiem a produção, uma vez que o preço de capa em geral mal cobre os custos de impressão e distribuição.

Assim como outros meios de comunicação, a atividade essencial de uma revista é vender a anunciantes a atenção de certo público consumidor. A sobrevivência é uma preocupação constante:

> Competindo com outras similares, ela enfrenta um meio em que a taxa de mortalidade é altíssima. Algumas tendem a se tornar líderes, mas mesmo essa posição nunca é segura. Para sobreviver, uma revista tem de acompanhar rapidamente as mudanças do seu público, característica que a torna muito reveladora (Mira, 2001, p.11).

Uma saída muito utilizada é a segmentação do conteúdo em função de interesses específicos. Maria Celeste Mira (2001), em estudo sobre revistas e segmentação no século XX, discute longamente o papel de classe social, geração e gênero como fatores determinantes do público leitor. Segundo a autora, o processo de segmentação tem início no país na década de 1960 – com publicações como *Quatro Rodas* (1960) produzindo em geral adaptações de veículos estrangeiros – e está relacionado às transformações ocorridas na sociedade brasileira e à emergência de públicos e mercados consumidores. Grupos e indivíduos interessam ao mercado editorial na medida em que são capazes de consumir e, consequentemente, atrair anunciantes. No caso específico das revistas, dois públicos que, ao longo do século XX, constituíram-se "como alteridades e como segmentos do mercado consumidor" são fundamentais: jovens e mulheres (Mira, 2001, p.41-2, 214, citação à p.12).

Dados divulgados pela Associação Nacional de Editores de Revistas (Aner) afirmam que o público leitor de revista é minoria – 14% – na população brasileira.[4] Metade dos leitores, ou melhor, "consumidores de revistas", concentra-se nas classes A e B.[5] As mulheres são maioria (56%), assim como os jovens: 29% dos leitores estão na faixa de 10 a 19 anos (mais precisamente, 13% de 10-14 e 16% de 15-19) e 26% na seguinte (20-29).[6] Os dados são recentes, mas não há razões para crer que o panorama nos anos 1980 fosse muito diferente.

A distribuição do público leitor por gênero, idade e classe social varia de acordo com o tipo e o foco da publicação. Conhecer o sexo predominante entre os leitores, por exemplo, é importante para os editores elaborarem suas estratégias. A maioria das revistas se volta para o público feminino, embora as que tratem de certos assuntos (automóveis, negócios e esportes) tenham maior inserção entre os homens. O público masculino, sobretudo jovem, é o que mais se interessa pelos "riscos, desafios, espírito de competição" e aventura proporcionados pelos esportes.[7] *Fluir* é citada como exemplo da "busca de ação, da imagem, da performance" pelas revistas masculinas (Mira, 2001, p.68, 99, 120).

Essas observações apontam para a importância do fator gênero ao analisar-se a mídia do surfe: o sexo masculino é majoritário entre praticantes e leitores.

Como as preferências juvenis mudam constantemente, as publicações são obrigadas a se atualizar, seja alterando conteúdo, seja realizando reformas gráficas, "feitas a cada dois ou três anos"

---
4 "Mercado Brasileiro de Revistas", que cita como fonte das informações "IBGE – Censo 2000 e estimativas". Disponível em: http://emrevista.com/edicoes/7/artigo4313-1.asp?o=r. Acesso em: 29 set 07.
5 "Mercado Brasileiro de Revistas", que cita como fonte "XLV Estudos Consolidados Marplan 2003 – 9 mercados". Disponível em: http://emrevista.com/edicoes/7/artigo4313-1.asp?o=r. Acesso em: 29 set 07.
6 "Mercado Brasileiro de Revistas", que cita como fonte "XLV Estudos Consolidados Marplan 2003 – 9 mercados". Disponível em: http://emrevista.com/edicoes/7/artigo4313-1.asp?o=r. Acesso em: 29 set 07.
7 Goldenstein (1991) encontrou pouca leitura de revistas entre a classe operária paulista nos anos 1980. Nesse universo, o esporte é interesse predominantemente masculino e os que leem a respeito utilizam jornais diários.

(Mira, 2001, p159). Em um país de desigualdade econômica marcante como o Brasil, o consumo de revistas entre jovens de diferentes classes está longe de ser equitativo. Os leitores compõem-se "predominantemente de jovens ou adolescentes de classe média ou alta". Isto vale, na verdade, para todas as faixas etárias: por demandar "um dispêndio de dinheiro supérfluo" e capacidade de leitura, esse tipo de impresso é um produto geralmente consumido pelas classes mais abastadas (Mira, 2001, p.159-60).

Utilizando os eixos principais apontados por Mira (2001, p.11) – classe social, geração e gênero –, é possível definir *Fluir* como veículo segmentado voltado a um público de classes média e alta, jovem e masculino. Quanto ao primeiro aspecto, em 1994 64% dos leitores pertenciam às classes A e B.[8] Se comparado ao de outras revistas, este recorte de classe forma um público "composto por pessoas mais ricas e mais jovens e, por esses dois motivos, mais cosmopolitas e mais consumidoras" (Mira, 2001 p.165-6). No que diz respeito à geração, a maioria dos leitores é composta por adolescentes e jovens entre 15 e 25 anos. O recorte de gênero é evidente: os leitores de publicações para jovens especializadas em música, cinema e, principalmente, esportes são, em grande maioria, do sexo masculino.[9]

Fluir surge como publicação independente, vinculada a uma pequena editora – Terra, Mar e Ar – fundada por cinco sócios, o mais velho com 26 anos. A verba veio de capital próprio – ou

---

8 Pesquisa de Mídia Abril-Marplan (9 mercados), circulação interna, 1994, citada por Mira (2001, p. 160).
9 Segundo a mesma pesquisa citada por Mira, as duas categorias combinadas – jovem do sexo masculino – correspondem a 75% dos leitores de *Fluir*. Pesquisa de Mídia Abril-Marplan (9 mercados), circulação interna, 1994, citada por Mira (2001, p.160; 165). As primeiras revistas australianas dedicadas ao tema datam de 1961-2 e destinavam-se igualmente a adolescentes e jovens de classe média do sexo masculino. Nos EUA, surgiram em 1960. Na verdade, muitas dessas publicações estrangeiras nasceram como livretos para promover um filme específico, adquirindo depois o caráter periódico (Scott, 2005).

seja, tratava-se de negócio arriscado, ainda mais por ser lançado "no momento mais negro da crise".[10]

De acordo com Mira, o meado dos anos 1980 é marcado por uma segmentação mais intensa do mercado de revistas, seja pela criação de pequenas editoras, seja pela fundação da Editora Azul, que funcionou de 1986 ao fim da década seguinte. A Azul era uma sociedade entre a poderosa Editora Abril (52% das ações) e o empresário Ângelo Rossi (48%). Ela já surgiu como a quarta maior editora do Brasil, atrás de Abril, Bloch e Rio Gráfica (que depois se tornaria Globo), recebendo da primeira títulos como *Contigo*, *Bizz* e *Carícia*. Tinha como proposta investir na segmentação, o que significava tiragens "em torno de 100 mil exemplares", inferiores às da Abril (Mira, 2001, p.147-9).

Esse tipo de publicação corre riscos específicos: "o público [...] costuma ser fiel, mas uma determinada demanda pode durar pouco, tem de ser atendida rapidamente e pode desaparecer com a mesma rapidez com que emergiu." Daí a importância, para os títulos que surgem de forma independente, de associar-se a uma grande editora. Aliando as vantagens de ser controlada pela maior editora do país à estrutura menor e ao trabalho com públicos específicos, atraindo "anunciantes também específicos", a Azul cresceu rapidamente e, em dois anos "já era a segunda maior editora do país em

---

10 "*Fluir*: um ano de muitas ondas!" *Fluir* n.6, set 1984, p.7. Trata-se de referência ao período de grave recessão pelo qual o Brasil e muitos países capitalistas passaram na primeira metade dos anos 1980. Após um longo período (1968-1980) com alta taxa média (8,95%) de crescimento anual do PIB (Produto Interno Bruto), entre 1981 e 1983 a taxa média anual foi negativa: – 2,12% a.a. Há que se notar, porém, que "até durante boa parte da década de 1980, a classe média se expande e se desenvolve" no Brasil (Santos, 2003, p.135). De 1984 a 1987, que correspondem aproximadamente aos primeiros anos de *Fluir*, o crescimento médio anual foi de 6,07%. Não obstante, este crescimento esteve combinado com aumento da desigualdade entre ricos e pobres, deterioração das condições de vida de boa parte da população, aumento da dívida externa etc. (Schiffer, 1994, p.119). Médias referentes ao PIB: elaboração própria a partir de: "Produto Interno Bruto: variação real anual", Ipeadata, sítio do IPEA (Instituto de Pesquisa Econômica Aplicada), disponível em: http://www.ipeadata.gov.br/ipeaweb.dll/ipeadata?SessionID=301929268&Tick=1225761709991&VAR_FUNCAO=Ser_MUso()&Mod=M. Acesso em: 03 nov 2008.

número de títulos, tendo criado ou incorporado, nesse período, dez novas publicações" (Mira, 2001, p.147-9).

De acordo com Mira, o avanço da segmentação deveu-se, sobretudo, à "explosão do mercado jovem", um público consumidor ávido por publicações voltadas para seus interesses, como esportes, relações amorosas, música e cinema (Mira, 2001, p.147-9). Em meados dos anos 1980 aumentou significativamente o número de títulos voltados para jovens. Exemplo disso foi o lançamento, em 1985, de *Bizz*, sobre música, "aproveitando o efeito causado pelo festival *Rock in Rio*" (Mira, 2001, p.156-7).

O Grupo Fluir fez acordos com as revistas *Surfing, Bodyboarding* e *Transworld Skateboarding Magazine* para troca de material (textos e fotografias). No fim daquela década, a Editora Terra, Mar e Ar expandiu suas atividades e publicava títulos sobre *bodyboarding (Fluir Bodyboarding)* e skate *(Skatin')* (Mira, 2001, p.157, 164-6). Segundo Mira, a razão para a entrada na Editora Azul, em 1987, fora a redução de custos. Com o acordo, "a Azul assumia os custos de impressão e distribuição, ficando com 60% dos lucros, enquanto a Editora Terra, Mar e Ar dos quatro amigos continuava a produzir a revista em troca dos 40% restantes".[11] A entrada em uma subsidiária da Abril trazia ainda benefícios como troca de publicidade com outras publicações para jovens, como *Capricho* e *Bizz*.

De acordo com Mira, grande parte das revistas dedicadas a esportes, atividades ao ar livre e de aventura foram criadas por praticantes sem formação em Comunicação Social ou experiência jornalística profissional. Conhecidos como "revisteiros", contam com o apoio de amigos e familiares para iniciar as publicações. Além de praticantes, alguns são também pequenos empresários voltados para o mesmo esporte (donos de lojas, marcas ou fábricas de roupas e/ou equipamentos; donos de empresas de organização

---

11 Um dos sócios iniciais havia saído do negócio. "Fluir incorpora-se à Editora Azul", *Meio e Mensagem*, 2 fev 1987, citado por Mira (2001, p.163-4).

de eventos). *Overall* (extinta) e *Trip*, ambas da Editora Trip, de Paulo Lima, e *Fluir* são exemplos de publicações iniciadas por "revisteiros" (Mira, 2001, p. 164-6).

O "espírito jovem" dos responsáveis, segundo Mira, reflete-se tanto nos ambientes de trabalho – redações "cheias de pranchas e outros apetrechos" – quanto nos veículos, escritos por praticantes e repletos de "gíria e expressões do meio, limitando-se os editores a corrigir os 'tropeços maiores'" (Mira, 2001, p.164). De fato, encontrei matérias em que os créditos mencionavam, além da autoria, a edição (que não significa necessariamente correção de "tropeços"), realizada por uma pessoa em particular ou em equipe: "edição de reportagem: FLUIR".[12]

Na visão de um editor dos anos 1990, a sobrevivência de *Fluir* após a moda de certos esportes na década anterior ter passado deve-se ao fato de que

> o surfe não é um modismo, como foi o boliche. É um estilo de vida com suas tribos, seu amor pelo esporte e pelo mar. É por isso que aumenta todo ano o número de praticantes de surfe. Que sonham em surfar ou pelo menos entrar 'na onda' desse estilo de vida saudável e independente [...]. A *Fluir* sempre explorou esse cenário, que inclui música, roupa. Quem quer aparecer no mundo do surfe tem que usar *Fluir*. Através dela são atingidos 1,2 milhão de praticantes de surfe e todas as coisas que giram em torno deles.[13]

A opinião evidencia que, para quem faz a revista, o surfe de forma alguma restringe-se a um esporte. Para esses, a modalidade conta com uma base sólida de praticantes, que pode crescer quando o esporte está na moda mas não chega a diminuir significati-

---
12 Aldhemar J. Freitas Filho (Deminha) (t), "Fernando de Noronha", *Fluir* n.2, nov-dez 1983, p.16-21.
13 Jorge de Souza em "Fluir é a bíblia do surfe", *Folha da Tarde*, 26 out 92, citado por Mira (2001, p. 165).

vamente quando esta passa. Soma-se a isso um fator fundamental para a longevidade e a solidez de uma publicação como *Fluir*: o surfe é um estilo de vida. Em vista disso, torna-se objeto de identificação e consumo cuja abrangência atinge os praticantes e um vasto universo de admiradores, que compram roupas, acessórios, alimentos e outros produtos associados ao estilo de vida do surfe, além de modificarem seu corpo – através de práticas voluntárias ou não como bronzeamento, tatuagens, cortes e contusões, tingimento de cabelo etc. Mesmo aqueles que nunca subiram em uma prancha ou sequer conhecem uma praia podem consumir a revista – e muitos o fazem. Desta forma, *Fluir* é uma janela que permite ao leitor conhecer e – por que não? – consumir o mundo do surfe, seja ao folhear suas páginas, admirando as imagens e lendo os textos, seja tomando conhecimento de uma série de marcas e produtos associados (ou que buscam associar-se) aos valores da subcultura. Esse público que extrapola o grupo mais restrito dos surfistas é fundamental para *Fluir* porque amplia o leque de interessados e permite melhores contratos de publicidade com os anunciantes. Seus leitores – praticantes e simpatizantes cuja grande maioria pertence às classes média e alta – formam um sólido público consumidor, o que garante o interesse das empresas em veicular anúncios na publicação.

O consumo – não apenas comprar, mas demonstrar conhecimento sobre os produtos e saber utilizá-los – é um fator importante de inserção e participação na subcultura. Além disso, o recorte de classe e de geração do público de *Fluir* favorece o cosmopolitismo e o consumo, seja por conhecimento e curiosidade, seja por afinidade e desejo relativos a valores, marcas e produtos internacionais (Mira, 2001, p.165-6).

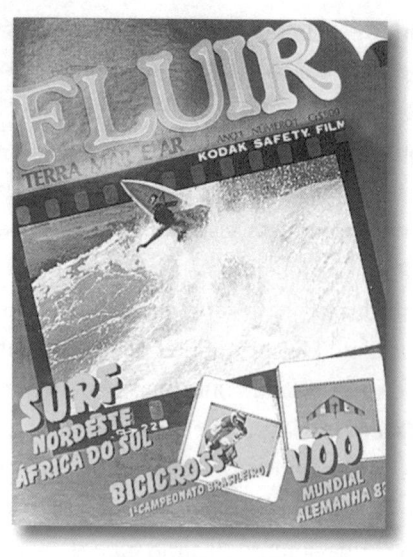

Copyright: Revista Fluir

1.2 Primeira fase: revista poliesportiva

1.2.1 Primeiro número

A primeira edição data de setembro/outubro de 1983. Após 20 números bimestrais, em julho de 1987 passou a circular mensalmente – periodicidade que mantém até o presente (2011). A proposta inicial de cobrir diversos esportes verifica-se através da capa, do conteúdo e do próprio subtítulo: *Terra, Mar e Ar*.[14] Apesar disso, o surfe (ou melhor, "surf") aparece em primeiro plano em relação às demais modalidades (bicicross e voo livre), fato que se repete em todos os exemplares do período poliesportivo. A fórmula de abordar *esportes radicais* não era inédita: *Visual Esportivo*, criada em 1980, tratava de surfe, skate, asa-delta e *windsurf*; *Realce* cobria várias modalidades, além de moda, música e assuntos considerados de interesse dos jovens (Gutenberg, 1989, p.187).

---

14 *Fluir – Terra, Mar e Ar*, ano 1, n.1, set-out/1983.

O texto que abre o primeiro número tem caráter poético, não é assinado e está repleto de referências ao título e aos três elementos – terra, mar e ar – do subtítulo.

> *Fluir* é movimento
> Querer fazer, SER. Estar em todas as ondas surfáveis e insurfáveis. Aquáticas, elétricas ou magnéticas: é preciso descobrir a harmonia da freqüência da energia.
> Quem vê pelo alto nunca mais esquece: aquele ar.
> *Fluir* é brotar.[15]

Caracteriza o lançamento da revista como um ato de rebeldia, coragem e criatividade face à "caretice [que] domina e predomina":

> *Fluir* é vida
> *Fluir* é o desejo de uma BUENA VIDA.
> *Fluir* somos todos nós: nossa fluência e nossa influência. Nossa vivência. Nossa tentativa de sobrevivência. Nossa experiência aberta. Nosso ALERTA.[16]

O argumento de que o lançamento representou um risco e uma atitude corajosa se repetirá muitas vezes, principalmente nas edições comemorativas, entre elas a de 20 anos, em 2003, com uma entrevista com Cláudio Martins, um dos sócios-fundadores.[17] O alto risco inerente à abertura de uma pequena empresa no Brasil somava-se à pouca experiência dos criadores e à proposta de abordar o surfe – visto com bastante desconfiança por muitos em 1983 (ver seção 3.2). A publicação significava também uma "tentativa de sobrevivência": uma opção profissional abraçada pelos jovens, que apostavam na possibilidade de viver do surfe, apesar de todo o

---

15 "Primeiro experimento", *Fluir* n.1, set-out/1983, p.3. O uso de palavras inteiras em letras maiúsculas, nas citações, respeita a grafia original.
16 "Primeiro experimento", *Fluir* n.1, set-out/1983, p.3.
17 Coincidência ou não, o sócio-fundador entrevistado é, naquele momento, o único dos cinco iniciais a permanecer ligado à revista. Essa informação é fornecida no próprio texto introdutório da entrevista.

descrédito e das dificuldades. Nesse sentido, *Fluir* defenderá desde o início a necessidade de o surfe brasileiro se profissionalizar – o desenvolvimento experimentado ao longo da década e a longevidade da publicação mostram que este projeto se tornou vencedor. De certa forma, o desenvolvimento comercial e organizativo do surfe brasileiro nos anos 1980 permitiu que, pela primeira vez, um amplo número de pessoas – não apenas atletas que participavam de competições e poucos fabricantes de produtos – vivesse *do, no* e *próximo ao* surfe. Para elas, o surfe não foi uma atividade cotidiana da adolescência e da juventude que seria abandonada ou passaria a esporádica, mas tornou-se uma possibilidade concreta de sustento e inserção no mercado de trabalho. É útil recorrer à visão de Gilberto Velho, segundo a qual os sujeitos criam seus *projetos* e tentam concretizá-los a partir de um *campo de possibilidades*. Até a virada para os 1980, viver do surfe era um privilégio de pouquíssimos atletas. Havia poucos empresários, fabricantes de pranchas e comerciantes. A explosão do surfe no período 1975-77 foi importante, mas passou. Diferentemente, nos anos 1980 ele vem para ficar e amplia as possibilidades de se viver dele.

    O texto citado e o editorial destacam as dificuldades para chegar às bancas: "estamos CHEGANDO às bancas pela primeira vez. Quanto trampo para se ver um sonho realizado...".[18] Martins afirma ter vendido um carro, "uma moto e uma linha de telefone, que na época ainda valia uma grana" para reunir o capital inicial necessário: "com o dinheiro arrecadado fiquei com 22,5% da revista. Eram cinco sócios, quatro com 22,5% e o Grilo com 10%".[19] Com isso, andava de ônibus e metrô para vender os anúncios, fazia permuta

---

18 *Fluir* n. 1, set-out 1983, p.7.
19 "5 Minutos" – Entrevista de Cláudio Martins a Adrian Kojin. *Fluir* n. 216, out 2003, p.52. Os sócios e seus respectivos cargos na primeira edição eram: Romeu Andreatta Filho (Diretor Administrador-financeiro), Alexandre Xan Andreatta (Diretor de Redação), Bruno C. Alves (Diretor Fotográfico), Fernando C.S. "Grilo" Mesquita (Diretor de Arte) e Cláudio Martins de Andrade (Diretor Comercial). *Fluir* n. 1, set-out 1983, p.6.

com empresa de congelados para ter o que comer e, quando a comida acabava, comia "na casa da tia, da avó, de amigo". O entrevistado lista as dificuldades enfrentadas nos primeiros anos, mas não se resume a isso. Muito pelo contrário: como se percebe na epígrafe deste capítulo, o período é rememorado como de intensa dificuldade, mas de felicidade pela realização de um sonho. A menção a levar o surfe para a cidade de São Paulo remete à relação estabelecida, nas páginas de *Fluir*, entre as ações de *surfar* e *viajar* (ver capítulo quatro).

Uma questão que se coloca posteriormente, nas primeiras edições de aniversário – e, de forma esporádica, em outras ocasiões – é a longevidade da publicação. O primeiro número já oferecia a possibilidade de se fazer assinatura, o que garantia a comodidade de receber os exemplares no conforto do lar, além das vantagens condizentes com a alta inflação vigente: "você ganha um desconto e não paga aumento por um ano".[20] A oferta revelou-se verdadeira, se observado o preço de capa da primeira edição e da sétima, quando completou um ano: subiu de novecentos para 4.500 cruzeiros. As assinaturas são fundamentais para garantir estabilidade (pois antecipam e asseguram vendagem e receita) e poder de barganha nas negociações com anunciantes (há público leitor garantido ao longo de várias edições). Quanto maiores o número de assinantes e o percentual de assinaturas em relação ao total de vendas, mais forte e estável tende a ser uma publicação. A cada número, como é comum entre as revistas, *Fluir* tenta convencer seus leitores a assiná-la, fazendo até troça com a situação do país: quem assina "esquece da inflação no ano que vem, escapando de todos os aumentos já programados por nosso implacável Diretor Financeiro".[21] Na edição seguinte, afirmou ter "uma fera no cargo de Diretor Administrativo. Ele é um verdadeiro animal, ele é selvagem mesmo"

---

20 *Fluir* n. 1, set-out 1983, p.8.
21 *Fluir* n. 2, nov-dez 1983, p.56.

(a presença do humor na linguagem é abordada na última seção deste capítulo).[22]

Mas qual a proposta inicial apresentada aos leitores? Uma síntese encontra-se no editorial:

> nosso investimento é em FORMA e CONTEÚDO. Acreditamos em QUALIDADE, dizemos não à massificação e à mediocridade. Por isso, além de uma nova maneira de falar de SURF, VÔO LIVRE e BICICROSS, vamos falar também de ecologia, de cinema, música e o que mais pintar: as colaborações, sugestões e críticas de todos vocês. Pensamos na FLUIR como um CANAL de um movimento muito maior que existe fragmentado e disperso por esse enorme, lindo e terrível país tropical.[23]

O primeiro aspecto a ressaltar é a ligação – intrínseca – estabelecida entre os esportes citados, a arte e a natureza. Os números seguintes mantêm em pauta cinema, música e ecologia. O debate sobre natureza, preservação ambiental e ecologia é recorrente, sendo comum encontrar expressões como "consciência ecológica", "preservação" e "poluição" (ver item 4.1.1). Soma-se a isso a seção sobre alimentação natural, que, iniciada no número dois, manteve-se por aproximadamente um ano.

Segundo, a preocupação com forma e conteúdo. Esportes como surfe e voo livre, praticados ao ar livre – frequentemente em lugares de natureza exuberante – são propícios à produção de belas imagens. A estética fotográfica, como se sabe, é um elemento essencial – não raro o mais importante – da mídia revista. Na visão de Ford e Brown (2006, p.33), "embora as palavras das revistas de surfe sejam importantes, o que realmente leva à compra desses materiais são suas ricas e evocativas imagens." Para os autores, a fotografia detém a primazia da representação dentro da subcultura midiática do surfe.

---

22 *Fluir* n. 3, mar 1984, p.65.
23 *Fluir* n. 1, set-out 1983, p.7.

A edição inicial – e todas as subsequentes – é repleta de fotos, incluindo um pôster na página dupla central e uma seção exclusivamente com imagens de surfistas em ação: "Fluindo", que a partir do número seguinte passa a se chamar "Fluindo no surf". As legendas geralmente identificavam surfista, equipe (se fosse o caso) e praia: "Mickey (Fico Sportswear) arrepiando as ondas da Praia do Tombo";[24] às vezes informava-se o estado da federação de onde provinha o atleta; podiam trazer ainda uma descrição das praias e das características das ondas: "Praia Vermelha do Norte, em Ubatuba, apresenta uma das ondas mais ocas da região, e aí rolam ondas inesquecíveis quando entram as fortes ondulações de leste."[25]

Há um conjunto de páginas (3-10 e 43-50) em papel marrom, com o miolo central em cor (p.11-42) em papel *couché*, comumente utilizado na confecção de revistas coloridas. Além do duplo padrão de impressão, percorrendo as páginas – que, por sinal, não são numeradas – percebe-se a ausência de identidade visual e de projeto gráfico claros e homogêneos. Do segundo número em diante, a impressão torna-se integralmente colorida sobre papel *couché*, o que aumenta os custos mas permite imagens com nitidez e intensidade de cores superiores.

A linguagem é coloquial, usa certas gírias do público jovem e quebra, aqui e ali, formalidades ortográficas. Há também erros de português, de vários tipos. Esses pontos são discutidos adiante.

Terceiro, o repúdio à massificação e à mediocridade busca mostrar *Fluir* como um produto diferenciado em meio à profusão de títulos ofertados nas bancas de revista e à mídia de massa (não especializada). Como discutido anteriormente, a mídia de nicho apresenta para o público um importante atrativo e diferencial em relação às revistas de informação geral e à mídia de massa, comu-

---
24 *Fluir* n. 4, maio 1984, p.45.
25 *Fluir* n. 1, set-out 1983, p.28-9.

mente identificada como agente que distorce as notícias ao tratar das subculturas (Thornton, 1996). A mídia de nicho vai na direção contrária, colocando-se como um espaço construído por agentes que partilham os valores da subcultura.

O trecho citado alude à projeção dos criadores com relação ao papel que a publicação poderia desempenhar no então incipiente cenário do surfe nacional, tema explorado no próximo capítulo. O editorial faz ainda agradecimentos genéricos aos que acreditaram no projeto e cita especificamente os anunciantes. Por sua vez, a seção de cartas, obviamente vazia, elogia os leitores e os estimula a escreverem e participarem.

Há espaços indefinidos – não fica claro se são publicidade, jornalismo ou alguma seção especial. Certos textos têm a indicação "reproduzido sob permissão do autor". Outra característica da primeira edição que se repete em algumas outras e as diferencia do padrão posterior – bem como das revistas em geral – é a publicação de diversas fotos sem legenda, dificultando a identificação do surfista e da praia enquadrados.

Há vários textos experimentais. Um deles, assinado por José de Abreu e Silva, começa assim: "1984 é uma seção que dá espaço ao tempo, numa pouca modesta [sic] tentativa de sentir o astral do planeta, azul e cinza, nesse ciclo incerto da 1ª civilização planetária (e unidimensional como Marcuse um dia falou) na qual vivemos".[26] Intitulado "(Faltam três meses para) 1984", ao que parece articula o livro de George Orwell com o tempo presente e deveria ser um espaço fixo – "1984 é uma seção que pode ser um texto poético, profético, político, cultural, uma entrevista, uma foto, um desenho, uma página em branco: ou qualquer outra coisa. Aqui tudo é possível." –, mas não chegou ao número seguinte. O texto

---

26 Fluir n.1, set-out 1983, p.49.

imediatamente posterior, todo em letras minúsculas, também abordava questões esotéricas:

> [...] sábios e estranhos, estuda a cidade e sua civilização. e seus estudos são exaustivos e impacientes: sabem de toda a mediocridade das massas e dos reis da civilização da cidade. sabem de todas as divisoes sociais, econômicas-políticas da civilização da cidade. sabem que a civilização da cidade domina e determina a vida e a morte em todo o planeta. sabem que existem seres loucos e criativos inseridos na civilização da cidade e perdidos e isolados em suas diversas camadas sociais. sabem que só esses seres poderão garantir a rearmonização cósmica da espécie humana através de uma completa transformação nos corações e nas mentes dos habitantes da civilização da cidade.[27]

Um conjunto de textos da primeira edição pode ser associado a traços da contracultura. Segundo Roszak (1972), esta se caracterizava por mesclar uma série de referências, entre as quais

> um *continuum* de pensamento e experiência que liga a sociologia da Nova Esquerda de [C. Wright] Mills, o marxismo freudiano de Herbert Marcuse, o anarquismo gestáltico de Paul Goodman, o apocalíptico misticismo corporal de Norman Brown, a psicoterapia Zen de Alan Watts e, finalmente, o narcisismo impenetravelmente oculto de Timothy Leary (Roszak, 1972, p. 73-4).

A isso se articulavam misticismo, magia e ocultismo, literatura *beatnik*, ideias de não violência e visões "mágicas" de povos originais que privilegiam a integração e a união (e não a conquista) da natureza. Sobretudo este último aspecto relaciona-se com o surfe de alma e com a vertente havaiana do surfe, que defende uma interação harmônica com a natureza, através da relação horizontal entre surfista e onda, em vez de conquista ou dominação, como nas vertentes australiana e sul-africana (ver item 2.3). O conteúdo dos textos *experimentais* distancia-se da narração de acontecimentos presenciados pelo repórter ou dos comentários produzidos por um

---

[27] "Estranhos seres", *Fluir* n.1, set-out 1983, p.49.

articulista sobre temas recentes. A forma – não são textos corridos estruturados em parágrafos coerentes, tampouco a construção das frases é linear – difere do tipo de texto mais jornalístico que tomará inteiramente a revista a partir do segundo número.

Um leitor reclamou de tais artigos, os quais definiu como – "de pouca qualidade comunicativa, de linguagem Punck-Fric e na maioria redigidos por Xan, pessoa que não conheço, mas que deteriora a imagem de suas reportagens alucinantes" – e apresentou-se disposto a "contribuir nesta parte falha da revista". A resposta assinada por Xan (Alexandre Andreatta) admite problemas na impressão – que fora *elogiada* pelo leitor –, *corrige* e explica o que são *punk* e *freak* e diz que "estamos abertos a qualquer tipo de colaboração, desde que haja nível mínimo de qualidade",[28] devolvendo na mesma moeda a crítica recebida.

Como se pode perceber, a primeira edição apresenta características até certo ponto amadorísticas, a maioria das quais rapidamente desaparece, apesar dos elogios "sem puxa-saquice" de pelo menos uma leitora: "pensei logo que deveria ser mais uma daquelas revistas [...] comandada quase que inteiramente por caretas, urgh!, me enganei redondamente. A Revista é o maior barato [...] se vocês continuarem assim e não se deixarem levar por subornos caretas, serei assídua leitora [...]".[29] Não se sabe se *Fluir* perdeu a leitora, mas os signos de psicodelia e experimentação duraram apenas uma edição. A diferença é explicitada no editorial subsequente:

> A Fluir no. 1 foi uma revista basicamente Experimental e Introdutória, e foi produzida em condições de trabalho bastante precárias. Como tivemos uma boa recepção e muito apoio da rapaziada, pudemos começar a pensar em investir em equipamentos e pessoal a fim de estruturar Profissionalmente a Revista e o imenso trabalho que ela dá.[30]

---

28 "Cartas do Leitor", *Fluir* n.2, nov-dez/1983, p.65.
29 *Fluir* n.2, nov-dez/1983, p.65.
30 *Fluir* n.2, nov-dez/1983, p.6.

O trecho assume a experimentação da primeira edição e menciona dificuldades para elaborá-la. Considerada positiva, a recepção do público serviu como um sinal para que os editores decidissem seguir investindo. Assim como as modalidades que abordava, *Fluir* também era amadora e precisava se estruturar, e para isso o dinheiro dos anunciantes era fundamental.

Publicidade

Há uma quantidade significativa de publicidade, inclusive na capa: a fotografia principal – surfista realizando uma manobra – está enquadrada em um filme fotográfico da marca Kodak. Destacam-se os anúncios de fabricantes de roupas e de material relativos ao surfe. O pôster da página dupla central estampa o logotipo da marca Body Glove. Outras empresas importantes da indústria do surfe, como Fico, Stanley e Ocean Pacific (OP), estão presentes.

Fabricantes de prancha também anunciam. A marca Nativas, por exemplo, lista os nomes dos *shapers*: Roberto Ribeiro, Ricardo Bocão, Gustavo Kronig e Nelson Letra. No surfe, é comum o nome do *shaper* aparecer junto com a marca da prancha, conferindo-lhe *status* em um trabalho que permanece *artesanal*. Quanto mais reconhecido o profissional, maior tende a ser o valor das pranchas da marca associada a seu nome. Neste aspecto, a subcultura configura-se como possibilidade de sobrevivência econômica, em que a produção artesanal é valorizada, o que pode ser remetido à questão da aura levantada por Walter Benjamin (2005).

De acordo com Milton Santos (2003, p.142), as técnicas nunca estão dissociadas da política. Sendo assim, a manutenção da fabricação manual de pranchas (cada prancha é um produto único que resulta de um processo com várias etapas), não só nos anos 1980 como nos dias atuais, constitui um dado relevante em meio à lógica da globalização neoliberal, que aplicada aos mais variados ramos de atividade varreu o mundo em busca de minimização de custos e maximização de lucros. Inconformismo e antipatia pela exploração comercial estão entre os motivos que fazem da fabricação de pranchas um processo muito mais artesanal que industrial (Ford e Brown, 2006, p.51). Os *shapers* quase sempre são surfistas, e sua experiência no mar é valorizada na subcultura do surfe (Ford e Brown, 2006, p.130). Uma análise sobre *shapers* de Florianópolis (Sc) afirma tratar-se de trabalho com características artesanais e informais, geralmente realizado por ex-atletas que aprenderam o ofício com os mais antigos, continuam surfando por lazer e sustentam seus lares com os proventos obtidos com o negócio, do qual são proprietários (Juvêncio e Duarte, 2006). Todos os entrevistados pelos autores eram homens – informação que bate com a observação do material empírico que pesquisei, no qual todas as menções a fabricantes de pranchas correspondem a pessoas do sexo masculino.

Em segundo lugar estão os fabricantes de "camisetas e biquínis", ou seja, roupas para os que frequentam praias ou gostam de se vestir com peças que remetem à praia e ao surfe. A maior parte dos anunciantes tem sede na cidade de São Paulo.[31] Além da marca, nome e/ou logotipo da empresa – veiculados em tamanhos bem maiores que os adotados pela discrição em voga hoje –, muitas propagandas trazem textos, informações sobre os produtos e endereço do fabricante e/ou da loja. Vivia-se um outro momento da publicidade, portanto. Há ainda espaço publicitário de fabricantes de material para voo livre e skate, em número bem menor, e um anúncio da revista *Motocross*.

---

31 Como, aliás, acontece na maior parte das revistas de circulação nacional, tanto na década de 1980 quanto hoje. Uma diferença é que, na época, ao contrário de hoje, boa parte dos anúncios trazia o endereço do anunciante (com frequência uma loja ou pronta-entrega).

Certos anunciantes destacam o fato de serem produtores nacionais. Os esportes radicais, de maneira geral, começaram sendo praticados com materiais importados que, aos poucos, passaram a ser produzidos no Brasil. No surfe a produção de pranchas já estava consolidada, mas no voo livre, por exemplo, o surgimento de um novo fabricante nacional de material foi celebrado como grande novidade.[32]

Encontra-se com facilidade anúncios contendo termos em inglês. Na primeira edição, além de diversas marcas ligadas ao surfe com nomes naquele idioma, há a publicidade de uma lanchonete chamada Wave (*onda*, em inglês), que oferecia desconto de 15% para os clientes que mostrassem um exemplar da revista e apresentava os produtos oferecidos: "espet, salad, sandwich".[33] O fenômeno pode ser compreendido a partir de uma soma de fatores. Batizar marcas e lojas com nomes em inglês é um fenômeno comum nos últimos decênios, ao menos no Rio de Janeiro. É notório o lugar ocupado pelos EUA, há muitas décadas, como principal influência cultural e econômica para o Brasil. Manuais e livros de administração, publicidade e mercadologia (*marketing*, como preferem muitos) são repletos de termos em inglês, que acabam incorporados e utilizados com frequência pelos profissionais destas áreas. Muitas vezes a escolha do nome tinha o propósito de aproveitar a fama e o logotipo de uma marca internacional sem atuação no Brasil (ver item 2.2). Por último, é preciso lembrar que no próprio vocabulário do surfe abundam termos e expressões naquele idioma. A propósito, para Ford e Brown (2006, p.47-9) o surfe é um fenômeno globalizado que poderia ser considerado um caso de americanização (exportação de uma cultura do sul

---
32 *Fluir* n. 1, set-out 1983, p. 48.
33 Não sei o que *espet* significa, nem o dicionário Oxford da língua inglesa registra o termo – seu uso pode significar desconhecimento do idioma ou ironia. Salad significa salada e sandwich, sanduíche. *Fluir – Terra, Mar e Ar*, ano 1, n. 1, set-out/1983, p.37.

da Califórnia). Entretanto, estudos realizados em países como Inglaterra, França e Austrália mostram que há mais reelaboração local que importação. Os autores consideram fundamental olhar para países "em desenvolvimento", nos quais afirmam não haver pesquisa sistemática a respeito. De qualquer forma, o uso de termos em inglês revela as origens do esporte e o peso destas em seu desenvolvimento no Brasil.

Uma publicação como *Fluir* tende a constituir-se em espaço privilegiado para anúncio de empresas diretamente ligadas ao setor que cobre. Ao longo das primeiras edições, estreitou sua temática para focar-se exclusivamente no surfe. Vinte anos depois, a mudança é explicada pela própria ênfase dos anunciantes. Segundo Cláudio Martins, um dos criadores, "com o passar das edições percebemos que quem sustentava a revista era o surf, e aos poucos fomos tirando os outros esportes, até a *Fluir* se tornar 100% surf".[34] Há que se considerar, porém, que Martins era o representante publicitário da revista – e foi por muitos anos diretor deste setor –, o que talvez o tenha levado a superdimensionar o papel da publicidade nos rumos editoriais da publicação. De qualquer forma, fica claro que o projeto editorial caminhou passo a passo com os anúncios.

A primeira edição traz, nos créditos das fotos, referências não apenas ao nome do surfista, mas à equipe à qual pertence. Assim, há Equipe Star Point, Equipe Invicta, Equipe La Barre etc., sempre batizadas a partir do nome da marca que as patrocina. Nota-se uma preocupação de divulgar as empresas que montavam equipes e patrocinavam surfistas (muitas das quais anunciantes de *Fluir*): no "Boletim de Campeonatos", o nome da equipe aparece entre parênteses após o do atleta.

A publicidade tem papel ativo na construção de valores em torno do surfe. Um flanco muito explorado são as viagens (ver

---

[34] "5 Minutos" – Entrevista de Cláudio Martins a Adrian Kojin. *Fluir* n. 216, out 2003, p.52.

capítulo quatro)". Muitas matérias referem-se a "patrocínio", "apoio" ou "colaboração": "nossa viagem (com a colaboração em parte dos equipamentos da Star Point Surf Shop)".[35] Páginas adiante, um anúncio da Star Point apresentava as viagens como possibilidade de surfar em paz: "reflexão: 'num mundo de crowd e multidão, os que viajam ainda podem encontrar aquele momento, a onda e seu pensamento'."[36] Na foto com adesivo da marca e pranchas sobre o capô está o mesmo automóvel Golf que aparece na reportagem sobre a viagem. O carro está à beira da praia, e uma onda ao fundo ocupa a maior parte da imagem. Ao lado da foto, em letras pequenas na vertical, lê-se "Equipe STAR POINT – ÁFRICA DO SUL" e, no canto, "Fluir". Pode-se inferir que a viagem foi uma só, juntando as equipes da Star Point e da revista, assim como as fotos – parte das imagens foi para a reportagem, e uma delas foi escolhida para o anúncio. Por sinal, muitas fotos que ilustram as propagandas são de autoria dos fotógrafos da revista. O "Fluir" na vertical indica que a peça publicitária foi feita pela própria equipe da revista – o que se repete em outros anúncios daquela edição e das posteriores. Meses depois, o nome mudaria para Artfluir, que poderia vir com o acréscimo "Artfluir – Grilo".[37]

Outros esportes

A matéria *ar* correspondia à cobertura do Mundial de Voo Livre de 1983, disputado em Hagelberg (Alemanha), com o então campeão mundial (em 1981, no Japão) e surfista Pedro Paulo Lopes (Pepê) na equipe. Assim como na ida dos surfistas à África do Sul, havia patrocinadores para a viagem. Desta vez, um órgão estatal – e

---

35 *Fluir* n.1, set-out 1983, p.21.
36 *Fluir* n.1, set-out 1983, p.30.
37 *Fluir* n.4, maio 1984, p.7. Fernando C.S. "Grilo" Mesquita era o sócio responsável pela arte. Em 1985, surge na "Ficha Técnica" a Artfluir Publicidade e Representações S/C Ltda., situada em São Paulo, mas com endereço diferente da redação. *Fluir* n.11, ago-set 1985, p.10.

não anunciante – recebeu agradecimento e publicidade em tom velado: "na despedida, a equipe foi brindada em coquetel no Rio de Janeiro, ocasião em que recebeu as passagens das mãos dos representantes do DAC (Departamento Aero-Civil), presentes ao evento juntamente com a imprensa."[38]

No que diz respeito ao campeonato em si, o texto atribui o rendimento dos brasileiros a problemas com equipamento, mas ressalta a importância de participar de competições internacionais para "adquirir maior know-how possível". A postura de destacar bons desempenhos e *explicar* ou *justificar* resultados considerados ruins ou abaixo da expectativa é encontrada com facilidade em *Fluir*. Técnica, equipamentos e desconhecimento de regras e regulamentos (problema muito comum no surfe) podiam atrapalhar os atletas, mas a *vontade* dos mesmos era realçada:

> Pepê também teve problemas com sua asa 'Profill', uma nova asa da fábrica 'La Moyet', muito lenta. Teve destaque em dois dias, conseguindo o segundo melhor tempo, e demonstrou grande garra num vôo em que as condições estavam extremamente radicais devido à chuva e neve. Logo após o pouso, ele teve que ir à ambulância por estar com suas mãos quase congeladas.

No que diz respeito à participação feminina, "para Keka, faltou experiência em competições internacionais, mas teve seu mérito, por ser a primeira mulher a participar de um campeonato mundial."[39] O registro destaca-se menos pela ponderação a respeito do desempenho da atleta – idêntica ao que acontecera com os homens – do que pela rara referência a uma mulher sem comentário sobre atributos físicos (ver item 3.5.2). Uma diferença notável desta matéria em relação às de surfe é a maior quantidade de texto, mesmo com número inferior de páginas. As fotos são em preto e branco, enquanto as de surfe são coloridas.

---

38 *Fluir* n.1, set-out 1983, p.32-5.
39 *Fluir* n.1, set-out 1983, p.33.

A matéria relativa à *terra* cobria o 1º Campeonato Brasileiro de Bicicross, realizado em São Paulo.[40] Escrita em primeira pessoa e com linguagem informal, ressalta a grande presença de público. De acordo com o texto, "o comentário geral eram as chamadas que a TV estava dando para o Campeonato", o que permite pensar a importância da divulgação na televisão tanto para a afluência de público quanto para os próprios organizadores, atletas e jornalistas.

A página seguinte à reportagem continha propaganda (feita pela Agência Fluir) da loja de produtos esportivos Mobycenter, um dos patrocinadores que dava nome à equipe campeã brasileira. Diferentemente do que ocorrera com o voo livre, lá estava a menção à aparência quando se falou de uma mulher: a equipe do Rio de Janeiro ficou "em último [...] com apenas dois segundos lugares (mas uma linda chefe de equipe...)".[41]

"Quem é quem" apresenta um perfil ou entrevista de um atleta.[42] Na primeira edição, ouviu Quinho, campeão brasileiro de bicicross em 1983. Membro da equipe Mobycenter, o atleta demonstra otimismo com o crescimento da modalidade.

O primeiro "Boletim de Campeonatos" publica resultados de competições de surfe e bicicross, incluindo campeonatos locais e/ou internos de associações como a Asn (Associação de Surf de Niterói) e de universidades como a Mackenzie e Fmu/Fiam (ambas sediadas na capital paulista e com campeonatos realizados em Ubatuba ou no Guarujá). No caso das faculdades, era comum as entidades estudantis (DCEs e Associações Atléticas) organizarem as competições. Não há um padrão em relação ao espaço dedicado a cada campeonato, às informações apresentadas e ao número de colocados listados (poderiam ser listados três, quatro, cinco, seis, oito etc.). No caso da 1ª Copa Fmu/Fiam de Surfe, organizada pela

---

40 *Fluir* n.1, set-out 1983, p.38-41.
41 *Fluir* n.1, set-out 1983, p.41.
42 *Fluir* n.1, set-out 1983, p.43.

Associação Atlética F<small>MU</small>-F<small>IAM</small>, onde estudavam alguns dos sócios de *Fluir*, o décimo lugar foi listado como "Romeu (Fluir)".

1.2.2 De revista de esportes radicais a revista de surfe

Características editoriais

Fluir permanece como publicação poliesportiva por seis edições. A primeira modalidade a sair é o voo livre, que aparece pela última vez na quarta edição. O bicicross dura uma a mais. A partir da sétima, o skate praticamente desaparece, salvo por matérias esporádicas e uma coluna publicada de forma intermitente. O editorial do segundo número chamava a atenção para a evolução da revista, que crescera em páginas e se tornara "mais J<small>ORNALÍSTICA</small>, com fotos e textos mais atuais". Para os editores, portanto, "jornalístico" implicava falar da atualidade – sem menção ao estilo dos textos, característica do primeiro número que mais o distanciava em relação aos padrões jornalísticos usuais. O editorial destacava ainda o aumento do número de páginas dedicadas ao bicicross.

A edição é dividida em três seções principais, sobre surfe, bicicross e voo livre. A ordem reflete a importância das modalidades: a primeira tinha mais páginas, ao passo que o voo livre vinha por último e ocupava menos espaço. A hierarquia entre os esportes, com o surfe em destaque, sempre foi perceptível, fosse de forma escancarada (capas, número de páginas) ou sutil (no topo das duas primeiras páginas com resultados de surfe, lia-se apenas "Boletim de Campeonatos". As seguintes tinham "Bicicross" e "Voo" no cabeçalho).[43]

O caráter experimental deu lugar a uma publicação mais organizada e com menos textos esotéricos. Seções semelhantes às encontradas comumente em revistas passavam "a tomar espaço

---

43 *Fluir* n. 2, nov-dez 1983, p.58-61.

e formas próprias,"⁴⁴ como uma de pequenas notas ("Toques", depois "Surf News" e "Rádio Fluir"); a de fotos muda de "Fluindo" para "Fluindo no surf".

Copyright: Revista Fluir

O "Boletim de Campeonatos" estampava resultados de eventos e *rankings*. A elaboração dos últimos representa um avanço em termos organizativos, pois pressupõe planejamento, estrutura para permitir continuidade e a realização de ao menos duas etapas (eventos) similares. Em Santa Catarina, por exemplo, o *ranking* da Copa Catarinense (nome do circuito estadual de surfe) dividia-se

---

44 *Fluir* n. 2, nov-dez 1983, p.6.

em "classes", incluindo a "feminina".[45] O Campeonato Gaúcho de Bicicross de 1983 teve seis etapas.[46]

Nos números dois e três, as "Cartas do Leitor" ficavam no final. A partir do quatro, foram para o lugar onde é comum encontrá-las em revistas: próximo ao início, entre as seções iniciais (índice, editorial) e as matérias. O número dois continha 14 cartas com letras de tamanho reduzidíssimo – que dificultava a leitura –, algumas com endereço e nome completos do remetente, prática não usual.[47] No material analisado, a seção de cartas aproxima-se das de outras publicações impressas. Pode-se dividir seu conteúdo basicamente em três eixos: a) críticas ou elogios ao veículo; b) comentários sobre o conteúdo de edições anteriores; c) propostas, denúncias e ideias relativas a temas de interesse da revista e/ou de seus leitores. Nos primeiros dois ou três anos há um elevado número de cartas enaltecendo o lançamento e, depois, as modificações e a melhoria da publicação. Há poucas críticas. Em linhas gerais, elas não diferem do padrão de seleção das opiniões *publicáveis* que vigora na ampla maioria dos impressos brasileiros, em que as críticas de fundo e contundentes não são contempladas e os elogios são a preferência editorial.[48]

Seções continuam surgindo ("No Ar", com fotos de voo livre),[49] desaparecendo ("Som" some em julho de 1984) e mudando de localização ("Ecologia" e "Alimentação Natural") de uma edição para outra. A "Coluna Social" assinada por Tavares da Merenda fazia menção, quase sempre, a marcas que anunciavam na revista, assinatura de contratos de patrocínio e, vez ou outra, nascimentos e casa-

---

45 "Boletim de Campeonatos", *Fluir* n. 2, nov-dez 1983, p.59.
46 "Boletim de Campeonatos", *Fluir* n. 2, nov-dez 1983, p.60.
47 *Fluir* n. 2, nov-dez 1983, p.65.
48 Fiz a opção metodológica de tratar as cartas da mesma forma que o restante da revista. Portanto, seu conteúdo não é discutido em uma seção específica da tese, mas está distribuído ao longo dela, de acordo com os temas abordados.
49 *Fluir* n. 3, mar 1984, p 56.

mentos.⁵⁰ "Gente que surfa" mostrava pessoas bem-sucedidas que amavam o esporte: empresários, artistas, profissionais liberais.

A capa do número três foi a primeira e única com chamada e foto de quatro esportes (surfe, bicicross, voo livre e skate), aquela em que o surfe tem menos destaque em relação aos demais esportes, ainda que permaneça o principal, e a primeira com chamada para um assunto não esportivo: "Som: Stones Devo".⁵¹

O desenho do logotipo vai sendo modificado, seja no todo, seja em detalhes (do número seis para o sete, por exemplo, mudam o tamanho da sombra das letras e a borda). Às vezes um modelo continua por duas ou três edições, antes de nova mudança. A cor varia a cada número, como ocorre com a maioria das revistas.

As mudanças do terceiro número ultrapassaram a capa. O índice não mais separa os esportes, mas a ordem em que aparecem continua a refletir a hierarquização: surfe, bicicross, skate e voo livre. O recém-incluído skate será, meses depois, a última modalidade abandonada. O índice com o conteúdo é acompanhado de outro que lista, em ordem alfabética, os anunciantes e as páginas em que estão as propagandas. A "ficha técnica" cresce, refletindo a estruturação da editora e da revista: Assessoria Contábil, Departamento Jurídico, Arte e Diagramação, Redação, Publicidade, Representantes, Correspondentes. Alguns nomes e setores são novos; outros são desmembramento/especialização de setores já existentes. Aparece pela primeira vez um "Conselho Editorial" com 18 nomes, a maior parte dos quais se repete na "Ficha Técnica". Um quadro anuncia a "assinantes, anunciantes e leitores" que houve um atraso – a edição deveria cobrir os meses de janeiro e fevereiro, mas saiu como "março" – e que passaria a ser publicada nos meses ímpares. O primeiro aniversário será comemorado na edição n. 6 (setembro)

---

50 *Fluir* n. 5, jul 1984, p.12.
51 *Fluir* n. 3, mar 1984.

e, posteriormente, no mês de outubro.⁵² Muitas fotos ainda são em preto e branco.

Nos meses seguintes, a ficha técnica continua a aumentar e a tornar-se mais complexa, exceto pela saída dos responsáveis pelas modalidades abandonadas. No primeiro ano, de uma edição para a seguinte, os correspondentes podem mudar: tanto os nomes (incluindo atletas como Daniel Friedmann e Alexandre Salazar) quanto as cidades onde se localizam. Em setembro de 1984 a redação muda de endereço pela primeira vez e o expediente deixa de se chamar "Ficha Técnica": lê-se apenas Revista Fluir, em letras maiúsculas.⁵³ Em março de 1986, Fernando C. S. Mesquita ("Grilo"), um dos sócios-fundadores, sai da lista de diretores da editora e do cargo de diretor de arte.⁵⁴ *Fluir* passa a ser distribuída em Portugal.

No que diz respeito à redação, nas primeiras edições é possível encontrar frases vagas ou sem sentido claro, como esta: "O seu estilo de surfar chama a atenção de qualquer pessoa devido à sua autodefinição a partir do momento em que sobe na prancha."⁵⁵ Tal característica pode-se dever não apenas ao estilo de quem escreve, mas também à falta de uma revisão textual rigorosa. A grafia e a acentuação de um mesmo nome próprio às vezes variavam de uma edição para outra ou até dentro da mesma matéria. Há reportagens que parecem tradução literal do inglês, resultando em algumas expressões sem sentido em português.⁵⁶ A partir de 1985 algumas edições trazem um texto ficcional – original ou traduzido de publicação estrangeira – contando uma história relacionada ao surfe.

---
52 *Fluir* n. 3, mar 1984, p.4.
53 *Fluir* n. 6, set 1984, p.10.
54 "Ficha Técnica", *Fluir* n. 15, maio 1986, p.18.
55 "Fluindo no surf", *Fluir* n. 5, jul 1984, p.49.
56 "Japão", Paul Cohen, *Fluir* n. 7, dez 1984, p.86-91. Por exemplo, o trecho "com 45 minutos de atraso, o campeonato estava resumido" parece uma tradução literal e incorreta do termo *resumed* ou da expressão *had been resumed*, que significam *reiniciado* ou *foi/fora reiniciado*.

No número quatro o avanço da padronização textual e gráfica (uso de maiúsculas e minúsculas, grafia dos nomes etc.) é visível em relação aos anteriores, mas ainda há variações. Por outro lado, permanecem o uso de primeira pessoa e a informalidade, percebida neste exemplo pelo emprego de apelidos para identificar as pessoas: "foi por essas razões que nós (eu, meu irmão Tchó, mais o Kenji e o Rubão), que já havíamos surfado na ilha [...]".[57] Há textos em primeira pessoa inclusive em colunas de notas, que não são assinadas, em um editorial (igualmente sem assinatura)[58] e outros em que o autor do texto é um dos esportistas retratados nas fotos.

Nas matérias sobre competição, o tom pessoal é percebido pelo emprego de verbos em primeira pessoa do singular e pela eventual demonstração de preferência por este ou aquele atleta.

As etapas do primeiro Circuito Brasileiro de Surfe, em 1987, receberam ampla divulgação e cobertura. O apoio incluiu o fornecimento de "cartazes, fichas de inscrição, papeletas de juízes [...]" a cada etapa (Gutenberg, 1989, p.199). Surge no expediente o logotipo indicando filiação ao Instituto Verificador de Circulação (IVC) e *Fluir* anuncia duas novidades: entrada na Editora Azul e periodicidade mensal. O logotipo da nova empresa apareceu pela primeira vez na capa de maio. O editorial fala em uma "nova era" para a publicação e explica que fora feito um "acordo operacional" com "a quarta maior editora do país", o que significaria melhorias: "maiores recursos e suporte gráfico para novas ideias e lançamentos [...] O surf brasileiro ganha com isso mais espaço, maior penetração, mais seriedade, mais apoio e divulgação". Há o cuidado de explicitar que não houve venda, que "a equipe [...] continua exatamente a mesma", assim como a revista em si, "feita por e para surfistas".[59] A

---

57 Aldhemar J. Freitas Filho (Deminha) (t), "Fernando de Noronha", *Fluir* n. 2, nov-dez 1983, p.18.
58 "Editorial", *Fluir* n. 5, jul 1984, p.4.
59 "Editorial", *Fluir* n. 20, maio 1987, p.9.

nova periodicidade foi informada em anúncio com uma fotografia de dezenas de surfistas no mar: "O crowd pediu! A partir de julho a Fluir é mensal!"[60] Adotava-se o *slogan* que a acompanharia por muitos anos: "Surf é Fluir". As seções "Gente que Surfa", "Novos Talentos" e "Fluindo no Surf" e a lista de atletas patrocinados deixam de ser publicadas. Vale lembrar que "Fluindo no Surf" era a única seção em que os surfistas comuns e o dia a dia ocupavam espaço relevante.

O número de páginas subiu das menos de 70 do primeiro ano para as cerca de 120 em 1988. A média aumenta anualmente, só diminuindo em 1987 e 1988, o que se explica em função da nova periodicidade mensal, ocorrida no meio de 1987. A título de comparação, a edição de 25 anos, publicada em outubro de 2008, tem nada menos que 340 páginas.[61]

Ano	Periodicidade	Edições pesquisadas	Média aproximada de páginas
1983	bimestral	2 (todas)	64
1984	bimestral	5 (todas)	100
1985	bimestral	5 (todas)	134
1986	bimestral	4	146
1987	bimestral/mensal	7	121
1988	mensal	11	119

Tabela 1 – Número médio de páginas por edição a cada ano.

Na medida em que *Fluir* se propunha a cobrir quatro esportes, a aposta no crescimento e a profissionalização dos mesmos – gerando mais público leitor e mais anunciantes em potencial – significava também apostar na própria sobrevivência da revista. Sem um mercado lucrativo e pujante que propiciasse às empresas desejo e necessidade de investir em publicidade, provavelmente a revista pereceria. Mais que isso, era preciso que o interesse pelos

---
60 *Fluir* n. 20, maio 1987, p.78-9.
61 *Fluir* n. 276, out 2008. Publicou-se também uma edição especial pela Editora Gaia (São Paulo), vendida em livrarias. Ela contém informações sobre a trajetória da revista, todas as capas e reproduz matérias, fotos e editoria.

esportes mantivesse um ritmo estável e contínuo de crescimento, sem as oscilações típicas dos modismos que geram enormes lucros em curto prazo para certas empresas, mas são fatais para as publicações impressas como visto no item 1.1. Mas como esta publicação cresceu e de que maneira abordava as modalidades?

Uma revista de esportes radicais
Sob a expressão *esportes radicais* reúnem-se práticas singulares com diferenças entre si. Por outro lado, é comum os praticantes transitarem entre mais de uma modalidade, conforme afirmam estudiosos (Dias, 2008; Souza, 2003).[62] Há intensa circulação de atletas e de técnicas, manobras, equipamentos, roupas, materiais. Muitos praticavam mais de uma modalidade antes de decidirem dedicar-se exclusivamente a uma, como o piloto de bicicross que praticara skate e surfe.[63] A partir da segunda metade da década, surfe, *snowboard* e skate intercambiaram diversas manobras. Entre as que o surfe importou e adaptou estão os aéreos, nos quais o surfista voa com a prancha, interrompendo o contato com a onda, e retorna à mesma conseguindo reequilibrar-se (Ford e Brown, 2006, p.34). Anos antes, o salto qualitativo que transformou o skate em febre nos EUA foi dado por garotos californianos que adaptaram para as pistas e piscinas as manobras e o estilo do surfe.[64]

A noção de *esportes radicais* "possui interseções com outras como *esportes na natureza, esportes de aventura* e *esportes de ação*" (Fortes, 2009). Há quem a utilize indistintamente.[65] Os esportes ra-

---
62 Tal é o caso de personagens dos filmes *Menino do Rio* e *Garota Dourada*, datados respectivamente de 1981 e 1983.
63 "Quem é Tchap-Tchura", Reinaldo Negreiros Ribeiro, *Fluir* n. 4, maio 1984, p.66.
64 Ver os filmes *Dogtown & Z-boys – onde tudo começou* (Dogtown & Z-Boys). 2001, dir. Stacy Peralta, 90 min., documentário; e *Os reis de Dogtown* (Lords of Dogtown). EUA, 2005, dir. Catherine Hardwicke, 105 min, ficção.
65 Para se ter uma ideia da complexidade de categorias nativas existentes nas fontes, cito este trecho de um jornal da Associação de Surf de Peito Posto Cinco,

dicais diferem de esportes comuns não apenas por características da prática em si, mas por serem apropriados pelos praticantes e/ou admiradores – notadamente nos casos do skate, do surfe e do *snowboard* – como instâncias de construção de identidade. Neste processo, as revistas ocupam um papel preponderante como instância que se legitima para falar ao público interno – pelo conhecimento de causa e envolvimento no esporte – e, ao mesmo tempo, atrair novos interessados do público externo. Como a fala do empresário citada no início da introdução deixa entrever, há disputas em torno de diferentes estratégias de identificação em cada modalidade – e boa parte desta batalha é travada dentro e por meio da mídia de nicho. Vão se construindo gramáticas em torno das práticas, as quais inclusive variam de uma modalidade para outra. *Fluir* tem um papel importante no processo, principalmente no caso do surfe (já que as demais modalidades foram abandonadas), que se tornou a subcultura mais perene e forte durante os anos 1980. Seja como for, a noção de esportes radicais remete a risco, emoção, adrenalina. Salta aos olhos o fato de *Fluir* dedicar-se ao tema mas fazer pouquíssima menção a perigos e acidentes – trata-se, portanto, de uma das estratégias de construção de uma gramática em torno das modalidades. Embora haja riscos evidentes, não há cobertura sistemática de tais problemas, e raríssimas são as menções em reportagens ou as fotos sobre acidentes e suas consequências.

Em 1984, "atendendo a inúmeros pedidos, a Fluir publica de maneira simples e eficaz, planos para a construção de sua própria rampa", um "modelo [...] versátil, pois pode ser utilizado tanto para bicicross como para skate". Com dois croquis e instruções

---

com sede no Rio de Janeiro: "Os esportes de onda incluem: bodysurf – surf de peito; boogie board e belly board – surf de prancha de peito; knee board – surfe de joelho em prancha pequena; surf – surf em pé em prancha grande; wind surf – surf com prancha a vela; hand surf – surf de peito com prancha de mão." *Jornal da ASPPC*, ano 1, n.3-4, 1987.

dos materiais a utilizar e a montagem da rampa, a matéria sugeria aos interessados buscar ajuda de um "carpinteiro amigo" para a construção. Promovendo a iniciação precoce dos praticantes no processo de mercantilização do esporte, recomendava-lhes "tentar conseguir algum patrocinador para a rampa (para cobrir os gastos, ou até a construção), e mostrem a ele os planos, e que após pronta, poderia ser veiculado um desenho da marca do patrocinador".[66] Por último, um lembrete em negrito chama atenção para a necessidade de usar equipamentos de segurança e que "mesmo assim machucados poderão ocorrer. A responsabilidade recai assim, única e exclusivamente ao praticante. Alertamos assim sua consciência à segurança, evitando riscos desnecessários". O trecho soa como uma tentativa de evitar reclamações posteriores de praticantes e de seus pais. Contraditoriamente, diversas fotos de pilotos de bicicross e skatistas os apresentam sem capacete, luvas, cotoveleira e joelheira. O caso mais flagrante de contradição é a edição de lançamento de *Skatin'*, do mesmo grupo de *Fluir*, cujo editorial recomendava, de forma politicamente correta: "use sempre seus equipamentos de segurança: capacete, joelheiras, luvas e tudo que for necessário para sua proteção", enquanto a capa estampava um garoto de 9 anos de idade dando um aéreo sem usar qualquer dos itens listados.[67]

A preocupação de zelar pela imagem, exacerbada no caso do surfe, estava presente nas demais modalidades. A busca de respeitabilidade era difícil para adeptos de esportes considerados perigosos pelo senso comum. Um piloto de voo livre recomenda aos neófitos que "não se deixem influenciar pelas más crenças que ainda rondam este esporte. Procurem conhecer mais de perto, tenho certeza que verão o quanto seguro está, atualmente, realizar o mais antigo dos sonhos do homem".[68] Contudo, a matéria anterior

---
66 "Construa sua rampa", *Fluir* n. 3, mar 1984, p.46.
67 *Skatin'* n. 1, jul-ago 1988, p.1, 7.
68 Entrevista de Roberto Cantusio a Ricardo Demasi, *Fluir* n. 2, nov-dez 1983, p.54.

à que traz esta declaração mencionava acidentes ocorridos com pilotos em um campeonato realizado no Rio de Janeiro, um deles atingindo uma espectadora que se colocara próximo demais à área de pouso.[69]

No bicicross encontrei uma ou outra referência a quedas e machucados. Salvo pela disputa de interesses entre as grandes fabricantes de bicicletas, apresentou-se a modalidade como limpa. Contudo, uma frase solta no meio da cobertura do Campeonato Paulista de 1984 informa que as coisas não eram bem assim: "na categoria Adulto A houve muita briga, com várias fechadas, empurrões e cotovelada".[70] O assunto não voltou a ser abordado, mas a menção sugere que a ausência do assunto se deve mais à escolha editorial de silenciar sobre a agressividade, elemento importante no esporte e, principalmente, nas competições, que à falta de confusões e contusões no esporte em si.

No skate, indicações de uso de equipamentos de segurança conviviam com a exaltação da coragem e da radicalidade. O "dicionário" de termos do esporte feito pelo colunista Dr. Anshowinhas definiu "limite" como "uma palavra que não existe no vocabulário skatístico. Outro exemplo de palavras desse tipo? MEDO".[71] No surfe, um anúncio com texto assinado por Paulo Issa dissertava sobre o que é surfar e recomendava "ter equilíbrio" e "saber o tom correto da coragem, a cor do perigo".[72] Ou seja, sugeria combinar coragem e sensatez, de forma a não arriscar a vida em condições difíceis.

O rol de problemas raramente abordados inclui os climáticos, que poderiam atrapalhar ou impedir a realização de competições. Salvo nas poucas pistas cobertas de skate e bicicross, os esportes eram praticados ao ar livre, portanto encontravam-se

---

69 Nelson Veiga (t, f), "1º. Desafio Camel de Vôo Livre", *Fluir* n. 2, nov-dez 1983, p.52.
70 "1ª Etapa do Campeonato Paulista – Salto", Alexandre Andreatta (t/f), *Fluir* n. 5, jul 1984, p.70-1.
71 "Dr. Anshowinhas Responde", *Fluir* n.5, jul 1984, p.73.
72 "O espírito do surf", Paulo Issa, *Fluir* n.5, jul 1984, p.51.

sujeitos às intempéries: chuva, vento (direção, força, presença ou ausência), temperatura e ondas (tamanho, formação, frequência, marés, correntes) determinavam as condições em que se davam as disputas, obrigando inclusive a cancelamentos, suspensões e adiamentos. Com exceção da condição das ondas, raramente se tocava nesses assuntos.[73] Quando ocorria, era de forma discreta e pontual, como na competição de voo livre em 1983 que durou muitos dias além do previsto porque choveu por uma semana seguida no Rio.[74]

Durante o período poliesportivo houve menções pontuais a modalidades além das quatro: a) nota sobre o "II Campeonato Paulista de Wind-Surf";[75] b) recomendação de um pico "muito bom para o surf de peito";[76] c) menção a um "novo esporte", o Mountain Bike;[77] d) foto de um patinador (que também era skatista) executando manobra em um *bowl*.[78] Uma competição de "triathlon" da qual participou uma equipe que tinha *Fluir* como um dos patrocinadores chegou a ser coberta, mas a revista pede desculpas pela não publicação do resultado devido a "problemas no fechamento de edição" e conclui "prometendo para o nosso próximo número reportagens e informes dessa modalidade esportiva duríssima e apaixonante", o que não chegou a ocorrer.[79] Dizendo-se proprietário de uma empresa de "promoções", um leitor gaúcho informa que tem clientes interessados em investir em canoagem e sugere a abertura de

---

73 Em uma tentativa de melhorar as condições de realização dos eventos, há alguns anos a ASP adotou o sistema de "janela", que reserva para cada etapa alguns dias além do mínimo necessário para que seja completada. Desta forma, a cada manhã uma comissão se reúne e avalia as condições do mar. Se considerar que não há ondas com qualidade e/ou tamanho suficientes, o evento é suspenso até a manhã do dia seguinte.
74 Nelson Veiga (t, f), "1º Desafio Camel de Voo Livre", *Fluir* n.2, nov-dez 1983, p.50-3.
75 *Fluir* n. 3, mar 1984, p.11.
76 "México – Puerto Escondido", Alfredo Bahia e Bruno Alves, *Fluir* n. 4, maio 1984, p.37.
77 "New York, New York", Antonio Celso Fortino (t/f), *Fluir* n. 4, maio 1984, p.64-5.
78 *Bowls* são um tipo de pista em formato de cuia (*bowl* em inglês) que podem ser usadas tanto por skatistas quanto por patinadores. *Fluir* n. 4, maio 1984, p.71.
79 "Competindo", *Fluir* n. 2, nov-dez 1983, p.60.

espaço para a modalidade.⁸⁰ A posição do leitor evidencia uma visão da revista como mídia *necessária* ao desenvolvimento da modalidade esportiva, via patrocínio, pois o interesse em financiar um esporte ou esportista vincula-se à possibilidade de ter a marca exibida na cobertura realizada pela imprensa.

Mas o que mais se dizia sobre os esportes principais? Como o surfe é o eixo central deste trabalho, o bicicross foi escolhido entre os esportes restantes para ser discutido em uma seção à parte, com trechos pontuais dando conta do voo livre e do skate.

Bicicross

A dificuldade de conciliar estudos e prática esportiva – com objetivos competitivos ou não – é dilema cotidiano vivido pelos esportistas comuns, mas praticamente ignorados na revista. Referências a proibição e restrições por parte dos pais ou impossibilidade de treinar e estudar só surgiam quando se entrevistava algum atleta amador considerado promissor ou quando um atleta já inserido na esfera competitiva falava sobre seu passado. As dificuldades enfrentadas no dia a dia, inclusive pelas crianças e adolescentes que sonhavam em competir e profissionalizar-se, não entravam na pauta.

Estes problemas ganhavam maior dimensão no bicicross, cujos praticantes, junto com os skatistas, possuíam idade média muito inferior à dos surfistas e pilotos de voo livre. Um piloto ressaltou a necessidade de conciliar estudo e esporte.⁸¹ O perfil de outro, de apenas 7 anos, destacava que "Erich é um campeão também nos estudos (passou de ano com ótimas notas)" e deixava um recado: "aí, garotada, mirem-se neste exemplo!".⁸² A modalidade teve presença efêmera, mas foi nas matérias voltadas para ela que,

---
80 "Cartas do Leitor", *Fluir* n. 6, set 1984, p.16.
81 "Quem é quem – Robin James Toogood", *Fluir* n. 2, nov-dez 1983, p.48.
82 "Quem é quem", Alexandre Andreatta, *Fluir* n. 3, mar 1984, p.50.

proporcionalmente, houve maior número de referências à escola e preocupação de incentivar o estudo.

O objetivo declarado por *Fluir* de "desenvolver", "estruturar" e "profissionalizar" de vez os esportes radicais no país produzia um olhar que superdimensionava o aspecto competitivo e minimizava (ou ignorava) a prática cotidiana e outras possibilidades de abordagem (cultura, estilo, curiosidades etc.). Duas notas relativas ao voo livre revelam preocupação de explicar e defender uma linha de organização do esporte:

> A APVL (Associação Paulista de Vôo Livre) está devidamente registrada, ou seja, com existência legal. Agora todos os pilotos associados deverão cumprir a legislação, que inclusive está de acordo com as exigências do DAC (Diretório Aéreo Civil). A função da APVL não é burocratizar o esporte, mas sim organizá-lo, aumentar a sua segurança e incentivar a sua difusão.

Quem estiver interessado em praticar Vôo Livre, o caminho certo é procurando a A.P.V.L. [...] ela lhe indicará um professor devidamente credenciado.[83]

A organização do voo livre abrangia questões espinhosas como a relação com os militares – a ditadura estava em seus estertores, mas vigorava; o Dac integrava a estrutura do Ministério da Aeronáutica. A explicação sobre a função da Apvl e a necessidade de procurá-la para ingressar no esporte sugerem a existência de divergências quanto ao processo de escolas e instrutores não cadastrados – a linha de condução do esporte adotada pela entidade provavelmente não era a única possível.

No caso do bicicross, uma matéria "reuniu as 12 principais equipes do estado de São Paulo para mostrar como é e como funciona aquela que é a base fundamental do bicicross: a EQUIPE DE

---

[83] "Toques", Ricardo Demasi, *Fluir* n. 4, maio 1984, p.71. Assim como nas demais modalidades, a organização do vôo livre não começa nos anos 1980. De acordo com Spink, Aragaki e Alves (2005), a ABVL (Associação Brasileira de Vôo Livre) foi criada em 1975.

COMPETIÇÃO".[84] Tratar competição e equipes bancadas e reunidas por patrocinadores como a "base fundamental" da modalidade é uma *escolha* que sempre é parcial e passível de discussão. O problema é que raramente as preferências dos meios de comunicação se apresentam como tais. A competição, portanto, é o aspecto mais importante do bicicross *na opinião de Fluir*, mas não necessariamente para os praticantes comuns. Os milhares de crianças e adolescentes que infernizaram os pais para ganhar uma bicicleta estilo *cross* nos anos 1980, entre os quais me incluo, andavam de bicicleta, construíam rampas, subiam e desciam calçadas e obstáculos porque queriam virar profissionais ou porque se divertiam e gostavam? A revista passou inteiramente ao largo desta discussão.

A busca por profissionalização é articulada com o caráter "familiar" da modalidade, sempre destacado:

> No cotidiano de competições de bicicross vive-se um ambiente bastante familiar, no sentido lato da palavra, e uma cena bastante comum é encontrar nas pistas famílias inteiras: pais, mães, filhos e filhas. Os pais, longe de serem meros espectadores, são ativos participantes das provas seja como comissários de pistas ou então como técnicos, algumas vezes como chefes de equipes, ou mesmo como torcedores mais fanáticos do que aqueles que se vê nos campos de futebol.[85]

Longe de representar uma contradição em relação ao almejado profissionalismo, a atuação de pais em funções como comissário de pista (responsável por punição e eliminação de pilotos, por exemplo) é considerada uma virtude. Diferentemente do que ocorre com o surfe e o skate, não parece haver dificuldade para classificar o bicicross como um esporte saudável, positivo e

---

84 "Quem é quem nas equipes paulistas", Alexandre Andreatta (t/f), *Fluir* n. 4, maio 1984, p.58.
85 Idem.

apreciado pelas famílias.⁸⁶ Vale lembrar que boa parte dos compradores de *Fluir* eram crianças e adolescentes e que, quanto menor a idade, maior a necessidade de apoio e permissão dos pais para praticar esportes radicais ou comprar produtos relativos a eles, inclusive revistas. Consequentemente, quanto mais os pais vissem as modalidades com bons olhos e delas se aproximassem, melhor.

É significativo que uma reportagem da edição anterior mencione a falta de qualificação dos comissários de pista, mas não aponte o amadorismo e a participação dos pais como uma das possíveis causas.

Salta aos olhos a diferença entre bicicross e skate no aspecto comportamental. A entrada do último na pauta da revista trouxe um "Skate manifesto" assinado pelo editor assistente responsável pela modalidade.⁸⁷ Apresenta "o esporte do futuro, e o futuro é hoje" e aponta sua ligação com música (do "rock tradicional" para "o punk e o hardcore, a new wave e o tecnopop"), invenções tecnológicas que permitiram aprimoramento dos equipamentos ("o amanhã já chegou à [sic] seus pés, nas fibras especiais, nos eixos de magnésio e nas rodas de uretano"), o estilo do skatista "despontando toda a agressividade visual, nas calças tigradas, nos cabelos curtos e rentes, ou nos tênis quadriculados e fosforescentes. É o retrato do skatista debulhando e falando – FUCK YOU!" e do esporte "horrorizando as massas e agilizando o espaço. Skate não é moda – é ação!". Este retrato *sujo* e *revoltado* do skate, incluindo um palavrão em inglês, se manterá nas edições seguintes e contrasta nitidamente com a imagem dos outros esportes, cujos agentes buscam mostrar-se simpáticos, limpos, corretos etc.

---

86 O voo livre tinha duas diferenças cruciais em relação aos demais esportes: as restrições relativas à regulação (faixa etária mínima, necessidade de realização de cursos e obtenção de licença) e poder aquisitivo, que produziam um corte rígido quanto à geração e classe social.
87 "Skate manifesto", Paulo de Oliveira Brito (Anshowinhas), *Fluir* n. 3, mar 1984, p.52.

Uma exceção ao "bom mocismo" predominante na cobertura do bicicross foi a matéria que tratou da modalidade estilo livre, que segundo um praticante, é

> uma forma de horrorizar as massas, chocar o público e mostrar ao mesmo tempo, o que é o esporte, e não as idéias distorcidas do que seria. Eu ainda não vi, [sic] nenhum campeonato de estilo livre de bike, e existem muitos praticantes que acabam perdendo o incentivo.[88]

Reclamações de preconceito, incompreensão e distorção por parte do grande público aparecem em diversos momentos – principalmente quando se abre aspas para praticantes – na cobertura de surfe e skate, mas não se discute, salvo as raras exceções do surfe (ver item 3.2), de que distorções, preconceitos e incompreensões se está falando. Por outro lado, a declaração fala de preconceito entre diferentes modalidades do próprio esporte, com a exclusão do estilo livre nas competições – mais um assunto que não foi levado à frente.

Desde o início, apostou-se que o bicicross e o voo livre iriam se desenvolver bastante no país. As primeiras matérias sobre o bicicross vinham carregadas de otimismo em relação ao presente e ao futuro. Novo Hamburgo era a "capital do bicicross no Rio Grande do Sul" e saudava-se a criação de associações, a inauguração de pistas e a realização de campeonatos em cidades do interior gaúcho, paulista e de outros estados: "é o Bicicross, crescendo dia a dia em todo o Brasil";[89] "o interior mostrando sua garra e mostrando que o skate em união com o bicicross estarão estourando como os esportes da década de 1980."[90] A formação da Appb (Associação

---

[88] "Estilo livre", *Fluir* n.4, maio 1984, p.68.
[89] "Boletim de Campeonatos", *Fluir* n. 2, nov-dez 1983, p.60.
[90] "Toques", *Fluir* n.4, maio 1984, p.66.

Paulista dos Pilotos de Bicicross), "para maior participação dos pilotos na estrutura do esporte", recebeu registro e loas.[91] Referindo-se à empresa que patrocinou e organizou um evento, a matéria saudava: "num país em que os pesadelos são maiores que a realidade, a audácia e a coragem de certas firmas é que nos traz um pouco de alegria e divertimento". O final renovava os louvores: "parabéns aos patrocinadores da Copa pela impecável organização e por crer num trabalho, numa visão, num ideal que, nem mesmo essa tal de recessão, consegue atrapalhar."[92] O trabalho sério e duro de pilotos, organizadores e imprensa seria infrutífero sem a existência de empresas dispostas a investir nos esportes. A conjuntura econômica de recessão vigente em 1983 constituía um motivo importante para enfatizar o elogio. Contudo, em breve a postura em relação às grandes fábricas mudaria drasticamente.

Abria-se espaço para reivindicações de praticantes sobre pistas melhores e maiores, "com o objetivo de elevar o nível e a competitividade da moçada a um padrão internacional".[93] Perguntado sobre o que fazer para o esporte evoluir e "atingir um nível profissional, especializado, organizado", um piloto listou três necessidades: "mais incentivo [...] das grandes firmas, [...] apoio e espaço na imprensa (jornal, rádio, TV, etc.) e maior interesse do público nas corridas de federados".[94] Se por um lado havia lacunas, necessidades e problemas a enumerar, por outro os entrevistados enxergavam sinais positivos, como aumento do número de praticantes e do público interessado. Em meio à euforia, um entrevistador preocupou-se com a possibilidade de o bicicross ser

---

91 "Toques", *Fluir* n.5, jul 1984, p.68.
92 Antonio Celso Fortino, "Segunda Copa Brasil Caloicross", *Fluir* n.2, nov-out 1983, p.39. Na mesma edição, outra matéria cobria um campeonato realizado pela Monark e também a elogiava. Monark e Caloi eram os dois principais fabricantes de bicicletas do Brasil.
93 Alexandre Andreatta (t/f), "III Copa Monark de BMX", *Fluir* n.2, nov-dez 1983, p.47.
94 "Quem é quem – Robin James Toogood", *Fluir* n.2, nov-dez 1983, p.48.

"uma febre como foi o patins, forte e rápida",[95] mas recebeu uma resposta otimista.

A comparação entre as situações do esporte no Brasil e nos EUA mostrava-se amplamente desfavorável ao primeiro.[96] Somava-se a isso a tendência dos pilotos de competição ouvidos a preferir bicicletas importadas. Na visão destes, os equipamentos nacionais não estavam à altura dos importados. A matéria sobre uma exposição da indústria de bicicletas nos EUA destacou o atraso do Brasil em relação a equipamentos, ao falar de modelos e desenhos de bicicletas, componentes, materiais, roupas e acessórios "que, infelizmente, ainda demorarão um pouco para chegar por aqui". Enquanto a maioria dos textos falava com otimismo do bicicross brasileiro e até de perspectivas de participação em competições internacionais, esta reportagem, ao considerar "muito importante a divulgação e a circulação dessas informações para que todos [...] se mantenham atualizados das novas tendências do bicicross mundial e da evolução técnica do esporte", permite perceber o caráter periférico da modalidade no país: era preciso importar equipamentos, as novidades só chegavam se alguém fosse ao exterior e as trouxesse (ou fizesse uma matéria contando-as), os EUA eram associados a competitividade e organização.[97] Como veremos no próximo capítulo, processo análogo ocorre com o surfe.

O bicicross dependia dos fabricantes de bicicletas que davam nome a campeonatos e equipes e eram proprietários das principais pistas de São Paulo. Pilotos e a própria revista solicitavam investimentos, noticiando vendas, projetos, iniciativas publicitárias e estimulando a concorrência entre os principais fabricantes, Caloi e Monark: "na briga das pistas, quem está ganhando são os pilotos

---

95 "Quem é Tchap-Tchura", Reinaldo Negreiros Ribeiro, *Fluir* n. 4, maio 1984, p. 66.
96 Ronaldo Ribeiro (t), Bruno C. Alves (f), "Estilo livre", *Fluir* n. 2, nov-dez 1983, p.42-3
97 "New York, New York", Antonio Celso Fortino (t/f), *Fluir* n.4, maio 1984, p.64-5.

de bicicross; é que a Monark, não querendo ficar por baixo de ninguém, mandou construir uma arquibancada e projetou um novo traçado para sua principal pista, aqui em SP. Quero ver a resposta da Caloi".[98]

No início de 1984, afirmou-se que no ano anterior, "para a moçada jovem, o papo marcante foi outro [...]. Só se ouvia falar em bicicross [...] 1983 foi o ano da afirmação do bicicross no Brasil".[99] A matéria buscava apresentar o estado da arte e a evolução da modalidade no país. Os entretítulos indicavam os agentes ouvidos: "indústrias", "federação" e "opinião dos pilotos". Os últimos reivindicavam mais patrocínio e criticavam o despreparo de muitos juízes de pista – novamente, sem menção ao fato de vários serem pais de competidores.

O editorial de julho repete que o bicicross "cresce a cada dia" e critica a postura de "certas pessoas e empresas", que "veem-no apenas através de uma forma imediatista, forma esta distorcida por seus interesses egoístas e mesquinhos". Para ilustrar, aponta dois "absurdos": o início do campeonato paulista "apenas no mês de junho, prejudicando sensivelmente o desempenho dos pilotos"; e o gasto de milhões de uma empresa com "montagem de uma grande equipe, na construção de uma pista e na promoção de um grande evento [...] publicidade em campos de futebol e ginásios de vôlei; e nega seu apoio às revistas especializadas, que dão as maiores e melhores coberturas do esporte, sob a alegação de falta de verbas. Seria cômico se não fosse trágico".[100] Portanto, o editorial *cobra* de uma empresa (a qual não é nomeada, mas certamente trata-se de uma das duas maiores fábricas citadas) a *recusa* a se tornar anunciante. Como esta se nega, a atitude é interpretada

---
98 "Toques", *Fluir* n. 2, nov-dez 1983, p.49.
99 "Bicicross 83-4", Antonio Celso Fortino e Alexandre Andreatta, *Fluir* n. 3, mar 1984, p.42-4.
100 "Editorial", *Fluir* n. 5, jul 1984, p.4.

como um "absurdo", pois "milhares de pilotos espalhados pelo país [...] sabem, pela prática, QUEM é que faz a melhor cobertura e quem REALMENTE entende de bicicross no Brasil".[101] O tom exaltado da queixa e a sinceridade ao revelar a negativa de publicação do anúncio como uma das causas para a crítica são ao mesmo tempo reveladoras e raras no contexto do jornalismo brasileiro. A matéria sobre a primeira etapa do Campeonato Paulista atribui claramente o início tardio do circuito a "políticas mesquinhas das grandes fábricas [que] paralisaram os trabalhos da Federação, demonstrando um egoísmo absoluto [...]".[102] Conclamava ao trabalho sério "para [...] todos juntos, [...] levar o bicicross a uma posição de destaque entre os esportes nacionais".

Na edição seguinte o bicicross foi banido, sem qualquer explicação. Apesar de passar por uma "violenta expansão [...] em todo o país, principalmente em São Paulo e Minas Gerais", das "altas somas [...] investidas em várias novas pistas", do aumento no número de competições e competidores, do público "que cresce em número e entusiasmo",[103] do retorno comercial "ótimo" para os patrocinadores, da chegada à televisão[104] e de outros predicados que compunham os prognósticos efusivos de *Fluir* – "a única revista que tem várias páginas de bicicross",[105] segundo um piloto de 11 anos –, o bicicross logo saiu de cena. Os fabricantes Caloi, Monark e Gallo mantinham uma equipe cada, mas não veicularam anúncios em *Fluir* – postura distinta, por exemplo, daquela adotada pelo fabricante que praticamente monopolizava a venda de blocos

---

101 "Editorial", *Fluir* n. 5, jul 1984, p.4.
102 "1ª Etapa do Campeonato Paulista – Salto", Alexandre Andreatta (t/f), *Fluir* n.5, jul 1984, p.70-1.
103 "Quem é quem nas equipes paulistas", Alexandre Andreatta (t/f), *Fluir* n.4, maio 1984, p.58.
104 Por exemplo, um campeonato realizado em abril de 1984 foi coberto pela "Rede Bandeirantes de Televisão, que pela primeira vez transmitiu para todo o Brasil uma prova de bicicross". "Toques", *Fluir* n. 4, maio 1984, p.67.
105 "Quem é Quem – Bruno Nanni Caruso", *Fluir* n.5, jul 1984, p.68.

para fabricação de pranchas de surfe no Brasil e no mundo. As empresas podem ter vendido muitas bicicletas (em uma lógica distinta daquela que opera no surfe, pois os anúncios de pranchas situam-se em relação ao prestígio do fabricante artesanal), mas não criaram um conjunto de consumidores ávidos por produtos de uso cotidiano ligados ao bicicross, como ocorreria, por exemplo, com camisetas, bermudas, calçados e óculos escuros vinculados ao surfe.[106] Pelo visto, os entreveros com os fabricantes e a falta de anúncios talvez tenham superado a disposição de trabalhar juntos em prol do esporte. "Verdadeira febre" nos anos 1980, apesar de objeto atrativo para o leitor, o bicicross não o foi sob a lógica do patrocínio. No fim das contas, considerando o caráter de classe e capitalista das práticas esportivas e o funcionamento da revista, quem a sustenta é a publicidade, e não o leitor.

Antes do bicicross, o voo livre fora a primeira modalidade excluída – e a única cuja saída foi registrada:

> Por diversas razões, tivemos de cortar a seção de Vôo Livre de nossa Revista. Como esse Editorial já vai ficando extenso demais, vamos mesmo ficar devendo a explicação desta decisão. Gostaríamos de tornar público o nosso agradecimento a esses dois batalhadores do esporte – Ricardo Demasi e Roberto Cantusio – não só pelo constante apoio, mas também pelo excelente nível dos seus trabalhos. Talvez, algum dia, estejam dadas as condições para voltarmos a cobrir este esporte.[107]

Durou apenas quatro edições a cobertura de terra, mar e ar. A alegação de que o editorial estava "ficando extenso demais" é

---

106 Segundo dados de 2007 da Abraciclo (Associação Brasileira dos Fabricantes de Motocicletas, Ciclomotores, Motonetas, Bicicletas e Similares), 1% das vendas de bicicletas no Brasil são para uso em competição. Mas 32% para público infantil – muitas crianças usam modelos *cross*, embora não participem de competições."Base produtiva e segmentação de uso – Brasil", Abraciclo, disponível em http://abraciclo.com.br/arquivos/segmentacaodouso_080813.pdf. Acesso em 03 nov 2008.
107 "Editorial", *Fluir* n. 5, jul 1984, p.4.

discutível, dado o generoso número de linhas destinadas ao bicicross e ao surfe, a publicação de três fotos (surfe, skate e bicicross) e a sequência do texto com autopromoção em relação à melhoria no padrão gráfico.

As decisões não foram tomadas com antecedência, pois o editorial de março de 1984 (em julho o voo livre estaria fora) reafirmava o poliesportivo e saudava a entrada do skate.[108] *Fluir* começou com três esportes, aumentou para quatro e acabou reduzindo seu foco a um. Isto tem a ver com a realidade concreta dos anos de 1983 e 1984 e as perspectivas futuras de lucro com as modalidades e seus respectivos anunciantes. Uma das razões para a alteração é que os demais esportes não desenvolveram um estilo de vida próprio – ou, ao menos, um estilo de vida ligado a consumo e que se espalhasse para além dos praticantes. A escolha é um sintoma da diferença entre as marcas de surfe e as demais no plano comercial. As condições de produção, circulação e consumo no domínio do surfe são diferentes do bicicross e do voo livre. O primeiro combina empresas, subcultura e mercado fortes. Como conseguir anunciantes ligados ao voo livre, por exemplo, com seus equipamentos caros e importados? Ademais, o surfe produz uma dinâmica de identificação com admiradores que não ocorre nas modalidades citadas.

Contudo, exceto por um ou dois exemplos isolados, *Fluir* silencia sobre o fato de o mercado do surfe ser mais forte que os demais. A eliminação das modalidades não é resultado de queda no número de praticantes dos mesmos, mas de decisão editorial motivada por razões comerciais. Tanto é que, no decorrer da década, foram criados títulos específicos para skate, bodyboard, e bicicross, dois deles da Editora Terra, Mar e Ar, e novas variantes de esportes

---

108 "Editorial", *Fluir* n. 3, mar 1984, p. 6.

radicais passaram a ser praticadas no Brasil, entre as quais o parapente, vertente do voo livre (Spink, Aragaki e Alves, 2005).

Observações sobre jornalismo e fotografia

A preocupação de conferir *atualidade* ao conteúdo, externada no editorial da última edição de 1983, não impediu a publicação de uma fotografia identificada como sendo de um campeonato (Waimea 5.000) realizado em 1982.[109] O número seguinte (março de 1984) trouxe a cobertura de um campeonato realizado em novembro de 1983.[110] O intervalo entre acontecimento e publicação se explica por três fatores: estrutura incipiente, periodicidade bimestral e rotinas produtivas do jornalismo em uma época na qual etapas como composição da revista, envio de materiais do exterior e revelação e ampliação de fotos demandavam mais tempo e trabalho que na atualidade, quando boa parte das tarefas foi facilitada e acelerada pela tecnologia e pela digitalização. Em certos momentos o trabalho jornalístico é superdimensionado, como no editorial que afirma "quando se trabalha com revistas, cada nova edição significa uma nova era, pois se parte novamente do nada para criar (ou recriar) mais de uma centena de páginas". Na verdade, diagramação, seções, espaços publicitários e outros aspectos da elaboração de uma revista são predefinidos e não sofrem alterações significativas de uma edição para outra em relação a forma e, em menor grau, a conteúdo.[111]

Seja como for, anos depois, mesmo com a evolução técnica, os anunciantes em grande quantidade e qualidade e a periodicidade mensal, continua inexistindo sentido de urgência para publicar resultados de competições. A cobertura do OP Pro de janeiro de 1988 apareceu em abril. Na edição de janeiro, a matéria sobre a

---

109 "Fluindo no surf", *Fluir* n. 2, nov-dez/1983, p.24-8.
110 "Campeonatos universitários", Bruno C. Alves, *Fluir* n. 3, mar 1984, p. 38-9.
111 "Editorial", *Fluir* n. 20, maio 1987, p. 9.

primeira greve no surfe brasileiro menciona excelentes resultados em Porto Rico (onde fora disputado o Mundial Amador), sem especificá-los.[112] Parte da explicação reside na sazonalidade inerente ao surfe: a edição em questão (janeiro) dedicava-se integralmente à temporada havaiana. O calendário de competições e a cobertura da mídia do surfe estão diretamente ligados à disponibilidade de ondas. A sazonalidade ajuda a organizar e a pautar a *Fluir*. A cada ano, as capas de certos meses abordam repetidamente o mesmo assunto. Por exemplo, as de janeiro a março estampam as ondas da alta temporada havaiana. As edições de meados do ano, por outro lado, privilegiam o surfe nacional: é a época das melhores ondas no litoral brasileiro.

Paradoxalmente, em certas ocasiões a urgência em divulgar informações levou ao uso do condicional, o que, ao menos em tese, é problemático para o jornalismo, pois denota incerteza: "apesar da notícia ainda não ter sido oficializada, é quase certeza que foi batido [...] o recorde brasileiro [...]".[113] Nem sempre o que ocorria antes do fechamento da edição era apresentado como "quase certeza" ou através do uso do futuro do pretérito: "foi realizado nos períodos [sic] de 19 a 21 de Abril a primeira etapa do Campeonato Brasileiro em Governador Valadares, organizada pela A.B.V.L. O resultado ainda não temos, devido o fechamento da revista ter sido antes da competição".[114] No jornalismo brasileiro, não é difícil encontrar notícias de um acontecimento sobre o qual não há certeza – sobretudo nos últimos tempos, com a pouca cobertura no local, o farto uso de material de assessoria de imprensa e a reprodução sem checagem de conteúdos disponíveis na internet –, mas isto raramente é feito com tamanha sinceridade.[115] Da mesma forma, a

---

112 "Editorial", *Fluir* n. 29, mar 1988, p.11.
113 "Toques", *Fluir* n. 3, mar 1984, p 55.
114 "Toques", Ricardo Demasi, *Fluir* n. 4, maio 1984, p.77.
115 Uma dessas ocasiões foi a torcida "precisa e imparcial" realizada por *Istoé* e *Veja* em 1986, ao cobrirem o Plano Cruzado (Fortes, 2004).

realização de prognósticos, uma atribuição que supostamente não cabe ao jornalismo, figurou em numerosas matérias, principalmente sobre o desempenho potencial de jovens surfistas.[116] Em ambas as situações – uso de condicional e prognósticos – percebe-se a mídia de nicho atuando como um jornalismo engajado que se posiciona na torcida por acontecimentos positivos relacionados aos esportes radicais.

A cobertura do surfe realizada por *Fluir* privilegia viagens e competições. Em geral, as matérias sobre o primeiro tema obedeciam a uma estrutura, começando com uma descrição das etapas da viagem de ida ou das condições geográficas do local (localização, clima, distância de cidades próximas) e terminando com referências à vida em grupo, às experiências vividas e à volta à "civilização". Certos relatos se aproximam bastante de um diário de viagem.[117] Usualmente mesclam-se fotos de surfe, fotos com ângulo aberto (mostrando toda a extensão de uma praia, por exemplo) e fotos de aspectos pitorescos, paisagens e natureza (corais, golfinhos, estrelas-do-mar). Essa discussão é travada no capítulo quatro.

A reportagem sobre o "2º Festival Brasileiro de Surf de Matinhos" dividia-se em "o público", "a organização", "as condições do mar" e "o campeonato".[118] Um expediente comum na cobertura de competições era dividir o texto por dia de competição, em sequência cronológica, ou pelas fases: triagens, eliminatórias, até a final. Certas matérias traziam explicações dos critérios das baterias (quantas ondas contam, "opções de onda", prioridade etc.), os quais poderiam mudar de uma fase para outra, dependendo de fatores como tempo de duração e número de competidores na água.[119] Nem sempre a dinâmica da competição se tornava compreensível

---

116 "Ubatuba – 3ª etapa Circuito Paulista", Paulo Issa, *Fluir* n. 5, jul 1984, p.32-5.
117 Aldhemar J. Freitas Filho (Deminha) (t), "Fernando de Noronha", *Fluir* n. 2, nov-dez 1983, p.16-21.
118 *Fluir* n. 2, nov-dez 1983, p.12-5.
119 Bruno C. Alves, "3º. Festival Olympikus de Surf", *Fluir* n. 3, mar 1984, p.18-23.

para os não iniciados. Quase todos os textos e fotos recebiam crédito, e em vários casos ambos tinham o mesmo autor, como nesta matéria. O parágrafo de abertura obedece a uma estrutura típica:

> Com o patrocínio da AEROPERU e da OP-Curitiba [Ocean Pacific], foi realizado nos dias 8, 9, 10 e 11 de Setembro [sic] o 2º Festival Brasileiro de Surf de Matinhos, com a participação de 90 surfistas do Rio de Janeiro, São Paulo, Paraná, Santa Catarina e Rio Grande do Sul. Matinhos situa-se no litoral paranaense ao sul de Paranaguá e é uma cidade que vive basicamente da pesca e do turismo. Possui um ótimo point de direita, que quebra regularmente, em sessões tubulares que se formam atrás de uma ponta de pedras.[120]

Aparecem os patrocinadores, o período e o local de realização, o número de atletas e breves características da cidade e das ondas. Tamanho, tipo de onda (tubular, cheia, buraco, cavada etc.; direita e/ou esquerda), condições e tipo de fundo (coral, pedra ou areia) e vento estão sempre presentes nesse tipo de matéria. O resultado do evento não aparece no parágrafo nem no título. Certamente a periodicidade bimestral poderia ser apontada como uma razão para esta escolha. Por outro lado, a reportagem descreve uma por uma as baterias disputadas a partir das quartas-de-final, não se furtando a discordar do trabalho dos juízes: "ao meu ver foi bastante injusta sua desclassificação".[121]

Em geral as matérias sobre competições tinham ao menos um parágrafo – frequentemente mais – avaliando a organização do evento e os critérios de julgamento. O tom elogioso em relação a atletas, organização e patrocinadores produz trechos que se assemelham a *releases* de assessoria de imprensa. Igualmente característico é o final, com agradecimento aos patrocinadores e

---
120 *Fluir* n. 2, nov-dez 1983, p.12-5.
121 Bruno C. Alves (t, f), "2º Festival Brasileiro de Surf de Matinhos", *Fluir* n.2, nov-dez 1983, p.14.

organizadores e votos de sucesso e de novos eventos. Em certos casos, a semelhança é notável:

> [abertura] O Desafio Internacional Camel de Vôo Livre foi aberto oficialmente com um coquetel no Gávea Golf Club, na noite de 6 de Outubro próximo passado. Este coquetel contou com a presença de todos os pilotos e seus convidados, a imprensa, além dos representantes da R.J. Reynolds, promotora do evento, bem como das autoridades do Estado.
>
> [final] Ao final das provas, já no fim da tarde, foi feita e entrega dos prêmios através do representante da R.J. Reynolds, que com muitas autoridades do Estado, agradeceu todo o apoio recebido para que fosse possível ser realizado o 1º Desafio Internacional Camel de Vôo Livre. Também Vilarinho, presidente da A.B.V.L., agradeceu o esforço feito por patrocinadores e concorrentes para a realização de uma competição que transcorreu sempre em alto nível técnico e humano, onde todos procuraram auxiliar-se mutuamente, o que tornou tudo uma grande festa.[122]

O parágrafo final é bastante parecido com o inicial, inclusive na preocupação em listar os presentes, incluindo "autoridades do Estado". Um piloto via com otimismo o futuro do esporte – da mesma forma que ocorria com os entrevistados no surfe e no bicicross –, apesar da "crise econômica": "vejo mais e mais firmas interessando-se em patrocinar pilotos e eventos, juntamente com um número cada vez maior de praticantes".[123]

A aposta no desenvolvimento dos esportes por vezes era acompanhada de ressalvas relativas à crise, caso acima, ou ao Brasil. Ao saudar por carta o lançamento de *Fluir*, Frederico d'Orey escreve: "fiquei feliz porque constatei que o esporte que amo, o Surf, está encontrando seu caminho, apesar de todos os contras de um país como o nosso".[124] O então surfista e futuro colunista da

---

122 Nelson Veiga (t, f), "1º. Desafio Camel de Vôo Livre", *Fluir* n.2, nov-dez 1983, p.50-3.
123 Entrevista de Roberto Cantusio a Ricardo Demasi, *Fluir* n.2, nov-dez 1983, p.54.
124 "Cartas do Leitor", *Fluir* n.2, nov-dez 1983, p.65.

própria revista, como muitos, ressalta o potencial da publicação e do esporte e aposta no crescimento de ambos, "apesar" do Brasil. Contudo, raramente se explicita as razões para a ressalva, salvo por menções genéricas às "autoridades" ou à "recessão". Houve exceções como o editorial explicando a demora do terceiro número para chegar às bancas:

> Estamos fazendo o possível e o impossível para manter a periodicidade da revista (em pleno verão está todo mundo aqui com aquela cor sensacional: branco escritório), mas devido à essa crise sufocante que o país atravessa somos obrigados a passar horas intermináveis em torno de dois assuntos cabulosos: burocracia e grana. Normal: o que não nos mata, nos torna mais fortes.[125]

A referência genérica à crise acompanha a menção a duas dificuldades específicas: falta de dinheiro e burocracia. O excesso de burocracia foi identificado, por exemplo, nos Correios, motivo pelo qual não se aceitariam "mais vales-postais como pagamento".[126] Está em questão, naquele momento, a própria existência da publicação, materializada na dificuldade para pô-la nas bancas. O trecho ressalta o esforço em meio a dificuldades estruturais (país) e conjunturais (crise econômica e caráter incipiente da revista). E, com o bom humor característico dos primeiros números, relata o resultado de passar o verão trabalhando na redação – nas entrelinhas, o recado óbvio: tal qual os leitores, o pessoal da redação gostaria de estar na praia pegando sol e ondas.

A ênfase, contudo, repousa sobre a ideia de que "FLUIR veio mesmo para ficar" (permitindo a leitura, no subtexto, de que havia dúvidas a respeito) e a apresentação de motivos para tanto: "apoio e força de todos vocês [...] leitores e leitoras", "posição privilegiada no mercado esportivo", "excelente vendagem do número anterior e

---

125 "Editorial", *Fluir* n.3, mar 1984, p.6.
126 *Fluir* n.3, mar 1984, p.65.

o grande número de anunciantes desta edição","número crescente e impressionante de assinantes."[127]

A animação de muitas falas é notável. Nas cartas do número dois, um dos fotógrafos com trabalho exibido na edição anterior se dizia "muito agradecido de também fazer parte disso. Vamos crescer e levar adiante esta mensagem a todos."[128] Ao longo dos anos, dezenas de cartas agradecem à revista pelas mais variadas razões – às vezes apenas por existir, quase sempre pela contribuição dada ao surfe. Um leitor que abandonara o esporte informava que, após sofrer um acidente, "tinha vontade de voltar mas faltava algo forte para voltar a surfar. Foi nesta revista FLUIR que encontrei a força que precisava. Obrigado amigos, pelo novo ânimo que vocês me deram."[129] A empolgação chegou ao ponto de uma leitora parabenizar a "espontaneidade, *sem pretensões comerciais*".[130]

Uma carta citava o escritor Norman Mailer e discorria sobre "galáxias elípticas e espiraladas. Varridas no céu pelo grande telescópio fálico."[131] Citando-a como exemplo, a resposta informou que "centenas de cartas com poemas como esta foram enviadas até a redação", que decidiu criar um concurso de poesias com prêmios para os vencedores e prometeu para breve um concurso de fotografias. Como em um ciclo, a empolgação dos leitores motivava a equipe e vice-versa. Ao analisar o grande desejo de participação, é importante considerar que boa parte dos leitores era jovem e o período estudado compreende, no plano político e social, o auge do processo de mobilizações da sociedade brasileira, que vinha de campanhas pela anistia, no fim da década anterior, e seguiria com a atuação de diversos grupos (movimento negro, associações de moradores, sem-terra, movimento de mulheres) em função de demandas específicas, fundação de novos partidos políticos após

---

127 "Editorial", *Fluir* n. 3, mar 1984, p.6.
128 Motaury M. Porto Filho, "Cartas do Leitor", *Fluir* n. 2, nov-dez 1983, p.65. O lugar de envio da carta, normalmente uma cidade, indicava "do mar".
129 "Cartas do leitor", *Fluir* n.3, mar 1984, p.65.
130 "Cartas do leitor", *Fluir* n.3, mar 1984, p.66, grifos meus.
131 Idem.

o fim do bipartidarismo, movimentos contra a carestia e pelo controle de preços (atingindo o auge durante o Plano Cruzado, em 1986), campanha pela eleição direta para presidente (Diretas Já), atuação durante a Assembleia Nacional Constituinte (1987-8), entre outros (Fortes, 2004; Neves, 1989; Reis Filho, 2002). As iniciativas de associação coletiva para organizar os esportes radicais obviamente dialogam e se inserem neste contexto geral de forte mobilização, organização e reivindicação.

O concurso de fotografias se converte em oportunidade para reafirmar o papel da publicação e as diretrizes a guiá-la:

> A FLUIR está onde sempre esteve: aberta a todas as colaborações em forma de textos ou fotos enviadas por nossos leitores. Ela existe justamente como um espaço aberto à exposição e discussão [...] existe em função do desenvolvimento e definitiva estruturação do Surf, do Bicicross, do Vôo Livre e do Skate no Brasil.[132]

Fluir apresenta a si mesma como um espaço aberto à participação e debate, de maneira a contribuir para que os esportes que cobre se consolidem de vez no país. De acordo com as instruções, todas as fotos deveriam estar acompanhadas do "nome do atleta ou pessoa focalizada", o que contrastava com a prática de não identificar as mulheres, ou melhor, os glúteos publicados constantemente.[133] Não havia referência a pagamento pela publicação, apenas atribuição de crédito e devolução dos materiais "assim que solicitados". Nos meses seguintes, realizou concursos de poesias e de arte – "revelando os novos artistas!".[134]

Os leitores destacam o papel desempenhado no cenário do surfe. Do Recife, um escreve: "fui ali na esquina e descobri uma nova era para o surfe brasileiro – FLUIR".[135] O lançamento da revista

---
132 *Fluir* n. 4, maio 1984, p.56.
133 Idem.
134 *Fluir* n. 4, maio 1984, p.82; *Fluir* n. 6, set 1984, p.12.
135 "Cartas do Leitor", *Fluir* n. 2, nov-dez 1983, p.65.

e mesmo a possibilidade de vir à luz uma publicação com suas características foi saudado por muitos como uma prova simultaneamente da evolução e do potencial do surfe nacional. Para os entusiastas, "todos os surfistas deveriam dar força à FLUIR".[136] A maioria das cartas elogia a iniciativa e dá sugestões para aprimorá-la. Um leitor de São Paulo pede "que não seja centralizada reportagem em São Paulo, pois outras cidades e estados já mostraram suas qualidades [...]" (a discussão do caráter bairrista de *Fluir* está no item 4.2.2). Ele e um leitor do Rio de Janeiro deixam endereço para correspondência com "garotos e garotas de todo o Brasil que curtam o bicicross".[137]

Meses depois, novos sinais de evolução: "compra de equipamentos e [...] contratação de pessoal capacitado", "contratos firmados com os melhores estúdios de fotolitos e gráfica do país. Sinal que a Revista aprofunda as suas raízes, frutifica seu trabalho e eleva-se de nível a cada edição".[138] O clima de vitória e alegria estava no parágrafo seguinte ao que informava a saída do voo livre. Em meio ao otimismo pelos avanços, deve-se notar que a própria permanência da revista segue sendo motivo de comemoração.

O primeiro aniversário é registrado na capa com uma chamada relativamente discreta: "edição de aniversário".[139] – com o passar do tempo, a celebração do aniversário tende a ganhar destaque. Um dos anunciantes – a marca OP (Ocean Pacific) – publica um anúncio de três páginas desejando parabéns. O editorial é uma resposta aos que não acreditaram no projeto: "'*Revista de surf?*' E logo depois da pergunta sempre vinha uma risadinha cética, como se todos quisessem dizer: '– Os meninos vão entrar pelo cano com essa!'".[140]

---
136 "Cartas do Leitor", *Fluir* n. 2, nov-dez 1983, p.65.
137 Idem.
138 "Editorial", *Fluir* n. 5, jul 1984, p.4.
139 *Fluir* n. 6, set 1984.
140 "*Fluir*: um ano de muitas ondas!" *Fluir* n. 6, set 1984, p.7.

Seguem-se esclarecimentos a respeito das condições de gestação da revista:

> Afinal, era mesmo uma loucura: no momento mais negro da crise, quando ninguém mais tinha grana, cinco moleques (o mais velho tinha 26 anos) meteram na cabeça que iam fazer uma Revista de Surf. Iam porque iam. E tome reunião com gráficos, fotolitos, distribuidora, prováveis anunciantes, colaboradores mil. E tome risadinha cética. E o pior: a grana disponível mal dava para abrir um botequim de quinta categoria.

Ressalta-se, portanto, a obstinação dos sócios, a despeito do ceticismo alheio e das dificuldades, que incluíam o momento de recessão enfrentado pela economia brasileira na primeira metade da década de 1980. Como foi visto, essas dificuldades são mencionadas rapidamente na edição de lançamento. Agora, no aniversário, o sucesso do empreendimento permite que se fale mais sobre os problemas iniciais. Mas a ênfase recai sobre aspectos positivos: a vitória que significa o primeiro aniversário, com mais anunciantes e afirmando-se como um importante veículo de mídia segmentada: "num ano de muitas ondas, vimos a revista consolidar-se como o principal órgão informativo do Surf em São Paulo e no Brasil. E contribuir decisivamente para a grande expansão do esporte e de seu mercado ocorrida nesse ano em todo o país".[141] E destaca-se a evolução técnica das 48 páginas com "muito preto e branco" da edição inicial para uma publicação de "116 páginas totalmente coloridas e sendo impressa numa das melhores gráficas do país, com fotolitos a raio laser".[142] O anúncio de assinaturas da edição de aniversário a coloca como "a mais completa revista de esportes radicais e ação do momento", trazendo "o melhor do surf e do skate no Brasil e no mundo".[143] *Fluir* continuava cobrindo skate, mas já se

---

141 "*Fluir*: um ano de muitas ondas!" *Fluir* n. 6, set 1984, p.7.
142 Idem.
143 "Coluna Social", *Fluir* n.6, set 1984, p.18.

encontrava no caminho para se tornar exclusivamente sobre surfe, pois bicicross e voo livre haviam desaparecido de suas páginas. No quarto aniversário, através de mais um balanço positivo de sua história, *Fluir* reafirmava sua posição de publicação preocupada com a divulgação de produtos e materiais ligados ao surfe, bem como de prestar esclarecimentos ao leitor, que incluíram, ao longo de 1987, "uma série de reportagens conduzidas por Avelino Arantes Bastos – um de nossos mais experientes *shapers* – sobre design de pranchas".[144]

Arroubos de autopromoção podem ser encontrados com facilidade em veículos jornalísticos, que prometem levar ao público *todas* as informações – o que é impossível. *Fluir* lançava mão deste recurso com frequência: "estaremos atentos e presentes a tudo que estiver rolando".[145] A discrepância entre discurso e prática gerou insatisfações. Um leitor de Mongaguá (SP) reclamou que na edição de maio de 1984 anunciou-se a cobertura do campeonato de lá, mas na edição seguinte foi publicado apenas o resultado no boletim: "mas, daqui pra frente tenho certeza que vocês irão dar mais valor para o nosso point, pois a moçada daqui dá muito valor prá vocês." O editor respondeu:" a gente também dá muito valor pra moçada de Mongaguá, Dé. Mas, a gente também tem problemas com o espaço. Numa próxima, faremos matérias sobre Mongaguá. Um abraço!"[146] Membros da subcultura querem se ver representados, comprando a ideia de espaço aberto para todos presente no discurso de *Fluir*. Quando isso não acontece (não seria possível acontecer com *todos*), parte dos leitores se sente frustrada.

---

144 "Editorial", *Fluir* n. 24, out 1987, p.11.
145 "Editorial", *Fluir* n. 3, mar 1984, p.6.
146 "Cartas do Leitor", *Fluir* n. 6, set 1984, p.16.

Fotografia

As imagens são o componente principal da mídia do surfe. Isto vale para *Fluir*, pelas características relativas tanto ao tipo de mídia (revista) quanto ao assunto coberto. O surfe é um esporte estético, tanto pela beleza plástica dos elementos que compõem o cenário no qual se desenvolve (mar, praias) quanto pela própria constituição da modalidade. No cotidiano, o *estilo* do surfista é uma característica bastante valorizada. No plano competitivo, o mecanismo de disputa para apurar o desempenho e decidir o vencedor se dá pela atribuição de notas, as quais obedecem a critérios técnicos *e plásticos*. Neste ponto, o surfe se aproxima de modalidades como a ginástica e se distancia daquelas em que a destreza se mede pela rapidez (atletismo, escalada, natação) ou pela capacidade de colocar bolas em uma cesta, gol ou no chão (basquete, futebol, vôlei, tênis). À dimensão esportiva soma-se a fruição do espetáculo proporcionado pelo surfe. Nas praias, telas ou revistas, ele é assistido e admirado pela beleza que proporciona (e, dependendo das condições do mar, pode causar diferentes sensações), independentemente de qualquer caráter competitivo.

Cumpre ressaltar que a fotografia de surfe é quase sempre feita por pessoas que surfam – outra peculiaridade do esporte e de sua mídia. As fotos publicadas têm o surfe – e não o jornalismo – como elemento central. Os atributos estéticos superam os jornalísticos.

Em 1988, foi lançada, "pela primeira vez, uma edição especial somente com fotos da última temporada havaiana".[147] O texto de apresentação reiterou a relevância das imagens:

> É mais gratificante ainda quando levamos em conta, que a quase totalidade das fotos apresentadas nesta matéria do North Shore foram tiradas por fotógrafos brasileiros, apresentando uma versatilidade e qualidade de nível internacional [...]

---

147 "Editorial", *Fluir* n. 29, mar 1988, p.11.

A coisa que mais interessa aos surfistas quando pegam uma revista em suas mãos são as fotos. Não há nada mais empolgante do que ao virar as páginas de uma publicação de surf você ficar magnetizado e instintivamente soltar alguma exclamação. É este o impacto que a nós foi causado durante as projeções para selecionar estas fotos e é da mesma forma que esperamos tocar nossos leitores ao folhearem esta edição. [...]

A capacidade de lançar uma edição exclusivamente com fotos feitas no exterior por brasileiros é simultaneamente uma prova da potência da revista e da capacidade dos envolvidos profissionalmente com uma das atividades ligadas ao surfe. O texto aponta a quantidade e a qualidade das fotos como prova cabal da evolução profissional, no Brasil, de um ramo crucial para a mídia do surfe. Prova disso é a afirmação categórica de que "a coisa que mais interessa aos surfistas quando pegam uma revista em suas mãos são as fotos", na mesma linha do argumento de Ford e Brown (2006) mencionado anteriormente.

E como se situa a fotografia em *Fluir* em relação ao jornalismo e à publicidade? A seção dedicada ao assunto, "Fluindo no Surf", traz reflexões sobre a fotografia de surfe, como a proporcionada por esta legenda:

> Esse aerial efetuado por Pinóia (uma das grandes revelações do surf paulista) ocorreu durante uma competição em Itamambuca. Exatamente a partir do momento em que ele subiu na prancha, virou forte em direção à crista e voou vindo a descer novamente. Não sei ao certo se ele estava ligado em mim, que o fotografava, ou se realmente não queria dar chances aos adversários. Foto: Bruno C. Alves.[148]

Escrita em primeira pessoa, algo raro, deixa claro que o autor é o próprio fotógrafo. Ele aponta a possibilidade de sua

---

148 O fotógrafo está atrás da onda e, como o surfista voou por cima dela, conseguiu pegar um ângulo do mesmo inteiramente fora da água. "Fluindo no surf", *Fluir* n.5, jul 1984, p.49.

presença na água ter influenciado o desempenho do surfista ou a decisão do mesmo de realizar uma manobra específica. Tal discussão inexiste no jornalismo hegemônico, o qual se posiciona como se a presença de repórteres e câmeras em nada alterasse o rumo dos acontecimentos. A reflexão do fotógrafo se torna mais significativa ao levar-se em conta que não se tratava de uma sessão livre de surfe em que os atletas notam a presença de um fotógrafo na água e se exibem para as câmeras, mas de uma bateria de campeonato, situação em que a presença de tais profissionais é mais corriqueira. Uma foto mostrando um piloto de bicicross com os olhos arregalados recebeu abordagem semelhante: "nessa foto, na frente vem o Nilton (9), que, ou vinha fazendo muita força ou então se assustou com o fotógrafo [...]".[149]

Quase toda edição exibia ao menos uma foto com atleta não identificado, o que poderia ser explicitado nas legendas: "[...] Ronaldo (10) e mais um atleta estreante que não pudemos identificar".[150] A questão foi discutida em uma delas:

> Nem sempre é fácil para o fotógrafo reconhecer os atletas focalizados em seus cromos. Em dias de crowd intenso então é praticamente impossível. Por causa disso, muitas e muitas vezes os fotógrafos se deparam com um velho problema: as melhores fotos de um filme serem de alguém que nem ele nem ninguém conhecem. Que fazer? Publicar ou não? Com este poster, prestamos nossa homenagem ao 'surfista desconhecido' em seu momento de glória. Grumari. Foto: Ernesto Baldan.[151]

O trecho citado constitui uma ocasião incomum, por três razões. Primeiro, pela discussão de um dilema do fazer jornalístico, difícil de encontrar no interior das próprias publicações. Segundo, por ser a primeira vez em que aparece a palavra "poster". Até então, o pôster ocupa a página dupla central, sem que se faça menção

---

149 "Técnicas de Competição", *Fluir* n.5, jul 1984, p.63.
150 "Técnicas de Competição", *Fluir* n.5, jul 1984, p 62.
151 "Fluindo no Surf", *Fluir* n.8, fev 1985, p.62-3.

explícita a ele. Terceiro, por problematizar o uso de fotografias. No jornalismo diário, elas carregam o status de comprovação do fato (apesar das discussões acadêmicas sobre a subjetividade presente nas fotos, a possibilidade de edição e manipulação digital etc.). Em um impresso com as características de *Fluir*, porém, esse aspecto pode entrar em conflito com outro: a qualidade plástica. Uma fotografia de qualidade de uma boa onda é mais importante que uma foto que registre um "fato" específico ao qual a reportagem ou a legenda faça alusão. Quase nenhuma foto de *Fluir* é acompanhada de informações específicas sobre as circunstâncias exatas em que foi feita – quando se trata de um atleta disputando um campeonato, por exemplo, não se menciona em que bateria e/ou situação específica aquela onda ou manobra se deu ou como foi avaliada pelos juízes. E na seção "Fluindo no surf", em particular, o que vale é justamente a excelência da foto. Por outro lado, a publicação sem menção ao surfista enquadrado poderia ser interpretada como desconhecimento sobre os praticantes, e a legenda dá a entender que se opta, na maioria dos casos, por não veicular tais fotos.

"Fluindo no surf", portanto, visa não apenas a apresentar fotos, mas a refletir sobre a fotografia do surfe. A edição mais significativa neste sentido foi a de fevereiro de 1985, com três legendas abordando o trabalho do fotógrafo: como é feito, os riscos, possibilidades e resultados. Uma delas apresentava um novo dispositivo tecnológico, os "flashes eletrônicos para água", que possibilitavam "aos fotógrafos novas aventuras em busca de criatividade". Na foto, um surfista "duelando com 140 watts de luz" ao realizar uma batida próximo ao fotógrafo, situado atrás da onda. Um dos resultados obtidos pelo instantâneo é a exibição dos nomes dos patrocinadores – na prancha – em letras garrafais.

Muitas propagandas de marcas que patrocinam atletas apresentam fotos dos mesmos com roupas estampando o nome ou logotipo, seja surfando, seja posando. Comumente o fotógrafo, cujo nome é possível saber pelo crédito da foto, pertence à equipe de *Fluir* ou é seu colaborador. Isso indica que ao menos algumas das fotos usadas nos anúncios não foram clicadas especialmente para fins publicitários, mas em sessões regulares de trabalho dos fotógrafos, após as quais umas são separadas para uso *jornalístico* e outras para *venda* e uso *publicitário*. Um exemplo é a fotografia estampada em uma seção de *closes*, com fotos muito próximas e de dentro d'água, "para que vocês confiram o talento (ou a sorte!!!) do nosso staff". Em uma delas, a proximidade da lente destaca a marca da roupa de neoprene do surfista, cujo nome aparece nitidamente na lateral de sua manga e perna direitas: "faltou sorte nesta foto, pois com a bela luz da manhã e a precisão do foco, e se não fosse esta pequena decapitação de Barton Lynch, ela serviria facilmente como anúncio da Sports Skins".[152] A indiferença entre publicidade e jornalismo revelada pela legenda dispensa comentários. Mesmo considerando que o fotojornalismo em uma publicação mensal não tem o mesmo status de flagrante do jornalismo diário, o caso dá o que pensar em relação às rotinas de produção e à separação entre fotografia jornalística e publicitária presentes no universo da comunicação. Note-se que em muitas faculdades de comunicação as disciplinas de fotografia são ensinadas separadamente para as habilitações de jornalismo e de publicidade.

Relação com outros impressos
No que diz respeito à concorrência, *Fluir* foi lançada em um mercado liderado por *Visual Esportivo*, também revista poliesportiva, lançada em 1980. Segundo Gutenberg (1989, p.188-9), a edição de lançamento de *Fluir* teve tiragem de 25.000, dos quais 9.000 foram vendidos. A segunda deu "um enorme prejuízo aos sócios", que "quase desistiram do projeto". Ao fim do primeiro ano, o número seis superou *Visual Esportivo* "em tiragem e quantidade

---
152 "Closes". Bruno C. Alves (f), *Fluir* n. 16, jul 1986, p.112-4.

de anunciantes". Em 1985, numa medida provavelmente relacionada ao sucesso de *Fluir*, o grupo concorrente lançou *Visual Surf*, publicação exclusiva para o esporte que seguia sendo abordado em *Visual Esportivo*. No fim da década (1989) surgiu uma terceira publicação, *Visual Bodyboard*, que passaria a concorrer com *Fluir Bodyboard* (trimestral, criada em 1987).[153] Após este lançamento, a distribuição das modalidades entre as publicações da Editora de Revistas Visual Esportivo Ltda., com sede no Rio de Janeiro, ganhou a seguinte configuração: *Visual Surf* (exclusivamente de surfe), *Visual Bodyboard* (idem em relação ao bodyboard) e *Visual Esportivo* ("abrangerá quatro esportes: o surfe como sempre, com 50% das páginas; o voo livre; o windsurf e o skate, que terá o seu espaço ampliado").[154]

Dirigindo-se à redação em tom íntimo, por carta, para saudar o lançamento de *Fluir*, o surfista carioca Frederico d'Orey mencionou a existência de uma concorrente: "amigos: a notícia de que havia uma outra revista de surf no mercado chegou primeiro que a própria revista, e fez com que os surfistas cariocas esperassem ansiosos pela sua saída aqui no Rio".[155] Esta e outras cartas deixam claro que, ao menos entre surfistas de Santos e do Rio de Janeiro, a notícia de que seria lançada uma nova publicação antecedeu seu lançamento, que foi aguardado com grande expectativa. Em 1984, o surfista Maurício Orelhinha elogiou a revista e desejou que se tornasse ainda melhor naquele ano que se iniciava.[156] Coincidência ou não, foi capa da edição seguinte.

As referências à(s) "concorrente(s)" quase nunca mencionavam seus nomes – "FLUIR não é a primeira nem a única revista brasileira especializada em surf, bicicross, skate e voo livre do

---
153 *Fluir Bodyboard*, n. 1, nov-dez 1987.
154 "Editorial", *Visual Bodyboard* n. 1, s/d [c. mar-abr 1989], p.10.
155 "Cartas", *Fluir* n. 2, nov-dez 1983, p.65.
156 "Cartas do Leitor", *Fluir* n. 3, mar 1984, p. 65.

mercado"[157] – e via de regra ocorriam em contextos comparativos apontando a superioridade de *Fluir*: "a qualidade fotográfica e de texto [...] ultrapassou a revista concorrente".[158]

Vez ou outra os números da revista *Visual* eram criticados por serem focados no Rio de Janeiro, como na edição especial sobre a história do surfe brasileiro: para Gutenberg (1989, p.188), tanto *Visual* quanto *Realce* pecavam nesse aspecto. Um paulista afirmava: "abandonei de vez aquela revistinha carioca que comprava de vez em quando", ao passo que um carioca considerava *Fluir* "a primeira em qualidade e está conseguindo derrubar sua rival aqui no Rio".[159] Embora *Fluir* nunca tenha se apresentado como uma publicação que privilegiasse o estado de São Paulo, o fato de ser sediada na capital e priorizar o estado foi saudado por diversos leitores:

> [...] sempre achei que São Paulo deveria de ter uma revista que mostrasse seus 'points', a rapaziada aqui está com toda a força, enfim, documentasse tudo o que a gente tem de bom aqui, ao contrário de sua concorrente que só se interessa em relatar fatos e acontecimentos do estado do Rio de Janeiro, chegando até a desvalorizar nossos atletas. Mas tudo bem, com a Fluir vai ser muito mais fácil mostrar o que o Brasil tem de bom.

Com viés nitidamente bairrista, a carta critica a concorrente sem citá-la nominalmente[160] e elogia *Fluir* por considerar positivo que se mostre São Paulo. Não fica claro por que considera mais fácil mostrar "o que o Brasil tem de bom".

Não obstante o objetivo de realizar uma cobertura nacional, explicitado no editorial do segundo número (ver item 4.2.2), um traço presente na primeira edição e que permaneceria durante todo o período estudado foi a prevalência de fotos, assuntos, atletas,

---
157 *Fluir* n. 4, maio 1984, p.69.
158 "Cartas do Leitor", *Fluir* n. 6, dez 1984, p.18.
159 "Cartas do Leitor", *Fluir* n. 7, dez 1984, p.18-20.
160 Não é possível afirmar se a omissão sistemática do nome da concorrente (*Visual Esportivo* e, depois, *Visual Surf*) se deve à iniciativa dos próprios leitores e entrevistados ou a edição feita pela redação de *Fluir*.

empresas, notícias e campeonatos de São Paulo sobre o restante do Brasil. Na segunda edição, metade das fotos de "Fluindo no surf" é de atletas paulistas.[161]

A preferência por atletas e praias paulistas não deve ser desvinculada da óbvia proximidade da redação (situada na capital daquele estado) e dos anunciantes. Como nos anos 1980 a maioria das propagandas trazia os endereços das empresas (fábricas, lojas, pronta-entrega), nota-se que elas situavam-se majoritariamente na capital, às vezes no bairro (Moema) que sediou o primeiro endereço da revista. A concentração geográfica de anunciantes gerou até uma propaganda apresentando um mapa em página dupla com a localização de 14 lojas e a indicação "agite antes de usar".[162] Quase todas estas pequenas firmas deixaram de anunciar quando a redação mudou de endereço. Parcelas significativas dos que têm poder aquisitivo para consumir no Brasil – incluindo, evidentemente, os compradores da revista e potenciais consumidores das empresas que nela anunciavam – estão concentradas na capital, na região metropolitana e, de forma mais abrangente, no estado de São Paulo. Segundo um dos criadores, a ideia de lançar um título em São Paulo veio justamente da observação de que lá estavam sediados muitos anunciantes da concorrente *Visual Esportivo*, publicada no Rio.[163]

Fluir registrava e elogiava a criação de impressos de menor porte, como fanzines: "Urgh Music Skatezine é o primeiro fanzine de skate que surge no Brasil".[164] A nota informava onde encontrá-lo em São Paulo. Divulgava também a criação de jornais e revistas de surfe em outros lugares do Brasil, como os jornais *Inside* ("uma publicação mensal da Associação Catarinense de Surf dirigida por Edison Ronchi (Ledo) nos textos e Átila Sbruzzi nas fotos e progra-

---

161 "Fluindo no surf", *Fluir* n. 2, nov-dez/1983, p.24-8.
162 *Fluir* n. 4, maio 1984, p.8-9.
163 "5 Minutos" – Entrevista de Cláudio Martins a Adrian Kojin. *Fluir* n. 216, out 2003, p.52.
164 "Toques", *Fluir* n. 4, maio 1984, p.20.

mação visual") e *Praia News* (de Maceió/AL, com "uma página de surf dirigida por Marcelo Cocolouco Spinassé"), com os respectivos endereços de correspondência.[165] Colocava-se "à disposição" para colaborar com os veículos buscando "um trabalho conjunto pela evolução do surf no Brasil". Interpreto essa atitude como, por um lado, um gesto de divulgar iniciativas importantes e de menor estrutura que poderiam somar esforços na luta pela organização do esporte. Por outro, fica claro que isso só se dá por serem iniciativas menores e de caráter predominantemente local. Em outras palavras, tais veículos não se apresentavam como concorrentes potenciais de *Fluir*, mas como iniciativas que a *complementavam*: ao darem visibilidade à realidade local e incentivarem o crescimento e a organização da vertente competitiva do esporte, conferiam capilaridade à mídia do surfe. À medida que o jornal *Inside* se tornou revista e cresceu, ganhando circulação nacional e passando a disputar leitores com *Fluir*, as menções à sua existência, antes esporádicas, desapareceram.

Vários papéis ao mesmo tempo
A multiplicidade de papéis desempenhados por uma mesma pessoa aparece desde a primeira edição. Já foi discutido o fato de a própria revista preparar parte dos anúncios veiculados em suas páginas. Cabe agora aprofundar a discussão deste e de outros exemplos.

O autor das fotos da matéria sobre o Mundial de Voo Livre de 1983, Roberto Cantusio, era o diretor da equipe brasileira.[166] Esta não foi uma prática incomum nos primeiros anos: diversos textos e fotos eram produzidos pelos próprios praticantes ou técnicos. Mais

---

165 "Toques", *Fluir* n.5, jul 1984, p.16. Na mesma edição, a propaganda de uma loja de Maceió oferecia como um dos brindes "em qualquer compra [...] o jornal de Surf 'Point'" (p.82).
166 *Fluir* n. 1, set-out 1983, p.32-5.

que isso: quanto menos profissional e comercial o estágio em que se encontrava uma determinada modalidade, maiores as chances de os envolvidos desempenharem múltiplos papéis. Pode-se concluir que o aumento do profissionalismo, da comercialização e, consequentemente, do dinheiro envolvido e circulando em um dado esporte possibilitam a especialização e a divisão mais clara de papéis.

No mesmo número, a matéria sobre o Campeonato Brasileiro de Ubatuba foi assinada por Alfredo Bahia, competidor do evento, membro do departamento comercial de *Fluir* e da Equipe La Barre (patrocinada pela marca homônima, anunciante de *Fluir*). Coincidência ou não, o texto aborda a "categoria Masters (acima de 26 anos), disputada pela primeira vez, *com destaque para Flávio La Barre, que, mesmo desclassificado, apresentou um surf de bom nível técnico e muito vigor físico*, provando que ter mais de 30 anos não é empecilho para a prática do surf".[167] Flávio La Barre era o proprietário da marca. Não há menção aos demais participantes da categoria Masters.

A acumulação de papéis torna-se problemática se *Fluir* for pensada em relação aos padrões defendidos pelos valores hegemônicos no jornalismo brasileiro. No caso acima, o texto de Alfredo Bahia inclui um posicionamento explícito sobre medidas que a organização do campeonato deveria ter tomado em relação a certos competidores: "[...] os dois últimos [Tinguinha e Alemão Pernambuco] se desentenderam dentro d'água numa bateria disputadíssima, onde, a meu ver, deveriam ter sido desclassificados os dois surfistas, pois houve erro das duas partes em termos de esportividade."[168] Fuga dos padrões éticos e normativos do jornalismo ou simples sinceridade e honestidade? Difícil dar uma resposta única e completa.

---

167 *Fluir* n. 1, set-out 1983, p.44-5, grifos meus.
168 Idem.

A estrutura incipiente do esporte e da própria publicação contribui para que venham à tona as relações próximas entre os praticantes. Na estreia da Sucursal Rio, cujos coordenadores listados no "Expediente"[169] são os surfistas Frederico D'Orey e Rosaldo Cavalcanti, o segundo entrevista o primeiro. Havia precedentes: anos antes, houve troca de figurinhas semelhante entre Valdir Vargas (entrevistador) e Roberto Valério (entrevistado), ambos com boas colocações no principal campeonato coberto no número anterior. Vargas abre o texto afirmando: "conheço o Roberto há mais de sete anos [...]". Valério, ao responder sobre suas "maiores influências no seu surf", dirige-se diretamente ao entrevistador: "[...] você, que foi talvez quem mais me alertou e orientou no sentido de conciliar o surf de ondas grandes com o de ondas pequenas."[170]

Outro exemplo de informalidade e do quão próximas eram as relações entre os que compunham o meio do surfe é o texto de abertura de uma entrevista: "realizada no final de 83, no Guarujá no apto. de Motaury Porto (colaborador de FLUIR), com a presença de Bruno C. Alves (FLUIR), Zé Roberto (juiz oficial do C.P.S. e grande incentivador do surf de Tinguinha) e gatinhas várias". Um atleta era entrevistado por um dos editores da revista no apartamento de um *colaborador* da mesma e na presença de várias pessoas, incluindo um juiz do Circuito Paulista apresentado como "grande incentivador do surf" do atleta e "gatinhas várias."[171] A estreiteza dos vínculos revela não apenas o caráter não profissional de boa parte da produção jornalística, mas também as relações entre integrantes de uma subcultura ainda relativamente restrita.

Não é surpresa que a mistura de papéis ocorrida no mais profissional dos esportes cobertos se repetisse nos demais. As informações sobre competições de bicicross poderiam ser obtidas "nas Federações de Ciclismo de seu estado ou nos revendedores

---

169 *Fluir* n. 7, dez 1984, p.14.
170 "Valdir Vargas entrevista Roberto Valério", *Fluir* n. 4, maio 1984, p.28-30.
171 Entrevista de Tinguinha a Bruno C. Alves, *Fluir* n. 3, mar 1984, p.26.

Monark de sua cidade", revelando ausência completa de separação entre o interesse comercial de um fabricante de bicicletas e as federações.[172] Perguntado sobre que pilotos "você acha que andam bem", Tchap-Tchura [Ricardo Almeida Muniz] responde: "Ronaldo, vai pra lá agora, eu vou falar de você. [...] o Ronaldo (Moby Center/ Peels) é o que faz melhor tudo, o mais completo".[173] O entrevistador era piloto e fazia parte de uma equipe cujo patrocinador anunciava em *Fluir*. Para o entrevistado, tratava-se da "primeira vez que um carinha de bicicross (Ronaldo) entrevista um outro cara do mesmo esporte (eu, Tchap)", o que era considerado positivo por permitir "um maior intercâmbio de ideias de quem faz o esporte, com o público, levando notícias atualizadas e constantes sobre o bicicross" e lhe dar mais visibilidade, "tornando assim mais interessante também aos patrocinadores".[174] O trecho revela a importância da mídia para o desenvolvimento dos próprios praticantes do esporte, enquanto canal de troca e de visibilidade.

Uma nota anunciou o trabalho de um fotógrafo "colaborador de FLUIR" na modalidade:

> é um dos melhores e mais experientes fotógrafos de bicicross do Brasil. Acompanhando o bicicross desde o seu início, Maurício tem hoje em seu arquivo fotos de quase todos os pilotos paulistas. Se você estiver interessado numa foto sua, basta procurá-lo nas pistas em dias de provas pois, caso não tenha uma foto sua em arquivo, ele faz fotos por encomenda e com absoluta QUALIDADE.[175]

Neste caso, a seção de notas, que frequentemente tinha *notícias* dos anunciantes, serve para anunciar o trabalho particular (venda de fotos) de um dos fotógrafos que publica seus trabalhos na revista.

---

172 "Toques", *Fluir* n. 3, mar 1984, p.45.
173 "Quem é Tchap-Tchura", Reinaldo Negreiros Ribeiro, *Fluir* n. 4, maio 1984, **p.66**.
174 Idem.
175 "Toques", *Fluir* n. 5, jul 1984, p 68.

No skate, um dos jurados de um campeonato era Cesinha Chaves, que participou de diversas iniciativas de produção de mídia especializada nos anos 1970 e 1980. O resultado do campeonato, coberto na segunda edição, mostra em sexto lugar "Anchovinhas" [sic], que a partir do número seguinte se tornaria editor responsável pelo skate, assinando um texto (como "Paulo de Oliveira Brito (Anshowinhas)") e aparecendo em uma das fotos.[176]

No voo livre, a matéria sobre um novo fabricante nacional de equipamentos estava repleta de elogios à empresa (Aero-Esporte, criada por "quatro voadores") e à infraestrutura de sua sede. Destacava a iniciativa de se produzir material para a modalidade no país e listava as dificuldades:

> Um dos problemas enfrentados por nós, voadores brasileiros, é o elevadíssimo custo dos equipamentos (asas, cintos de suspensão, paraquedas, variômetros e altímetros), por serem, na sua grande maioria, importados. Temos que pagar em dólares e sempre há um grande risco de ter todo esse equipamento preso na alfândega, já que por lei é proibida sua importação. Tudo se repete quando necessitamos de peças sobressalentes.[177]

Em primeira pessoa, Ricardo Demasi relata um teste com a Paturi 180, "uma nova asa nacional que chega com toda força no mercado de voo livre", e conclui: "os pilotos brasileiros [...] têm à mão uma asa nacional de ótima qualidade [...] de nível internacional. E com uma vantagem: por um custo bem mais acessível." O elogio é acompanhado por mais argumentos: formação profissional dos donos (engenheiro mecânico, engenheiro químico, arquiteto e piloto de aviação comercial), procedimentos e testes de segurança realizados na fábrica e impressões do voo experimental. O texto de Demasi era acompanhado de fotos de Roberto Cantusio. A dupla reaparece no número seguinte: Demasi entrevista Cantusio, que

---

176 "II Campeonato de Skate de Guaratinguetá", *Fluir* n. 2, nov-dez 1983, p.59.
177 *Fluir* n. 1, set-out 1983, p.48.

batera o recorde brasileiro de distância, voando 89 km do interior paulista a uma praia de Bertioga (SP).[178]

No número três, a legenda de uma das fotos da capa informava: "Luís Formiga, testando a nova asa da Aero Esporte, a Paturi Ataque, em Atibaia. A partir do próximo número, FLUIR estará publicando uma série de testes com todas as asas nacionais".[179] A série não chegou a ser veiculada, mas salta aos olhos a proposta. Somente uma publicação que contasse com um repórter-praticante experiente em sua força de trabalho poderia lançar uma sequência de matérias com tal conteúdo sobre uma modalidade com riscos e bem regulada como o voo livre.

Nelson Letra, que assina uma matéria como autor e fotógrafo e cujo nome é listado como *shaper* na propaganda de uma fábrica de pranchas, era 15º colocado no *ranking* brasileiro e 4º no paulista de voo livre. Os já citados Roberto Cantúsio (17º no Brasileiro e 2º no paulista; em 1984 fazia parte das diretorias eleitas para as associações paulista e brasileira de voo livre)[180] e Ricardo Demasi (20º no paulista) também eram competidores. Ao lado destes resultados, que ocupam uma coluna, uma propaganda de duas colunas da Aero Esporte anunciando seu lançamento, a asa Paturi 180º, de fabricação nacional, que fora louvada em reportagem na edição anterior.[181]

Nos primeiros anos vários autores de imagens e textos participavam de competições, embora isso não fosse dito ou noticiado claramente. O sobrenome Demasi apareceu com frequência no primeiro ano de *Fluir*. Ricardo Demasi e Mário Demasi são patrocinados pela Aero Esporte, empresa sobre cujo lançamento (asa Paturi 180º) o primeiro escrevera. Francisco Cabral (Merreca) e

---

178 *Fluir* n. 2, nov-dez 1983, p.54.
179 *Fluir* n. 3, mar 1984, p.4.
180 "Toques", *Fluir* n. 3, mar 1984, p.55.
181 "Boletim de Campeonatos", *Fluir* n. 2, nov-dez 1983, p.61.

Fábio Fonseca, que aparecem no Boletim como patrocinados pela Aero Esporte, são dois dos quatro donos da empresa. Dos quatro sócios citados na matéria, apenas um – que se chama justamente Mário (Demasi?) – não tem sobrenome mencionado, aparecendo apenas como "Mário Sérgio". Há ainda um terceiro Demasi, Flávio, assessor de marketing de *Fluir*.

Não se trata aqui de estabelecer teorias conspiratórias afirmando que tudo que era publicado obedecia a interesses econômicos e comerciais e que a presença de atletas cujos patrocinadores fossem anunciantes se devesse única e exclusivamente a esse fator. Citando um caso concreto, entre muitos possíveis: no segundo número, o entrevistado é Picuruta Salazar, que também aparece no pôster central. Em uma das fotos da entrevista, é possível ver que o atleta é patrocinado pela Mormaii, anunciante que ocupou a contracapa – lugar mais nobre de propaganda nas publicações impressas – nas cinco primeiras edições. Como explicar a presença de Picuruta? Porque era paulista e *Fluir* privilegiava os atletas do estado? Porque era patrocinado pela Mormaii e a revista, como muitos meios de comunicação, voluntária ou involuntariamente, dava amplo espaço (sempre positivo) para pautas ligadas aos anunciantes? Porque as principais empresas de surfe do país investiam em anúncios, assim como no patrocínio de atletas e competições, sendo *natural* que conseguissem espaço na mídia especializada? Porque os espaços (pôster e entrevista) talvez tivessem sido *pagos* pela empresa patrocinadora? Porque a equipe de *Fluir*, assim como muita gente, realmente considerava Picuruta o melhor surfista brasileiro do momento (o que somaria interesse jornalístico e aceitação do público)? Porque havia a ideia de entrevistar um atleta a cada edição e Picuruta foi o primeiro por acaso – ou por ser mais acessível, ou por quaisquer outras razões –, como poderia ter sido qualquer outro? Muito mais perguntas podem ser feitas, agregando estes e outros fatores (como relações pessoais).[182] Não busco uma resposta (muito menos resposta *única*), até porque isso só seria possível através de pesquisa e acompanhamento sistemático das condições de produção da publicação – justamente o tipo de investigação mais difícil de se fazer quando se estuda mídia. Busco problematizar a abordagem em relação a meu objeto específico, para evitar, de um lado, abordá-lo de forma ingênua, e de outro, demonizá-lo. Neste sentido, é importante registrar que muitos atletas fotografados não tinham patrocinador ou eram patrocinados por marcas que não anunciavam em *Fluir*.

Há ocasiões do período poliesportivo em que *Fluir* revela suas relações com a pessoa a quem se refere o texto, como quando tratou da equipe Mobycenter/Peels de bicicross: "seu diretor é um chegado aqui da casa, Antonio Celso Fortino [...]".[183] O tratamento informal foi usado para referir-se ao editor-assistente responsável pelo bicicross, que acumulava a função com a de dirigente da equipe cujo patrocinador (Mobycenter) anunciou em todas as edições que abordaram a modalidade.

Em primeiro lugar, a acumulação de funções fora da redação é um indício de que, nos primórdios, a revista não pagava um salário que proporcionasse exclusividade – ao menos no caso de editor-assistente de bicicross. Segundo, o fato de vários dos que escrevem e fotografam exercerem outras atividades (e, frequentemente, praticarem os esportes, inclusive competindo em campeonatos cobertos pela própria publicação) reforça o argumento de que a revista é não só agente, mas espaço de disputa. Os que nela trabalham não tinham distanciamento em relação aos assuntos

---

182 DaMatta (2000) chama a atenção para o caráter *relacional* da sociedade brasileira, incluindo o papel crucial desempenhado pelas relações de parentesco.
183 "Quem é quem nas equipes paulistas", Alexandre Andreatta (t/f), *Fluir* n. 4, maio 1984, p.59.

tratados. Muito pelo contrário, seu contato ia além da proximidade comum entre jornalista e tema coberto, e mesmo da posição ocupada por cada um, individualmente, enquanto praticante das modalidades. A maioria estava envolvida, em alguma medida, no aspecto *esportivo* das mesmas, nas competições e no objetivo de estruturá-las, como competidores ou exercendo outras funções, e ocupavam um lugar privilegiado ao participarem simultaneamente das disputas internas e da configuração externa de valores para o público leitor. Refiro-me não apenas a questões de fundo (como ser contra ou a favor do profissionalismo), mas à tentativa de viver profissionalmente de uma certa modalidade ou próximo a ela e de disputas que envolvem não apenas o âmbito esportivo, mas pessoal, econômico, simbólico etc.

Com o passar do tempo, *Fluir* se torna mais e mais profissional. Como resultado, tende a se reduzir a variedade de vozes que produzem seus textos e imagens. A mudança pode ser atribuída ao profissionalismo em dois sentidos: a) a instituição de rotinas produtivas exige da equipe editorial padronização de textos, conhecimento de regras, produtividade etc.; b) justamente por isso, atuar na revista torna-se atividade laboral que tende a se desenvolver em tempo integral. Não é possível estabelecer rotinas jornalísticas e conhecê-las com uma presença intermitente na redação. Essa profissionalização tende não apenas a enquadrar as vozes que permanecem dentro da equipe, mas acaba reduzindo a pluralidade de vozes, estilos e pontos de vista externos. O aumento de espaço ocupado por quem trabalha integral e profissionalmente e a contratação de pessoal conferem organicidade à publicação (e melhoram o português – os problemas de concordância, de uso de vírgula e crase eram graves nas primeiras edições), mas significam o afastamento dos agentes que produziam textos, pautas e fotos diferentes da norma.

Os indivíduos não estavam sozinhos na atuação em diversas frentes. À parte produzir a revista – incluindo propagandas –, a empresa investia em iniciativas diversas. No ramo editorial, publicou: a) no fim de 1984, "o 1° Calendário de Surf do Brasil", iniciativa repetida nos demais anos;[184] b) em dezembro do mesmo ano, o jornal quinzenal *Surf-News*, "com todas as notícias sobre o esporte na Cidade Maravilhosa";[185] c) edição especial com uma biografia do havaiano Gerry Lopez; d) edição especial com 220 páginas, em 1989, de autoria do jornalista Alex Gutenberg, intitulada *A História do Surf no Brasil*.

Nos anos 198, as empresas de comunicação com produtos sobre esportes radicais tentaram ampliar as possibilidades de lucro. A Editora Abril lançou o *Almanaque Skatemania* (quadrinhos sobre skate); *Skatin'* (Editora Terra, Mar e Ar) lançou um álbum de figurinhas com fotos de seu acervo; a Editora de Revistas Visual Esportivo vendia pôsteres com fotos de esportes radicais, anunciados em página inteira em suas publicações; o programa televisivo *Grito da Rua* lançou uma fita de vídeo com os "melhores momentos" (Fortes, 2009).

No caso de *Fluir*, as empreitadas em outros ramos incluíram: a) "organizar o primeiro Surf-Express para Fernando de Noronha", em parceria com uma agência de turismo;[186] b) patrocinar uma equipe de triatlo;[187] c) vender adesivos e bordados (*patches*) de diversas marcas ou com imagens e palavras ligadas ao surfe (iniciativa da Editora Terra, Mar e Ar);[188] d) vender cordão para pendurar óculos escuros no pescoço ("Sincurezza Mormaii");[189] e) apoiar sessões

---

184 *Fluir* n. 6, set 1984, p. 25.
185 "Surf-Press", Alexandre Andreatta e Maria do Carmo Rachid, *Fluir* n. 7, dez 1984, p. 119.
186 *Fluir* n. 2, nov-dez 1983, p. 10.
187 "Competindo", *Fluir*. n. 2, nov-dez 1983, p. 60.
188 *Fluir* n. 3, mar 1984, p. 25; *Fluir* n. 4, maio 1984, p. 56.
189 *Fluir* n. 5, jul 1984, p. 8.

(pagas) de filmes de surfe;[190] f) co-patrocinar a ida de um surfista à África do Sul para competir em etapa do Circuito Mundial;[191] g) patrocinar o mesmo atleta (Gutenberg, 1989, p.182).

Iniciativa mais comum foi o "apoio" a competições, como a "colaboração [...] na realização de dois Campeonatos Brasileiros [...] em Ubatuba",[192] o que poderia significar ajudar na divulgação prévia ou posterior – como naqueles em que "a FLUIR entrou com a cobertura."[193] O cruzamento do interesse editorial com o apoio à realização dos campeonatos – colocando na berlinda tópicos como critérios de noticiabilidade e separação entre cobertura jornalística e interesses da empresa – não foi escondido. Mais ainda: em certas ocasiões, foi apresentado como uma consequência do envolvimento com o esporte: "é lógico que daremos cobertura total aos dois eventos."[194]

Não raro, o envio de alguém para fazer a cobertura de um evento dependia do apoio dos organizadores ou patrocinadores, a quem se agradecia: "o apoio e colaboração, pela hospitaleira hospedagem e ajuda da Positiva Propaganda e da Primo dada ao nosso enviado especial, Bruno C. Alves durante sua estadia [...]";[195] "em especial à *Antarctica*, que gentilmente patrocinou a viagem de nosso fotógrafo Fábio Castilho à Ilhéus";[196] "[...] foi oferecido um jantar aos repórteres, juízes e campeões, pelo qual devemos agradecer à Ricardo Cassiano Prado, da Ideline Sportswear e Hollywood Sportline."[197] A demonstração pública de gratidão e a menção específica ao que tinha sido ofertado são muito diferentes

---

190 "Coluna Social", *Fluir* n. 5, jul 1984, p.12.
191 Idem.
192 "Editorial", *Fluir* n. 5, jul 1984, p.4.
193 "1ª Etapa do Circuito Paulista 84/5", Bruno C. Alves (t/f), *Fluir* n. 7, dez 1984, p.46-9.
194 "Editorial", *Fluir* n. 5, jul 1984, p.4.
195 "Boletim de Campeonatos", *Fluir* n. 4, maio 1984, p.80-1.
196 "I Festival Inter-Brasil de Surf", Fábio Quencas, *Fluir* n. 4, maio 1984, p.80. Curiosamente, a cobertura deste evento não tem foto.
197 "Boletim de Campeonatos", *Fluir* n.5, jul 1984, p.79.

da vaga e lacônica nota "viajou a convite de" que diversos veículos utilizam atualmente.

A perspectiva de lucro com o surfe levou ainda à criação do SurfCard. Com um slogan de duplo sentido – "identifique-se com este cartão" –, oferecia descontos em lojas de surfe e estabelecimentos como "restaurantes, cinemas, lanchonetes, cursos de Inglês, serviços, companhias aéreas, danceterias, fábricas de prancha e um milhão de outros locais que você costuma frequentar e nunca teve cara de pedir desconto [...]".[198] Uma das evidências de que *Fluir* participava da iniciativa era o nome estampado no cartão: Claudio Martins de Andrade, um dos sócios-fundadores. A promessa de que "serão mais de 2.000 estabelecimentos filiados", ao que parece, não se concretizou. Poucas edições depois, os anúncios do cartão desapareceram.

Com o passar dos anos, torna-se mais difícil realizar o tipo de cruzamento apresentado nesta seção. Isto não significa, é claro, o desaparecimento dos interesses comerciais, nem sua separação do espaço jornalístico-editorial, mas sim que há mais possibilidades – e preocupação – de não apresentá-los de forma associada, além do já referido avanço da profissionalização.

Publicidade

A presença da publicidade foi crescendo de forma significativa com o passar do tempo. A terceira edição (março de 1984) marca a entrada de anunciantes importantes do Rio. A seguinte manteve a maioria dos anunciantes das anteriores, agregou novos e teve mais anúncios de página inteira. Na sétima (dezembro do mesmo ano), muito mais propagandas, incluindo várias de página inteira e páginas duplas que eram raras antes de julho, bem como

---

[198] *Fluir* n. 7, dez 1984, p.120-1.

de empresas do Rio. A página dupla dobrada com propaganda na capa e contracapa começa em 1985 e se mantém até hoje.

Entre os anunciantes fora da indústria do surfe propriamente dita encontram-se estúdios de tatuagem (em SP, presente em várias edições);[199] publicações como *Set, Guia do Estudante, Carícia, Bizz, Motocross, Ronin* (quadrinhos de Frank Miller);[200] fabricantes de pranchas de bodyboard. Em 1987, com propagandas de fabricantes de automóveis e motocicletas, a revista começa a receber verbas de empresas que compõem um dos principais setores industriais do mundo – e um dos que mais investem em publicidade. Na edição de dezembro há propagandas de Volkswagen e Honda (quatro meias páginas e uma página inteira). Estas empresas às vezes publicavam campanhas veiculadas em outras mídias, sem vínculo específico com o surfe; ou campanhas específicas com menção à modalidade. Em maio de 1984, uma marca de calçados cujos anúncios anteriores não aludiam ao esporte incorpora um modelo com prancha debaixo do braço.[201] A Rádio Bandeirantes FM veiculou anúncio em que um surfista caminhava com uma prancha e um rádio.

Com o passar do tempo o espaço publicitário propriamente dito se torna cada vez maior. Em 1988 uma edição trouxe 12 páginas seguidas e inteiras de propaganda da Sea Club, quatro para surfe (praticado por um homem), quatro para bodyboard (mulher) e quatro para skate (homem).[202] As propagandas vão se tornando um pouco mais variadas, buscando atingir bodyboaders (preferencialmente do sexo feminino) e leitoras, como no caso do lançamento do absorvente feminino O.B.; e masculinos, como as propagandas de motocicletas Yamaha e Honda, todas veiculadas a partir de 1987.

---

199 Por exemplo, *Fluir* n. 3, mar 1984, p.65.
200 *Fluir* n. 28, fez 1988, p.111.
201 *Fluir* n. 4, maio 1984, p.5.
202 *Fluir* n. 27, jan 1988, p.12-23.

Em um processo que teve predecessores esporádicos nos anos anteriores, mas chega com tudo em 1987, os anúncios de marcas que patrocinam atletas começam a apresentar seus *resultados*. Uma propaganda da Fico estampa fotos de três surfistas e um bodyboarder da Equipe Fico. Todos aparecem com indicação de categoria e três deles, de colocação em *ranking* e/ou em campeonatos específicos.[203]

Diversas informações relativas a empresas (abertura de lojas, assinatura de contratos de patrocínio, divulgação de eventos, lançamento de produtos e coleções) eram veiculadas nas notas da seção "Toques". A ampla maioria fazia referência a anunciantes da revista. O patrocínio para a ida de atletas ao exterior é um tópico particularmente importante, fazendo-se questão de mencionar o nome das empresas.

Na verdade, o patrocínio é um dos principais meios utilizados pelas marcas para se distinguirem da concorrência. O patrocínio de atletas, equipes, campeonatos ou circuitos é explorado como um diferencial positivo, que mostra que elas investem no esporte. Em setembro de 1984, uma propaganda estampava a foto de um surfista usando uma camisa onde se lê "Equipe Quebra-Mar", tendo ao lado uma prancha com um enorme logotipo com o nome da marca. O atleta aparece em frente ao palanque do Gunston 500, etapa do Circuito Mundial de surfe realizada na África do Sul cuja cobertura aparecia na mesma edição. O crédito das imagens é do mesmo repórter que fez texto e fotos das matérias sobre a África do Sul. As marcas anunciam também as competições que patrocinam, as quais comumente levam seus nomes, com informações sobre data, premiação, categorias, inscrições etc.[204] A forma como a correção de legenda trocada publicada na edição anterior foi feita sugere que os patrocinadores (ou, pelo menos, a empresa em

---
203 *Fluir* n. 22, ago 1987, p.13.
204 Por exemplo, propaganda do 1º. Sundek Classic, *Fluir* n. 15, maio 1986, p.4-5.

questão) acompanhem de perto o que era veiculado: "na verdade [...] é o Pepe da Cristal Grafitti, do Rio de Janeiro. Aí pessoal da CG, está feita a retificação, e desculpem nosso erro".[205] Mesmo que a reclamação não tenha partido da Cristal Grafitti, houve a preocupação da redação em se desculpar com a empresa carioca.

Um lado bastante presente no surfe – mas pouco aparente na produção midiática – são as obrigações que os atletas têm com os patrocinadores, como se pode depreender da narrativa de Picuruta Salazar sobre uma viagem ao Havaí:

> O que mais me impressionou, foi Pipeline, e na primeira vez que surfei lá, estava muito grande. Foi no dia da foto da propaganda da Olympikus: o encarregado pela propaganda quis me patrocinar e pagaria 300 dólares pela foto, então não tive escolha, tive que entrar; e após descer a primeira onda, eu queria descer todas.[206]

Pipeline é provavelmente a onda mais famosa do mundo. Rápida, forte e perigosa, gera um tubo perfeito e quebra sobre uma bancada de coral rasa e afiada – não é raro os esportistas usarem capacete para surfá-la. Embora minimize os riscos e apresente a experiência como positiva, fica claro que o fator preponderante para a decisão do atleta de entrar na água e descer a primeira onda foi o pagamento prometido pelo patrocinador.

Por último, *Fluir* também destacava sua própria presença em eventos, como na foto registrando um atleta de bicicross "com o troféu e a FLUIR que foi oferecida como prêmio aos primeiros colocados de cada categoria".[207]

Além dos apelos voltados especificamente para os valores da cultura do surfe, há também os genéricos, como: "prepare-se

---

205 "Toques", *Fluir* n.3, mar 1984, p.11.
206 "Picuruta", entrevista, *Fluir* n. 2, nov-dez 1983, p.32.
207 Antonio Celso Fortino, "Segunda Copa Brasil Caloicross", *Fluir* n. 2, nov-out 1983, p.41.

para o verão",[208] alusões ao Natal, reconhecimento no exterior ("venha saber por que a Star Point foi apontada pelo New York Times como a mais completa Surf Shop do Brasil e a 7ª do mundo").[209] A Franete Surf Shop, onde "o Skate está mais vivo do que nunca", propagava reunir as "etiquetas mais famosas pelos melhores preços do Brasil".[210] Articulam-se aí os eixos boas marcas/bons preços e surfe/skate.[211] Enquanto certas lojas e marcas tentavam distinguir-se como *puros-sangues* vinculados exclusivamente a uma modalidade, outras faziam da variedade, virtude.

Nas primeiras edições somavam-se aos anúncios propriamente ditos a inserção de publicidade em espaços pouco usuais no jornalismo de revista, como logotipos no canto inferior de páginas dedicadas a cobertura de eventos e entrevistas.[212] Há amostras significativas da inexistência de separação direta e concreta entre espaço do jornalismo e espaço da publicidade. Um exemplo emblemático é o trecho abaixo:

> Atualmente quem está operando o turismo para a ilha é a Toulemonde Turismo, (EMBRATUR SP 00497.00.42.0) que em 1984, ao contrário de anos anteriores, promove o turismo para F.N. durante todo o ano. E para os interessados em ganhar um desconto, é só levar a revista Fluir na Agência da Toulemonde (Av. Ipiranga, 313 – 4° andar Fone: 231-1329), bater um papo com o

---

208 *Fluir* n.2, nov-dez 1983, p.23.
209 *Fluir* n.2, nov-dez 1983, p.29.
210 *Fluir* n.2, nov-dez 1983, p.30.
211 Em estudo recente sobre a relação entre público juvenil e marcas, Frederico, Tristão e Robic (2008) afirmam que o aspecto econômico favorece a identificação do público consumidor de roupas com o skate, mais que com o surfe e as modalidades praticadas fora dos grandes centros urbanos. Segundo os autores, isto se deve ao fato de a prática do skate ser mais barata (custo) e acessível (pode ser praticado em mais lugares) que o surfe e outros esportes radicais, identificados por parte do universo pesquisado como esportes pouco acessíveis.
212 Bruno C. Alves, "3º Festival Olympikus de Surf", *Fluir* n.3, mar 1984, p.18-23. A cada página, um texto diferente sob o logotipo: "surf", "wind surf", "calções e camisetas" e "end. e fone – Arpoador/pronta entrega". Poucas páginas adiante, uma entrevista com Tinguinha trazia o logotipo da OP (patrocinador do atleta) no canto externo inferior das três páginas. Entrevista de Tinguinha a Bruno C. Alves, p.26-8.

pessoal e começar a sonhar com os dias, que, eu garanto, serão inesquecíveis naquela ilha da fantasia.[213]

Logo após revelar em foto e texto as maravilhas de Fernando de Noronha, o texto anuncia a empresa que realiza viagens para o arquipélago e a expansão do período para viajar. O desconto oferecido, além de beneficiar o leitor, é uma forma de mostrar à empresa que o cliente procurou o serviço dela porque tomou contato com o mesmo através do veículo. A descrição das maravilhas do lugar inclui fotos de peixes, que poderiam atrair interessados em mergulho. O texto é basicamente publicitário, mas se apresenta como jornalístico, sendo inclusive listado no índice. Escrito em primeira pessoa, quem o assina aparece surfando nas fotos e garante que o leitor apreciará o lugar é Alfredo Bahia, do departamento comercial (aparece no expediente como Alfredo Bahia Monteiro). Não era incomum a publicação de um anúncio de página inteira de uma marca mostrando o mesmo surfista que foi entrevistado poucas páginas antes.

A confluência do espaço editorial e publicitário teve um episódio ímpar na *conveniente* carta de um leitor dirigida à coluna "Dr. Anshowinhas responde". Ei-la, junto com a resposta:

> Eu andava de skate no tempo da moda em 1976/77, depois a moda passou e eu comecei a andar de patins. Ano passado eu comprei uma bicicross, mas como eu notei que tem muita gente voltando à andar de skate, eu também quero voltar. Você pode me dizer quais são os skates nacionais e onde posso consegui-los?
>
> Caro Sr. Penteado
> Tem uma música do grupo "The Jerks" chamada "Maria goes with the others" que seria muito interessante você ouvir. Retornando ao seu problema [...] Atualmente existem os seguintes medicamentos a serem recomendados para você: [lista nome e endereço de fabricantes de skate e equipamentos no RJ e em SP].[214]

---
213 "Noronha Revisitada", Alfredo Bahia, *Fluir* n. 4, maio 1984, p.50-2.
214 *Fluir* n. 4, maio 1984, p.71.

Ao lado da coluna, ocupando a maior parte da página, anúncios de dois dos quatro fabricantes mencionados. Um deles, Urgh, é citado na resposta como produtor de "*shapes* de alta durabilidade"; o outro, "[...] a maior indústria de skates do Brasil, a H. Prol [...] que fabrica tudo o que você pode precisar e imaginar para se andar de skate." O conteúdo da carta funciona como uma *deixa* para o colunista recomendar certas empresas.

Falta abordar a própria revista como objeto de consumo. A aquisição de produtos e o desenvolvimento de hábitos relacionados ao esporte não se resume ao interesse pela prática efetiva de atividades físicas, nem se liga necessariamente a elas. Relaciona-se também – e, em muitos casos, *principalmente* – a aspectos simbólicos, ou seja: aos valores que o consumidor, praticante, fã, curioso e/ou admirador atribui a um determinado esporte; aos objetos que esse sujeito consome, aos hábitos que desenvolve e às atividades que desempenha por identificá-los com um esporte e seu estilo de vida (Martins, 2004, p.184).

Dentre os poucos livros sobre surfe existentes no Brasil, dois explicitam o objetivo de atingir um público que não se limite aos praticantes: "este livro se destina a surfistas, e esta denominação compreende todos os que já ficaram de pé sobre uma prancha, os que têm um prazer inestimável de olhar uma onda quebrar ou os que admiram o esporte e que estão dando o seu primeiro passo e precisam de orientação" (Lorch, 1980, p.10); "tem gente que se sente surfista pelo astral, pelas roupas, pelos lugares que frequenta, mas nunca se aventurou a descer uma onda em pé sobre a prancha, realmente desvendando o sonho. Este livro é também para esses surfistas da imaginação" (Souza, 2004, p.12).

Por sua vez, as revistas e demais produções midiáticas têm múltiplos usos: admiração, prazer, aproximação com o esporte ou com atletas, apreciação estética. O consumo de meios de comunicação é também uma forma de consumir o próprio esporte, de sentir-se próximo dele, como percebemos no número inaugural de *Skatin'*, revista de skate lançada pela mesma empresa que editava *Fluir*: "você tem duas opções; andar de skate ou andar de *Skatin'*. A escolha é sua".[215] (Fortes, 2009). Por sua vez, *Fluir* fala primordialmente para quem é surfista (tem interesse em viajar e conhecer novas ondas, surfar sempre que pode, aprimorar técnicas etc.). Não obstante, busca atingir – e consegue – um público bem mais amplo.

Tal como várias revistas esportivas, *Fluir* vinha com uma foto ocupando a página dupla central. Tratava-se, obviamente, de um pôster, que poderia ser arrancado e colado no quarto (na porta, na parede, armário na parte interna do armário) do(a) leitor(a), embora não houvesse sugestão para tal uso. O ato de arrancar o pôster danificava a revista pois havia material no verso das páginas,[216] mas o conhecimento, pelos editores, do uso que seria feito pelos leitores se revela na constante presença do logotipo de um patrocinador em um dos cantos da página dupla. Ou seja: enquanto o pôster estivesse na parede, a marca o acompanharia. Quantas vezes o menino ou menina olhasse a foto, veria a imagem da empresa ávida por lhe vender produtos (Fortes, 2009). Logo no primeiro número de *Fluir*, a marca Body Glove estampava seu logotipo no pôster central.[217]

Da mesma forma, uma propaganda mostrando camisetas, shorts, bermudas, bonés, carteiras, casacos e mochilas repletos de cor afirmava: "Nós da 'Fico Sportwear' estaremos com você neste

---

215 "Editorial", *Skatin'* n. 1, jul-ago 1988, p. 7.
216 É significativo que dois números pesquisados no acervo da Biblioteca Nacional não tenham as quatro páginas centrais – ou seja, tiveram o pôster arrancado. O fato diz muito sobre a importância do pôster e o hábito de arrancá-lo, quaisquer que tenham sido os caminhos percorridos por aquelas revistas da gráfica até sua situação atual no acervo da BN. Cf. *Fluir* n. 28, fev 1988.
217 Scott (2005) afirma que as primeiras revistas de surfe australianas, publicadas entre 1961-2, já traziam fotos e pôsteres destacáveis.

verão. Juntos pegaremos as melhores ondas, curtiremos os maiores visuais e agitaremos altas baladas. Você pode ter certeza: a linha 'Fico Sportwear' acompanha você onde for".[218] Junto com as roupas e acessórios, vende-se um estilo de vida de quem frequenta determinados lugares e tem certos hábitos.

Lanagan (2003) distingue dois tipos de corpo, o que surfa e o que usa roupas de surfe, mesmo longe da praia. De acordo com o autor, vestir-se com certas marcas é uma forma de integrar-se, mostrar-se aos outros e ganhar status. O valor atribuído pelas pessoas às marcas e o lugar destas no mercado podem mudar ao longo do tempo e dependem, em parte, do reconhecimento dos pares.

Parte dos leitores adolescentes de *Fluir* recortava fotos, anúncios, logotipos e ilustrações para colá-los em armários, cadernos, agendas. Certas marcas eram ostentadas pelo usuário nas roupas vestidas, nos adesivos colados no armário, na janela do quarto, no carro, no skate, na prancha, o que lhe conferia status junto ao grupo de amigos. Os grupos inclusive estabeleciam sistemas de classificação e hierarquia entre as marcas (Fortes, 2009).

Freire Filho (2007) lembra que uma revista é simultaneamente produto e catálogo de produtos. Ela é objeto não só ao ser lida ou folheada, ao ter suas imagens admiradas, mas também quando é recortada ou tratada como objeto a ser guardado e preservado. No caso de *Fluir*, um ou outro leitor mais abastado comprava dois exemplares, um para recortar e outro para ler e guardar.

Certos anúncios antecipavam a preocupação com a integridade da revista:"Basta preencher o cupom abaixo e remeter pelo correio [...] Caso não queira cortar a revista mande-nos o xerox". O anunciante deseja evitar que o cuidado com a integridade do impresso atrapalhe suas vendas e aproveita para anunciar um brinde muito desejado:"na compra de qualquer produto você ganha um

---

218 *Fluir* n. 2, nov-dez 1983, p.36.

ADESIVO SEA LIFE GRÁTIS".[219] Nos anos 1980, os adesivos eram uma febre entre crianças e adolescentes de classe média (que adoravam colá-los nos vidros da janela do quarto e nas portas de armário) e muitos proprietários de automóveis, que os colavam nos vidros. Como o produto em geral era vendido – inclusive pela própria Editora Terra Mar e Ar, que vendia adesivos de várias marcas – e não custava pouco,[220] algumas marcas lançavam mão de um diferencial ao os oferecerem "gratuitamente" para quem comprasse um produto ou enviasse um envelope selado para resposta.

As marcas e lojas colocam nos anúncios os endereços e telefones de suas sedes, geralmente localizadas na cidade de São Paulo, e de revendedores e representantes no interior e em outros estados, como RJ, SC, PE, SC. Com isso, buscam atingir não apenas consumidores, mas também lojistas e possíveis interessados em revender produtos. Ao agirem desta forma, dirigem-se não só aos consumidores finais, mas também a pessoas e empresas que trabalham com produtos da indústria do surfe. A criançada interessada em surfe era parte importante do público leitor, mas este também era composto por empresários e pessoas interessadas em investir e trabalhar no setor. Por exemplo, o anúncio da 32ª edição da Feira Nacional da Indústria Têxtil (Fenit), realizada em 1986, mostra uma pera molhada usando biquíni, em uma clara referência à cultura e moda de praia.

Uma forma de venda muito presente nas revistas nos anos 1980 era o reembolso postal. Vários anúncios estampavam produtos e modelos, juntamente com tabela de preços e tamanhos (no caso de roupas) e instruções para compra, geralmente através do envio de cheque nominal.[221] Portanto, a publicação também funcionava como vitrine: expunha os produtos aos consumidores e

---

219 *Fluir* n. 2, nov-dez 1983, p.57.
220 *Fluir* n. 3, mar 1984, p 25.
221 Ver, por exemplo, *Fluir* n. 2, nov-dez 1983, p.31.

permitia que entrassem em contato diretamente com o fabricante ou vendedor. Uma loja de bicicletas vendia cartelas com adesivos para "melhorar o visual da sua bici". Entre elas, uma continha adesivo com o logo Fluir Terra Mar e Ar e imagens de asa-delta, bicicross e um surfista. As instruções quanto ao tamanho do envelope selado a enviar, caso se comprasse a cartela grande, e às "vendas atacado para todo o Brasil" revelam a expectativa de sucesso por parte do anunciante.[222]

Autores como Booth (2001, 2005) ressaltam a independência e até mesmo a antipatia que a ampla maioria dos surfistas nutre pelas grandes empresas e pela exploração comercial do esporte. Ford e Brown (2006, p.70) complementam afirmando que o "[...] estilo do surfe provavelmente não é uma preocupação maior da maioria dos surfistas, que sentem que o fenômeno da moda e das marcas do surfe é bastante secundário em relação ao ato fundamental de descer ondas". Os autores trabalham com divisão semelhante à utilizada por Lanagan (2003), anteriormente citada.

Naturalmente, de forma alguma isso impede que as marcas ocupem amplo espaço dentro do esporte, ao menos em sua vertente profissional, e das publicações, como *Fluir*. O fascínio que certas marcas exercem entre o público adolescente e jovem é simultaneamente explorado e construído em diversos espaços de *Fluir*, como nos pôsteres e anúncios.

Antes de passar ao próximo capítulo, resta abordar elementos que a publicação utiliza para estabelecer vínculos com o público.

1.3 Estratégias de aproximação com o leitor

Ao longo dos anos, *Fluir* lançou mão de algumas estratégias marcantes para situar-se próximo aos leitores. Os itens a seguir discutem aquelas que, a meu ver, receberam mais ênfase: apresen-

---

[222] *Fluir* n. 4, maio 1984, p.56.

tação da revista como um espaço aberto, presença de surfistas e jovens entre os profissionais da redação e linguagem coloquial.

Na primeira edição, os leitores, definidos como "nosso maior patrocinador e o mais sensível e exigente no controle de qualidade", são convidados a enviar cartas.[223] O incentivo à participação é acompanhado pela exaltação das virtudes do público.

Nas primeiras edições dialogava-se com o leitor a respeito das dificuldades. Um editorial pediu "muitas desculpas pelo atraso".[224] Vários editoriais dirigem-se diretamente ao leitor, agradecendo-lhe e dedicando-lhe o sucesso. Os leitores respondiam comprando a revista, divulgando-a e enviando cartas para a redação. As primeiras seis edições publicam numerosas missivas que dão parabéns, saúdam e atestam o sucesso "por aqui" (Florianópolis, Vitória, Aracaju etc.).[225] Não foram poucos os que atribuíram à revista mudanças em suas vidas. Tal foi o caso de um jovem de 17 anos, surfista há cinco, que "antes não dava importância ao esporte, fazia por fazer; mas graças a vocês hoje vemos como toda a rapaziada do litoral adere intensamente ao Surf".[226] O depoimento sugere uma modificação na percepção que o próprio agente tem da prática que realizava há anos, bem antes de *Fluir* ser lançada. Isto permite pensar o papel da mídia em duas vias: tanto por seu poder e impacto sobre as audiências quanto pelo polo da recepção, ou seja, dos usos particulares e diferentes entre si que cada leitor pode fazer do produto midiático.[227]

A fé de leitores no poder de *Fluir* e da seção de cartas, em particular, pode ser percebido em várias manifestações, como a de uma leitora que protesta contra prédios e condomínios constru-

---
223 *Fluir* n. 1, set-out 1983, p. 8.
224 "Editorial"
225 "Cartas", *Fluir* n. 6, set 1984, p. 14.
226 Idem.
227 Entre os autores da área de Comunicação que têm se preocupado com a maneira como os jovens recebem e (re)interpretam conteúdos culturais veiculados pela mídia estão Ronsini (2004, 2007) e Janotti (2003).

ídos em praias antes desabitadas do litoral paulista: "é realmente um absurdo ter de escrever uma 'carta-protesto' para que certas pessoas, um tanto quanto 'irracionais', parem e pensem no que estão fazendo com a natureza."[228]

A segunda ferramenta utilizada para aproximar-se dos leitores e legitimar-se junto a eles consiste em destacar que a revista é feita *por surfistas* (no período poliesportivo, por pessoas que praticam as modalidades) e, em grande medida, *para surfistas*.

Na primeira edição, a unidade de medida utilizada para as ondas variava entre metros e pés (comum no mundo do surfe, mas de compreensão mais difícil para os não iniciados): "alguns dias depois entrou na região uma grande frente fria que trouxe consigo swells de 6 a 7' para Jeffreys [sic] Bay e aí então pudemos desfrutar das melhores direitas da África e do mundo [...]."[229] Além da medida em pés e do uso do termo *swell*, ambos de domínio dos surfistas, a afirmação de que se tratam das "melhores direitas do mundo" pressupõe conhecimento da parte de quem fala, mesmo sem deixar claro se a avaliação é própria (do autor) ou é senso comum entre os surfistas.

A coluna "Alimentação Natural" era assinada "pelo Dr. José Roberto Lazzarini Neves, o qual, além de médico da Clínica Tobias, em São Paulo, é frequentador dos picos do Litoral Norte."[230] O espaço para discussão e conscientização a respeito da necessidade de se manter uma alimentação saudável era ocupado por um especialista gabaritado não apenas por ser médico, mas também surfista. O teor das dicas deixa claro que são dirigidas prioritariamente aos praticantes – há colunas com recomendações sobre o que comer antes e depois de surfar.

---

228 "Cartas", *Fluir* n. 26, dez 1987, p.18.
229 *Fluir* n. 1, set-out 1983, p.23.
230 "Alimentação Natural", *Fluir* n. 6, set 1984, p.113.

Desde a primeira edição, diversos espaços (publicitários, inclusive) afirmam que a revista é jovem, feita por jovens e voltada para eles. Comentando o primeiro número, um leitor afirmou: a "revista tem o espírito jovem e revolucionário marcante (e tem mais é que ser assim!). Para minha surpresa, ela é reivindicativa no mais amplo sentido jovem [...]".[231] O editorial de comemoração de um ano, cujo conteúdo respondia os que haviam duvidado da iniciativa, fala dos cinco "meninos" que a criaram – "o mais velho tinha 26 anos".[232]

A jovialidade caminha junto com a informalidade da linguagem. Ocupando a última página da primeira edição, a seção "Fluindo Próximo" provoca o leitor: "Já acabou de ler? A gente levou três meses para fazer essa revista no maior carinho e você pega e larga assim rapidinho. Você tem aqui no mínimo um mês de leitura".[233] É evidente a intenção dos editores de chamar a atenção para o fato de que a revista tem uma quantidade razoável de conteúdo a ser lido. A isto soma-se o argumento relatando o esforço para colocá-la nas bancas – o leitor comum provavelmente não teria noção de que a elaboração de uma revista pudesse durar três meses. Um terceiro aspecto é de cunho mercadológico: como a periodicidade era bimestral, se o leitor rapidamente chegasse ao fim, muito tempo se passaria até que um novo número estivesse nas bancas. Era preciso, portanto, valorizar o conteúdo da edição, chamando a atenção do leitor *distraído*. Por outro lado, deve-se ponderar que, dependendo dos hábitos de leitura (tempo disponível, leitura integral ou parcial de textos, habilidade e velocidade, se é ou não uma prática habitual) do consumidor, o conteúdo de *Fluir* pode tanto ser objeto de atenção durante um mês quanto muito menos que isso. E não se pode esquecer a prevalência das fotos, mencionada anteriormente.

---

231 "Cartas do Leitor", *Fluir* n. 2, nov-dez 1983, p.65.
232 "Editorial", *Fluir* n. 7, set 1984, p. 7.
233 *Fluir* n. 1, set-out 1983, p.50.

No trecho citado há mais marcas importantes de informalidade – e de distanciamento do jornalismo tradicional. O texto fala diretamente ao leitor, tratando-o por "você", e argumenta que não é hora de deixá-la. Essa forma de tratamento e o apelo para que a publicação não seja posta de lado estabelecem certa intimidade com o leitor. Um segundo traço de informalidade é o uso do cinema como metáfora. "Fluindo Próximo" funcionava como uma chamada para a edição seguinte. Contém oito "cenas" do próximo número, associando a amostra à prática cinematográfica: "Gostou do trailler? Assista o filme".[234]

Entre os demais sinais de informalidade identificados, destaco: a) amplo uso de gírias – da época e/ou do vocabulário corrente entre os praticantes das modalidades: "é um visual chocante [...]"[235] (*chocante* significa incrível, positivo, excelente, bacana); no voo livre, um texto em primeira pessoa informa que o autor "podia observar os primeiros pilotos já ameaçando a integridade das nuvens" – ao que parece, um sinônimo de voar alto;[236] "isso é que é boiada!";[237] "[...] dormir bem rápido, sonhando desde já com as massas alucinantes que vão estar quebrando pela manhã";[238] "são nelas [curvas] onde ocorrem os capotes (estilo solo!), as jantadas, os atravessos [...]";[239] b) rimas e ditados populares: "e outras novidades ainda estão por vir: aguarde e prepare a dança, pois quem espera sempre alcança";[240] c) neologismos: "para desintristecer só mesmo mais ondas [...]";[241] "explosão surfográfica da época",[242] "sweis"[243] (plural de *swell*); d)

---

234 *Fluir* n. 1, set-out 1983, p.50.
235 Aldhemar J. Freitas Filho (Deminha) (t), "Fernando de Noronha", *Fluir* n. 2, nov-dez 1983, p.20.
236 Roberto Cantusio, "Recorde Brasileiro", *Fluir* n. 2, nov-dez 1983, p.55.
237 "Toques", *Fluir* n. 3, mar 1984, p.11.
238 "México – Puerto Escondido", Alfredo Bahia e Bruno Alves, *Fluir* n. 4, maio 1984, p.38.
239 "Técnicas de Competição", *Fluir* n.5, jul 1984, p.63.
240 "Editorial", *Fluir* n. 3, mar 1984, p.6.
241 *Fluir* n. 1, set-out 1983, p.24.
242 "Picuruta", entrevista, *Fluir* n. 2, nov-dez 1983, p.32.
243 "Entrevista com Paulo Rabello", Bruno Alves, *Fluir* n. 5, jul 1984, p.26-9.

utilização das matérias para mandar recados, parabéns e agradecimentos a pessoas que contribuíam para o trabalho (anunciantes, responsáveis por restaurantes e pousadas) e fazer referência a elas pelo apelido ou apenas pelo primeiro nome: "a fazenda 'Estância das Águas Claras', tem agora um charmoso entreposto natural [com] um mel puríssimo produzido no apiário do Marquinhos (na própria fazenda)".[244]

Por último, é importante destacar o bom humor que marca diversos textos do período poliesportivo, como ao se retificar a identificação do piloto de bicicross que aparece em uma foto da edição anterior, "desculpem nossa falha, se bem que a falha não é bem nossa, mas isso é outra história".[245] Já o "Sistema Fluir de vantagens progressivas" para quem fizesse assinatura trazia benefícios como recebê-la "sem precisar gastar o seu precioso oxigênio (cada vez mais escasso nos dias de hoje) para ir comprá-la na banca" e de forma garantida, "sem ter de correr o risco de ficar frustrado por não tê-la achado em nenhuma banca, pois a moçada não está dando moleza: a Fluir não fica mais que uma semana nas bancas (graças a Deus!) e o pior é que virou mania e até cego tá comprando a Fluir".[246] Há irreverência até ao se falar de perigo, como este comentário sobre a presença de tubarões em Fernando de Noronha: "Não tivemos nenhum problema, [...] eles não atacam devido à grande quantidade de peixes no local, o que os deixa sempre muito bem alimentados".[247] Os leitores embarcavam no espírito brincalhão. O que se apresentou como "pobre, feio, preto, bobo, moro longe (voltarei) e bebo água de poço" insinuou não poder pagar pela assinatura anual que gostaria de fazer e recebeu a recomendação

---

244 "Toques", Ricardo Demasi, *Fluir* n. 4, maio 1984, p.77.
245 "Toques", *Fluir* n. 5, jul 1984, p.68.
246 *Fluir* n. 5, jul 1984, p. 80.
247 Aldhemar J. Freitas Filho (Deminha) (t), "Fernando de Noronha", *Fluir* n. 2, nov-dez 1983, p. 21.

de esperar "para breve uma carta de nossa assistente social".[248] Encontrei uma ocasião em que o bom humor gerou a publicação de uma *piada interna* incompreensível para o leitor comum: a legenda de uma foto que apresentava um surfista caminhando na areia com a prancha sob o braço e, ao lado, um cachorro: "Frank e seu melhor companheiro: "Bruno". Quem se lembra de uma Surfer passada? Frank and his dog?".[249] A partir de maio de 1988 o humor ganha lugar cativo com a publicação dos quadrinhos do personagem Sabão, cujas histórias brincam com situações relativas ao esporte, incluindo os estigmas lançados sobre seus adeptos.[250]

O uso de gírias e de linguagem coloquial pode ser compreendido como um afastamento dos valores hegemônicos do jornalismo, cujo objetivo é usar uma linguagem compreensível para o maior número possível de pessoas. Os membros da subcultura usam a linguagem como uma das vias de diferenciação em relação à cultura hegemônica. As revistas, porém, não se dirigem exclusivamente a eles. Coloca-se, portanto, um paradoxo: precisam ser e parecer autênticas para os membros mais ativos e identificados com a subcultura, mas sua fala não pode ser hermética como a dos iniciados, pois necessita atrair interessados e curiosos menos envolvidos com os valores e o linguajar do grupo.

Uma entrevista do *shaper* Ricardo Bocão sobre um novo modelo de prancha evidenciava o uso de terminologia específica do meio: "a virada de back-side ganhava muito mais projeção [...]".[251] Certos termos eram sucedidos por explicações entre parênteses: "duas *guns* (pranchas para onda grande) foram *shapeadas* na oficina [...]". Não fica claro, contudo, se a explicação partiu do entrevistado ou da publicação. Seja como for, quando abre espaço para discus-

---
248 "Cartas do leitor", *Fluir* n. 3, mar 1984, p.66.
249 "Expedição Sul", Alberto C. Alves e Edison Leite, *Fluir* n. 7, dez 1984, p.72.
250 "Sabão", Alvinho, *Fluir* n. 31, maio 1988, p.106.
251 Ricardo Bocão, entrevista a Bruno C. Alves, *Fluir* n. 3, mar 1984, p.14.

sões técnicas, seja em entrevistas ou convidando agentes a escreverem artigos, *Fluir* adota uma postura defensiva, apresentando uma série de explicações para justificar a relevância do assunto. Postura idêntica era adotada pelos convidados:

> Confesso que fiquei meio sem jeito, pois escrever sobre quilhas é um assunto um tanto polêmico, visto que cada *shaper* tem sua própria concepção sobre o assunto. Ao mesmo tempo, uma discussão em torno deste ponto tão delicado abre perspectivas para novos valores e conceitos sempre em evolução constante.[252]

Após este parágrafo de abertura vago, que soa próximo a um pedido de desculpas, o *shaper* engata uma discussão técnica sobre a evolução das quilhas e as vantagens e desvantagens de cada modelo, dependendo do tipo de prancha e onda. A dificuldade de traduzir conhecimento técnico em um texto compreensível ao leitor comum e o receio de causar polêmica evidenciam limites da tentativa de trazer a público uma discussão que diz respeito primordialmente a um círculo restrito, mesmo se considerado apenas o universo dos iniciados no surfe.

A terminologia específica inclui diversos termos em inglês: "Front side para a direita [...] surfa atualmente com pranchas Rabelo, double wing swallow [...]."[253] Assim como ocorre com as gírias, os termos em inglês, muito comuns entre os surfistas, raramente são acompanhados por uma explicação para os leigos. Outro exemplo é uma legenda explicando as ondas de uma baía sul-africana: "Mossel Bay apresenta, além da onda que aparece em nossa capa, outro point mais hot dog, preferido pelos locais de Cape-town".[254] As palavras *point*, *hot dog* e locais fazem parte do vocabulário do surfe, mas talvez não sejam de compreensão imediata para os não iniciados.

---

252 "Configuração de quilhas: análise de uma evolução", Alexandre Morse, *Fluir* n. 4, maio 1984, p.26-7.
253 "Novos talentos", *Fluir* n. 4, maio 1984, p.54.
254 *Fluir* n. 1, set-out 1983, p. 24.

Contudo, houve tentativas de explicar o significado de termos referentes às subculturas. A demanda por explicações aparecia em cartas: "venho por meio desta pedir à FLUIR que me explique o que vem a ser o estilo Goofy [...]".[255] A resposta explicou pacientemente do que se tratava. Atendendo às solicitações, as matérias de caráter didático aparecem principalmente nos primeiros anos. São explicações sobre condições do mar, materiais ligados à prática esportiva (como roupas de borracha e pranchas apropriados para cada tipo e tamanho de onda), competições, critérios de julgamento etc.

Exemplos são o "Pequeno Dicionário Anshowas de Hollanda de termos skatísticos" e o "Dicionário do Surf". O primeiro listou e apresentou, em duas edições, os significados de expressões usadas no esporte, quase todas em inglês: "Não traduza ao pé da letra, pois letra não tem pé e você pode cair do cavalo!".[256] De acordo com o autor, a publicação da *obra* deveu-se ao "grande número de cartas" perguntando o sentido das palavras. A publicação do "Dicionário do Surf" teve motivação semelhante:

> Muitos leitores nos escrevem constantemente querendo saber sobre vários termos, gírias e significados de certas palavras usadas na linguagem do surf. É claro e evidente que noventa e nove por cento dos leitores da FLUIR dominam e conhecem tudo a respeito de surf, mas como existe, por outro lado, um público que quer aprender e se inteirar do que é o esporte, dedicamos esse glossário – que informa alguns termos mais usados atualmente no meio surfístico, sem a pretensão de ser algo definitivo, já que estamos sempre em evolução – a todos que querem pegar onda e conhecer os mistérios do mar.[257]

A ressalva de que "noventa e nove por cento dos leitores" não precisam de tal informação carrega um pouco de ironia, pois

---

255 "Cartas do Leitor", *Fluir* n. 7, dez 1984, p.24.
256 "Dr. Anshowinhas Responde", *Fluir* n. 4, maio 1984, p.71.
257 "Dicionário do Surf", *Fluir* n. 15, maio 1986, p.141-2.

como o próprio texto atesta, são muitos os que escrevem perguntando o sentido de certos termos e pedindo explicações a respeito do esporte. O "Dicionário" continha 81 termos e expressões, muitos deles em inglês.

Em 1987 foi publicada uma longa matéria sobre os três principais tipos de fundo ou bancada. Era constituída basicamente por fotos de picos importantes de cada fundo, com legendas explicando as características (vantagens e desvantagens a partir de fatores como tamanho das ondas, consistência e risco de acidentes).[258] Um quadro na seção "Manobras", dedicada ao skate, trazia dicas "para se adquirir uma manobra perfeita, e mais pontos em campeonatos",[259] acompanhadas de fotos em sequência, facilitando a visualização dos movimentos. A série "Surf School" trouxe, ao longo de 1985, ensinamentos para os que queriam aprender a surfar.

Na primeira oportunidade em que foram publicadas fotos em sequência – uma atração importante e comum nas publicações de surfe –, as mesmas encontravam-se numeradas.[260] A presença dos números auxilia o leitor a perceber que se trata de uma sequência. Na seção "Fluindo no Surf" não era incomum legendas explicarem de forma didática manobras importantes: "a cavada é um dos momentos mais importantes do surf. Principalmente quando se está à frente de um costão de pedras."[261]

No caso do bicicross, um texto em primeira pessoa explica a manobra, um "360º altamente variado" e estimula "cada piloto [a] desenvolver suas próprias manobras". O praticante ocupa o espaço da revista para apresentar uma modalidade de bicicross – estilo livre (*freestyle*) – e reivindicar reconhecimento (informando que "os pilotos que a praticam têm um só pensamento, oficializar o

---
258 "Reef Point Beach Breaks", *Fluir* n. 24, out 1987, p. 68-89.
259 *Fluir* n. 4, maio 1984, p.70.
260 "Fluindo no surf", *Fluir* n. 2, nov-dez/1983, p. 24-8; Ronaldo Ribeiro (t), Bruno C. Alves (f), "Estilo livre", *Fluir* n. 2, nov-dez/1983, p.42-3.
261 *Fluir* n. 4, maio 1984, p.40.

esporte de uma vez por todas"), pois a mesma não era aceita em competições.[262] Outra matéria ensinava "técnicas de competição": em cada página, fotos de um piloto realizando uma determinada manobra em competição, acompanhadas de dicas para executá-la.[263] Entre as leituras dirigidas a iniciantes pode-se mencionar ainda a matéria citada com instruções para a construção de uma rampa para skate e bicicross.

Nota-se que a preocupação abrange não só a elucidação do vocabulário das modalidades, mas também explicações e ensinamentos a respeito da prática em si (como dominar os equipamentos, realizar manobras, evitar acidentes etc.), de forma a auxiliar os iniciantes. Desse modo, paradoxalmente, a linguagem da publicação é para iniciados, mas há a preocupação de explicar para os leitores não iniciados fenômenos e aspectos que compõem as subculturas do surfe e do skate.

---

262 Ronaldo Ribeiro (t), Bruno C. Alves (f), "Estilo livre", *Fluir* n. 2, nov-dez 1983, p.42-3
263 "Técnicas de Competição", *Fluir* n. 5, jul 1984, p.62-7.

A MODERNIZAÇÃO DO SURFE BRASILEIRO NAS PÁGINAS DE FLUIR

2.1 Busca de organização e profissionalismo

A maioria das atividades que contribuíram para a evolução do surfe não consiste em iniciativas inéditas dos anos 1980. Teve precedentes nas décadas anteriores, mas não se tornou perene. Entre os traços que podem ser citados estão: realização de competições, criação de organizações, intercâmbio com o exterior e viagens.

Datam de 1972 e 1973 as primeiras edições do Festival Brasileiro de Surfe de Ubatuba, que marcou época e foi, durante o restante da década e o início da seguinte, um dos principais campeonatos do país (Gutenberg, 1989, p.95). Na segunda metade dos anos 1970 realizaram-se festivais em Saquarema, com grande divulgação na mídia e tendo como atividades principais competições de surfe durante o dia e shows à noite.

A ideia de organizar o surfe surgira antes. Há referências à criação, em 1965, de uma Federação Carioca de Surf, nunca registrada e legalizada, e à realização, no mesmo ano, de um campeonato que incluiu a categoria feminino (Gutenberg, 1989, p.37; Souza, 2004, p.34). De acordo com Souza (2004, p.41), "na metade dos anos 1970, surgiria a Associação Brasileira de Surf Profissional". As fontes não informam sobre o destino das entidades, que não duraram até os anos 1980.

Nos primórdios da prática no Brasil (anos 1930-60), a dependência do exterior era enorme. Para tomar conhecimento do esporte e do desenvolvimento de novos materiais e desenhos de pranchas os interessados estavam sujeitos a quatro canais: a) das histórias contadas por quem ia aos EUA; b) das raras pranchas trazidas por avião por brasileiros ou estrangeiros; c) dos estrangeiros (pilotos de aviação comercial, principalmente) que surfavam no Brasil; d) das revistas de surfe importadas. Aficionados que dispunham de recursos (tempo e dinheiro) e disposição tentavam superar o *atraso* pesquisando materiais e construindo suas próprias pranchas (Dias, 2008; Gutenberg, 1989; Lorch, 1980; Souza, 2004). Por outro lado, diversos marcos da evolução do esporte no país – estabelecidos pelas próprias fontes – estão ligados à vinda de estrangeiros e à chegada de novos modelos de prancha. Esse quê de imperialismo cultural era temperado com gestos de colaboração, curiosidade e amizade, como a visita do australiano Peter Troy, supostamente o primeiro a realizar manobras no Brasil (Gutenberg, 1989, p.35-6).

As viagens ao exterior proporcionavam contato com novos materiais, pranchas, técnicas, manobras e produtos, ajudava a trazer ideias e a vislumbrar possibilidades de se viver do esporte (Dias, 2008). Pelas mesmas razões, a vinda de *shapers* e surfistas estrangeiros, às vezes para morar por meses ou anos, foi importante durante os anos 1960 e 1970 (Gutenberg, 1989, p.93). Nos anos 1970, vários surfistas encontraram na fabricação de pranchas uma saída para trabalhar e manter-se próximo ao surfe (Dias, 2008). De acordo com Rico de Souza, aquela foi "a primeira geração que tentou viver de esporte" (Memórias, 1994, p.56).

As viagens dentro do Brasil são um traço importante na caracterização do surfe nos anos 1970 pelas fontes. Partindo de um ponto de vista que privilegia os residentes no Rio de Janeiro e em São Paulo, em geral se destacam como destinos o litoral da Região Sul (especialmente Imbituba/Sc), o litoral norte paulista e o município de Saquarema (RJ). As viagens fazem parte de uma exaltação saudosista dos *velhos tempos* do passado não só pelo surfe, mas pelo contato com a natureza e pela possibilidade de exercitar a liberdade (sexual, inclusive) fora do domínio rígido dos pais (Gutenberg, 1989, p.143; Memórias, 1994, p.57). Estes aspectos seguem valorizados nos anos seguintes, como se pode perceber em filmes como *Menino do Rio, Garota Dourada* e *Manobra Radical*.[1]

Um dos nomes mais conhecidos da modalidade no Brasil, Rico de Souza (2004) exalta os pioneiros e os membros das primeiras gerações, com citação de nomes e elogios pela grande contribuição ao esporte. Não obstante, a geração dos anos 1970 será duramente criticada pelos surfistas dos anos 1980, os quais a consideram responsável pela má fama e pelo descrédito que cercam os envolvidos com o esporte (ver próximo capítulo).

Um dos últimos baques sofridos no período de decadência é o fim do Waimea 5000, em 1982 (Gutenberg, 1989, p.127). O campeonato foi fundamental para o surfe brasileiro por uma série de razões: colocou o país no calendário do Circuito Mundial, teve ampla cobertura da mídia de massa, aumentando consideravelmente a visibilidade da modalidade e o potencial interesse de público e empresas, possibilitou o contato próximo com surfistas de ponta e trocas em relação a manobras, equipamentos, técnicas de competição e de julgamento etc.

---

1 *Menino do Rio*. Brasil, 1981, dir. Antonio Calmon, 85 min., ficção. *Garota dourada*. Brasil, 1983, dir. Antonio Calmon, 102 min., ficção. *Manobra radical*. Brasil, 1991, dir. Elisa Tolomelli, 91 min, ficção.

Como mesmo no discurso de memória do jornalismo há espaços para o caráter não linear da história, Gutenberg (1989, p.147) destaca iniciativas importantes e duradouras tomadas durante o período de decadência, como a fundação, no fim dos anos 1970, da Associação (depois Federação) Catarinense de Surf.[2] Empresas importantes do surfe brasileiro (OP, Lightning Bolt) foram criadas. Neste período de dificuldades, Gutenberg (1989, p.188) considera que *Visual Esportivo* contribuiu muito ao cobrir campeonatos e proporcionar visibilidade para o esporte, seus atletas e patrocinadores. Para Gutenberg (1989, p.149), entre os fatores que levaram à decadência do surfe no fim dos anos 1970, "pesou bastante o fim da revista Brasil Surf, em dezembro de 1978. Um veículo que integrava a comunidade do surf a nível nacional". O trecho destaca o papel desempenhado pela mídia de nicho de circulação nacional na integração e, acrescento, *formação* de uma comunidade de surfistas – posição ocupada por *Fluir* poucos anos depois. Apesar dos altos e baixos, havia quem investisse e apostasse no esporte – e é justamente desta forma que *Fluir* caracteriza a si mesma, como visto no capítulo anterior. Gutenberg estabelece o 1º Olympikus Pro na Praia da Joaquina (Florianópolis, SC), em janeiro de 1982, como marco do *renascimento* após a "decadência" (Gutenberg, 1982, p.181).

Fluir chega às bancas em meio a um cenário duplamente negativo: os entreveros do surfe somam-se à recessão evidenciada pelo crescimento médio negativo do P$_{IB}$ entre 1981 e 1983. Ela busca inserir-se nesta realidade em movimento e ocupar papel de destaque, incentivando a modernização do surfe brasileiro. Isto é dito nas cartas ao leitor e no texto "Primeiro experimento" (item 1.2.1), e é observável através do diálogo com associações de

---

2 Gutenberg data a fundação em 1979. O texto institucional do sítio da Fecasurf informa 1980 como data de criação. "Institucional", sítio da Fecasurf, disponível em: http://www.fecasurf.com.br/institucional.php. Acesso em 7 fev. 2009.

surfistas Brasil afora e das notícias sobre o andamento do esporte, das competições e de sua organização no Brasil. No primeiro caso, várias cartas de associações de surfistas de cidades do litoral brasileiro parabenizam a publicação por seu lançamento. No segundo, *Fluir* abre espaço para a divulgação de resultados de competições amadoras e/ou locais. De cara, apresenta-se como veículo com um papel a representar dentro do espaço do surfe (em particular) e das modalidades que cobria (em geral) e contribuições a dar para seu desenvolvimento. Metaforicamente, seria um motor a mais para impulsionar o barco. Uma série de iniciativas evidenciam a crença no crescimento das modalidades e na consolidação de um mercado em torno delas. Uma delas, a criação de empresas voltadas para a organização de eventos esportivos, como a Pro-Sport, cujo anúncio propunha:

> Você sabia que existe hoje uma firma especializada em eventos e promoção esportiva, principalmente ligada ao Surf e Vôo livre? Não!!!, [sic] então vamos lhe falar porque [sic] a PRO-SPORT veio ocupar espaço dentro deste cenário jovem.
> Nascemos para organizar o esporte competitivo, com a proposta de criar um calendário que respeitará a iniciativa de cada atleta e Empresa patrocinadora de eventos, sem atropelos de datas coincidentes como vinha acontecendo; pois a concentração de provas em pouco espaço de tempo, relega depois ao surfista ou ao atleta e à empresa que patrocina, uma ociosidade perigosa, na medida em que afasta o atleta e o patrocinador dos noticiários esportivos, o que acaba por inviabilizar os patrocínios. Queremos apoiar ambos à [sic] nível profissional, e por isto estamos trabalhando para elaborarmos junto com as Associações e Clubes, um calendário homogêneo que beneficie a continuidade do Circuito Paulista de Surf, para que os competidores desenvolvam-se no cenário paulista, brasileiro e mundial. [...] Nós, da PRO-SPORT, temos uma proposta de trabalho profissional e bem-intencionada para levarmos adiante todos os sonhos de nossa realidade futura, dentro de nosso esporte, bem como as idéias que os jovens venham à [sic] externar.[3]

---

3 *Fluir* n. 1, set-out 1983, p. 4.

Tendo por objetivo apresentar a firma, o trecho traz informações importantes. Em primeiro lugar, a ênfase na juventude. O "cenário jovem" é ambíguo: pode estar ligado à juventude (sentido mais óbvio) e/ou a uma iniciativa *recente*. Ao mesmo tempo em que anuncia a contribuição que pretende dar, a empresa lista problemas a serem superados no caminho para a profissionalização, como a inexistência de um circuito nacional e de calendários coordenados e bem distribuídos ao longo do ano. Assim, o anúncio permite saber: que havia datas coincidentes e longos períodos sem competições, e que a aparição na mídia é fundamental para o desenvolvimento do esporte, pois dá visibilidade aos patrocinadores, estimulando-os a investir. Neste sentido, o lançamento de *Fluir* contribui para o surfe, constituindo um novo espaço para os patrocinadores aparecerem. Por último, chama atenção a afirmação de que a empresa é "profissional e bem-intencionada", sugerindo nas entrelinhas que poderia haver quem pensasse o contrário.

A criação de empresas como Pro-Sport e Master Promoções[4] foi fundamental para a consolidação do surfe profissional, através da organização de eventos competitivos, da conformação de um corpo de juízes e da obtenção de patrocínios. Por outro lado, a atuação destes dirigentes sofreu críticas de diversos agentes, em debate às vezes travado nas "Cartas".[5]

A inexistência de coordenação entre as associações criava conflitos no calendário. Um campeonato em Itacoatiara (Niterói, RJ) foi postergado pois o início coincidia com o de outro no Arpoador (Rio de Janeiro, RJ). O adiamento deixou os atletas paulistas

---

[4] Dos sócios Roberto Perdigão e Flávio Boabaid, que se tornariam dois dos principais dirigentes do surfe profissional brasileiro e internacional, fazendo parte do quadro da ASP. Bruno C. Alves, "3º Festival Olympikus de Surf", *Fluir* n. 3, mar 1984, p.22.
[5] Cf., por exemplo, "Cartas", *Fluir* n. 28, fev 1988, p.16, em que Arnaldo Spyer (diretor técnico da Abrasp) e Roberto Perdigão (diretor executivo da Abrasp) afirmam que até então não tinham ganhado dinheiro com o circuito brasileiro, nem com as inscrições nas etapas, nem com o trabalho que realizavam à frente da entidade.

de fora, pois as novas datas se sobrepunham às de uma etapa do circuito daquele estado.⁶ Outro problema organizativo se dava com os atletas que competiam em mais de uma categoria (durante o período em que foram disputadas as categorias sênior e master, por exemplo, havia quem competisse em ambas e na profissional), às vezes sendo obrigados a disputar baterias consecutivas, sem descanso e alimentação.

Não obstante, as iniciativas de organização avançavam. Os primeiros anos de *Fluir* coincidem com a inauguração de associações e clubes de surfe pelo país. A revista noticia a fundação de entidades de diferentes tamanhos e localidades:

> Formou-se recentemente na Faculdade Mackenzie (SP), um órgão que se dedica exclusivamente ao SURF, com o objetivo de estruturar esse esporte tanto na faculdade como também em atividades de promoção extra-acadêmicas. Ficamos felizes, pois isso só tende a estruturar ainda mais o SURF.⁷

Havia "muita agitação do surfe nos meios universitários paulistas, que é de onde finalmente está surgindo uma estrutura básica para o surf paulista".⁸ A revista divulgava campeonatos, resultados, locais de competição e patrocinadores. A formação de associações nas faculdades particulares paulistanas é celebrada como uma via para auxiliar a organização da modalidade. No que diz respeito às questões exploradas neste livro, indica o perfil sócio-econômico dos surfistas, com número significativo de praticantes entre os universitários (e de universitários entre os participantes), incluindo alguns dos sócios de *Fluir*.

A proposta de articulação com as novas organizações é explicitada no primeiro editorial:

---

6 "Itacoatiara", Elvio Pereira, *Fluir* n. 6, set 1984, p.37-40.
7 *Fluir* n. 1, set-out 1983, p.4.
8 *Fluir* n. 2, nov-dez/1983, p.10.

E, como dizemos, Fluir é uma EXPERIÊNCIA ABERTA: não somos uma 'panela', nem tampouco uma seita de 'iluminados': toda e qualquer colaboração será bem vinda (artigos, fotos, desenhos, dicas, comentários etc.) e aproveitamos, também, para nos colocar à disposição de todas as Associações e Federações para um trabalho comum, visando o incremento e desenvolvimento do esporte nacional [...].[9]

A revista se apresenta como uma arena a ser ocupada por aqueles ligados ao esporte. Incentiva o diálogo e reconhece que, sozinha, não levará à evolução do surfe. Portanto, apresenta-se como um possível polo de articulação entre os interessados em trabalhar para a organização do surfe. Como veremos adiante, as condições de participação nesta arena são seletivas: em diversas ocasiões as vozes dissonantes foram deslegitimadas ou silenciadas.

Já na primeira edição, o "Boletim de campeonatos" reúne resultados de competições de surfe por todo o país, a maioria amadoras e locais – de associações como a AsN (Associação de Surf de Niterói) e de universidades como a Mackenzie (de São Paulo, que teve campeonato organizado pelo Diretório Central dos Estudantes/DCE[10]) e a Universidade Federal do Rio Grande do Sul/UFRGS (uma das pró-reitorias apoiou um campeonato de alunos da instituição).[11] O assunto aparecia com frequência nas cartas de leitores, que utilizavam o espaço para noticiar a criação de associações e estabelecer contato e correspondência com praticantes e admiradores. Em contrapartida, as associações enviam à redação cartas parabenizando a revista por seu lançamento, qualidade e evolução.

Contudo, o processo organizativo guardava grandes diferenças e desigualdades regionais. Em 1983, um leitor resumia a situação em seu estado: "o Surf aqui em Pernambuco cresce e

---

9 *Fluir* n. 1, set-out 1983, p.7.
10 *Fluir* n. 1, set-out 1983, p.44-5.
11 "Boletim de Campeonatos", *Fluir* n. 11, ago-set 1985, p.123.

cresce com lojas, novos valores, porém poucos campeonatos: os que tem pintado por aqui ultimamente são de colégios e beneficentes aos flagelados da seca."[12] Havia praticantes em todo o litoral, mas em vários pontos a possibilidade de patrocínio e os montantes envolvidos eram escassos. Já o relato do I Festival Inter-Brasil de Surf realizado em Olivença (BA), feito por Fábio Quencas, nono colocado na competição, considerava que "a participação de surfistas de vários estados [...] demonstrou o crescimento do Pro-Surf no nordeste [sic]".[13]

Impressionava a organização do surfe em Santa Catarina, onde duas associações (ACS, compreendendo todo o estado, e Anocas, no litoral norte) realizavam circuitos e eventos. A ACS publicava um jornal mensal com distribuição gratuita e alugava ônibus para os atletas competirem nas etapas fora da capital, ao passo que a Anocas tinha "assistência médica, jurídica e um fundo denominado 'mútua surfística' para beneficiar um atleta em caso de sério acidente".[14] Em 1984 havia apenas "três circuitos em andamento no país: o paulista, o catarinense e o Pro-Anocas (realizado na região norte-catarinense)".[15] Ou seja, dois dos três localizavam-se no estado. A proeminência dos organizadores de Santa Catarina (catarinenses ou radicados lá) no surfe pode ser percebida pelo fato de a Federação Catarinense de Surf (Fecasurf) ter sido a primeira a obter reconhecimento pelo CND (em 1988), passo crucial na consolidação do surfe como esporte. Em 1989, as sedes da ASP Brasil, Abrasp e Abrasa localizavam-se em São Paulo (Gutenberg, 1989, p.147).

O Circuito Paulista de Surf, encerrado em 1984, teve seis etapas.[16] A divulgação dos resultados e do *ranking* após uma delas

---

12 "Cartas do Leitor", *Fluir* n. 2, nov-dez 1983, p.65.
13 "Boletim de Campeonatos", *Fluir* n. 4, maio 1984, p.80-1.
14 "A ascensão do surf catarinense", Edson Ronchi, *Fluir* n. 7, dez 1984, p.78.
15 "Campeonatos mil pelo Brasil", *Fluir* n. 7, dez 1984, p.122.
16 "Toques", *Fluir* n. 3, mar 1984, p.10.

foi acompanhada de instruções aos participantes: "é importante que o atleta acompanhe todas as etapas do C.P.S. para manter a regularidade de pontuação. No final do C.P.S. 83/84, os 16 primeiros colocados estarão automaticamente classificados para a fase direta do Campeonato Brasileiro de Ubatuba".[17] A recomendação sugere que nem todos estavam atentos à fórmula de disputa, e mostra a revista como instrumento de divulgação de informações de interesse dos próprios envolvidos. A avaliação daquele Circuito Paulista considerou-o "mais bem organizado e competitivo" que os anteriores, com "uma sensível melhora em termos de julgamento e de organização dos campeonatos, fruto de um trabalho sério e contínuo". A adoção de um calendário fixo trouxera investimento de empresários e mais receptividade das autoridades. Os aspectos que se pretendia aprimorar sintetizam as maiores necessidades do período: "[...] premiações, a remuneração de quem trabalha nas provas, os critérios de julgamento e o retorno aos patrocinadores". A louvação terminava assim: "*sem bairrismo nenhum*, acreditamos sinceramente que o maior beneficiado será o surf paulista, e, por consequência, o surf brasileiro".[18]

Marcas do regionalismo podem ser observadas na própria revista. Embora se apresente como nacional (em termos de abrangência do conteúdo),[19] o olhar dirigido às demais regiões tem como centro (referência) São Paulo (ou o eixo Sp-Rj): "quem fez uma viagem ao litoral do Nordeste à [sic] alguns anos atrás, poderá tomar um susto de voltar para lá agora, pois a evolução do Surf Nordestino nos últimos anos foi muito grande".[20] Não encontrei

---

17 "Boletim de Campeonatos", *Fluir* n. 4, maio 1984, p.81.
18 "O que foi o Circuito Paulista de Surf 83/4", Carlos A. Cangiano, *Fluir* n. 6, set 1984, p.30, grifos meus.
19 A procedência das cartas de leitores, vindas de estados nas cinco regiões do país e de diversos lugares do mundo (como Havaí, Califórnia, Hong Kong, Austrália, Guatemala) dão conta da circulação efetivamente nacional e de sua chegada, ainda que de forma não sistemática, ao exterior.
20 *Fluir* n. 4, maio 1984, p.41.

um exemplo sequer que faça referência à necessidade de viajar ao tratar de São Paulo e Rio de Janeiro. Os próprios leitores percebiam o foco em São Paulo e se manifestavam a respeito, demonstrando em certos casos aprovação: "[um] ponto importante é o apoio aos surfistas de São Paulo e Santos que mereciam uma revista como essa".[21] Esta discussão é aprofundada no item 4.2.2.

Um problema tão decisivo quanto pouco abordado para a realização de competições de fato *nacionais*, ou seja, contando com vários atletas de diversos estados e regiões do país, residia nos transportes. As ligações aéreas entre cidades brasileiras contavam com muito menos voos que hoje (e com preços maiores). Restavam os ônibus interestaduais e os automóveis. Em ambos os casos, os viajantes sujeitavam-se a percursos que poderiam durar muitas horas ou até dias (com efeitos como cansaço, gastos etc.), em estradas às vezes mal conservadas e perigosas. Mesmo a oferta de rotas aéreas e terrestres pelas empresas de aviação e ônibus era desigual (aliás, continua sendo): os residentes em São Paulo e no Rio de Janeiro contavam com maior disponibilidade de horários e rotas, além de, na média, precisarem se deslocar menos para participar das principais competições do país.

Em 1984, a terceira edição do "Festival Olympikus de Surf consolida definitivamente Florianópolis como a capital do surf nacional a cada mês de janeiro. Ali se encontram os maiores nomes do surf brasileiro, numa festa altamente profissional". O texto destacava o alto número (248) e a origem variada dos participantes: "todas as partes do Brasil, do Ceará ao Rio Grande do Sul e até do Uruguai". O campeonato estabelecera-se como um dos principais do país e, simbolicamente, extrapolava o âmbito competitivo e convertia-se em uma celebração do esporte. Matérias como esta procuravam descrever o *clima* do evento: músicas tocadas no sis-

---

21 "Cartas do leitor", *Fluir* n. 5, jul 1984, p. 8.

tema de som, programação noturna (festas e shows), hábitos do público ("com yogurtes de frutas e Chocoleite (bebida da área) a plateia assistia, de canudinho, o desenrolar dos acontecimentos"). Não representava contradição, portanto, apresentá-lo como "festa altamente profissional",[22] na medida em que, tendo como foco a disputa em si, as reportagens abriam espaço para abordar aspectos do *estilo de vida* dos aficionados pelo esporte. Diversos relatos de competições fizeram referência a desfiles e concursos de beleza feminina: "houve ainda um desfile de manecas [...] e um show de rock'n'roll que rolou até às 7 da manhã";[23] "eventos paralelos ocorreram desde o primeiro dia com um show de um conjunto local, e prosseguiram até o último, como o concurso para a gatinha do campeonato".[24]

Nem todos aprovavam a divisão das atenções. O competidor e empresário do ramo Roberto Valério criticou a ênfase dos organizadores em atrações fora da água: "o que acontece é que campeonato de surf vira festival de rock e palco de mulheres maravilhosas. As pessoas se preocupam mais com a festa do que com o desenrolar da competição". Tal comportamento foi atribuído ao fato de ser "um esporte novo e praticado por jovens" e ao pouco conhecimento, por parte do público, de seus aspectos competitivo, técnico e histórico. Para modificar a situação, sugeria: "cabe aos organizadores e aos meios de informação educar o público nesse sentido [...]".[25] Para Valério, as competições deveriam focar-se na técnica e na disputa entre os atletas. A "falta de conhecimento técnico e a visão do surf como arte e estilo de vida" existentes no Brasil poderiam ser minoradas pela participação da mídia especializada, à qual caberia "se informar e retransmitir os diversos

---

22 Bruno C. Alves, "3º. Festival Olympikus de Surf", *Fluir* n. 3, mar 1984, p.18-23.
23 "Boletim de campeonatos", *Fluir* n. 4, maio 1984, p.80-1.
24 Idem.
25 "Valdir Vargas entrevista Roberto Valério", *Fluir* n. 4, maio 1984, p.28-30.

aspectos do surf, criando uma história e consequentemente o entendimento do esporte como um todo." Mais uma voz atribui à mídia papel relevante na construção do surfe competitivo. Voltarei a este ponto adiante.

Ao completar um ano, o período é caracterizado como de afirmação de *Fluir* como principal veículo brasileiro sobre surfe e de "grande expansão do esporte e de seu mercado".[26] O crescimento do interesse pelo esporte articula-se com o do consumo de produtos a ele relacionados. Neste contexto, a inserção da revista se dá de forma múltipla, pois simultaneamente: a) contribui para consolidar o surfe e seu mercado – é mais uma forma de dar visibilidade ao esporte e aos anunciantes; b) aproveita de duas maneiras a visibilidade obtida pela modalidade e o crescimento de sua indústria: vendendo exemplares para leitores e anúncios para empresas. O mesmo editorial afirma:

> Porém, a maior conquista, não só da Revista mas também do Surfe em si, pode ser resumida numa palavra: CREDIBILIDADE. Através de muitas lutas, com vitórias e derrotas, mas sempre com bastante persistência e honestidade, pudemos mostrar que não só é possível um TRABALHO SÉRIO com o Surf, como também que este trabalho é fundamental para a estruturação do esporte nesse país que tem mais de 8.000 km de praias – e ondas![27]

A fala defende a ideia de que a inserção em um processo em andamento se dá no sentido de estimular o surfe brasileiro, que caminhava por si, mas teria muito a ganhar com a publicação. A passagem indica também desconfiança, por parte de muitos, com relação à viabilidade de existir profissionalmente, no país, uma revista sobre surfe, o que deve ser incluído no quadro de ceticismo quanto à seriedade do esporte e de sua organização e à possibilidade se obter lucro em atividades relacionadas a ele. No

---

26 "*Fluir*: um ano de muitas ondas!" *Fluir* n. 6, set 1984, p. 7.
27 Idem.

editorial, o fato de a revista ter se estabelecido e completar um ano é interpretado como prova de credibilidade alcançada por ela e pela modalidade – na verdade, duas faces da mesma moeda.

No que diz respeito às competições em si, um dos maiores problemas relatados nos primeiros anos foram os parâmetros para a divisão das categorias (decidir quem é amador e quem é profissional, por exemplo)[28] e a falta de critérios unificados de julgamento e de regras claras para o funcionamento dos campeonatos (dinâmica das fases, número de atletas por bateria, critérios de *interferência*).

Nos primeiros números é nítido o esforço de incentivar os organizadores dos eventos e apresentar as falhas e críticas como contribuições para o aprimoramento das competições e do esporte: "pode-se dizer que a organização do campeonato esteve muito boa, tendendo a melhorar a cada ano com a experiência que os organizadores vão adquirindo ao realizar um evento desse nível, ou seja, com a participação de surfistas de diversos estados".[29] No campeonato em questão, as falhas apontadas foram todos os juízes serem do Paraná (estado sede) e não se estabelecerem cabeças-de-chave. Neste caso, o exemplo dado é uma chave em que caíram quatro surfistas bons e *de São Paulo*, "fazendo com que ótimos surfistas fossem desclassificados em fases iniciais e outros de níveis mais baixos passassem para outras fases". Em boa parte das situações em que havia críticas à organização, aos critérios de julgamento e outras, entre as *vítimas* e *prejudicados* apontados pelo texto estavam atletas de São Paulo. Não é possível afirmar que *Fluir*

---

28 Em campeonatos como o Festival Olympikus, as categorias "eram escolhidas espontaneamente pelos surfistas no ato da inscrição (haviam atletas com mais de dez anos de surf correndo na categoria Amador) e que só se diferenciavam uma da outra no volume dos prêmios." O trecho entre parênteses pode ser interpretado como uma crítica às possibilidades abertas pelo método utilizado. Bruno C. Alves, "3º. Festival Olympikus de Surf", *Fluir* n. 3, mar 1984, p.18-23.
29 Bruno C. Alves (t, f), "2º Festival Brasileiro de Surf de Matinhos", *Fluir* n. 2, nov-dez 1983, p.13.

defendia os atletas paulistas, mas, no mínimo, que a chance de uma atitude considerada injusta em relação a atletas de São Paulo ser registrada era grande.

A crítica a um campeonato em que todos os julgadores eram da cidade-sede (Ubatuba, SP) sugeria a necessidade de "diversificar o corpo de juízes em todos os campeonatos, o que evitaria em muito as *constantes dúvidas e controvérsias*".[30] O trecho grifado faz referência à regularidade das reclamações – que, contraditoriamente, quase não aparecem na cobertura dos eventos por parte da revista. Uma nota no número seguinte indica que houve quem recebesse mal as críticas na cidade paulistana:

> Aí moçada de Ubatuba, os boatos subiram a serra e já chegaram por aqui. Negócio é o seguinte: as críticas [...] quanto ao critério de julgamento, tem unicamente a preocupação com o desenvolvimento e a estruturação do esporte em bases realmente sólidas. *O fato deste campeonato ter sido julgado somente por juízes de Ubatuba é que dá margem a falatórios e críticas de surfistas de outros locais.*
> Nosso trabalho e nossa preocupação estão voltados para o estabelecimento definitivo do surf como esporte no Brasil, e para isso, um dos pontos centrais é a questão dos critérios de julgamento de campeonatos. Inclusive, a FLUIR já está preparando para o próximo número uma matéria sobre este assunto e gostaria de contar desde já com a colaboração e as opiniões do pessoal aí de Ubatuba.
> No mais, é isso. Viva o surf![31]

Estabelecer "bases realmente sólidas" significava ao mesmo tempo identificar, apontar, discutir e corrigir os problemas e *poder exercer a crítica*. A referência a "boatos" e a frase grifada dão a entender que houve quem culpasse a matéria de *Fluir* pelos "falatórios". A nota ao mesmo tempo exime a revista de responsabilidade – lançando mão, indiretamente, da alegação muito

---

30 "Campeonatos universitários", Bruno C. Alves, *Fluir* n. 3, mar 1984, p. 38-9, grifos meus.
31 "Toques", *Fluir* n. 4, mar 1984, p.16.

presente nas falas do jornalismo hegemônico de que este apenas *retrata* a realidade, buscando isentar-se de responsabilidade pelas *escolhas* inerentes ao processo – e reafirma o altruísmo e o objetivo das intenções. Este último aspecto é significativo pois desvela um *projeto* da publicação para sua menina dos olhos: convertê-la definitivamente em *esporte*. Para tanto, identifica como tarefa prioritária padronizar os critérios de julgamento. Por fim, o chamado à colaboração é uma clara tentativa de apaziguar os ânimos e trazer para o projeto os ubatubenses descontentes, o que se confirma com o "viva o surf" do final.

Entre os problemas apontados por *Fluir* encontram-se: falta de incentivo, altos e baixos nos eventos ("você tem campeonatos muito bem organizados, com nível técnico altíssimo e logo em seguida, pinta outro que não tem nada a ver, com pessoas que não conseguem se organizar, fazem um lance totalmente político"),[32] falta de seriedade de pessoas e empresas, pouca credibilidade. Um exemplo foi o surfista que ficou "bastante decepcionado com o pessoal da Der Vogel", que lhe prometera pagar uma viagem à África do Sul e não o fez, "alegando 'dificuldades'". O veredicto foi claro: "são coisas como essa que fazem com que o surf jamais tenha uma imagem SÉRIA em nosso país". A rara crítica, dirigida a uma marca que não anunciava em suas páginas, revela que, para *Fluir*, o surfe ainda não era levado a sério na sociedade brasileira.[33] Ato contínuo, apresentava a si mesma como contraponto: juntara-se a duas empresas para patrocinar a ida de Picuruta Salazar ao mesmo país, "mostrando assim o que é trabalhar com seriedade pelo surf brasileiro". Na avaliação da revista, havia um "pequeno grupo que realmente batalha por uma estruturação consciente do surfe em nosso país",[34] ao passo que muitas pessoas do próprio meio não se

---

32 "Rosaldo Cavalcanti entrevista Frederico D'Orey", *Fluir* n. 7, dez 1984, p.58.
33 "Coluna Social", *Fluir* n. 5, jul 1984, p.12.
34 "Toques", *Fluir* n. 4, maio 1984, p.20.

interessam em trabalhar pelo seu crescimento e ainda o atrapalham:"é preciso que todos se interessem e participem do trabalho de organização pela base do nosso esporte, pois é muito fácil (mas por outro lado é melancólico também) passar a vida toda apenas criticando as iniciativas das outras pessoas".[35]

As referências a críticas são genéricas e não há matérias que permitam conhecer o teor destas críticas. Com isso, a partir da leitura de *Fluir* não é possível saber, por exemplo, se discordavam da forma como se implantava a profissionalização (e propunham um caminho diverso) ou se havia um antagonismo de fundo (contrário à exploração comercial do esporte). O aprofundamento da questão necessita de uma pesquisa histórica levando em consideração fontes diversas, proposta diferente da executada neste trabalho.

Não obstante, os autores que se debruçam sobre o surfe fornecem pistas ao se referirem a uma série de conflitos entre os adeptos da comercialização e os defensores de vertentes como o surfe de alma. De acordo com Ford e Brown (2006, p.45), a relação entre quatro temas principais sintetiza as tensões na cultura do surfe:"surfe de alma, competição, comercialização e *crowding*" (Ford e Brown, 2006, p.45). Para Fisher (2005), existiram e existem na cultura e mídia do surfe australianas posturas de franca oposição à profissionalização. Já a Califórnia permaneceu produzindo vídeos *hardcore* que negavam os valores defendidos pelos adeptos da competição, profissionalização e comercialização (Fisher, 2005).

De certa forma, *Fluir* assume para si o papel de separar o joio do trigo (o que obviamente pressupõe tarefa anterior: *determinar o que é joio e o que é trigo*), funcionando para seu público como avalista dos agentes e propostas que levam o esporte *a sério* e critica *aproveitadores* e os que *nada fazem* (e ainda por cima vivem a criticar quaisquer iniciativas). Isto ocorria através, por exemplo,

---
35 Fala de Valdir Vargas, "Valdir Vargas entrevista Roberto Valério", *Fluir* n. 4, maio 1984, p.28-30.

de elogios a agentes:"nossos parabéns ao Flávio e ao Paulinho, que fazem parte do pequeno grupo que realmente batalha por uma estruturação consciente do surfe em nosso país"[36]– e ao próprio umbigo.

A partir de numerosas evidências concretas, o discurso de *Fluir* ata seu destino ao do esporte, "que, de 'passatempo de vagabundos' passou a ser visto como o 'esporte da juventude sadia', despertando a atenção de outras mídias e conquistando milhares de praticantes a cada dia". Isso permitia afirmar, em 1985, que o "estrondoso crescimento do surf nos últimos dois anos" não fora "coincidência", pois remetia diretamente à atuação da revista e ao "trabalho sério" pelo desenvolvimento do esporte.[37]

Ao longo de 1984, repetiam-se os desabafos sobre o estado de desorganização do esporte. A leitora que escreveu sugerindo a publicação de informações sobre eventos futuros – aos quais tinha interesse de comparecer – recebeu como resposta que isso era feito sempre que possível, mas "nem todas as associações têm uma organização eficaz, que tenham um programa elaborado, e nem todas elas nos enviam tais informações. Resultado: os campeonatos sempre têm um público aquém do merecido e o nível nunca evolui. [...]"[38]

Para alguns, os fatores externos contavam mais que a disputa no mar:

> No Brasil, pouca importância é dada ao surfista-atleta, que despindo-se de seu nome e classe social, compete de igual para igual dentro d'água. É aí que ele deve ser avaliado, pouco importando se seus amigos são da 'panela', ou quantos irmãos ele possui. A situação chegou a tal ponto, que as competições tornaram-se meros eventos sociais, perdendo assim a sua função principal, de ser o termômetro que mede a qualidade do surf naquele momento.[39]

36 Toques, *Fluir* 4, maio 1984, p. 20.
37 Editorial, *Fluir* 12, out-nov 1985, p. 9.
38 "Cartas do leitor", *Fluir* n. 5, jul 1984, p. 8.
39 "O campeonato de Itacoatiara", Fred D'Orey, *Fluir* n. 6, set 1984, p. 27.

O desabafo aponta a contradição entre uma das características básicas do que se entende por *esporte* – a competição entre atletas, de acordo com regras e critérios predefinidos, conhecidos e aceitos por todos, com o objetivo de ver quem se sai melhor e quem é o vencedor – e critérios subjetivos e não esportivos de avaliação e favorecimento. Salta aos olhos a menção a "nome e classe social", sugerindo que a competição proporciona igualdade e apagamento de diferenças entre os atletas (uma das premissas para a existência de regras, categorias, regulamentos, juízes etc. é atingir este ideal, o qual, obviamente, nem sempre se consegue na prática). A sequência do texto espinafra os jurados brasileiros em geral, e os daquele campeonato em particular:

> [...] o mal que eles fazem àquele surfista que tanto se esforçou para vencer e que não leva seu merecido prêmio, não se resume apenas a ele, mas, o que é pior, ao próprio esporte. O surf possui cada vez menos credibilidade apesar de muitas firmas verem nesse esporte uma maneira de ganhar dinheiro. A coisa fica por aí, pois, em termos profissionais, ainda não saímos da Idade da Pedra.
> Pequenos erros de julgamento pontilhavam a competição desde o início, fazendo prever como seria a final. [...]
> [Os] dois surfistas eram Mauro Pacheco e Frederico D'Orey. Ambos procuraram dar tudo numa bateria de 30 minutos. Dentro d'água, D'Orey venceu a disputa, mas na areia a história foi outra, e o Mauro, sem culpa de nada, levou sorridente a taça para casa. Ele apenas colheu o que outros plantaram para ele. Prá quem assistiu foi possível ver como se fabrica um resultado. Prá quem não foi – Mauro Pacheco campeão.

Sem entrar no mérito da veracidade da crítica de D'Orey, é importante ressaltar que ele disputa o campeonato, perde a final, escreve a matéria e reclama do resultado – sempre em terceira pessoa. O autor tem a delicadeza de poupar o vencedor, mas bate forte na honestidade do campeonato e do julgamento como um todo. Não diz que *talvez* o julgamento tenha sido injusto ou equivocado. Simplesmente afirma que venceu no mar e que foi roubado na areia (julgamento), negando qualquer ambiguidade ou dúvida.[40] Vale notar o uso de uma metáfora temporal para criticar a condição em que situa-se o surfe brasileiro no que diz respeito à modernização ("profissionalização"): a pré-história.

O artigo de D'Orey foi publicado imediatamente após a seção sobre critérios de julgamentos em campeonatos (ver próximo parágrafo). Dez páginas adiante encontrava-se a cobertura da mesma competição, ocupando quatro páginas. É significativo que não haja referência cruzada entre os textos, sobretudo porque o segundo lista o nome dos juízes e afirma que "a comissão julgadora [...] concedeu a vitória, *merecidamente*, a Mauro Pacheco".[41] Ou seja, há uma clara contradição entre os pontos de vista, mas ela é ignorada pela revista. Um leitor distraído sequer perceberia que tratam do mesmo assunto.

A recorrência e a gravidade do problema motivaram uma série sobre critérios de julgamentos, publicada ao longo de três edições. Para discutir "um dos pontos cruciais para o definitivo amadurecimento do surf brasileiro", apresentou aos "principais surfistas, organizadores de campeonatos, juízes e dirigentes de Associações de todo o país",[42] as seguintes questões: "o que você pensa do sistema de julgamento de campeonatos de surf? Você é a favor de uma uniformização a nível nacional desse sistema? Em caso afirmativo, como se conseguiria isso? Qual é a sua estimativa do número de surfistas atualmente no Brasil?".[43] Em todo o material pesquisado,

---
40 "O campeonato de Itacoatiara", Fred D'Orey, *Fluir* n. 6, set 1984, p. 27.
41 "Itacoatiara", Elvio Pereira, *Fluir* n.6, set 1984, p.37-40, grifo meu.
42 "Editorial", *Fluir* n. 5, jul 1984, p.4.
43 "Critérios de julgamento", *Fluir* n.5, jul 1984, p.20. As estimativas variaram de 16 mil a 100 mil. "Critérios de julgamento", *Fluir* n.6, set 1984, p.26-7. Um dos presidentes de associação disse não acreditar "na outra revista, que estima que existam 1 milhão de surfistas em toda a costa". Virgílio Panzini de Matos, "Critérios de julgamento", *Fluir* n.6, set 1984, p. 26-7. Em 1985, um editorial afirmava existirem "200 mil praticantes assíduos no mínimo (e cerca do triplo em simpatizantes)". "Editorial", *Fluir* n.10, jun-jul 1985, p.7. Quatro anos depois, Gutenberg (1989, p.7) estimava-os em 500 mil, 200 deles atletas profissionais. Não existem estatísticas confiáveis quanto ao número de surfistas no Brasil, tanto no presente quanto no passado. Durante a pesquisa, entrei

trata-se da situação mais nítida em que a mídia de nicho funciona como arena para o debate entre agentes envolvidos na subcultura. Sem desconsiderar a existência de um processo de seleção e edição das opiniões apresentadas e o fato de não se tratarem de quaisquer pessoas (as opiniões eram precedidas de um currículo informando as participações em campeonatos – como competidor, juiz, organizador e/ou técnico), pode-se afirmar que um número significativo (nove) de vozes diferentes e divergentes foi apresentado. A maioria fez pesadas críticas a organizadores e juízes. Todos defenderam a adoção de um padrão unificado de julgamento. A intensidade do problema pode ser percebida pelo alívio com que se informava que um campeonato terminara "sem que houvesse protestos de nenhuma parte, pois estes refletiam criteriosamente o que havia acontecido dentro d'água".[44] Flávio Boabaid criticava a desunião da '"classe surfística"' e os atletas que não aprenderam a "saber perder", arrumando confusão e levantando suspeitas quando isso acontecia.[45] O debate sobre a dimensão profissional abarcava os atletas e os agentes que exerciam outras funções, para as quais também se reivindicavam oportunidades. Ricardo Bocão, por exemplo, defendia que "os organizadores chamassem (pagando, como trabalho) duas semanas antes alguém que realmente entende para dar a assessoria necessária" aos juízes.[46]

---

em contato mais de uma vez com o Ministério do Esporte, cujos funcionários me disseram não haver dados confiáveis a respeito. Oliveira (2007) aponta a precariedade, fragmentação e falta de parâmetros que envolvem a coleta e processamento de dados sobre o esporte no Brasil. Pesquisas realizadas pelo Instituto Brasileiro de Geografia e Estatística (2003a, 2003b) em 2003 tratam da estrutura estatal e escolar para o esporte nos estados e municípios, mas não apresentam dados sobre os praticantes. Lamartine DaCosta (2006), por sua vez, afirma que, na medida em que não há dados sobre prática esportiva nos censos brasileiros, os números são não mais que estimativas, produzidas a partir do cruzamento de diversos dados, levantamentos e fontes.
44 "II Campeonato Nacional Aberto de Surf", Cláudio Martins de Andrade, *Fluir* n. 6, set 1984, p.52.
45 "Critérios de julgamento parte III", *Fluir* n. 7, dez 1984, p.42.
46 "Critérios de julgamento", *Fluir* n.5, jul 1984, p.20.

E que papel caberia à mídia de nicho neste processo? Para Roberto Perdigão, "antes de uma uniformização a nível nacional estes critérios deverão ser ensinados e transmitidos pelas revistas que tratem do esporte para que haja uma assimilação por parte de todos".[47] Por um lado, um dos principais dirigentes colocava as publicações na linha de frente do processo, através de seu papel na divulgação – o que casava com a posição que *Fluir* reivindicava para si. Um pouco à frente, contudo, ao ressaltar a falta de um movimento para a criação de uma entidade de abrangência nacional para organizar o esporte, defende que

> No momento, a única e mais prática solução seria a ajuda que as revistas de surf, como a Fluir e a Visual, poderiam dar se editassem matérias neste sentido, pois além de serem matérias interessantes para o público em geral, teriam uma finalidade didática dentro do campo às quais se propõem, para ensinar ou informar para os organizadores de campeonatos de todo o Brasil, uma linha de comportamento e de avaliação a ser seguida.[48]

Trata-se de uma visão que atribui à mídia de nicho uma tarefa de vanguarda,[49] somada certa visão *iluminista* do papel do jornalismo, até certo ponto superestimando suas possibilidades e responsabilidades como instância de construção da esfera pública e de apresentação de informações essenciais para o *esclarecimento*, *ensinamento* e *elevação* dos leitores, em uma superposição de informar/esclarecer e educar/instruir (Enne, 2007). Este posicionamento significa o reconhecimento, por um agente importante, da relevância das publicações, por sua existência, alcance e potencial contribuição para a conformação e evolução da subcultura. A mídia de nicho é estratégica para circulação e divulgação de informações, intercâmbio de experiências, conformação de gostos

---

47 "Critérios de julgamento", *Fluir* n.5, jul 1984, p.22.
48 Idem.
49 Apesar das declarações em contrário, há momentos em que *Fluir* compartilha este ponto de vista.

e comportamentos, estabelecimento e disseminação de padrões hegemônicos etc. Soma-se a isso o duplo trânsito em termos de público, exercendo funções potencialmente diversas para o "público em geral" e o *de dentro*.

No entanto, inexistia consenso em relação ao lugar ocupado pela revista. *Fluir* reclamou de "cobranças e as expectativas em torno do nosso trabalho", das pessoas que a viam "como o núcleo central da definitiva estruturação do Surf como esporte no Brasil [...] somos esportistas, SIM, mas já temos trabalho demais com a nossa profissão: JORNALISTAS. Não somos nós que vamos organizar campeonatos ou Associações e Federações de Surf".[50] Atribuiu as críticas à compreensão equivocada de pessoas que confundiam os papéis dos agentes: "uma Revista existe em função dos seus leitores, da mesma forma como as Associações existem em função dos atletas a elas filiados".[51] Apresentava-se, ainda, como um espaço aberto aos leitores: "nosso objetivo [...] é fazer com que eles [leitores] PARTICIPEM ativamente da Revista, de maneira a poder encará-la como a SUA REVISTA".[52]

Portanto, esforça-se para *explicar* aos leitores sua posição, ou melhor, a posição que pretendia ocupar no processo de organização do surfe competitivo brasileiro: participar ativamente ajudando a divulgar e debater as iniciativas existentes, mas sem tomar a frente na organização propriamente dita das entidades e competições. A quem se mostrasse insatisfeito com tal posição, o encerramento do editorial era taxativo: "é isso, nosso trabalho é esse e digam o que quiserem". A presença de *desabafos* como este revela o incômodo com as cobranças no sentido de que a publicação desempenhasse função mais ampla do que ela se dispunha

---

50 "Editorial", *Fluir* n. 5, jul 1984, p.4.
51 Idem.
52 Idem.

a realizar, e que a negociação de papéis dentro da subcultura do surfe não era, nem de longe, pacífica.

Não bastassem os problemas organizativos, técnicos e econômicos internos ao surfe competitivo, havia estigmas associados à prática e aos praticantes, como vagabundagem, uso de drogas e violência (item 3.2.2). Frente a este panorama, o que fazer? Vários editoriais clamam por uma mudança de atitude dos adeptos. Comparando-o a outros esportes, um afirma que "o Surf continua marginal por sua própria inconsequência. [...] A culpa é de todos nós surfistas".[53] O uso de primeira pessoa inclui o editor no rol dos responsáveis. Em outra ocasião, alerta para o fato de que o surfe ainda não tentara ser reconhecido como esporte pelo C_{ND} (o que ocorreria em 1988):

> Estamos todos, portanto, nos dedicando diariamente ao lazer. Nada mais justo, então, do que aquela velha imagem que se fazia do surfista, como vagabundo, alienado ou desocupado.
> É certo que já mudamos muito essa imagem através da seriedade com que a atual geração de surfistas encara o dia a dia de treinos e de competições, mas precisamos agora dar o ataque final nessa velha imagem que não condiz com a realidade.[54]

A ironia convidava a um xeque-mate nas visões estigmatizadas. Em 1987, não obstante a evolução evidente em muitos aspectos e o esforço para ressaltar pontos positivos e minimizar problemas, a revista passou um pito nos atletas, ao criticar a falta de educação durante a viagem de volta de uma etapa do Circuito Brasileiro em Salvador:

> Mesmo com os anos passando e o esporte amadurecendo, parece que o surfista brasileiro vai sempre continuar mantendo o velho estilo "mal-educado".
> Dessa vez o incidente ocorreu durante um vôo da Vasp (Salvador-Rio-São Paulo), quando um grupo numeroso de Top Pro/Am se

---
53 "Editorial", *Fluir* n. 10, jun-jul 1985, p.7.
54 "Editorial", *Fluir* n. 13, jan 1986, p.13.

viu reunido no coração de um Airbus. Era inevitável que algumas piadinhas começassem a surgir. Servida a refeição, começaram a voar outros objetos menores além do avião [sic], até que um distinto senhor de gravata recebeu no rosto um arremesso mal efetuado de uma bandeja... Vamos lá, galera, está na hora de criar vergonha na cara para algum dia o surf poder ter uma imagem séria neste país.[55]

O sugestivo título "Olha a imagem!" pode ser interpretado tanto como uma chamada de atenção para a foto quanto para a preocupação com a imagem do surfe brasileiro. Os brasileiros não estavam sós quanto à necessidade de superar problemas do passado e construir uma imagem positiva. Referindo-se à evolução entre 1975 e 1985, o principal dirigente da Asp saudou as transformações sofridas pelo surfe, que "agora [...] é um esporte limpo, sadio e com um passado fixo que já começa a ser respeitado. Hoje temos representantes dignos do esporte."[56] A observação permite supor que tais atributos inexistiam anteriormente.

As entrevistas de alguns agentes demonstravam um olhar compreensivo para as questões. Nesta ótica, as mudanças viriam em consequência do processo natural de amadurecimento do esporte, que era recente, não tinha órgãos e circuitos estruturados, autoridades responsáveis, e cujos atletas adquririam gradualmente consciência da necessidade de zelar por uma boa imagem de si próprios e da modalidade frente a público, mídia e patrocinadores.

Chamava-se atenção para o apoio governamental em estados como Rio de Janeiro[57] e Santa Catarina,[58] considerados experiências de sucesso a serem seguidas. As matérias sobre

---

55 "Olha a imagem!", *Fluir* n. 26, dez 1987, p.30.
56 "Fluir entrevista Ian Cairns", Carlos Lorch, *Fluir* n.11, ago-set 1985, p.25.
57 "Picuruta", entrevista, *Fluir* n.2, nov-dez 1983, p.33. João Otávio Brizola, arquiteto e filho do governador Leonel Brizola, teve o perfil apresentado na seção "Gente que surfa". *Fluir* n.15, maio 1986, p.41.
58 O governador catarinense, Espiridião Amin, foi entrevistado em uma edição e elogiado em outras porque "realmente gosta do surf". "II Op Pro/Joaquina 86 – Uma festa do surf para o surf", *Fluir* n.14, mar 1986, p.57.

campeonatos no litoral catarinense destacavam a presença de pais e familiares incentivando os atletas da categoria mirim: "isto para nosso esporte teve uma particular significância, uma vez que o surf passou a ser motivo para integrar toda uma família e não para desagregá-la".[59] No estado sulino rompera-se a desconfiança que comumente partia da própria família, desestimulando a criança ou o adolescente a surfar, a exemplo do que ocorrera com o carioca Pedro Müller, que se tornaria profissional e campeão brasileiro, mas "em casa, não conta com o apoio do pai que tem medo que ele se torne um alienado",[60] ou de Paulo Kid, que confessou: "muitas vezes tive até que sair de casa escondido para poder surfar, como se eu fosse fazer algo de criminoso".[61] Anos depois, Peterson Rosa reflete na mesma direção:

> Competição é uma maneira que eu achei para mostrar pros meus pais, pros empresários, para o povo brasileiro que o surfe é um esporte de qualidade e não é coisa de vagabundo, drogado, que só quer ficar jogado na praia. É uma profissão de respeito como outra qualquer. Por isso eu comecei a entrar em competição, para mostrar pra vocês que se pode viver do surfe e que é uma profissão tão boa quanto ser médico, quando ser um advogado irado, pode ganhar tão bem quanto esses caras.

Nascido em meados dos anos 1970, Rosa começou a surfar durante os anos 1980 e tornou-se um dos brasileiros de maior projeção internacional nas décadas seguintes.[62] A declaração aparece em *Surf Adventures*, em uma etapa do Mundial na qual o paranaense obteve o segundo lugar. Embora o surfe tenha evoluído bastante no Brasil e já esteja, há algum tempo, estabelecido como esporte profissional e sério, parte do estigma permanece.[63]

---

59 A Master Promoções, Flávio Boabaid, *Fluir* 11, ago-set 1985, p.32.
60 Fred D'Orey, *Fluir* 7, dez 1984, p.114-5.
61 "Novos Talentos – Paulo Kid", *Fluir* n.8, fev 1985, p.81. Há declarações semelhantes de muitos outros surfistas.
62 Rosa é o brasileiro com maior número de participações completas no WCT. "*Most World Tour appearances*", sítio da ASP, disponível em: http://www.aspworldtour.com/2008/pdf/wtappearances.pdf. Acesso em 1 nov 2008.
63 *Surf adventures – o filme*. Brasil, 2002, dir. Arthur Fontes, 90 min., documentário.

Um episódio bastante valorizado é a participação dos atores Kadu Moliterno e André de Biase interpretando surfistas em novelas da Rede Globo (item 3.2.2). Uma reportagem afirma que "foi por sua [de Moliterno] iniciativa que o mundo do surf veio à televisão de forma fiel à realidade e com uma imagem limpa e positiva."[64] A passagem permite duas inferências. Primeiro, que houve representações anteriores do surfe na televisão – possivelmente ressaltando aspectos negativos (os quais, na visão do autor, não correspondem "à realidade"). Segundo, ser "fiel à realidade" é mostrar "uma imagem limpa e positiva". É comum que respostas a críticas unilaterais e radicais sejam igualmente radicais e unilaterais, porém com polo invertido. Cabe perguntar, porém, se uma representação exclusivamente positiva (ou negativa) pode corresponder de fato à *realidade* de algum indivíduo ou grupo. De qualquer maneira, a veiculação de uma imagem "limpa e positiva" em uma novela da emissora mais assistida do país sem dúvida contribuía bastante para divulgar o esporte.

A soma de complicações refletia-se, por exemplo, na dificuldade de construir um circuito profissional brasileiro unificado:

> A organização, apesar dos esforços contínuos, não conseguiu evitar certos tumultos e desavenças entre juízes, patrocinadores, eles próprios (os organizadores) e a recém-criada ABS (Associação Brasileira de Surf). As ideias divergentes destes grupos fizeram com que em alguns instantes o campeonato fosse interrompido. A solução encontrada, afinal, foi a validação do campeonato para o Ranking Brasileiro (como queriam organizadores e patrocinadores) mas na divisão Pro B (mínimo de 3 milhões em prêmios, o critério da ABS), ou seja, os pontos valem metade da divisão Pro A.[65]

---

64 Carlos Lorch, "Gente que surfa", *Fluir* 6, set 1984, p. 24.
65 "I Campeonato Aberto Summertime Surf Sul", Ana Werneck de Avellar, *Fluir* n. 4, maio 1984, p. 80.

O trecho é ao mesmo tempo importante e incomum por três motivos. Primeiro, revela disputas entre os agentes envolvidos, algo raro na cobertura de campeonatos. Segundo, faz menção a uma Associação Brasileira de Surf que não apareceu em qualquer outra edição pesquisada,[66] nem nos livros sobre surfe no Brasil pesquisados (ver bibliografia). Outrossim, é a primeira e única alusão, antes de 1987, a um *ranking* brasileiro com critérios de premiação e pontuação. Terceiro, e nada desprezível, é o primeiro texto assinado por uma mulher, com exceção das cartas de leitores.

No mesmo ano o atleta profissional e empresário Roberto Valério apontou a "criação de uma associação que firme uma unidade e direcione o esporte em algum sentido [...] [e] de um mercado forte que possa autofinanciar o esporte"[67] como as duas medidas básicas para o crescimento do surfe no Brasil. Contudo, as opiniões individuais não se traduziam em organização coletiva: "não existe ainda um movimento para a criação de uma entidade a nível nacional que regule o surf".[68]

Meses depois um editorial destacava o crescimento do surfe "ocupando espaços nos mais variados veículos de comunicação e influenciando até mesmo as tendências da moda verão", propiciando uma edição com número recorde de páginas (148) e mesmo assim "muitos anúncios de fora, além de muitas matérias que tiveram de ser reduzidas, ou ficaram 'na gaveta', esperando o próximo número".[69] Todavia, a celebração terminava no segundo parágrafo. Seguia-se uma advertência sobre a necessidade de manter os pés no chão, lembrando ter havido "um período semelhante há 8 ou 10 anos atrás e que, passada a 'moda', o Surf voltou timidamente para o seu gueto, sem que nem uma mínima parte dos lucros que fizeram

---

66 Exceção feita a uma rápida menção por Flávio Boabaid em "Critérios de julgamento parte III", *Fluir* n. 7, dez 1984, p.42.
67 "Valdir Vargas entrevista Roberto Valério", *Fluir* n. 4, maio 1984, p.28-30.
68 Roberto Perdigão em "Critérios de julgamento", *Fluir* n. 5, jul 1984, p.22.
69 "Editorial", *Fluir* n. 7, dez 1984, p. 8.

a cabeça de tanta gente revertessem em seu benefício". Para evitar a repetição do erro, *Fluir* apresenta diretrizes: a) união dos surfistas em torno de associações ("fortalecendo-as, e estas devem realizar campeonatos honestos, com critérios de julgamento claramente definidos, pois só assim o esporte conseguirá credibilidade");[70] b) troca de experiências e integração visando à "criação de um órgão maior – uma *Associação Brasileira de Surf* que seja realmente BRASILEIRA"; c) empresas vinculadas ao esporte deveriam investir nele, "apoiando as associações e os campeonatos".

Entre 1984 e 1986 a discussão de rumos e medidas para o desenvolvimento do surfe no país ocupa diversos espaços (editoriais, entrevistas, cartas dos leitores, reportagens, artigos assinados etc.). Em dezembro de 1984 anunciava-se para janeiro o I Encontro Brasileiro de Surf. Realizado à noite durante um campeonato em Santa Catarina, buscava "dar o pontapé inicial na luta pela estruturação do esporte". Tinha palestras e debates, entre os quais o tema "Critérios de Julgamento", a cargo de "Revista FLUIR e Flávio Boabaid".[71] Em 1985 ocorre notável evolução organizativa, com a realização de circuitos em boa parte dos estados litorâneos. No Rio de Janeiro, fundou-se a OSP, entidade responsável por organizar o surfe no estado e criar um circuito estadual.

O primeiro OP PRO (janeiro de 1985) foi saudado como "o maior campeonato de Surf já realizado no país" em editorial que demarcava a trajetória do esporte em "*antes* do OP PRO e [...] *depois* do OP PRO".[72] Marcado pelo otimismo, o texto anunciava o contrato de patrocínio entre Taiu (Otaviano Bueno) e Pan American Airlines e Travel Experts Agência de Viagens, permitindo-lhe participar de todas as provas do Circuito Mundial, "fato inédito na história do surf

---

70 A pregação da honestidade como virtude a ser adotada diz muito sobre a situação dos campeonatos.
71 "Campeonatos mil pelo Brasil", *Fluir* n. 7, dez 1984, p.123.
72 "Editorial", *Fluir* n. 9, abr-maio 1985, p.5.

brasileiro". A notícia foi reforçada no número seguinte, informando que Taiu participara das três últimas etapas do circuito 1984-5, na Austrália, e correria toda a temporada 1985-6 (de maio de 1985 até a Páscoa de 1986).[73] Mais uma edição e a notícia se mostrava uma *barriga* (notícia falsa, no jargão das redações jornalísticas). Em desmentido, informava-se que o atleta "não participou, e parece que não vai participar de nenhuma das provas da A.S.P. World Tour 85/86". Aguardava-se seu retorno ao Brasil para saber "os motivos que o levaram a abandonar o circuito e o patrocínio da PAN AM e Piva Travel Experts".[74] Entre o anúncio histórico – seria a primeira vez que um brasileiro disputaria o Circuito Mundial na íntegra – e o desmentido, *Fluir* voltou à carga com as críticas:

> [...] como entender que um esporte que conta com 200 mil praticantes assíduos no mínimo (e cerca do triplo em simpatizantes) continue a viver na mais completa desorganização?
> Esportes que não possuem nem um quinto da penetração que o Surf tem hoje, estão estruturados em federações e confederações, possuem regras definidas, calendários fixos e rankings oficiais e recebem apoio e verbas governamentais. O Surf não, o Surf continua marginal por sua própria inconseqüência [...].[75]

Desta vez, lança-se mão do contraste entre o nível de organização e o número de praticantes. Como se pode perceber, a trajetória seguia marcada por avanços e recuos. Por volta de 1985 diversas equipes de competição (sob o nome e comando de um patrocinador) e campeonatos incluem o bodyboard. Uma ou outra foto do esporte entra na seção "Fluindo". Contudo, com o crescimento dos campeonatos, o número de inscritos começa a tornar inviável a realização de muitas categorias diferentes, como o II OP Pro (1986), "provavelmente o maior campeonato de surfe

---

73 Ivo Piva Imparato, *Fluir* n. 10, jun-jul 1985, p. 24-5. Na época, o Circuito Mundial começava em um ano e ia até o outro, encerrando-se geralmente na Austrália.
74 *Fluir* n. 11, ago-set 1985, p. 28.
75 "Editorial", *Fluir* n. 10, jun-jul 1985, p. 7.

do mundo em número de inscritos: 768" (Gutenberg, 1989, p.191). As sugestões apontam na direção de estabelecer uma hierarquia com o surfe profissional masculino no topo: "realmente deve-se dar uma força para os body boarders, surf feminino e surf de joelho, mas sem que isso prejudique as categorias principais, para isso deve-se ter mais dias para a realização do campeonato".[76] De um lado, as categorias *menores*, dignas de *ajuda*. De outro, o masculino profissional adulto. Um editorial saudou a inclusão do longboard e a exclusão do bodyboard na etapa de Ubatuba do Circuito Brasileiro de 1987.[77] Apesar dos diversos anúncios de pranchas de bodyboard, o desenvolvimento do surfe profissional implicava escolhas, uma delas o abandono da modalidade – que, paralelamente, constituiria associações próprias, revistas etc. (ver item 4.1.1).

Em diferentes momentos, os próprios editores mostram-se surpresos com a "crônica falta de espaço" que os leva a adiar a publicação de certos conteúdos ou simplesmente cortá-los.[78] No que diz respeito aos resultados de competições amadoras, a modificação acentuou-se em 1987 e foi registrada na seção "Competições":

> Aviso: a revista *Fluir*, com sua mudança de periodicidade para mensal, sofreu uma reestruturação nos espaços destinados às suas seções. Isso fez com que muitos resultados de competições que vinham saindo normalmente na revista tivessem sua publicação temporariamente prejudicada. Solicitamos às Associações e Clubes de Surf que continuem nos enviando esses boletins, pois em breve poderemos restabelecer a divulgação dos mesmos.[79]

Apesar das alterações estruturais, mantém-se a preocupação de dialogar com as associações locais de surfistas, que tinham na revista um interlocutor e um espaço de divulgação de atividades

---

76 "XI Festival Brasileiro de Surf de Ubatuba", Celia Almudena, *Fluir* n. 11, ago-set 1985, p. 88-93.
77 "Editorial", *Fluir* n. 23, set. 1986, p. 11.
78 "Toques", *Fluir* n. 5, jul 1984, p. 14.
79 *Fluir* n. 24, out 1987, p. 106.

e campeonatos. Meses depois (maio de 1988), a criação de um encarte exclusivo para os campeonatos amplia novamente o espaço para a divulgação de competições. O caderno contava com número superior de páginas em relação ao período 1983-7, fotos maiores e aumento notável da cobertura do Circuito Mundial, antes restrita à publicação dos resultados de algumas etapas e do *ranking*.

Voltando ao inchado OP Pro de 1986, o evento foi considerado um grande sucesso – de público e mídia, inclusive – e uma marca na trajetória ascendente do esporte. No mesmo ano, após quatro de ausência, o Brasil sediava uma etapa do Circuito Mundial – oportunidade para a primeira cobertura da revista em seu próprio país, a qual conferiu grande destaque ao campeonato. O jornalista e fundador da Abrasp Alex Gutenberg (1989, p.195) considera 1986 o ano da "volta por cima de um esporte que esteve à beira da morte no início dos anos 1980 e viveu um longo período de convalescença".

O desenvolvimento do surfe brasileiro passa, é claro, pelo avanço da profissionalização. Em 1987, *Fluir* anuncia:

> Aqui, no Brasil, estaremos sempre cobrindo as principais competições, tanto a nível profissional quanto amador, valorizando desta maneira o atleta e procurando incentivá-lo a chegar a uma posição de destaque entre os melhores do mundo. Isso não é sonho, é um objetivo que atingiremos juntos. Talvez antes do que se espera.[80]

O profissionalismo recebe incentivo constante na revista, que destaca a realização de competições e o patrocínio de atletas por parte de empresas ligadas ao esporte, permitindo dedicação exclusiva e fornecendo recursos para a participação em competições no país e no exterior. Nota-se a convicção de que o nível dos atletas só poderia ser aprimorado através do aumento no número, frequência e qualidade dos campeonatos.

---

80 *Fluir* n. 24, out 1987, p.11.

Por volta de 1985 e 1986, o espaço para o circuito da Asp cresce consideravelmente. *Fluir* participa do esforço para trazer quadros dirigentes ao Brasil, publica entrevistas e sempre destaca tais movimentos como importantes para desenvolver o surfe no país. A seção "Convidados Especiais" converteu-se em um espaço para dar voz a pessoas consideradas importantes no processo de desenvolvimento do surfe, como o ex-governador catarinense Espiridião Amin, o presidente da Asp Ian Cairns (cuja vinda ao Brasil em 1985 foi paga por *Fluir*, segundo Gutenberg, 1989, p.196), "um dos mais importantes *head judges* (juiz principal) da Asp",[81] Mike Martin, o proprietário da OP, Sidney "Sidão" Tenucci e o presidente do Cnd, Manuel Tubino.

O último explica que o surfe possui as características necessárias para ser considerado um esporte, mas precisa se organizar para ser reconhecido. O dirigente admitiu tratar-se de "um processo até certo ponto bastante burocrático, mas necessário", mostrou simpatia pelo surfe e mencionou a necessidade de se formalizar um pedido a partir da criação de federações em pelo menos três estados e da juntada de documentos. A revista considerava o reconhecimento "fundamental para que o Brasil possa sediar eventos internacionais para a categoria amadora [...]".[82]

No plano político, prefeitos e governadores considerados incentivadores do surfe recebiam elogios. O mais citado e louvado foi Espiridião Amin, governador de Santa Catarina pelo Pds entre 1983 e 1987, considerado por *Fluir* um político que deu grande apoio ao surfe. Ao terminar o mandato, teve uma entrevista publicada em "Convidados Especiais". Apareceu posando com uma prancha debaixo do braço e respondeu perguntas como "o sr. se considera o candidato do surf ou dos surfistas?".[83]

---

81 "Editorial", *Fluir* n. 22, ago 1987, p.11.
82 "Convidados Especiais", Alex Gutenberg, *Fluir* n. 21, jul 1987, p.122.
83 *Fluir* n. 20, maio 1987, p.130.

Em entrevistas e editoriais, a Austrália aparece de forma frequente como referência:

> Lá, o surf é um dos esportes nacionais, a ponto de *surf stars* como Mark Richards ou Tom Carroll serem considerados verdadeiros heróis, constantemente solicitados a darem autógrafos nas ruas. Não é à toa que lá temos os campeonatos mais ricos do mundo, pagando milhares de dólares aos primeiros colocados.[84]

Sem dúvida a paixão é o fator fundamental explorado pela comercialização de qualquer esporte, mas não explica, sozinha, o caso australiano, como sugere o texto. Importância econômica do país, boa distribuição de renda (gerando um mercado interno significativo), contingente populacional e boa oferta de ondas em um extenso litoral estão entre as características a ser consideradas.

Nos momentos em que o discurso sobre o surfe se aproximou da ideia de desenvolvimento linear – comparável ao que muitos aplicam, por exemplo, à economia, como se todos os países seguissem o mesmo percurso e pudessem ser situados ao longo de uma linha reta e contínua do *atraso* (*subdesenvolvimento*) ao *desenvolvimento* –, a Austrália surge como destino final ou como parâmetro positivo de comparação. Em 1987, o Circuito Profissional Brasileiro somava-se a outra novidade: "o Brasil está chegando à era dos Clubes de Surf. Na Austrália, são considerados instituições comuns e cada praia tem um clube. Já no Brasil, estão começando a surgir os primeiros clubes, *tendo alguns até no Nordeste*."[85] A Austrália surge como farol que ilumina e inspira o caminho a percorrer, ao passo que o Nordeste surge, como sinônimo de *atraso*, em um ato falho. Dentro desta visão, não surpreende que se escolhesse como exemplo para elogio um clube paulista: "na Praia de Pitangueiras, no Guarujá, o 'Pitangueiras Surf Club' é o mais ativo deles e promove competições quinzenais entre os seus sócios."

---

84 "Editorial", *Fluir* n. 22, ago 1987, p. 11.
85 "Rádio Fluir", *Fluir* n. 24, out 1987, p. 110, grifos meus.

Enquanto no plano dos Estados nacionais o exemplo é o país da Oceania, no esportivo a referência fundamental é o futebol. Ele surge nas comparações ora como inalcançável, ora como ponto de chegada. No primeiro caso, serve como parâmetro de perfeição que o surfe nunca atingirá, mas que mostra que é possível conquistar espaço, galgar etapas, organizar-se e profissionalizar-se no Brasil: "atualmente até parece futebol, virou um profissionalismo total".[86] No segundo, a meta do surfe seria igualar-se ao status que o futebol tem no país. Um exemplo é a fala do futuro atleta profissional Peterson Rosa, aos 13 anos, sobre a difícil decisão de abandonar a modalidade para dedicar-se ao surfe: "queria que o surf tivesse o destaque que dão para o futebol [...]. Eu era bom no futebol, era um dos melhores de Matinhos [PR], e ia até entrar num time, mas resolvi partir para o surf e ver no que dá esse esporte".[87]

Em 1987, é realizado o primeiro Circuito Brasileiro de Surf Profissional,[88] organizado pela Abrasp, com ampla cobertura e apoio de *Fluir*, que ficou responsável por "cartazes, fichas de inscrição, papeletas de juízes e chamadas na publicação" de cada etapa (Gutenberg, 1989, p.199). O encerramento da última etapa em Saquarema (RJ) recebeu muitos elogios (ao circuito e à escolha da cidade para encerrá-lo) e foi apresentado como um marco na história do esporte:

---

86 "Masters", Cauli Rodrigues em entrevista a Carlos Lorch, *Fluir* n. 11, ago-set 1985, p.75.
87 "Convidados Especiais", Peterson Rosa (então com 13 anos) em entrevista a Alex. Andreatta, *Fluir* n. 25, nov. 1987, p.130.
88 Embora saúde a realização do primeiro circuito brasileiro em 1987, a própria revista faz referência à existência de campeões brasileiros anteriores, sem deixar muito claro o critério utilizado (ver o último item deste capítulo). Essa postura não é exclusiva, pois outras fontes fazem referência a campeões mundiais anteriores a 1976 (Lorch 1980) e a circuitos e/ou campeões brasileiros anteriores a 1987 (Lorch, 1980; Souza, 2004, p.51). O primeiro circuito mundial de surfe como tal foi realizado em 1977. Em 1976, o primeiro campeão mundial de surfe, Peter Townend, foi aclamado sem que tivesse havido a disputa de um circuito mundial. A IPS (International Professional Surfers), entidade principal à época, simplesmente pegou resultados de campeonatos realizados ao longo do ano e elaborou, a *posteriori*, um *ranking*. Sequer havia troféu para o vencedor (Booth, 2001, p.127). A ASP reconhece os campeões mundiais do período da IPS.

Naquele exato momento se completava não um, mas diversos sonhos. O sonho de Paulinho do Tombo de ser campeão brasileiro; o de Fred D'Orey de ser campeão em Saquarema; o daqueles visionários que vislumbraram um circuito brasileiro de surf em setembro de 86; e o *maior de todos, o sonho dos surfistas profissionais de poderem viver do surf.*[89]

Entre os visionários que não foram listados poderiam ser incluídos, naturalmente, os membros da redação de *Fluir*, que sempre defenderam a necessidade e viabilidade de um circuito brasileiro profissional. Cabe observar que o tom ufanista do trecho grifado não revela o valor obtido pelos atletas que participaram integralmente do circuito, nem quantos entre eles ganhavam prêmios e patrocínios suficientes para se sustentarem (ver próxima seção).

Naquele ano foi novamente realizada no Brasil uma etapa do Circuito Mundial. Em 1988 vieram a segunda edição dos Circuitos Brasileiros Profissional (com seis etapas) e Amador; o título mundial individual amador na categoria *open* (a mais importante do campeonato) conquistado por Fábio Gouveia em Porto Rico, três etapas do Circuito Mundial da ASP no Brasil, expansão do mercado (incentivando empresas a investir, crianças e adolescentes a surfar e garotos com mais tempo de surfe a competir e levar o esporte a sério). Atletas (como Fábio Gouveia, Flávio "Teco" Padaratz, Victor Ribas e Amauri "Piu" Pereira) que haviam conquistado resultados significativos nas categorias amadoras em anos anteriores lançaram-se, com a ajuda de patrocinadores, à disputa de diversas etapas do circuito mundial, obtendo resultados significativos.[90] O surfe

---

89 "1º. Town & Country Surf Contest – Saquarema 87", Dragão, *Fluir* n. 27, jan 1988, p.54, grifos meus.
90 Por exemplo, o terceiro lugar obtido por Victor Ribas, então com 16 anos e amador, na etapa do Rio de Janeiro do Circuito Mundial da ASP; e os resultados obtidos por Fábio Gouveia (incluindo um terceiro lugar) e Teco Padaratz na perna australiana, uma das mais disputadas do Circuito.

brasileiro alcançava patamares inéditos e inimagináveis poucos anos antes, dando início a uma nova fase. Entre as possibilidades de transformação abertas pela comercialização estava a adoção de uma postura classista pelos surfistas, a qual ocorreu em pelo menos uma ocasião. Em janeiro de 1988, um artigo – sem assinatura e sem menção no editorial e no índice – analisava o que foi classificado como "a primeira greve do surf brasileiro","'uma coisa totalmente inconcebível a [sic] poucos anos atrás":

> Os surfistas profissionais brasileiros, durante a realização da primeira etapa do 2º Circuito Brasileiro de Surf, cruzaram os braços e se declararam em greve, pleiteando uma maior premiação. Essa situação tomou a manchete dos maiores jornais do país e a pauta dos noticiários esportivos de rádios e TVs.
> Como em qualquer categoria houve negociação, concessões de parte a parte e um acordo celebrado. Só que tem muitas outras peculiaridades que cercam toda essa situação e cabe aqui fazer uma pequena análise.[91]

Segue-se um longo texto que começa com "dados para raciocínio", entre os quais incluíam a assinatura de um contrato entre as empresas patrocinadoras de cada etapa e a Rede Globo e a menção à união dos surfistas "motivados pelo longo período de flat que precedeu a primeira etapa do Circuito", sugerindo que o movimento deveu-se não apenas a reivindicações justas frente às mudanças no circuito, mas também à circunstância de os maiores profissionais do país estarem juntos em um mesmo lugar, sem poder competir e treinar devido à falta de ondas (a qual pode ter contribuído para a tomada de consciência da "categoria").

---

91 "Primeira greve no surf brasileiro", *Fluir* n. 29, mar 1988, p.28-9. Há pelo menos uma referência a um movimento organizado de surfistas anterior. De acordo com Gutenberg (1989, p.122), houve protestos e divulgação de um manifesto por melhores premiações no Rio de Janeiro em 1978.

Segue-se uma explicação do acordo realizado e das diferentes posições adotadas pelas empresas que pretendiam patrocinar as oito etapas previstas. Estavam em jogo não apenas discordância ou concordância quanto à nova premiação convencionada, mas também as pretensões de patrocinar etapas do Circuito Mundial, quanto estas valeriam em termos de pontos e prêmios e se poderiam ser conjugadas com etapas do Circuito Brasileiro.

A partir daí, na "conclusão", seguem-se cinco parágrafos em que a revista assume o papel de ditar regra aos demais agentes. Conclama todos ao "bom-senso" – que ela própria, evidentemente, determina qual é. Nomeia os agentes – surfistas, "donos das marcas, organizadores do circuito e outras empresas que pretendem beneficiar-se do 'produto' Circuito Brasileiro de Surf'" – e roga que tomem atitudes razoáveis e em prol do bem comum. Especificamente no caso dos surfistas, estimula-os a "saber de quem exigir mais; não das empresas que vivem do surf e sempre fizeram das tripas coração para deixar o esporte crescer, e sim dos novos oportunistas que descobriram agora o grande apelo que o surf representa". A ponderação refere-se indiretamente à Rede Globo, com a qual os organizadores e patrocinadores assinaram um contrato de cessão do qual a revista parece discordar. *Fluir* traça uma linha divisória entre aqueles que têm uma trajetória de investimento e apoio ao surfe e os que, sem vínculo orgânico, aproximaram-se apenas por perceberem a possibilidade de lucrar:

> Todas as pessoas envolvidas com o surf tiveram, têm e terão uma participação marcante em nosso progresso no esporte. O que é preciso é dar valor a quem sempre esteve ao lado dos surfistas, realizando campeonatos de alto nível nas condições mais adversas, patrocinando surfistas desde os tempos mais longínquos e nunca medindo esforços para ver o surf brasileiro progredir.[92]

---

92 "Primeira greve no surf brasileiro", *Fluir* n. 29, mar 1988, p.28-9.

Apresenta-se de forma cristalina a separação entre empresas que investem e os *parasitas* ou *vampiros* do surfe (ver próxima seção).[93] A ilustração que acompanhava o texto é significativa: uma onda vazia, com riscos em vermelho como os das placas de trânsito que sinalizam proibição. Como definiu o subtítulo da matéria, "o assunto é profissional". No processo de irrupção da luta, um dos agentes situados do lado oposto ao dos surfistas foram as empresas do surfe. *Fluir* defendeu-as e colocou *panos quentes* na situação. A revista aponta o envolvimento das empresas como um dos fatores essenciais para que a modalidade atingisse o nível de organização e profissionalismo de 1988. Mas, na visão da publicação, de que maneira participaram do processo? Que questões estavam envolvidas? Que problemas surgiram?

2.2 O papel das empresas

O crescimento e a organização do surfe profissional no Brasil foram financiados em grande parte pela própria indústria do surfe. No entanto, esse caminho não foi o único vislumbrado. Desde o início *Fluir* defendeu a atração de grandes empresas para a modalidade.[94] O Festival Olympikus de 1984 foi apresentado como o "maior campeonato de surf da América do Sul". O parágrafo inicial destacava a importância do envolvimento de uma empresa que não se encontrava diretamente ligada ao surfe, "investindo mais

---

93 A denominação "vampiros do surfe" é posterior, não tendo sido encontrada por mim nas fontes dos anos 1980.
94 Vale lembrar que na principal modalidade esportiva do Brasil, o futebol, é nos anos 1980 que o patrocínio entra com força estampado nos uniformes dos clubes. Há registro de envolvimento de grandes empresas com o surfe desde pelo menos 1964, quando a petrolífera Ampol patrocinou um campeonato na Austrália (Arthur, 2003, p.155-7). Uma dentre as muitas razões para o notável crescimento do patrocínio de esportes nas últimas décadas é que os eventos esportivos aproximam os patrocinadores do público segmentado que procuram. No Brasil, a Varig patrocinara um campeonato de surfe em 1973 (Gutenberg, 1989, p.95).

uma vez e acreditando no esporte, tanto à [sic] nível de retorno como de profissionalismo [...], fez do Festival uma glamorosa [sic] festa do surf."[95]

Os elogios ao sucesso de competições como a citada viravam críticas – ou ao menos menção do nome em um contexto negativo – no caso de empresas que retiravam patrocínio às vésperas de competições, deixando na mão organizadores, surfistas e demais envolvidos (empresas, patrocinadores, prefeituras, órgãos de imprensa etc.). Por exemplo, em um campeonato de Ubatuba, "contrariando a expectativa geral, [...] a Honda que era a grande patrocinadora do evento retirou seu apoio apenas um mês antes do seu início [...]". O campeonato foi realizado, ainda que com problemas, graças à "ajuda de vários patrocinadores menores". A saída do principal patrocinador quase sempre obrigava ao cancelamento – a competição em questão foi uma exceção.[96]

Paulatinamente, ganha corpo a percepção de que o surfe depende das empresas do próprio ramo para desenvolver-se. A reivindicação de apoio e patrocínio por firmas de outros setores persiste, mas deixa de ser considerada solução ou condição necessária para o desenvolvimento do esporte. Os primeiros sinais de inflexão são notados na cobertura do Brasileiro de Ubatuba de 1984, que além de elogios ao campeonato, ao julgamento e à evolução do esporte, destaca a participação das empresas do próprio meio: "um show à parte eram as barracas dos patrocinadores e das equipes participantes mostrando toda a força de um mercado em expansão." O campeonato merecia destaque, pois "pôde ser patrocinado por empresas ligadas diretamente ao esporte."[97]

---

95 Bruno C. Alves, "3o Festival Olympikus de Surf", *Fluir* n. 3, mar 1984, p.18-23.
96 *Fluir* n. 1, set-out 1983, p.44-5.
97 "Sobre o Brasileiro de Ubatuba (Quase um editorial...!)", Ana W. de Avellar, Cláudio Martins de Andrade e Alexandre Andreatta, *Fluir* n. 6, set 1984, p.54.

O passo seguinte deu-se com o anúncio de que a OP assumiria o patrocínio do principal campeonato do país, deixado pela Olympikus. Demonstrava-se grande otimismo com a perspectiva de manter-se a qualidade, "com uma só diferença: possuirá o altíssimo astral de ser feito por pessoas que desde que se conhecem como gente fazem parte do mar e das ondas!" O vínculo entre empresa e surfe é motivo de comemoração e alçado à categoria de marco da evolução profissional:"[...] nem o mais alucinado dos malucos poria fé, há 2 ou 3 anos atrás, que uma fábrica do próprio meio do Surf bancaria um acontecimento de alto nível como este, ou seja, o surf gerou algo que finalmente reverte em seu próprio benefício."[98] É para a discussão do desenvolvimento da indústria do surfe e de sua relação com o esporte que esta seção se volta agora.

A indústria de surfwear experimentou notável expansão durante os anos 1980. No plano internacional, a indústria do surfe chegou às bolsas de valores no fim da década (Fisher, 2005). Mais especificamente no período 1985-8,

> [...] o mercado de surfwear invadiu o interior do Brasil A moda surf passou a ser usada por jovens de 5 a 50 anos de todos os cantos do país. No interior dos Estados, acreditem, existem também aquelas pequenas lojas com a decoração característica, expondo as tradicionais T-shirts, calções, sandálias e toda uma indumentária que surfistas do mundo inteiro usam (Gutenberg, 1989, p.192).

O crescimento absoluto e relativo da preferência pelo surfwear junto às gerações mais novas ao longo da década permitiu que um autor afirmasse, taxativamente, que "hoje, 1989, a moda oficial do jovem brasileiro é a moda surf". Referindo-se a 1986, no contexto de expansão do consumo do Plano Cruzado, "as empresas paulistas de surfwear realizavam bons negócios"

---
98 *Fluir* n. 7, dez 1984, p.40-1.

(Gutenberg, 1989, p.110, 197). Mas além do consumo por parte de milhares de adolescentes interessados nas marcas associadas ao surfe, que impactos as empresas tiveram e que papel exerceram dentro do desenvolvimento do esporte? Como a questão foi abordada em *Fluir*, a partir da fala de diversos agentes, incluindo as próprias firmas?

Como indicado no trecho anterior, a moda tem presença marcante na indústria do surfe, cujo principal setor são as roupas (surfwear). Em 1984, um surfista em início de carreira citava um amigo para dizer que "a NEW WAVE está sustentando o surf atualmente". De acordo com essa posição, o surgimento de novas marcas e o lucro obtido com a moda *new wave* (que não se limitava a vestuário) fazia surgirem "novos patrocinadores, que se interessam pelo esporte, e isso é muito bom para todos".[99] Para o surfe, os lucros da moda tinham o potencial de fortalecer uma vertente – o profissionalismo. Para a mídia do surfe, porém, a moda era crucial: sem anunciantes não há como imprimir revistas. E durante os anos 1980 as marcas de roupa foram, de longe, os patrocinadores mais presentes em *Fluir* e publicações do gênero – traço que se mantém até hoje. O crescimento das vendas e o sucesso do surfe corresponderam a uma explosão de anúncios em *Fluir*, tanto nas edições regulares quanto nas raras especiais, entre as quais a edição extra integralmente dedicada à "biografia do melhor surfista de todos os tempos, o havaiano Gerry Lopez".[100] Com 106 páginas, tratava-se de tradução da obra do jornalista Carlos Lorch publicada no início da década nos EUA e no Japão. *Fluir* agradecia o "apoio cultural"

---
99 Entrevista de Tinguinha a Bruno C. Alves, *Fluir* n. 3, mar 1984, p 27.
100 Romeu Andreatta Filho, *Lopez: o clássico surfista havaiano*, ed. especial de *Fluir*, 1986, p.2.

de 18 empresas que anunciaram na edição e "tornaram possível a publicação desta obra no Brasil".[101]

O sucesso da indústria do surfe recebeu destaque em matérias na imprensa não especializada, as quais, por sua vez, eram discutidas e elogiadas, bem como os surfistas e/ou empresários objeto delas. O comentário sobre "extensa reportagem" de *Exame* ("a mais importante publicação de negócios do país") com o proprietário da marca OP reproduziu dados da matéria como o crescimento das vendas da marca (175%) em 1983, em contraposição à queda (20%) no total das confecções brasileiras. Segundo *Fluir*, "os velhos e engravatados, tradicionais homens de negócio, ficaram boquiabertos com os resultados do jovem empresário e surfista".[102]

O espaço e a respeitabilidade no mundo sério dos negócios, a conquista de mercado apesar da crise e a reportagem em publicação importante são tratados como contribuições ao crescimento do surfe e ao árduo e lento processo de adquirir credibilidade. Se tais méritos eram louváveis em si, tornavam-se ainda mais pelo fato de o empresário *ser surfista*.[103] Essa posição conferia ao empresário duplo status na subcultura midiática do surfe: legitimava-se (e a sua marca) junto ao público por ser um *praticante* e era visto como alguém que contribuía para a evolução do esporte e o acúmulo de respeito fora da subcultura (no caso, o mundo dos negócios).

Pode-se acrescentar um terceiro aspecto, raramente tornado explícito, que contribuía para o status de certos empresários

---

101 *Lopez: o clássico surfista havaiano*, ed. especial de *Fluir*, 1986, p.103.
102 "Toques", *Fluir* n. 3, mar 1984, p.11. Note-se que a articulação com a juventude aparece mais uma vez como fator que diferencia os agentes envolvidos com o surfe – mesmo os empresários – dos equivalentes em ramos afins de atividade.
103 Uma das características que acompanham todo o texto de Gutenberg (1989) é a apresentação de exemplos de surfistas que são empresários bem-sucedidos, altos executivos de diversos ramos, têm preocupações ecológicas etc.

e marcas: o fato de serem *anunciantes*. Anunciante de primeira hora, a OP manteve a condição por todo o período pesquisado. No primeiro aniversário de *Fluir*, publicou três páginas de propaganda desejando-lhe parabéns.[104] Na edição com a cobertura do primeiro OP Pro, o anúncio propriamente dito da marca (que apareceu fartamente em numerosos espaços, a começar pela capa) trouxe um texto com assinatura manuscrita de Sidão.[105] Da mesma forma, um anúncio de página dupla com foto do palanque do 2º Sundek Classic e dizeres ("valeu a presença, moçada!") trazia, no canto inferior direito, os nomes Ermínio Aparecido Nadin e João Antonio Nadin e, acima de cada um, uma assinatura.[106] Trata-se de uma época em que proprietários de empresas apareciam com mais frequência que hoje.[107] Sabia-se quem eram os proprietários das marcas: os nomes e, às vezes, os rostos apareciam em matérias, notas e propagandas. Mais que isso: os próprios empresários divulgavam seus nomes (ou, ao menos, suas assinaturas) em ocasiões como as edições especiais mencionadas, em uma ação que possivelmente tinha como um dos objetivos o reconhecimento como beneméritos do esporte.

Um exemplo de tal postura levada ao paroxismo é a propaganda que apresentava a existência de uma empresa como "nossa colaboração e também o nosso amor pelo esporte que mais cresce atualmente no mundo".[108] A esse respeito, convém citar o

---
104 *Fluir* n. 6, set 1984.
105 *Fluir* n. 9, abr-maio 1985, p.3. Eis o texto: "nós queríamos porque queríamos, e fizemos com que o OP Pro se tornasse uma realidade palpável e maravilhosa, graças a uma rapaziada incrível e principalmente pelo apoio de vocês, surfistas de todo Brasil."
106 *Fluir* n. 22, ago 1987, p. 4-5. A cobertura do evento foi publicada na edição seguinte.
107 Vale notar que, na época, a associação a um dono individual era comum nas empresas em geral (Fortes, 2004). Com o passar dos anos, o funcionamento do capitalismo no Brasil, acompanhando uma tendência mundial, gerou empresas com propriedade cada vez mais fragmentada, acionistas majoritários anônimos ou compostos por fundos de investimento, propriedade cruzada, conglomerados, pessoas jurídicas sendo acionistas de outras em cascata e demais fenômenos comuns nos dias atuais, tornando cada vez mais difícil a identificação dos proprietários.
108 *Fluir* n. 7, dez 1984, p.109.

historiador australiano Douglas Booth (2005, p.105), que chama atenção para os "paradoxos de uma cultura que celebra liberdade social, escape do trabalho maçante e interação harmoniosa com a natureza, e que simultaneamente propaga acumulação capitalista, competição e exploração em seus modos de organização econômica e política". De acordo com o texto, o lucro anual da indústria do surfe atinge US$ 4 bilhões. Apesar do verniz diferenciado, a indústria do surfe é constituída por empresas capitalistas como quaisquer outras.

Segundo Lanagan (2003), as principais marcas da indústria do surfe australiana reivindicam longevidade no esporte em seus slogans, campanhas e logotipos. Para o autor, trata-se de um exemplo de invenção de tradições, nos termos de Hobsbawm e Ranger (1997). Antiguidade e o tipo de local onde as mercadorias são vendidas ajudam a conferir autenticidade às marcas, que rejeitam a associação com o mundo da moda, embora na prática façam parte dele. Booth destaca que algumas das principais marcas da indústria do surfe mundial, sediadas na Austrália, começaram como "atividades de fundo de quintal" (Booth, 2005, p.105-6).

No Brasil ocorreram fenômenos semelhantes. Várias marcas destacavam o vínculo histórico com o surfe em suas propagandas: um fabricante de matérias-primas para pranchas datava-o "desde 1963, quando as primeiras pranchas eram fabricadas no Brasil [...] Em 1983 [...] a REFORPLÁS orgulha-se de seu pioneirismo [...]". O ano de fundação aparecia em logotipos de campanhas publicitárias, com indicação em português ou inglês (desde 1979, *since* 1982).

A edição especial lançada em novembro de 1989, escrita por Alex Gutenberg e intitulada *A história do surf no Brasil: 50 anos de aventura*, foi um espaço ideal de construção de memória sobre a inserção das empresas e marcas na trajetória do surfe no país.[109]

---

[109] O volume poderia perfeitamente constituir um livro, mas foi publicado na forma de revista, com grande número de ilustrações e propagandas.

Referências a anos de investimento, pesquisa e aposta no esporte são muito destacados, sobretudo entre as firmas com mais tempo de existência.[110] Muitas delas publicaram fotos antigas de seus proprietários surfando e registravam seus nomes e vínculos pioneiros com o surfe. Tais anúncios passam a ideia de que aqueles sujeitos *estavam lá* quando o surfe não era moda nem havia um mercado consolidado e de massas para seus produtos. Investiram e apostaram em uma época em que o retorno era bastante incerto. Por exemplo, o anúncio da OP mostrou uma foto de jovens na praia. A legenda informava que o instantâneo fora feito no Peru, em 1972, e que um dos retratados era Sidão, proprietário da marca. A peça publicitária da Mormaii contrapõe imagens da sede da empresa, "ocupando mais de 2 mil metros quadrados de área construída", e de seu proprietário produzindo "roupas artesanais de neoprene na sala de sua casa em Garopaba" mais de 15 anos antes. Para a edição especial escrita por Alex Gutenberg, outras marcas escolheram fotos dos donos surfando no presente, transmitindo a ideia de que, não obstante o sucesso comercial e o passar do tempo, os empresários mantinham a *essência* e o vínculo com o surfe. No fim das contas, o *negócio* continuava sendo surfar.

Conforme discutido no capítulo anterior, o patrocínio de atletas e eventos funcionava como um distintivo para empresas, celebrado tanto nos anúncios quanto no espaço editorial de *Fluir*, que registrava e elogiava as iniciativas: "o surfista Taiu é o mais novo contratado da OP – Ocean Pacific –, que vai patrocinar sua participação no Circuito Havaiano, no final do ano. É isso aí, nossos surfistas precisam desse incentivo".[111] Fotos *comprovando* a participação de

---

110 Esta retórica também está presente em diversos anúncios nas edições regulares de *Fluir*. Para um exemplo, ver a propaganda do maior fabricante de blocos para pranchas de surfe do mundo (Clark Foam) em que um texto apresentando o desenvolvimento do esporte e das pranchas destaca o lugar da empresa no desenvolvimento de materiais inovadores desde os anos 1960, "um trabalho iniciado, desenvolvido e acompanhado sempre de perto". *Fluir* n. 4, maio 1984, p.39.
111 "Coluna Social", *Fluir* n. 6, set 1984, p. 18.

atletas patrocinados em competições profissionais apareciam com frequência nas propagandas. Uma possibilidade de explorar a participação nas competições se dava através da escolha de material pelos atletas profissionais, como fez um fabricante:

> A Mormaii se orgulha e agradece a confiança depositada em nossos produtos pela equipe Star Point/Ron Jon/Fluir em sua recente participação nos Campeonatos Internacionais Sul-Africanos; onde, com a temperatura da água a 5ºC, foi comprovada a excelente qualidade de nossas roupas de borracha.[112]

A menção a certas competições antes (divulgação prévia dos dados básicos nas colunas de notas e, principalmente a partir de 1987, em propagandas de página inteira: local, período e, às vezes, contato e calendário de inscrição) e depois (cobertura e/ou publicação dos resultados) de sua realização lhes dava visibilidade, que por sua vez aumentava o potencial em termos de competidores, público, imprensa e anunciantes. Havia um rol de empresas consideradas parceiras sérias do surfe, as quais eram constantemente citadas nas matérias sobre os campeonatos que patrocinavam. A companhia aérea Aeroperu constantemente distribuía passagens para vencedores de campeonatos, sendo por isso considerada "uma empresa que vem apoiando firmemente o surf paulista".[113] e apresentando a si mesma como "a linha aérea do surf".[114]

Não se deve esquecer que o patrocínio esportivo é uma forma de entrar nos meios de comunicação sem comprar espaço publicitário. O diretor de uma equipe de bicicross declarou que o nome da equipe (batizada com o do patrocinador), "ano passado figurou em todas as revistas e na televisão, e isso em termos de retorno comercial representou dez vezes mais do que o que foi gasto." Como explica o dirigente, sendo um esporte de baixo investimento

---
112 *Fluir* n. 6, set 1984, p.19.
113 *Fluir* n. 5, jul 1984, p.78.
114 *Fluir* n. 7, dez 1984, p.92.

relativo para o patrocinador (basicamente fornecer equipamentos e estrutura para treinos e participação de competições, sem pagar salário aos atletas, até porque a maior parte dos praticantes das categorias de competição é de crianças e adolescentes), investir em equipes era mais vantajoso que em anúncios.[115]

A matéria sobre a terceira etapa do Circuito Paulista de 1984 considerava "importante frisar que praticamente todos (os 142 inscritos) tinham patrocinadores, demonstrando assim que o comércio que orbita em torno do esporte cresce a cada dia que passa".[116] A presença do patrocínio é considerada altamente positiva e é articulada à existência de empresas que lucram com o esporte. A mesma edição publicou uma lista em ordem alfabética e separada por esporte dos atletas fotografados e seus patrocinadores.[117] Quase todos tinham patrocínio, incluindo a primeira atleta a aparecer surfando na revista.[118] A iniciativa, aparentemente mais um espaço para divulgar os que investem nos surfistas, foi abandonada poucas edições depois.

Porém, sob o nome *patrocínio* figuravam práticas distintas, desde a marca ou loja que dava ao praticante uma prancha ou bermuda para competir até os contratos que lhe permitiam planejar-se anualmente, participar de competições, viajar e pagar suas contas. Sobretudo fora do eixo Rio-São Paulo, os patrocinadores frequentemente eram pequenos estabelecimentos locais de ramos externos

---

115 "Quem é quem nas equipes paulistas", Alexandre Andreatta (t/f), *Fluir* n. 4, maio 1984, p.59.
116 "Ubatuba – 3ª etapa Circuito Paulista", Paulo Issa, *Fluir* n. 5, jul 1984, p.32.
117 *Fluir* n. 5, jul 1984, p.82.
118 Contudo, a escassez de não patrocinados explica-se mais pela seleção das fotografias publicadas que pela abundância de empresas dispostas a investir em atletas. Quanto mais habilidade, participação em campeonatos e nome um atleta tivesse, maiores suas chances de obter patrocínio – e igualmente de chamar atenção dos fotógrafos e de sua foto ser escolhida para publicação. Sendo assim, pouco espaço havia para a ampla maioria dos surfistas comuns (sem patrocínio), por várias razões (não excludentes): não realizarem manobras espetaculares, não obterem boas posições nos principais campeonatos, não participarem das viagens acompanhadas pelos fotógrafos, pouca cobertura destinada ao cotidiano, visão do surfe (por parte de *Fluir*) como *viagens* e *competições*.

ao surfe. A tabela de resultados de um campeonato em Barra Velha (Sc) lista atletas patrocinados por churrascaria, restaurante, madeireira e loja de material de construção.[119] Entre os patrocinadores de equipes do bicicross paulista havia uma malharia, um fabricante de panetones e uma cooperativa de laticínios.[120] Campeonatos em diferentes localidades, por sua vez, levavam nomes como Coca-Cola (Ilhéus, BA) e Casa das Tintas (SE).[121]

O exemplo de um surfista que "descolou uma boca numa agência de viagens, e [...] só paga a alimentação e hospedagem"[122] foi apontado por outro como a solução para realizar o desejo de surfar no exterior. As agências de viagens apoiavam campeonatos com assiduidade, contribuindo com passagens aéreas para os vencedores.

Por precisarem dedicar-se aos treinos e estarem em idade escolar, os surfistas dependiam de ajuda para competir, fosse dos pais, fosse de patrocinadores. Um dos retratados na seção "Novos Talentos" comemorava a postura de seu patrocinador, que "começou a liberar verbas para as viagens que até aquele momento eram fornecidas pelos seus pais, que sempre lhe deram grande força."[123] A dificuldade residia tanto na obtenção de ajuda dos pais (para os quais, frequentemente, o surfe era malvisto) quanto na obtenção de patrocínio, quase sempre restrito aos praticantes com nível mais avançado.[124]

A seção "Novos Talentos" publicava perfis de jovens atletas e constituía-se em um lugar privilegiado para que falassem de pla-

---

119 "3º Festival Anthurium de Surf", *Fluir* n. 2, nov-dez 1983, p.58.
120 "Quem é quem nas equipes paulistas", Alexandre Andreatta (t/f), *Fluir* n. 4, maio 1984, p.59.
121 "Copa Casa das Tintas de Surf", "I Taça Coca Cola de Surf", *Fluir* n. 2, nov-dez 1983, p.58.
122 Entrevista de Tinguinha a Bruno C. Alves, *Fluir* n. 3, mar 1984, p. 28.
123 "Novos Talentos – Peixe (Marcelo Gonzaga)", Bruno C. Alves, *Fluir* n. 5, jul 1984, p.58.
124 Na categoria amador das competições, proibia-se a oferta de prêmios em dinheiro. Os vencedores ganhavam brindes que variavam de medalhas, roupas e acessórios (carteiras, mochilas) a, nos campeonatos maiores ou com patrocinadores mais fortes, pranchas e viagens.

nos e futuro. Para a maioria, "participar de todos os campeonatos que puder para adquirir maior experiência em competições"[125] ou simplesmente tornar-se surfista profissional figuravam como metas principais. Nota-se em muitos a ideia de que precisavam adquirir certa *manha* necessária aos bons competidores. Mesmo sendo amadores, em geral os entrevistados mostravam-se satisfeitos com os patrocinadores, exceto pela falta de apoio para viajar e competir no exterior.

> Quanto aos patrocinadores, de uma forma geral ele [Amaro Matos] está muito contente pois eles já estão dando quase todo o apoio necessário; só achando que eles deveriam financiar para alguns surfistas as viagens para competições no exterior, pois ele acredita que há surfistas no Brasil em perfeitas condições para competir com as feras lá de fora.[126]

A citação reitera um ponto fundamental: os limites da atuação positiva dos patrocinadores. A fala evidencia certa ideia de que havia talento e capacidade entre os brasileiros, portanto só faltava poder participar das competições para brigarem de igual para igual com as principais estrelas internacionais.[127] A falta de inserção em condições igualitárias no Circuito Mundial surgia como principal entrave para que dessem um salto evolutivo. Em

---

125 "Novos Talentos", *Fluir* n. 4, maio 1984, p.54.
126 Idem.
127 Passado o tempo, embora a partir do fim da década os atletas brasileiros tenham passado a disputar integralmente o circuito mundial, ainda não houve quem conseguisse liderar o circuito ou conquistar o título. A maioria dos atletas brasileiros raramente conquista um campeonato na divisão principal, e, principalmente nos últimos anos, a manutenção dos mesmos no WCT se dá muito mais pelo excelente desempenho no WQS (frequentemente vencido por atletas brasileiros, tanto no masculino quanto no feminino) do que pela posição, ao final do ano, no WCT). Não quero, com isso, creditar a "falta" de um título à incapacidade dos atletas brasileiros. Embora as condições para os brasileiros participarem do Circuito tenham melhorado (nos anos 1980 elas inexistiam), ainda são muito diferentes em relação à maioria dos estrangeiros que competem. Cabe registrar, ainda, que a participação feminina no WCT tem obtido, proporcionalmente, melhores resultados. Por exemplo, os vice-campeonatos mundiais obtidos por Jacqueline Silva em 2002 e Silvana Lima em 2008. Em 2009 haverá três brasileiras nos 17 lugares no WCT feminino; no masculino, o mesmo número, entre 45 competidores. Registre-se que as dificuldades e falta de apoio para o surfe feminino no Brasil são superiores às dos homens.

1984, perguntado sobre profissionalismo, Paulo Rabello respondeu que se considerava um profissional por ter um patrocinador e "um bom contrato permitindo que eu participe de todos os campeonatos, em qualquer lugar do Brasil". O atleta lembrou, porém, que os "verdadeiros profissionais" eram poucos.[128] Rabello não aventou a possibilidade de disputar o Circuito Mundial. A necessidade de trabalhar enfrentada por muitos atrapalhava seu desempenho. A superação às vezes permitia contornar a dificuldade: "mesmo fazendo muito tempo que não competia, e com treinos apenas nos finais de semana, devido a seu emprego, Gugue foi o campeão [...]".[129] Criar a própria empresa de produtos ligados ao surfe foi a forma encontrada por alguns para garantir renda e o próprio patrocínio para viagens e competições. Entre os anunciantes de *Fluir* havia exemplos como a Pro Surf, de Daniel Friemann.[130] Um piloto de bicicross lamentava não poder treinar todos os dias e creditava sua situação à falta de um patrocinador que garantisse "manutenção e apoio financeiro para as viagens". O atleta sustentava-se trabalhando "meio período na firma do meu pai, e mais meio período estampando camisetas exclusivas de bicicross da minha marca".[131] A fala evidencia a necessidade de buscar sustento através da criação de uma confecção (ligada à modalidade que praticava) e o caráter de classe presente nos esportes radicais: o atleta possui uma marca própria e seu pai é empresário. Possui "um Fiat bala", com o qual visita "o broto" e *tira onda*. O apoio da família e a situação financeira da mesma são essenciais, pois é preciso dinheiro para viagens, competições (desgaste e quebra de equipamentos), hospedagem, alimentação, tempo para treinar (sem concorrer com trabalho), deslocamento até o local de treino (carregando a bicicleta,

---

128 "Entrevista com Paulo Rabello", Bruno Alves, *Fluir* n. 5, jul 1984, p.26-9.
129 "Boletim de Campeonatos", *Fluir* n. 4, maio 1984, p.80-1.
130 *Fluir* n. 2, nov-dez 1983, p. 9.
131 "Quem é Tchap-Tchura", Reinaldo Negreiros Ribeiro, *Fluir* n. 4, maio 1984, p. 66.

a prancha ou a asa delta, o que não é fácil em si e complicadíssimo caso se dependa de transporte coletivo), pagamento de filiação a associações e inscrição nos eventos, entre outras despesas.

A precariedade envolvendo muitos patrocínios é um sinal de que, apesar do discurso triunfalista em torno do apoio das empresas e de sua importância para o desenvolvimento do surfe, nem tudo corria às mil maravilhas. Problema mais grave envolvia a patente das marcas internacionais da indústria do surfe. Um fabricante de bermudas que se orgulhava de exportar para EUA e Europa alfinetava a concorrência:

> Ao contrário de Firmas que usam aqui marcas famosas internacionais muitas vêzes sem pagar por seu uso fruto [sic], nem mesmo seguir seus padrões de qualidade, prejudicando inclusive a imagem da nossa comunidade no exterior e dos nossos surfistas em seus eventos, a 'Tico Shorts' aposta no seu peixe brasileiro e na satisfação de quem vai usá-lo.[132]

Tão grave quanto pouco abordado, o assunto dizia respeito à boa parte dos anunciantes de peso de *Fluir*. Uma pessoa podia criar uma empresa no Brasil com o mesmo logotipo e nome de uma firma estrangeira, sem pagar ao proprietário original (do exterior) pelo uso da marca, o qual se fazia sem autorização ou consentimento.

Entre as consequências negativas desta situação estavam as pressões exercidas pelas multinacionais do surfe sobre a ASP para que a entidade não aceitasse a realização de etapas do Circuito Mundial no Brasil. De acordo com um surfista, a disputa no terreno comercial tinha desdobramentos no mar, sendo uma das razões (a outra era a falta de educação) para os brasileiros serem mal recebidos em destinos estrangeiros: "[...] esse problema de

---

132 *Fluir* n. 9, abr-maio 1985, p. 29.

várias marcas internacionais estarem sendo copiadas e exploradas no Brasil causa ressentimento e revolta [...]".[133]

Gutenberg (1989, p.184) explica o fenômeno desta forma:

> a maioria das empresas paulistas de *surfwear* usava nomes das marcas consagradas gringas (americanas, australianas e havaianas). No fundo, o surfista-empresário tinha encontrado uma maneira de utilizar a mídia especializada internacional. Afinal de contas, revistas como Surfing e Surfer vendiam pelo menos dez mil exemplares mensalmente no Brasil.[134]

Referindo-se ao período por volta de 1982-3, o autor vê a utilização de marcas estrangeiras como um recurso dos empresários para lançar mão de marcas com as quais os surfistas brasileiros estavam familiarizados, a partir da leitura de revistas estrangeiras. Embora não mencione a fonte da estimativa, a afirmação sobre a circulação de tais publicações não deixa margem a dúvidas: muitos brasileiros as liam.

O proprietário de uma das empresas em questão adota linha de argumentação distinta:

> Para os donos das marcas o surf é, além de tudo isso, uma questão de vida e morte, comercialmente falando. É tudo ou nada. Suas marcas não podem mudar para o marketing do futebol, vôlei ou peteca. São e sempre serão surf. E quando você aposta todas as suas cartas em uma só parada ela *não pode* dar errado, pois tem um coração batendo junto.
> Alguns podem pensar que tanto faz quem patrocina os campeonatos desde que haja grana. Pensem bem. As marcas de surf sustentam indefinidamente o esporte, os outros só vão dar enquanto mamarem. São "impessoais", como os bancos. As fábricas das marcas "soul-surf" tornaram possível, viabilizaram economicamente os surfistas profissionais, os veículos especializados, os campeonatos e a si próprios (mesmo que numa

---

133 "Otávio Pacheco", entrevista a Carlos Loro, *Fluir* n. 27, jan 1988, p.87.
134 O autor não menciona esse fato na parte em que discorre longamente sobre o processo de fundação de tais empresas no Brasil, no fim dos anos 1970. Vale ressaltar que todas são anunciantes de *Fluir* e desta edição especial.

relação dialética) sem ajuda de terceiros, de governos ou de matrizes internacionais. Só por esse motivo o surf é o único esporte que se auto-sustenta. Neste país, se isso não é milagre, eu não sei o que é.[135]

A ótica do proprietário da OP vai na direção contrária à de Gutenberg, pois não considera o conhecimento das marcas estrangeiras pelo público brasileiro como uma forma de ajuda – mesmo que indireta e involuntária – das matrizes internacionais. A marca californiana OP foi criada em 1972, ao passo que Sidão fundou a versão brasileira em 1978.[136] Coerentemente, o sítio da OP brasileira informa o seguinte sobre a criação da marca e a recepção de seus produtos "numa época em que praticamente não havia surf e muito menos surfwear no Brasil": "o mercado respondeu com voracidade àquele *novo conceito* que *já estava contido, latente, na cabeça das pessoas*."[137]

É preciso ter em conta que a recessão dos anos 1980 combinou-se com intenso aprofundamento de fusões e aquisições – "multiplicadas por quatro ao nível mundial entre 1982 e 1988" – e de acordos e trocas comerciais internacionais (Benko, 1994, p. 69). Contudo, a inserção de países periféricos na globalização neoliberal estava sujeita a hesitações. Na verdade, o processo atingiria em cheio a América Latina a partir da virada da década, com um duplo padrão de regulamentação e desregulamentação: respectivamente, adoção e criação de leis que facilitam a circulação de mercadorias e garantem direitos e dividendos às empresas, como leis de patentes; abandono e abrandamento de leis que regulem e estipulem deveres para as empresas (exemplo: barreiras alfandegárias e garantias trabalhistas e previdenciárias). Em ambos

---
135 "Convidados Especiais – Sidney Luiz Tenucci, 'Sidão'", *Fluir* n. 27, jan 1988, p.130.
136 "About Us", http://www.op.com/about.html, acesso em: 19 dez 2008.
137 "História", http://www.op.com.br. Acesso em: 19 dez. 2008, grifos meus.

os casos o processo beneficiou principalmente as corporações multinacionais.

Na verdade, a disputa em torno de patentes e licenciamento constituía um problema sério e que se agravou mais e mais à medida que a febre do surfe ampliava o mercado de surfwear brasileiro e acirrava o apetite das empresas nacionais e estrangeiras. *Fluir* evitou-o, postura que se repetiu com todos os problemas de fundo (e de solução complicada e demorada) envolvendo o surfe. Em geral, o tema patentes/licenciamento/pirataria só *existia* (na revista) quando noticiava-se uma solução (acordo entre empresa estrangeira e homônima nacional). A entrevista com o surfista profissional Tom Carroll, então bicampeão mundial, instigou-o a opinar:

> FLUIR: Um dos seus patrocinadores, talvez o principal, é a Quicksilver. Agora a Quicksilver brasileira está associada à australiana, estão trabalhando juntas. O que você acha disso?
> TOM: Penso que isto é muito bom [...] para o Brasil! Existem muitas companhias copiando no Brasil, não pagando nada às donas das marcas, e isto é um tipo de mau negócio. Muitos podem até ganhar dinheiro, mas esta não é a melhor forma, pois o que acaba acontecendo é que os produtos não conseguem um estilo próprio para o Brasil, porque não foram desenvolvidos lá.[138]

A pergunta introduz o assunto sob ótica positiva, sem explicar por que antes as empresas não "trabalhavam juntas", mas abre uma brecha para que o surfista opine, resultando no único exemplo que encontrei – além da propaganda da Fico citada acima – de descrição e crítica do problema.

Como foi dito, a ênfase recai sobre os acordos. O processo era importante inclusive para o Brasil conseguir sediar etapas do Circuito Mundial, uma vez que as principais marcas internacionais, na condição de maiores patrocinadoras do circuito, pressionavam a AsP para que não realizasse eventos no Brasil enquanto a situação

---

138 "Fluir entrevista Tom Carroll", Beto Issa, *Fluir* n. 26, dez 1987, p. 73.

perdurasse. A inserção em um mercado global, competitivo e lucrativo cobrava seu preço. Em 1989 a marca Island Magic vangloriava-se de, em 1986, ter "acertado um acordo de uso de marca com a Quicksilver da Austrália, tornando-se a primeira empresa do Brasil a dispor deste tipo de acordo internacional [...]" (Gutenberg, 1989, p.65). Uma nota celebrava o "entendimento internacional" entre as duas marcas:

> Mais um contato Brasil/EUA entre marcas homônimas, que deixa ambas as partes satisfeitas. Desta vez foi a Natural Art, empresa de surfwear, com sede em Santos (SP) que tomou a iniciativa de procurar a Natural Art americana, com sede na Flórida. [...] Estão de parabéns os empresários Zé Augusto Pereira e Paulo Thimothy, da Natural Art brasileira, por mais essa iniciativa, que, além de trazer mais credibilidade a nosso país no exterior, trará divisas através das exportações.[139]

O elogio e a ênfase nos aspectos positivos dizem algo sobre a situação anterior. Se a iniciativa ajuda a "trazer mais credibilidade" para o Brasil, pode-se supor que a situação anterior contribuía na direção oposta. Em maio de 1988 a Sundek publicou um anúncio de página dupla em que se lia: "produzido e distribuído no Brasil sob licença da Sundek of California".[140]

Além dos homônimos entre marcas nacionais e estrangeiras, havia anunciantes com nomes parecidos: Lightning Bolt e Thunder Bolt; Ocean Pacific, Ocean Atlantic, Ocean Mediterranean e Ocean Tropical.

Em meio a esse cenário, em duas oportunidades a própria publicação se viu vítima: "a falta de criatividade continua fazendo vítimas, desta vez os plagiados fomos nós, da FLUIR, com a inauguração da descarada Fluir Surf Shop. Atenção galera, não temos nada a ver com esse tipo de picaretagem".[141] Em outra ocasião, reclamou

---

139 "Surf News", *Fluir* n. 29, mar 1988, p.32.
140 *Fluir* n. 31, maio 1988, p.4-5.
141 "Toques", *Fluir* n. 8, fev 1985, p. 104.

que o *Jornal Rocker*, do ABC paulista, plagiou a seção "Surf School" (incluindo o texto).[142]

O discurso em prol da modernização confere às empresas papel central e pode ser interpretado como uma defesa do capitalismo. Seu conteúdo não está muito distante do discurso liberal segundo o qual empresa forte é sinal e única possibilidade de existência de democracia. No caso, a defesa das empresas se dá pelo enquadramento das mesmas como benfeitoras, garantidoras e essenciais para a modernização do surfe. Neste contexto, a maneira de *fazer o bem* é ganhar dinheiro – e reinvestir parte dos lucros no esporte. Em suma, o capitalismo é visto como condição necessária para o progresso. Por outro lado, ressalto que este discurso tem como foco para o capital nacional, na medida em que não há acordos de patentes e licenciamento com as empresas estrangeiras e estas se recusam a aceitar a postura das homônimas nacionais (e, como estão fora do mercado brasileiro, tampouco se interessam em pagar anúncios em revistas como *Fluir*). Naquele momento as relações entre o Brasil e a globalização neoliberal ainda guardavam ambiguidades.[143] Não por acaso, as empresas que patrocinaram etapas do Circuito Mundial no fim dos anos 1970 (Waimea Surf Shop) e a partir de 1986 (Hang Loose) são nacionais.

Associar modernização e empresas significa construir um discurso político de defesa do capitalismo. Ao fazê-lo, *Fluir* naturaliza um *status quo* capitalista e liberal existente na sociedade, vincula-o ao surfe e o apresenta como simultaneamente a única e a melhor forma de caminhar rumo ao progresso. Trata-se de um discurso evidentemente *político* – mas que, como é praxe, se disfarça como tal. Considero que a revista constrói um discurso de politização durante quase todo tempo – mas esse discurso

---
142 "Toques", *Fluir* n. 10, jun-jul 1985, p. 32.
143 Vale lembrar, por exemplo, a moratória da dívida externa decretada pelo governo brasileiro no início de 1987.

raramente assume sua condição. Como se sabe, a estratégia de despolitização – afirmar-se *apolítico* – é uma estratégia política e configura uma tomada de posição. Corroborar o discurso dos empresários envolvidos com o surfe e defendê-los frente às reivindicações dos atletas, como na "greve" de 1988, em nome da modernização, do progresso e do *bem* do esporte significa, na prática, legitimar a situação (de exploração) capitalista. A próxima seção acrescenta novos elementos para se compreender esta adesão à ordem vigente.

2.3 Cobertura do Circuito Mundial e desempenho dos brasileiros no exterior

Fluir elogia constantemente o desempenho dos brasileiros: "um nível de surf excelente apesar das péssimas condições do mar";[144] "com um nível técnico muito bom".[145] De acordo com o jornalista e ex-surfista profissional Júlio Adler, a predominância dos elogios é um traço característico da mídia do surfe brasileira.[146] Paradoxalmente, as informações da própria revista sobre o desempenho *real* dos brasileiros nas competições no exterior contradiziam a chuva de louvores. Ao que parece, em que pese a correção de certas avaliações positivas, boa parte dos elogios deviam-se mais a

---

[144] Bruno C. Alves (t, f), "2º Festival Brasileiro de Surf de Matinhos", *Fluir* n. 2, nov-dez 1983, p.12.
[145] Nelson Veiga (t, f), "2º Campeonato da Associação de Surf do Arpoador", *Fluir* n. 2, nov-dez 1983, p. 58.
[146] Para Adler, entre as características marcantes da mídia do surfe brasileira encontram-se a inexistência de "análise, crítica e nem autocrítica [...] Só aparece foto [...] e texto falando bem dos caras". O jornalista traça um perfil contundente desta mídia e tece comparações com veículos estrangeiros. Para ele, a atuação da mídia especializada e sua má qualidade estão entre os fatores que atrapalham (ou, na melhor das hipóteses, não ajudam) o desenvolvimento do surfe no Brasil. Recomendo enfaticamente a leitura da entrevista. "Confira entrevista exclusiva com Júlio Adler", entrevista a Claudio da Matta, *Surfe Pensado* (blogue), 30 ago 2005. Disponível em http://surfepensado.blogspot.com/2005/08/confira-entrevista-exclusiva-com-julio.html. Acesso em 12 fev 2009.

otimismo e ao *objetivo de incentivar* o surfe e os surfistas brasileiros do que a uma *avaliação* da realidade concreta.

Em meio à torrente de confetes, durante os primeiros anos, um atleta em especial recebeu muitos: Picuruta Salazar, considerado por *Fluir* o melhor surfista brasileiro, posição corroborada por Gutenberg (1989, p.193), para quem o santista é "o maior surfista dos anos 1980" no país. Sua presença em campeonatos era digna de registro, como quando competiu em um evento da Associação de Surf do Arpoador, no Rio de Janeiro: "participação de grandes nomes do Surf nacional, como Picuruta Salazar [...]".[147] No Boletim de Campeonatos com o resultado do 2º Festival Brasileiro de Matinhos, a lista com os 16 primeiros colocados não trazia o nome de Picuruta. Acrescentou-se uma nota de rodapé para "ressaltar a participação brilhante dos surfistas Picuruta Salazar, Almir Salazar [...]".[148] A mesma seção da edição de fim de ano de 1983 noticiava um campeonato realizado em julho, em Salvador (Ba). Um dos patrocinadores eram as "pranchas Almir Salazar" e a organização ficara a cargo de "TT Surf e Picuruta Salazar".

Em 1985, um anúncio do SurfCard dirigido ao lojista recomendava: "filie já seu estabelecimento e participe deste grande empreendimento. Você aumentará muito suas vendas, com esta *clientela de elite* portadora do cartão."[149] O nome estampado no cartão é Alexandre Picuruta Salazar. Ressalto dois aspectos na mensagem. Primeiro, a menção ao tipo de clientela do cartão, solicitado a partir do preenchimento de uma ficha pelo usuário, a qual é analisada e pode ser aceita ou não. Ao afirmar que os portadores são "de elite", refere-se à situação econômica privilegiada de pelo menos uma parte do público leitor e interessado em surfe. Trata-se

---

147 Nelson Veiga (t, f), "2º Campeonato da Associação de Surf do Arpoador", *Fluir* n. 2, nov-dez 1983, p. 58.
148 "2º Festival Brasileiro de Matinhos", Boletim de Campeonatos, *Fluir* n. 2, nov-dez 1983, p. 58.
149 *Fluir* n. 10, jun-jul 1985, p. 104-5, grifos meus.

de um dos raros momentos em que *Fluir* vincula-se explicitamente a uma perspectiva de classe ("elite") e capitalista (cria um cartão chamado *card* que oferece descontos em mercadorias e serviços). Segundo, a construção de surfistas como Picuruta Salazar como grandes ídolos insere-se na discussão sobre o papel dos ídolos para o desenvolvimento do esporte, sejam eles grandes competidores ou pioneiros que se tornam heróis míticos. Afinal, há no mundo milhares de praticantes capazes de fazer as manobras que aparecem na mídia, mas poucos – as estrelas – são escolhidos para aparecer nela (Ford e Brown, 2006, p.27-8, 42).

Os irmãos Salazar foram elogiados por seu *estilo*: Lequinho (Alex) ("surfista de um estilo mais clássico"), Almir ("estilo agressivo [...] um dos melhores *shapers* do Brasil") e Alexandre Salazar Júnior, o Picuruta, "atual Campeão Brasileiro, *front side* para a direita', que aparecia em uma foto "destruindo as ondas de Itacoatiara".[150] Agressividade e capacidade de "destruir" as ondas são virtudes tidas em alta conta na revista e intensamente exploradas pela publicidade. A palavra "radical" aparece em muitas propagandas e uma marca tem como slogan "destrua as ondas, não as praias".

No plano internacional, a agressividade se articula com a vertente australiana, que a partir do fim dos anos 1970 foi se estabelecendo como hegemônica no surfe competitivo. Além desta, Booth (2001) identifica as vertentes havaiana e californiana.[151] Entre os havaianos, cabia ao surfista seguir a onda, unir-se a ela. Na

---

150 "Picuruta", entrevista, *Fluir* n. 2, nov-dez 1983, p.32.
151 Estas três regiões são referências culturais centrais para o surfe. As demais áreas importam elementos destas três, seja no sentido tradicional (Havaí como berço do surfe, por exemplo), seja em aspectos comerciais (as principais multinacionais do surfe estão sediadas na Califórnia e na Austrália). Os surfistas dessas regiões são maioria entre os considerados mais importantes, tanto no surfe livre e de ondas grandes quanto no Circuito Mundial (onde detêm quase todos os títulos). Exceto por quatro conquistas, duas no masculino (Grã-Bretanha e África do Sul) e duas no feminino (África do Sul e Peru), todos os campeões e campeãs do WCT são australianos, estadunidenses (nem todos da Califórnia) e havaianos. Asp World Tour Champions, sítio da ASP, disponível em: http://www.aspworldtour.com/2007/stats_champions.asp?rView=w. Acesso em: 12 out. 2007.

Califórnia, o objetivo era embelezar a onda, aparentando um certo desdém e realizando poucas manobras: "esforçar-se muito na onda era um sinal de indignidade" (Fisher, 2005, p. 18). Os australianos (e os sul-africanos) pegaram o estilo californiano e desenvolveram cada vez mais a agressividade. Na Austrália, particularmente, o objetivo era dominar, despedaçar, *destruir* a onda (Booth, 2001, p. 100-1). A existência de visões distintas foi um dos problemas impostos aos que queriam desenvolver o surfe competitivo: "competições organizadas requeriam regras formais, mas a codificação não era uma questão fácil, pois os estilos de surfe refletiam variações regionais" (Booth, 2001, p. 100). A construção de parâmetros unificados de avaliação das manobras nas competições internacionais se deu em meio a conflitos, mas a vertente australiana acabou se impondo. Nos dias atuais, a predominância do padrão *agressivo* leva à realização constante de manobras impensáveis, raríssimas ou impossíveis de completar nos anos 1980, como as muitas variedades de aéreo. Como ressalta Booth, a evolução se deve a fatores técnicos (como número de quilhas, peso, formato e material das pranchas), esportivos e culturais. Portanto, o estilo é um dos elementos da subcultura do surfe em torno dos quais *Fluir* atua de forma firme: por um lado, relega o assunto ao segundo plano – ao contrário, por exemplo, de certos filmes de surfe em que o *estilo* é o tema central (Fisher, 2005). Por outro, nas ocasiões em que aborda o tema – as quais não são muitas –, prima por valorizar força e agressividade.

Em 1983, *Fluir* indagou Picuruta Salazar a respeito do Circuito Mundial:

> FLUIR – E quanto ao Circuito Internacional de Surf, você tem algum projeto?
> P.S. Bom, no ano passado, a minha colocação era de vigésimo no I.P.S., mas não corri a maioria dos eventos do circuito [...]
> Para esse próximo ano eu sinto uma grande necessidade de poder representar o Brasil em todo o circuito da I.P.S. Mas, assim como para muitos outros ótimos surfistas, me falta apoio, pois,

não tenho condições de viajar por conta própria. Acho que os patrocinadores deveriam acreditar mais no Surf e nos surfistas. Garanto que se eu pudesse correr todo o Circuito, a imagem do surf brasileiro no exterior ia mudar muito. EU GARANTO![152]

A formulação da pergunta denota que mesmo um atleta de ponta para os padrões nacionais mal vislumbrava a possibilidade de correr o Circuito Mundial. A resposta sintetiza a situação no momento em que *Fluir* é criada e que se manteria por anos: inexistiam condições para que brasileiros corressem todo o Circuito.

O fato concreto contrastava com o *desejo* expresso pelos atletas, os quais mesclavam vontade de competir e confiança na própria capacidade à frustração pela falta de patrocínio. Picuruta advoga a necessidade de as empresas confiarem e investirem mais, e atribui a si mesmo a capacidade de transformar a visão do surfe brasileiro no exterior. A questão, porém, não residia unicamente na *vontade* dos patrocinadores. O mercado no Brasil provavelmente não produzia lucros e necessidade de investimentos que tornassem interessantes, para uma empresa, bancar um atleta em todo o Circuito. O apelo de Picuruta não surtiu efeito naquele momento. Passariam-se anos até que, em 1989, finalmente dois brasileiros pudessem correr o Circuito Mundial.

Contudo, o atleta não estava sozinho. Muitos afirmavam ter condições de obter um bom desempenho no exterior – faltavam apenas apoio e patrocínio. Em geral, *Fluir* corroborava esta posição e destacava a coragem e o desempenho dos atletas. Uma entrevista com Roberto Valério o qualificou como membro "de uma elite de surfistas brasileiros que tem talento suficiente para uma excelente apresentação no exterior" e destacou o quinto lugar obtido em um campeonato na África do Sul no ano anterior.[153] Conferindo legiti-

---
152 "Picuruta", entrevista, *Fluir* n. 2, nov-dez 1983, p. 33.
153 Entrevista a Alceu Toledo Júnior, *Fluir* n.15, maio 1986, p.88.

midade à asserção, fotos de Valério em ação no Havaí. A coragem de encarar ondas grandes no exterior revela-se em ocasiões como a legenda informando tratar-se de "Taiu competindo o Pipeline Masters, uma bateria após a qual Steve Massafeler da Flórida viu a sua morte de perto devido às perigosas condições que o mar estava oferecendo [...]".[154]

Competir no exterior era uma tarefa complicada. Convidado para participar do campeonato pré-olímpico "extra-oficial" realizado em Los Angeles em 1984, o Brasil "não pode mandar sua equipe devido à ainda pequena estrutura do esporte no país".[155] Uma entrevista com o então campeão mundial Tom Carroll explorou aspectos positivos do surfe em seu país, a Austrália. No final, em nítido contraste, há duas intervenções em que os entrevistadores falam mais que o entrevistado e listam mazelas que acometem o surfe no Brasil:

> FLUIR – É, você sabe que é difícil para os surfistas brasileiros competirem fora do Brasil. Eles fazem isso uma ou duas vezes, e não podem mais voltar porque a passagem é cara, o Brasil é um país de terceiro mundo. Isso atrapalha o progresso do surf de muitos brasileiros, como por exemplo, o Tinguinha, que é Campeão Brasileiro, mas tem muito poucas chances de competir no exterior.
> TOM – Sei, o dinheiro de vocês está muito desvalorizado. É muito difícil, eu entendo, estar numa situação financeira boa fazendo surf no Brasil; encontrar um caminho. Vocês deveriam tentar, talvez, uma viagem para a Austrália. Seria bom para vocês aprenderem, se aperfeiçoarem, porque vocês são bons, tem boas manobras.
> FLUIR – Os surfistas brasileiros preferem ir primeiro para o Hawaii. Mas eles não tem muitas condições de surfar lá, fazer manobras. Machucam-se nas pedras, não tem muita experiência com as ondas grandes e fortes de fundo de coral.
> TOM – É mesmo? Isso é ruim.[156]

---

154 "Fluindo no surf", *Fluir* n.5, jul 1984, p. 52. Anos depois, Taiu sofreu um acidente surfando e ficou tetraplégico.
155 "Brasil x Nova Zelândia", Paulo Tendas, *Fluir* n. 6, set 1984, p.32.
156 "Entrevista exclusiva – Tom Carroll – O novo campeão mundial!", Bruno C. Alves e Luis "Feio" Sala, *Fluir* n. 6, set 1984, p.82-3.

Afirmações como a de que os brasileiros "não têm muitas condições" de surfar no Havaí contrastam flagrantemente com a maior parte do conteúdo da própria revista, que se esmera em destacar a atuação de vários deles no arquipélago. Mais uma vez, as entrevistas colocam em pauta discussões e pontos de vista excluídos da cobertura regular. O surfista Valdir Vargas sintetiza boa parte das dificuldades enfrentadas em campeonatos no exterior (não apenas no Havaí):

> Entretanto, normalmente todos esses surfistas se ressentem de uma grande falta de ritmo no que se refere ao cenário internacional de competições. O maior problema resulta da falta de convivência constante nessas competições, o que dificulta um desenvolvimento dinâmico do potencial dos nossos melhores surfistas, pois geralmente nossas aparições são esporádicas e dependem de sacrifícios imensos para alcançá-las mesmo nessas poucas vezes. Graves problemas com equipamentos também são uma constante.[157]

No Havaí, os problemas listados somavam-se ao localismo. Relembrando um dos campeonatos do ano anterior, Picuruta afirma: "passei um aperto no mar; numa bateria homem a homem com Michael Ho, que não queria me deixar surfar".[158] Não obstante, a partida dos irmãos Salazar para o inverno havaiano em 1983-4 incluía a pretensão de competir: "já que agora existe triagem aberta para todos os campeonatos, eles pretendem participar de todos em busca de algum título para o Brasil". Afinal de contas, a ida ao arquipélago figurava como uma oportunidade fundamental e

---

157 "Valdir Vargas entrevista Roberto Valério", *Fluir* n. 4, maio 1984, p.28-30.
158 "Picuruta", entrevista, *Fluir* n. 2, nov-dez 1983, p. 32. Na média, os brasileiros demonstram grande admiração pelos ídolos ao responderem à pergunta "qual o surfista estrangeiro preferido?" (pauta freqüente nas entrevistas), mesmo quando a convivência no mar mostrou-se problemática, como no relato de Picuruta Salazar sobre o encontro com seu atleta estrangeiro favorito: "apesar de várias vezes eu estar dentro do tubo em Off The Wall e ele me rabear e fazer eu perder a onda, ignorando-me totalmente, eu aprecio muito o estilo do Shaun Thomson. Seu surf preciso e radical, [sic] me chama demais a atenção." Idem, p.33.

transformadora na carreira:"[...] o Hawaii me deu uma experiência incrível, uma nova concepção em meu surf".[159] A cobertura do Circuito Mundial realizada por *Fluir* foi bastante esporádica e limitada nas primeiras edições. Começou com a reprodução do *ranking* e da lista de etapas. Durante o primeiro ano, as reportagens sobre surfe competitivo tratavam exclusivamente do Brasil. A primeira cobertura de uma competição internacional de surfe foi publicada em setembro de 1984. Até então, a presença do exterior limitava-se a viagens de brasileiros ou fotos avulsas.[160] Nos primeiros anos a cobertura do Circuito Mundial foi assistemática e guardava intervalos de meses em relação a realização das etapas. Resultados e *rankings* eram publicados sem fazer referência às datas e à distância de tempo transcorrida entre o campeonato em si e sua veiculação na revista. Por exemplo, o *ranking* final do circuito 1983-4, concluído no primeiro quadrimestre de 1984, foi publicado na edição de setembro, sem indicação de data – um leitor poderia facilmente confundir-se com o circuito 1984-5 então em andamento, iniciado em maio de 1984.[161] A "entrevista exclusiva" com Tom Carroll publicada na mesma edição apresentava-o como o "novo" campeão mundial.

Ao listar pela primeira vez o *ranking* e as etapas do Circuito Mundial da ASP, citou os dez primeiros e registrou as posições dos brasileiros, quatro deles entre o 73º e o 118º lugares. O mais bem colocado era "o carioca Roberto Valério, que ocupa a 37ª posição com 664.00 [sic] pontos, à frente do várias vezes campeão, Mark Richards, que tem 656.10 pontos".[162] Escolheu-se a comparação

---
159 "Picuruta", entrevista, *Fluir* n. 2, nov-dez 1983, p.32.
160 "Gunston 500 World Championships", Bruno C. Alves (t/f), *Fluir* n. 6, set 1984, p.60-3.
161 *Fluir* n. 6, set 1984, p.76-83.
162 "Toques", *Fluir* n. 3, mar 1984, p.10.

com um competidor em particular como forma de ressaltar a boa colocação do brasileiro.

A primeira matéria cobrindo o Circuito Mundial revelou as condições incipientes para a participação dos brasileiros – e da própria revista. *Fluir* co-patrocinara a ida de Picuruta Salazar para correr as etapas da perna sul-africana. Os dois primeiros campeonatos recebem apenas um parágrafo, ao passo que os dois últimos são destrinchados detalhe a detalhe. A matéria não justifica a diferença de tratamento, mas esta é óbvia: "foi durante o Renault [terceiro campeonato] que eu e o Picuruta chegamos, portanto atrasados. As Trials [triagens] já tinham sido realizadas, e o atleta brasileiro ficou impossibilitado de participar". Portanto, atleta e jornalista vão à África do Sul com os objetivos de disputar e cobrir a competição, respectivamente, mas chegam atrasados a ponto de o primeiro perder três dos quatro campeonatos (não se explica o motivo do atraso).[163] Há menção a mais brasileiros que viajaram para participar dos campeonatos, chegaram atrasados e ficaram de fora.

Uma explicação minuciosa sobre o alto nível das triagens precede o relato do desempenho dos brasileiros, que pouco diz sobre a qualidade técnica dos mesmos na água: "Roberto Valério não teve tanta sorte assim"; "apesar de estar surfando com uma prancha de pouquíssima flutuação"; "Picuruta Salazar, fazendo o que pode". Mesmo assim, dois deles classificaram-se para o evento principal: "interessados, procuramos saber com quem Picuruta correria no dia seguinte, e soubemos que era com Tom Carroll, atual Campeão Mundial".[164] A frase revela a preferência pelo patrocinado (aparentemente não havia interesse sobre o que aconteceria com o outro

---

163 "Gunston 500 World Championships", Bruno C. Alves (t/f), *Fluir* n. 6, set 1984, p. 60-3.
164 Idem.

classificado, o carioca Fernando Bittencourt) e um certo estranhamento em relação ao lugar do jornalista – para quem o "interesse" em perguntar e apurar é um pressuposto ao exercício da profissão. O tom de deslumbramento – o envolvimento com os assuntos cobertos é uma característica da mídia de nicho – atravessa todo o texto: "nunca vi tanta gente num campeonato de surf, como neste dia. Na areia, milhares de câmeras fotográficas e gente de todo o tipo [...]". Não houve menção ao regime de *apartheid* em vigor. A eliminação dos brasileiros foi atribuída ao desconhecimento da regra da boia, segundo a qual o surfista deveria dar uma volta em uma boia para conseguir a prioridade de escolha de onda: "Picuruta, que não tinha noção nenhuma do uso da boia, e não teve uma explicação adequada"; "Fernando Bittencourt, também desinformado do uso da boia, se apavorou e se perdeu no mar [...]".[165]

Apesar disso, o repórter afirma que o campeão mundial o procurara para "falar a respeito de Picuruta, dizendo que ele precisava competir mais, ir para a Austrália e correr todos os campeonatos, pois achava-o um excelente surfista."[166] Lá está, firme e forte, o discurso sobre o reconhecimento internacional e a necessidade de viajar com frequência ao exterior para competir em melhores condições. A matéria sugeria a adoção dos padrões da AsP no Brasil, incluindo a regra da boia: "parece frescura, mas isso tem uma extrema importância, pois traz estruturação, além

---

165 "Gunston 500 World Championships", Bruno C. Alves (t/f), *Fluir* n. 6, set 1984, p. 60-3.
166 "Gunston 500 World Championships", Bruno C. Alves (t/f), *Fluir* n. 6, set 1984, p. 60-3. Fica difícil crer que Tom Carroll tenha de fato procurado espontaneamente o repórter para falar sobre o desempenho de Picuruta ao ler, algumas páginas depois, a entrevista com o "novo campeão mundial". Na primeira resposta sobre conhecer surfistas brasileiros, o entrevistado cita Daniel Friedmann e um Renan (Pitanguy, provavelmente) que surfa no Havaí. É apenas quando os entrevistadores insistem e perguntam sobre "outros surfistas brasileiros" que surge o nome de Picuruta: "é um bom surfista. Acho que ele devia passar uns tempos na Austrália. "Entrevista exclusiva – Tom Carroll – O novo campeão mundial!", Bruno C. Alves e Luis "Feio" Sala, *Fluir* n. 6, set 1984, p. 82-3.

de evitar problemas como os que Picuruta e Fernando passaram na África". Ao final,

> À noite ocorreu uma festa de confraternização do Gunston 500, onde Peter Burness fez um discurso de encerramento. Logo após, foi servido um belo jantar, e de lá todos seguiram para a França, onde seria disputada mais uma etapa da A.S.P. World Tour. Os brasileiros ao contrário, preferiram seguir para Jeffrey's e desfrutar de suas direitas mundialmente famosas.

Analisando forma e conteúdo do trecho, é possível perceber a diferença separando os competidores que participavam efetivamente do Circuito Mundial e os brasileiros, para quem a ida à África do Sul fora uma *aventura* para participar de *um* campeonato (e houve quem chegasse atrasado e não participasse de nenhum). Encerradas as competições, aos estrangeiros cabia o caminho *natural* de seguir o Circuito. Para os brasileiros, prolongar a estadia representava a chance de surfar ondas "mundialmente famosas" – as mesmas onde os profissionais haviam disputado a segunda das quatro competições. Por fim, chama a atenção o uso do verbo "preferir", como se seguir para a França fosse de fato uma *opção* disponível e preterida pelos brasileiros.

A sequência da matéria consiste em um ensaio fotográfico em Jeffrey's Bay com Picuruta como destaque: "uma das grandes estrelas da temporada. Por sua facilidade de surfar adaptou-se facilmente às rápidas direitas [...]." Seu desempenho foi atribuído em parte à utilização de "uma prancha *shapeada* por Al Merrick, comprada de Tom Curren no Gunston, o que lhe trouxe uma nova fase evolutiva em seu surf."[167] Enquanto os estrangeiros iam à África do Sul para disputar as quatro competições, o brasileiro chegava atrasado, participava de apenas uma, não entendia as regras e comprava uma prancha de um rival para surfar melhor. Ao afirmar que o equipamento fabricado por um *shaper* famoso trouxe no-

---

167 "J. Bay", Bruno C. Alves (f), *Fluir* n. 6, set 1984, p.64-73.

vas possibilidades para o surfe de Picuruta, o texto deixa entrever que não eram só a desorganização dos campeonatos e a falta de patrocínio que impediam um melhor desempenho dos brasileiros, mas também a qualidade e/ou tecnologia das pranchas – o que vai de encontro ao discurso de sempre vangloriar os *shapers* nacionais. No mais, nota-se a recorrente chuva de lisonjarias aos brasileiros: quase tudo que fazem está entre os melhores, mais bonitos, destaques etc.

No ano seguinte, a cobertura da perna sul-africana do Circuito Mundial trouxe uma série de críticas aos envolvidos com o esporte no Brasil.[168] Primeiro, aos surfistas:

> Após terem sido desclassificados alguns atletas brasileiros se dirigiram, supostamente, a Jeffrey's Bay, demonstrando uma incrível falta de solidariedade. Se esses atletas tivessem um mínimo de patriotismo eles permaneceriam para prestigiarem Picuruta em seu próximo dia de competição. Independentemente de quem estivesse ali representando nosso país, a obrigação de um brasileiro é a de torcer até o último instante pelo seu compatriota competindo em um país estrangeiro. Essa atitude apenas mostrou uma falta de coleguismo e patriotismo.

Salta aos olhos a postura de assumir para si o papel de determinar aos demais agentes como portar-se e o que fazer – atitude que o jornalismo tradicional muitas vezes toma na prática, embora não assuma que o faz –, combinada com o envolvimento característico da mídia de nicho. Cabe perguntar: afinal, desde quando atletas eliminados têm o compromisso de continuar acompanhando o campeonato para torcer por quem quer que seja, ainda mais tratando-se de um esporte individual? E se tinham ido para outra praia com o objetivo de treinar para os dois campeonatos a serem disputados na sequência, no mesmo país? E se simplesmente quiseram "desfrutar as direitas mundialmente

---

[168] "África do Sul 1985", Bruno C. Alves, *Fluir* n. 11, ago-set 1985, p.56-70.

famosas", como o mesmo repórter afirmara no ano anterior? Tal "obrigação" diz respeito apenas aos brasileiros ou aos cidadãos das demais nacionalidades? A obrigação de ficar até o fim não seria exclusiva do próprio jornalista? A suposta falta de patriotismo estava longe de ser o único problema. Dois brasileiros foram eliminados ao cometerem interferência, oportunidade para novo diagnóstico ácido:

> [...] os brasileiros estão muito mal informados sobre os critérios adotados pela A.S.P. Por outro lado, isso também é uma falha dos organizadores de eventos no Brasil, pois eles se abstém dessas regras e cada campeonato apresenta suas próprias regras e forma de acontecer. Então essa primitividade que acontece em nossos campeonatos causa a desclassificação de nossos atletas no exterior por falta de informações e experiência técnica.

A responsabilidade pelo desconhecimento das regras é distribuída entre os atletas, que viajam para o exterior para disputar campeonatos sem conhecê-las, e organizadores de eventos "primitivos" no Brasil – nenhuma responsabilidade cabe à mídia do surfe. Traça-se claramente uma linha evolucionista em que o destino e o melhor estão no exterior, ao passo que o atraso está em terras brasileiras. É importante chamar a atenção para a flagrante diferença entre esta posição e as falas otimistas citadas no início desta seção.

No campeonato seguinte, um episódio envolvendo um brasileiro dava mais uma mostra da precariedade:

> Com a última colocação [numa bateria], Cláudio Valle ainda tinha uma chance. Ele correria em uma bateria de três atletas onde apenas um se classificaria, uma espécie de repescagem. Como não estávamos informados sobre essa bateria extra, quando vi os outros dois atletas que haviam ficado em último nas baterias anteriores entrando no mar, procurei me informar e descobri que Cláudio Valle deveria estar ali entrando com eles. Nunca corri tanto, faltava apenas um minuto para o início da bateria quando encontrei o brasileiro na praia. Foi o tempo de avisá-lo, ele correr

até o hotel para pegar a prancha, receber apressadamente a camiseta e cair na água.

O amadorismo fica patente: não apenas desconheciam-se as regras, como a própria fórmula de disputa do campeonato. A falta de informação abrange não só os atletas, mas também o jornalista (que os criticara pelo mesmo motivo). Ao perceber a situação, corre, de forma cinematográfica, para avisar o compatriota – lá está o comportamento *de dentro, ativo, próximo, participativo* da mídia de nicho. Contudo, as confusões envolvendo os brasileiros nem sempre se deviam a ingenuidade. Pelo contrário, em uma das etapas, "para variar, com os brasileiros sempre procurando aumentar sua fama de malandros e caloteiros, dois paulistas deixaram de pagar a taxa de inscrição, reforçando tremendamente essa imagem negativa." A acusação deixa entrever que este tipo de expediente era um tanto comum.

Resumindo, apesar do otimismo dominante em relação ao desenvolvimento do surfe no país e à atuação no exterior, reportagens como essa deixam claro que tal postura tinha bases frágeis no que diz respeito à competitividade no Circuito Mundial. O elogio da modernização cai por terra aos pés das evidências de "primitividade", e mostra que havia um longo caminho a percorrer. Contudo, o choque de realidade produzido pela experiência na África do Sul e evidenciado nos relatos citados não altera a pauta, que segue repleta de elogios. Salvo pela série sobre critérios de julgamento, a irrupção de debilidades não propiciou a continuação e o aprofundamento do debate, rapidamente deixado de lado.

No fim da década, a evolução destacada no item anterior, somada ao surgimento de uma geração talentosa e com apoio mais forte de patrocinadores do próprio meio, renovava o otimismo em relação ao desempenho no Circuito Mundial:"não há motivos para desistir de nosso grande objetivo de médio prazo que é levar o

Brasil a uma posição de destaque entre os top 16 do mundo. Um enorme passo já foi dado através da brilhante participação brasileira no Mundial Amador de Porto Rico".[169]

Se no plano *competitivo* a defasagem entre nacionais e estrangeiros ficava patente e era realçada e criticada pelo repórter, no *político* a diferença, embora igualmente grande, não recebia o mesmo tratamento. A questão surgiu quando a final de um campeonato foi realizada em uma praia diferente daquela onde se disputaram as fases anteriores:

> Estranho era observar que em meio a tanta gente era impossível avistar um negro sequer. Seria por falta de condições financeiras para chegar ao local? Ou aquela era uma das inúmeras praias sul-africanas reservada apenas para a comunidade branca? O fato é que não havia nenhum negro ali na praia, mas em contraste, as coisas no outside estavam bem pretas!

Pela primeira vez uma matéria sobre a África do Sul aborda de forma direta o *apartheid*, levantando questões a partir da observação pessoal do repórter a respeito do contraste entre os frequentadores de diferentes praias. Em seguida, alerta que talvez os brasileiros demorem a voltar à África do Sul, explica o que é o regime de *apartheid*, a dura repressão à população negra, os protestos desta, a desigualdade no padrão de vida de brancos e negros e alerta: "o país já vive um clima de guerra civil e, a qualquer momento, a violência poderá atingir níveis assustadores, bem piores do que os da Guerra do Vietnã". Desde anos anteriores, um ou outro surfista de ponta boicotava os eventos no país. Em 1985, quatro dos 16 mais bem colocados no circuito – incluindo o então bicampeão Tom Carroll – não compareceram, "como forma de protesto aberto ao regime racista do Apartheid adotado pelo

---

[169] "Primeira greve no surf brasileiro", *Fluir* n. 29, mar 1988, p.28-9.

país". O repórter previa que o boicote "deverá ampliar-se para os próximos anos. Isso se ainda houverem eventos, pois estes já estão ameaçados de não mais se realizarem".[170] A forma como o argumento é apresentado gera ambiguidade: a ausência de eventos se deve à violência e à ameaça de guerra civil ou a uma decisão consciente de articular esporte e política e combater um regime de exceção que persegue a maioria da população? No caso dos brasileiros, o lamento parece dever-se mais à falta que sentirão de surfar ondas excelentes e disputar as etapas do mundial mais próximas do país do que propriamente a uma tomada de posição em relação ao regime político sul-africano.[171] Mesmo sem campeonatos, nada impediria, em tese, que os brasileiros que assim desejassem continuassem viajando para lá para surfar. Apesar de todo o discurso em prol da politização e da superação da alienação dos surfistas brasileiros, em nenhum momento *Fluir* discutiu ou questionou a posição destes atletas frente ao *apartheid* e à iniciativa de boicotá-lo como atitude política para denunciar e isolar o regime sul-africano. É como se o boicote fosse uma questão que dissesse respeito apenas aos atletas de países como EUA e Austrália.

Ademais, em momento algum discutiu-se a posição da própria revista de prestigiar e cobrir as competições na África do Sul (repito: nos dois anos anteriores, nenhuma menção ou con-

---

170 "África do Sul 1985", Bruno C. Alves, *Fluir* n. 11, ago-set 1985, p.64.
171 É preciso considerar que os atletas estrangeiros de ponta tinham patrocínio para correr todo o circuito. Como este na época era composto por um número grande de etapas, era normal que abrissem mão de correr algumas para descansar ou treinar. Já os brasileiros participavam esporadicamente e as etapas da África do Sul eram as mais próximas geograficamente, o que implicava tarifas aéreas muito mais baratas que as cobradas para lugares como Austrália e Havaí. Além disso, o sistema de disputa do Circuito Mundial favorecia os surfistas mais bem colocados – os que participavam esporadicamente não detinham as melhores colocações e, para entrar na chave principal dos eventos, eram obrigados a participar de longas e disputadíssimas triagens.

denação aberta ao *apartheid*). Naquele período o país sofria um boicote abrangendo diversas modalidades e a participação nas duas principais competições (Jogos Olímpicos e Copa do Mundo de futebol) devido ao regime segregacionista. Portanto, o surfe é um dos únicos esportes a violar um banimento mundial, mas nenhuma linha é dita sobre o assunto, exceto pela menção à decisão de não participar da perna sul-africana anunciada por poucas estrelas do Circuito. Repete-se aqui a despolitização como discurso político disfarçado. Ignorar o *apartheid* e o boicote estabelecido há anos pela comunidade internacional e colocar-se *apenas como surfistas* significa corroborar o regime vigente.

Se, por um lado, fica a lacuna a respeito da posição política dos brasileiros, por outro percebe-se claramente – embora sem destaque ou elogio de *Fluir* – o compromisso individual de surfistas estrangeiros com a luta pela igualdade (na África do Sul, ao menos). Essa postura aparece na fala do americano Tom Curren: "não me sentiria bem comigo mesmo competindo lá, e acredito que essa foi uma pequena ajuda que pude dar aos negros sul-africanos. [...] ano passado o campeão mundial era Tom Carroll e ele não foi à África do Sul. Este ano o campeão sou eu, e deverei fazer a mesma coisa".[172] Trata-se de ativismo político nítido e explícito.

Resta abordar um aspecto relativo ao desempenho no exterior: o reconhecimento internacional.[173] *Fluir* defendia que o brasileiro precisava ter autoestima e criticava o hábito de se valo-

---

172 "Entrevista com Tom Curren", Avelino Bastos, *Fluir* n. 16, jul 1986, p.62-3.
173 Comentário pessoal: considero a necessidade de reconhecimento internacional um traço distintivo da baixa autoestima média do brasileiro. A mídia brasileira é particularmente pródiga em explorar qualquer tipo de elogio ou reconhecimento, no exterior, aos feitos e/ou à atividade profissional, artística ou esportiva de brasileiros e brasileiras. É como se o reconhecimento no exterior (sobretudo nos EUA e na Europa) fosse condição *sine qua non* para se acreditar que um brasileiro é *realmente* bom no que faz. Elementos dessa *necessidade* quase patológica estão presentes quando se trata do surfe.

rizar apenas o que (ou quem) recebia crédito no exterior. Todavia, com frequência registrava elogios de estrangeiros para brasileiros: "Rick Ruzamenti, repórter da Surfer, que estava presente ao evento como juíz [sic] do mesmo, ficou totalmente impressionado pela radicalidade desse competidor [Tinguinha]".[174] Expediente semelhante consistia em tentar saber a opinião dos atletas profissionais entrevistados sobre os brasileiros, como nas perguntas já citadas dirigidas a Tom Carroll. Ou seja, *Fluir* reproduzia, em parte, o comportamento que criticava.

O breve texto comentando a imagem da primeira capa seguia essa linha. Quem fala é Bruno C. Alves, autor da foto, editor de fotografia e sócio de *Fluir*: "atrás de mim, eu escutava os gritos da rapaziada local [da praia onde a foto foi realizada, Mossel Bay, no litoral sul-africano], impressionada com a manobra [de um surfista brasileiro], e, no momento, senti isso como uma prova concreta da evolução do surf brasileiro".[175] Interpretações como esta eram comuns: o olhar da publicação tendia a captar com relativa facilidade e celebrar, nas falas e reações de estrangeiros, evidências da evolução do esporte.

A posição de destaque para as opiniões estrangeiras abarcava as revistas. A apresentação do fotógrafo Carlos Lorch distinguiu-o como "o único fotógrafo brasileiro a desfrutar de um alto conceito, tanto na SURFING quanto na SURFER MAGAZINE (da qual é atualmente o correspondente no Brasil)", feito ainda mais notável se considerada a existência de um "cartel de fotógrafos americanos e japoneses na praia e nas redações".[176]

---

174 Bruno C. Alves, "3º. Festival Olympikus de Surf", *Fluir* n. 3, mar 1984, p.18-23.
175 *Fluir* n. 1, set-out 1983, p. 5. Texto e foto de Bruno C. Alves.
176 "Portfólio – Carlos Lorch", *Fluir* n. 5, jul 1984, p.38-9.

O reconhecimento pelas publicações estrangeiras é celebrado como evidência de sucesso, como a notícia de que "o surfista Paulo Tendas, que anda desaparecido dos picos, na verdade está surfando os mares da China, Ceilão e Indonésia, sob o patrocínio da Surfer Magazine".[177] No número seguinte, duas legendas publicadas em espaços diferentes referem-se à viagem. Uma traz uma espécie de currículo do atleta, credenciado pelo tempo de viagem e pelos lugares percorridos ("Paulo Tendas, recém-chegado de uma viagem de um ano à Califórnia, Hawaii, Japão, Indochina, Indonésia, Austrália, e Nova Zelândia"),[178] a outra o destaca como o "internacionalmente conhecido surfista de SP, Paulo Tendas", que realizou "uma excursão com a revista SURFER pelas praias do Brasil".[179]

Pelas constantes referências às publicações internacionais, percebe-se que a equipe de *Fluir* as acompanhava de perto: "Luís Neguinho de SC, [sic] matava com seus arrojados aerials, manobras que vêm obtendo destaque em revistas como a Surfer e a Surfing." Em dado momento, lançou mão de uma delas para rebater críticas: "pouca gente entendeu quando a FLUIR publicou [...] um artigo sobre a corrente oceânica chamada El Niño. Talvez não tenham notado também quando a SURFER, dois meses depois, comentou o assunto. São os desavisados de sempre".[180]

O final da década marca o ápice do reconhecimento no exterior e abrange a própria *Fluir*. Após ser indicada por dois anos consecutivos (1987 e 1988) como um dos três veículos impressos do mundo a realizar a melhor cobertura do Circuito Mundial, recebeu o prêmio anual da ASP na categoria revista em 1989. Na década seguinte, a entidade voltaria a escolhê-la como vencedora, em 1996. Até 2000, último ano em que a ASP distribuiu

---
177 "Toques", *Fluir* n. 3, mar 1984, p.11.
178 "Fluindo no Surf", *Fluir* n. 4, maio 1984, p.44.
179 "Noronha Revisitada", Alfredo Bahia, *Fluir* n. 4, maio 1984, p.52.
180 "Ecologia", *Fluir* n. 4, maio 1984, p.20.

prêmios para os meios de comunicação, diversos veículos, programas e emissoras brasileiros foram agraciados, com destaque para a Fluminense FM, estação de Niterói (RJ) três vezes premiada como a melhor cobertura de rádio do Circuito Mundial (ver item 3.3.1).[181]

---

[181] "*Surf News*", *Fluir* n. 39, jan 1989, p.29. "ASP Awards", sítio da ASP, disponível em: http://www.aspworldtour.com/2008/pdf/aspawards.pdf. Acesso em 16 set 2008.

Capítulo 3

SURFE, SUBCULTURA
MIDIÁTICA
E CULTURA POP

Na mídia do surfe tem havido um debate duradouro sobre se, ou melhor, de que formas a prática do surfe é, alternadamente, um esporte, forma de arte ou estilo de vida. Contudo, há um senso mais geral e menos controverso de que o surfe é uma cultura ou subcultura (Ford e Brown, 2006, p.59).

O problema do surf é que ele entrou com o pé esquerdo no Brasil, caiu na lama, e até hoje a imagem que se tem é de um esporte sujo, praticado por marginais, viciados em drogas, alienados dos problemas sociais, filhinhos de papai, etc. Tudo começou com a primeira geração do surf a cerca [sic] [...] de vinte anos no Rio de Janeiro. A idéia daqueles surfistas era se espelhar em surfistas da Califórnia, não entendendo que eles deveriam era copiar os trabalhadores do surf, que eram pessoas de boa índole que investiam e amavam esse esporte (Flávio Boabaid, entrevista a Edison "Lêdo" Ronchi, *Fluir* 8, fev 1985, p.96-7).

A cultura surfe californiana rapidamente se difundiu pelo anel do Pacífico, inicialmente através de um gênero hollywoodiano de filmes de praia (Booth, 2001, p.91).

3.1 Surfe e cultura segmentada: a subcultura do surfe

Embora seja objeto de relevante produção midiática, o surfe – seja no âmbito esportivo ou cultural – praticamente não recebe atenção acadêmica. Há um vazio em torno do tema. Por conseguinte, trata-se de um objeto que coloca desafios para os conceitos existentes (subculturas, tribos, neotribos etc.) para lidar com grupos e valores ligados a juventude, identidade e consumo.

Como cultura é uma noção abrangente, que permite um diálogo interdisciplinar, torna-se importante situar este estudo no universo de discussões em torno do conceito, de maneira a não reduzir o objeto tratado à dimensão esportiva. Na falta de arcabouço teórico sedimentado para a abordagem do tema no Brasil, é preciso trabalhar por aproximação – no caso, articulando-o com o conceito de *subculturas juvenis*.[1]

O surfe levanta questões e problemas que permitem ampliar a discussão sobre as subculturas e as relações delas com os meios de comunicação. Primeiro, porque tem se demonstrado uma forma cultural bastante longeva, ao contrário das subculturas usualmente investigadas pela academia, especialmente no caso do Brasil, onde o uso do conceito é recente. Como atravessa décadas, seu estudo permite considerar o problema das subculturas sob uma perspectiva histórica de modo mais profundo que outros objetos de investigação situados no presente estudado pelo pesquisador. Segundo, a subcultura do surfe apresenta valores e agrega membros pertencentes a classes sociais específicas (alta e média),[2] mas não da classe trabalhadora, foco principal das subculturas que atraíram os estudiosos de Birmingham décadas atrás.

3.1.1 Surfe como subcultura midiática

Trabalho em concordância com a perspectiva de Freire Filho (2005; 2007), de que, apesar das críticas, o conceito de subcultura não deve ser abandonado, e sim aprimorado, pois é útil para o estudo de questões relacionadas à juventude. O argumento

---
1 Para uma discussão do conceito de subculturas juvenis, ver Fortes (2007).
2 Ao menos nos anos 1980, foco desta tese. Hoje talvez haja mais diversidade, mas sem dúvida o corte de classe continua marcante.

central é que, apesar das declarações em contrário por parte dos pesquisadores, a política está presente nas atividades realizadas pelos jovens nos anos recentes. Ela pode não ser o objetivo principal dos jovens ou o que mais os atrai, e nem está sempre presente – mas *existe*. O autor lista uma série de exemplos e experiências de diferentes grupos juvenis, uns mais politizados, outros menos. No Brasil, por exemplo, o *punk* reúne jovens que se identificam a partir da exploração pelo sistema e realizam protestos e revoltas (2007, p.57-9).

Pesquisas de campo realizadas por Murdock e McCron (1976, p.206) indicaram que, em vez de engajar-se nas subculturas existentes nos locais em que viviam, uma parte dos jovens da classe trabalhadora orientava-se para estilos "patrocinados por agências oficiais para a juventude ou pela indústria dominante de entretenimento adolescente". Tratar-se-ia, portanto, de mera incorporação, sem qualquer tipo de contestação. Na visão dos autores, é importante estudar não só as formas de resistência da juventude, mas também as de acomodação e de participação no sistema dominante. Porém, o conceito de subculturas não se prestaria a tal uso, pois "por definição [...] subculturas só podem existir sob o poder de uma cultura dominante; elas não podem existir dentro desta, e consequentemente a análise subcultural não pode lidar com estilos juvenis 'convencionais'." Reside aí uma diferença crucial entre a visão dos autores do Cccs mencionados – para os quais o termo subcultura só faz sentido quando está associado à resistência – e minha abordagem, que a utiliza em uma perspectiva adaptada.

O sentido classista e político atribuído ao conceito pelos autores de Birmingham é a razão principal para seu uso neste trabalho. Há, nas subculturas, insubordinação, mas também conformidade e impotência. A prioridade do Cccs foi investigar subculturas ligadas a jovens da classe trabalhadora. Quando se amplia o foco, a ideia de resistência como traço fundamental deixa de ser obrigatória.

A subcultura do surfe insere-se principalmente nas classes média e alta. Por "classe média" não me refiro a algo unívoco, pois na medida em que ela é heterogênea e abriga valores divergentes, é difícil falar de uma única "cultura de classe média" (Velho, 1981, p.41; 1994, citação à p.66-7). No âmbito deste trabalho, a vinculação da ampla maioria dos integrantes da subcultura às classes média e alta é um dado importante, mas não o único. É preciso considerar que nesse mesmo universo encontra-se a maior parte do *público leitor de revista* no Brasil (Mira, 2001). Os dois universos sobrepostos – surfistas e leitores de *Fluir* – encontram-se majoritariamente no interior das classes média e alta. Talvez nos dias atuais o corte de classe seja um pouco menos restrito no que diz respeito aos surfistas, mas seria necessário realizar pesquisas para se fazer tal afirmação de forma categórica.[3]

A política aparece pouco em *Fluir*. Quando se discute poluição, excesso de surfistas e banhistas nas praias, brigas entre surfistas locais e de fora, estrutura para campeonatos amadores e profissionais ou necessidade de aumento de investimentos no esporte, estão presentes, direta ou indiretamente, questões como concepção do papel do setor público e do setor privado no Brasil e no mundo, funções desempenhadas na prática pelas instituições públicas e privadas, legislação, responsabilidade dos indivíduos e da coletividade em relação ao futuro do país e do planeta. Ao longo dos anos 1980 estes assuntos estiveram frequentemente em pauta na publicação – para não falar de temas efetivamente políticos, como o apoio à campanha Diretas Já. Contudo, as questões políticas obviamente não são um interesse constante ou relevante

---
3 Não existe uma pesquisa confiável quanto ao número de praticantes de surfe no Brasil – que dirá quanto ao perfil dos mesmos...

para os surfistas e para uma revista como *Fluir*, intimamente ligada ao consumo. Vale notar que o apego ao consumo, estimulado pela ditadura, foi fator fundamental na constituição de amplos setores da classe média brasileira, durante o "milagre econômico" e parte da década de 1980 (Santos, 2003, p.135-7). É nesse universo – em que a aquisição de produtos, bens e serviços é valorizada e considerada fonte de distinção social – que o surfe (seja tomado como subcultura do surfe, seja como subcultura midiática) se insere. É com ele que irá dialogar, estabelecer *sinergias* (para usar um termo atualmente em voga no jargão mercadológico-político-administrativo-empresarial-acadêmico-neoliberal) e travar conflitos.

Segundo, a ideia de que as identificações produzidas e assumidas pelos jovens, embora fruto de opções, não são escolhas inteiramente livres e desprovidas de inserção temporal, espacial e de classe, como querem os apologistas do fim das utopias, "do mundo do aqui e agora [...] da diferenciação e da individuação" (Scherer-Warren, 1999, p.13; ver também Arce, 1999, p.73-4).

O comportamento dos agentes – evidente em *Fluir* – de não evidenciarem pertencimento a uma classe social revela uma posição ambígua. Por um lado, há a recusa de se enquadrar, que abre uma alternativa que pode levar à mudança. Por outro, não se afirmar como classe é uma forma de tentar escapar ao fato de pertencer a uma – e, acrescento, a uma sociedade dividida em classes. Ainda que nas últimas décadas numerosos estudos, em vários campos, tenham deixado bastante claro que as classes não são a *única* forma de divisão social nem tampouco de opressão e, em muitos casos, sequer a principal fonte de opressão, insisto em considerá-la um fator primordial na análise social (ver Wood e Foster, 1999; Arce, 1999, p.10-1).

Segundo Murdock e McCron (1976, p.199-202), consciência de geração e de classe são mediadores e se articulam. De acordo com os autores, as questões de classe experimentadas pelos jovens estudados nem sempre são entendidas e expressadas nesses termos. A palavra *classe* pode não aparecer e, no entanto, a consciência (percepção da divisão de classes existente na sociedade e do pertencimento a uma delas) estar lá. Por outro lado, também é possível o termo estar presente, mas ter um significado diferente daquele entendido em termos sociológicos ou marxistas.

As subculturas de classe média fundam-se em uma "idade de transição" entre infância e trabalho que dura mais tempo que na classe trabalhadora (Clarke e outros, 1976, p.60-1, citação à p.60). Boa parte dos adeptos da subcultura do surfe e, mais especificamente, dos leitores aos quais *Fluir* é dirigida, têm ou terão a oportunidade de passar alguns anos da juventude frequentando a universidade e de, entre a adolescência e o fim do curso superior, ter entre suas atividades favoritas e frequentes as viagens. Goldenstein (1991) afirma que alto número de horas de trabalho, tempo perdido nos deslocamentos casa-trabalho-casa e necessidade de realizar uma série de tarefas domésticas estão entre os fatores que tornam o tempo disponível para o lazer dos setores operários muito reduzido em relação às camadas médias e altas. A pesquisa da autora, realizada na década de 1980, revelou que o esporte é praticado por poucos trabalhadores – a grande maioria, jovens do sexo masculino.

Quanto às críticas de que a visão teórica dos autores ligados ao Cccs evitou a realização de trabalho empírico, é preciso acrescentar que isso não significa incompatibilidade *em si*. Se a pesquisa foi ignorada ou desprezada em um dado momento, dentro de uma vertente teórica, esta pode sofrer revisões e avançar na direção de incorporar as contribuições da observação empírica.

Outra problematização necessária diz respeito à opção de Thornton de definir como subcultura "tudo aquilo que assim é chamado". Evidentemente tal postura não se aplica ao caso brasileiro, uma vez que o conceito não é de uso corrente na mídia, ao contrário da Grã-Bretanha. Parte da confusão com o termo no contexto anglo-saxão deve-se justamente à variedade de usos, inclusive não acadêmicos. Se, por um lado, usos múltiplos podem esvaziá-lo, são igualmente criticáveis as tentativas de criar uma ortodoxia nos Estudos Culturais, heterodoxos e variados por definição – processo que Wright (1998, p.40) definiu com felicidade como "o disciplinamento da antidisciplina".[4]

Uma contribuição decisiva da bibliografia crítica do conceito de *subculturas juvenis* para esta pesquisa diz respeito à necessidade de articular as subculturas com os meios de comunicação. Dentro das categorias tradicionais do jornalismo, *Fluir* seria uma revista segmentada. Contudo, como foi visto no primeiro capítulo, a partir de suas características – muitas das quais escapam aos limites e valores reivindicados pelo jornalismo tradicional –, faz mais sentido defini-la como *mídia de nicho*, categoria elaborada por Thornton (1996). O exemplo principal de *mídia de nicho* apresentado pela autora são as revistas para o consumidor (*consumer magazine*). A autora se refere a publicações sobre música e estilo, mas é evidente a proximidade com o que representam o surfe e as revistas sobre o tema. Na medida em que "os veículos de comunicação criam subculturas no processo de nomeá-las e traçam fronteiras em torno delas no ato de descrevê-las" (Thornton, 1996, p.162), o estudo de *Fluir* fornece pistas para se compreender a configuração da subcultura do surfe no Brasil.

Na Austrália, onde o esporte tornou-se bastante popular, o surgimento da mídia especializada foi importante para a construção simbólica do surfe e do surfista. Com o passar do tempo,

---

[4] A este respeito, segundo Bentley (2005), já na década de 1950 os estudiosos britânicos usavam variadas metodologias de analisar e formas de representar os jovens, e estas escolhas tinham impacto nas interpretações e nos vieses ideológicos resultantes.

configurou-se uma subcultura midiática do surfe. Referindo-se ao contexto australiano de meados dos anos 1990, Stedman (1997) considera que a mídia do surfe ganhou enorme autonomia em relação à experiência concreta dos (e das) surfistas comuns, ao ponto de a "comunidade" de surfistas e a "sub"cultura do surfe daquele país só existirem *nas* revistas especializadas; "portanto, o processo de seleção editorial nas revistas de surfe não é a distorção da 'realidade', mas sua criação" (p.76). O estudo concede grande importância aos filmes e às revistas, ao mesmo tempo em que as últimas são criticadas veementemente pela "exclusão das mulheres do mundo criado nas revistas de surfe" (p.77).

3.2 Estigmas

Fluir minimiza ou silencia a respeito de uma série de aspectos negativos ligados ao surfe. Tal postura parece estar articulada com a proposta de tornar o surfe atrativo para empresas (anunciantes e patrocinadores em potencial) e pessoas (atraindo novos surfistas e/ou consumidores de produtos da indústria do surfe). Não obstante, em certas ocasiões os problemas vieram à tona e foram discutidos, fosse sob o prisma de estigmas – injustamente – lançados sobre o esporte e seus praticantes, fosse sob a ótica de *lavar a roupa suja* e discutir comportamentos que, na visão da revista, atravancavam ou poderiam dificultar o desenvolvimento da modalidade.

Diversas vozes reiteram a necessidade de reconhecimento do surfe como esporte profissional e sério. Picuruta Salazar, considerado por *Fluir*, em seus três primeiros anos de existência, o melhor surfista do Brasil, afirmava: "o Surf é bem visto atualmente, e já é reconhecido como um esporte".[5] A repetição constante de

---

[5] "Picuruta", entrevista, *Fluir* n.2, nov-dez 1983, p.32.

que o surfe "já" é considerado um esporte sério pode ser entendida tanto como um recado àqueles integrantes da subcultura ou não, que ainda não se deram conta disso, ou como tentativa de autoafirmação – e a necessidade de afirmar-se costuma sinalizar a existência de dúvida sobre o que é dito, seja da parte de quem fala, seja dos que estão à volta. De um jeito ou de outro, fica claro que a imagem positiva é recente.

O elogio do presente pode ser compreendido também como uma contraposição ao passado. Dizer que o surfe é bem visto "atualmente" sugere que isso não acontecia antes, o que é corroborado por vários agentes. Alguns vão além, responsabilizando a geração anterior pela bagunça e descrédito enfrentados por quem tenta construir uma carreira no esporte:

> O pessoal da época [1976-1980] teve muitas oportunidades, mas deixou passar essas chances, e além de não ter contribuído em nada, deixou uma péssima imagem para os surfistas. Atualmente estamos quebrando a cabeça para competir aqui fora, no exterior. Se desde aquela época tivesse sido feito um trabalho sério, hoje estaríamos competindo de igual para igual com eles [atletas profissionais estrangeiros].[6]

Quem fala é David Husadel, surfista profissional que se tornaria uma liderança do esporte no Brasil, sendo inclusive presidente da Abrasp.[7] Ele não é o único a demonstrar contundência ao se referir à geração precedente, mas não consegui encontrar, em todo o material pesquisado, a identificação de *um* nome sequer. A consciência da oportunidade desperdiçada acirrava os ânimos e muito se falava sobre não repetir o erro. Mas a superioridade dos mais novos não era objeto de consenso: o cantor Evandro Mesquita "identifica na nova geração de surfistas uma concepção diferente

---

6 "Bruno C. Alves entrevista David Husadel na Austrália", *Fluir* n. 16, jul 1986, p.77.
7 Em 1984, aos 21 anos, era vice-presidente da Associação Catarinense de Surf. Edson Ronchi, "A ascensão do surf catarinense", *Fluir* n. 7, dez 1984, p.78.

do esporte, o que gera uma disputa agressiva e por vezes violenta dentro d'água".[8] Voltarei à violência adiante.

3.2.1 Alienação, politização, rebeldia: subcultura do surfe e traços da contracultura

As subculturas de classe média abordadas por Clarke e outros (1976) criticam – podendo até negar ou buscar subverter – a cultura dominante da qual fazem parte. Do ponto de vista mais amplo, são fruto de mudanças na esfera produtiva do capitalismo, as quais resultaram em expansão da educação e das funções e profissões exercidas pela classe média. Uma avalanche de valores corroía a moral tradicional da classe média – a cultura materna em que os jovens estavam inseridos. Nesse contexto,

> Muitos jovens de classe média buscaram seus próprios espaços de identificação e impugnação das visões dominantes, desenvolvendo importantes movimentos que questionaram o estilo de vida plástico oferecido pelo mercado de consumo e pela organização capitalista do pós-guerra (Arce, 1999, p.76).

O ponto de vista um tanto otimista de Arce não é compartilhado por Clarke e outros (1976, p.62-6), para quem "alguns aspectos desse levante cultural eram claramente adaptativos e incorporáveis". A contestação pode acabar servindo não para derrubar o sistema, mas para fornecer-lhe os valores necessários para a adaptação aos novos tempos e anseios, assegurando a manutenção do *status quo*.[9]

---

[8] Gente que surfa – Evandro Mesquita, Alceu Toledo Júnior, *Fluir* 13, jan 1986, p.105.
[9] A contracultura criou, abriu e experimentou possibilidades, muitas das quais foram exploradas pelo capitalismo. Tal processo se assemelha ao que ocorrera com outros movimentos culturais e até mesmo políticos. Se por um lado a incorporação e exploração pelo capitalismo contribui para esvaziar socialmente o sentido das críticas – além do aspecto de que formulações com o intuito de *combater* o capitalismo serem transformadas em produtos que o *fortalecem* –, por outro não se deve esvaziar o esforço, os objetivos, o sentido e a contribuição dos movimen-

A contracultura chamou atenção para problemas da sociedade burguesa. Porém, não foi adiante no sentido da transformação, revelando os limites do individualismo – por exemplo, a saída pelo uso de drogas, "típico do hedonismo de classe média" –, ao passo que não se abordam as questões centrais da coletividade. Para Booth (2001, p. 116), "a contracultura era insustentável".

Elementos da contracultura estiveram presentes nas manifestações midiáticas sobre o surfe nos EUA e na Austrália. Segundo Booth (2001, p.115), os "filmes de surfe especializados no fim dos 1960 e início dos anos 1970 também carregavam mensagens contraculturais", relacionadas à vida em comunidade, ao estilo de vida alternativo, ao uso de drogas, à despreocupação com problemas etc. Nesses filmes, as músicas que compunham as trilhas sonoras tinham "letras [...] mais significativas e filosóficas" em relação às do início dos anos 1960 (Booth, 2001, p.115). A adesão não foi total, nem homogênea: houve surfistas que não aderiram à contracultura ou o fizeram de forma parcial; havia quem adotasse valores da contracultura, mas participasse de competições para se sustentar (Booth, 2001, p.116).

A adoção de valores da subcultura californiana do surfe e da contracultura por surfistas brasileiros nos anos 1970 sofreu duras críticas de agentes que lutavam em prol da melhoria da imagem do esporte e da profissionalização na década seguinte. Perguntado sobre a ligação entre o estilo de vida do surfe e o "folclore em relação à paz, liberdade, natureza", o surfista e empresário Fred D'Orey critica a geração que copiou o estilo *hippie* e a contracultura oriundos dos EUA:

> em Saquarema, jogado na praia, de calção o dia inteiro, isso não tem nenhuma conotação política. [...] Estou contestando essa

---

tos críticos. Uma camisa com o rosto de Che Guevara vendida a preços altos por uma grife famosa não invalida o conteúdo da vida, da trajetória e das reflexões do guerrilheiro argentino.

223

imagem do surfista. Cabelos compridos, pranchas grandes, colar no pescoço e sandália havaiana. Esta imagem foi muito explorada, prá vender produtos que, inclusive, não tem nada a ver com o surf. Qualquer camisa florida, ou com motivo surfístico, todo mundo usa porque é jovem, sem que isso tudo, na maioria das vezes, contribua de alguma forma para o esporte.[10]

A crítica à "geração passada"[11] é recorrente e aparece na boca de surfistas com diferentes idades, mas sobretudo entre os mais novos (curiosamente, a depender do critério, os críticos mais velhos poderiam pertencer à geração criticada). No entanto, não houve quem nomeasse um membro sequer do grupo apontado como responsável pela má imagem do surfe no Brasil.

No material pesquisado encontrei, principalmente no número inicial (ver capítulo um) traços da contracultura da década de 1960 incorporados na subcultura do surfe, como referências ao estilo da literatura *beatnik*, críticas genéricas à guerra e ao *sistema*, preferência musical pelo rock. Elementos que não chegam a configurar *resistência* à cultura hegemônica.

Já na primeira edição, um texto afirmava:

> Nascer/renascer/criar: nesta terra a caretice domina e predomina. Mas David Cooper me ilumina nada arriscar é obedecer a um imperativo externo (dominador e repressivo) apenas em troca de segurança suicida de tranqüilidade pessoal [sic]. Enquanto isso, eles devastam o mundo (I-Mundo). E dizem: 'Sejam bonzinhos, rebeldia não leva a nada. Crescer/trabalhar/casar/ter filhos/envelhecer/engordar/morrer: sem reclamar. Não se preocupem que nós cuidamos de tudo para vocês. Portanto, não se metam nos nossos negócios.' Seus negócios nos põem à beira de uma guerra total. E eles dizem que nós é que somos loucos.[12]

---

10 "Rosaldo Cavalcanti entrevista Frederico D'Orey", *Fluir* n.7, dez 1984, p.58.
11 "Otávio Pacheco", entrevista a Carlos Loro, *Fluir* n.27, jan 1988, p.87. Ver também a epígrafe do capítulo anterior.
12 *Fluir* n. 1, set-out 1983, p.3.

As referências políticas do trecho são muitas. Atribui aos agentes poderosos uma fala que induz ao conformismo. O texto apresenta a revista como uma iniciativa na direção contrária; uma atitude rebelde frente às forças que comandam o mundo. Embora *Fluir* seja uma iniciativa inserida no capitalismo, em diversas ocasiões aparecem referências a um "eles" genérico que pode ser interpretado como o sistema capitalista ou, no caso específico desta citação, o *estabelecimento* político, incluindo dirigentes dos EUA e URSS, potências cuja atuação causou mortes em muitos países e ameaçou o mundo com a possibilidade de uma guerra nuclear.

Outro texto considera que "é de se esperar que os assuntos que abordo tenham pouco interesse para a massa de leitores comuns de jornal ou revista. Acontece que a política pouco me importa e a economia não é justamente minha especialidade".[13] Mesmo considerando que o autor talvez não tenha escrito pensando no leitor de *Fluir* (a indicação "reproduzido sob permissão do autor" sugere publicação anterior em outro veículo), a fala estabelece um corte entre as preferências "[d]a massa de leitores comuns de jornal ou revista" e os assuntos abordados – os quais subentende-se que interessarão a quem compra *Fluir*. O discurso remete à rebeldia, à postura que fica entre a alienação e a politização. Não chega a ser uma defesa da alienação, mas deixa claro o desinteresse do autor por política. A ambivalência do conteúdo aparece na crítica aos militares por quererem que todos pensem do mesmo jeito e por não compreenderem a relação da juventude com o rock: "isso deve ficar difícil de entender para quem nasceu dentro de uma estrutura agrária e tem uma formação densamente literária. Daí o rock ter sido sempre tomado como uma coisa maldita, um ritmo de drogados".

---

13 "Esse tal de rock'n'roll", Chacal, *Fluir* n.1, set-out 1983, p.10.

Segundo Booth (2001, p.116), "a contracultura transgrediu a tolerância da classe média". Para os meios de comunicação burgueses, guardiões dos valores das classes dominantes, "[...] os longos cabelos e barba, e os corpos supostamente sujos e sem asseio dos surfistas significavam falta de disciplina, autoindulgência e decadência". Para além da questão estética, trata-se de combater uma visão crítica e que recusava diversos elementos constituintes da sociedade de então. Portanto, não chega a ser surpreendente a crítica à postura dos militares por estigmatizarem a juventude. Porém, ironicamente o autor sugere que, mesmo na corporação, há quem se renda ao rock: "muita gente escolada em Agulhas Negras sabe da força vital desse swing eletrônico".[14]

Um artigo[15] da primeira edição defendendo a politização dos jovens foi criticado por um leitor na edição seguinte: "a terra, o mar e o ar não tem [sic] partidos. [...] se quero política procuro política, se quero a natureza procuro a natureza." Citando os nomes dos presidentes dos EUA e da URSS, a resposta trouxe o ponto de vista do autor, que "concorda inteiramente com você. Só uma pergunta: será que o Reagan e o Andropov pensam como nós?".[16]

Havia quem enxergasse a política de forma difusa dentro do surfe. Por exemplo, "o ex-campeão mundial Nat Young, que se tornou surfista de alma, acreditava que pela simples virtude de descer ondas os surfistas estavam 'apoiando a revolução'" (Booth, 2001, p.113). Um surfista da geração dos anos 1970 afirmou:

> Internacionalmente, o surf já se manifestou politicamente, com alguns atletas boicotando provas do circuito mundial na África do Sul, em protesto ao *apartheid*. Recentemente, houve um campeonato na Austrália em protesto às armas nucleares. Não

---

14 Localizada no município de Resende (RJ), a Academia Militar das Agulhas Negras é o centro de formação de oficiais do Exército Brasileiro.
15 "(Faltam três meses para) 1984", José de Abreu e Silva, *Fluir* n.1, set-out 1983, p.49.
16 *Fluir* n.2, nov-dez 1983, p.65.

sou a favor da política no esporte, mas ele pode dar uma contribuição para melhorar este mundo. O *surf é um esporte ecológico e revolucionário*, por não ser convencional.[17]

A boa vontade para enxergar atos de resistência ou revolucionários nas mais variadas situações é um traço da contracultura incorporado por membros da subcultura. Contudo, concordando com Freire Filho (2007), considero útil evitar posturas extremadas, seja de negar inteiramente as manifestações juvenis como possibilidade de expressão de inconformismo ou de perceber conteúdo político em toda e qualquer manifestação.

A acusação de alienação é um dos estigmas mais destacados. Na segunda edição, um leitor de Florianópolis afirma que

> todos os surfistas deveriam dar força à FLUIR, que pretende mostrar que nós não somos nem criminosos nem alienados, mas muito pelo contrário, conhecemos muito bem o mundo artificial que foi criado para nós: suas estruturas podres e seus sistemas que marginalizam milhares de seres humanos e que criam a GUERRA e a FOME.[18]

O leitor interpreta a chegada do periódico como uma iniciativa para dar credibilidade ao esporte e seus seguidores. A negação da pecha de alienado e a afirmação de "conhecer o mundo" provavelmente dizem respeito às críticas de cunho ecológico e contra o *sistema* presentes na edição inaugural – e que se repetiriam adiante.

A passagem faz referência explícita à guerra. De acordo com Roszak (1972, p. 59), o perigo atômico de destruição do planeta seria a prova cabal, para as novas gerações, da necessidade de mudança da "cultura letal de seus antecedentes", contribuindo para a adesão à contracultura. A reivindicação de consciência e a crítica

---

17 "Otávio Pacheco", entrevista a Carlos Loro, *Fluir* n. 27, jan 1988, p.90, grifos meus.
18 Cartas, *Fluir* 2, nov-dez 1983, p.65.

dos males do sistema "podre" que gera guerra e fome aproximam-se bastante do aspecto central da contracultura tal qual definida por Roszak: crítica da sociedade tecnocrática e do capitalismo.[19] Ao apoiar a campanha Diretas Já em um editorial em que cada parágrafo começava com a expressão "falando direto", *Fluir* mencionou "coronéis, generais, políticos e *tecnocratas*" como os que queriam "impor um presidente", afirmou "manter um olhar atento e fluido à realidade que nos cerca e faz parte de nós" como marca distintiva e convocou os leitores à participação política.[20] Pontos específicos ligados à contracultura, como uso de drogas e a pecha de alienado atribuída aos surfistas, serão discutidos adiante.

As ocasiões em que *Fluir* assume uma postura política no sentido mais restrito são poucas, como o apoio às Diretas e a publicação de um artigo elaborado por um "candidato à Constituinte [...] apoiado por entidades ecológicas".[21] Para defender a posição firmada no primeiro caso, *Fluir* afirmou que é preciso

> saber que a vida não se limita ao mar, às pistas ou às rampas de decolagem. Ou que possa ser resumida em sexo, drogas e rock'n'roll. É saber que fazemos parte de um todo, quer gostemos disso ou não, que age sobre nós assim como agimos sobre ele, pelo simples fato de existirmos.[22]

O texto toma posição, explica aos leitores as razões para tanto e não deixa de ser um incentivo, conselho ou *puxão de orelha* para que façam o mesmo. O trecho sugere haver quem pense que o

---

19 Tendo como objeto os EUA e publicado originalmente em 1969, no calor dos acontecimentos, o livro é ao mesmo tempo uma análise e uma defesa dos movimentos contraculturais então vicejantes. Suas contribuições principais estão no olhar sociológico, na riqueza de detalhes e no aprofundamento da discussão sobre alguns traços da contracultura. Por outro lado, tende a exagerar o potencial do movimento e minimizar alguns de seus problemas, sobretudo quando compara a contracultura positivamente em relação às formas de organização e protesto tradicionais da esquerda (partido, sindicato, passeatas) e ao marxismo.
20 "Editorial", *Fluir* n.3, mar 1984, p.6, grifo meu.
21 *Fluir* 17, set 1986, p.44.
22 Editorial, *Fluir* 3, mar 1984, p.6.

essencial da vida é o tripé "sexo, drogas e rock'n'roll", historicamente associado a setores da juventude ou aos esportes radicais. Na edição seguinte, um leitor considera o editorial "um começo para mudar a imagem dos jovens que praticam Surf, Voo Livre, Skate etc. A imagem que nos dão é realmente sexo, drogas e rock'n'roll".[23] Ao que parece, este e outros jovens encontram na revista um espaço que os representa de forma positiva, uma aliada no combate a imagens incômodas. No mesmo número, o curto editorial tinha linguagem cifrada. Na mesma página, um quadro dissertativo sobre o editorial convocava os leitores a escrever para o "1º Grande Concurso Fluir de Absurdos" – um dos prêmios seria uma "passagem (só de ida) da Itapemirim ou da São Geraldo (a escolher!) para Teresina".[24] Trata-se aparentemente de uma brincadeira (a qual certamente poderia ser considerada de mau gosto por alguns), mas levando em consideração a edição anterior e a derrota da emenda sobre as eleições diretas no Congresso, o "concurso" pode ser lido como um protesto. O final reiterava o convite à participação: "não deixe para amanhã aquilo que se poderia ter feito ontem!" Uma interpretação possível é que a frase se refere não apenas ao Concurso de Absurdos, mas ao engajamento político nos rumos do país.

O expressivo número de viagens para o exterior era inversamente proporcional ao de menções à situação política dos países visitados. O caso mais marcante é o da África do Sul, objeto recorrente de reportagens de *Fluir* e cujo governo mantinha um regime de segregação condenado e boicotado internacionalmente. A primeira matéria sobre o país trazia um trecho dúbio: "estivemos um bom tempo em Durban e de lá partimos... 600 [km] eram através do Transkei (território negro, independente, onde vivem os zulus). Apesar de tudo, um lugar lindo, onde a paisagem montanhosa forma com as pequenas casas dos nativos um clima

---

23 Cartas, *Fluir* 4, maio 1984, p.10.
24 "Editorial", *Fluir* n. 4, maio 1984, p.4.

astral inacreditável".[25] Não se sabe se o "apesar de tudo" refere-se ao regime do *apartheid*, então em vigor. Ao que parece, a matéria refere-se a um *bantustão* – áreas que estavam mais para *guetos* onde uma parcela da população era segregada do que para um "território independente". A única referência clara ao *apartheid* está em inglês: lado a lado, uma foto de criança negra sorrindo e outra de uma placa em dois idiomas (o outro provavelmente é bôer), onde se lê: "notice – for the use of whites only".[26] A montagem da página com as duas imagens lado a lado denota intenção de contrastar as imagens (a da criança é cerca de quatro vezes maior que a da placa).[27] Não houve menção ao *apartheid* na maioria das matérias sobre o país (ver item 2.3).

Por fim, há quem aponte o conflito de geração como causa do preconceito, fundado em um certo desprezo por parte dos mais velhos e em sua incapacidade de compreender a juventude. Segundo uma leitora, chamar os jovens de alienados é coisa de "pessoas que têm a mente restrita a certos padrões", incapazes de "compreender certas [...] manifestações de nós, jovens".[28] Há quem aponte as circunstâncias que envolvem o surfe para explicar o preconceito: "é considerado um esporte de pessoas alienadas, infelizmente, porque a gente pratica o esporte num local de lazer como a praia, porque as pessoas vão a praia geralmente para descansar e ali é o nosso local de trabalho".[29]

3.2.2 Drogas, vagabundagem e violência

Como se percebe, a discussão sobre politização e alienação ocorreu principalmente nos dois primeiros números. A seção de cartas dos leitores por vezes assemelha-se a divã psicanalítico ou

---

25 *Fluir* n. 1, set-out 1983, p.23.
26 "Aviso: para uso exclusivo de brancos". Os dizeres da placa não foram traduzidos pela revista.
27 *Fluir* n. 1, set-out 1983, p.25.
28 Cartas, *Fluir* 3, mar 1984, p.66.
29 Fred D'Orey, entrevista a Rosaldo Cavalcanti, *Fluir* 7, dez 1984, p.58.

fonte de autoajuda: "muito obrigado por tudo. Por nos fazer sentir bem mostrando que há pessoas que se importam com o surf. Que nos faz sentir importantes por sermos surfistas".[30] Um atleta usou o espaço para pedir

> desculpas a todos que amam o surf e que por um motivo ou outro estão envolvidos com ele. O que fiz na festa Staff Poll/Trip 87, em nada condiz com a minha pessoa. [...] Bebi muito, fiz tudo o que passava na minha jovem cabeça. Jamais havia agido assim. Imaginem como eu estava [...].[31]

Embora a carta não detalhe o que "se passava na [...] jovem cabeça", chama atenção a preocupação em pedir desculpas em um veículo de circulação nacional – e a decisão da revista de publicá-la. Em 1987 foi realizado o primeiro Circuito Brasileiro profissional. Havia menos espaço para atitudes que poderiam ser consideradas *condenáveis* e mais preocupação dos atletas em cultivar uma imagem positiva. O caso era problemático, mas referia-se ao uso de uma droga lícita.[32] Contudo, havia um tipo de consumo cujo potencial nocivo em relação à imagem do surfe era muito maior: o de drogas ilícitas.

Romper a associação, presente no senso comum, entre *surfista* e *maconheiro* fazia parte do esforço para legitimar o esporte e seus praticantes como sérios, profissionais e confiáveis, de maneira que as empresas pudessem investir tranquilamente, sem temer a associação de sua marca a atividades ilegais e reprovadas moral

---

30 Cartas, *Fluir* 4, maio 1984, p.14. Isto não é privilégio de *Fluir*, nem das revistas de surfe. Para um mapeamento, análise e crítica do debate acadêmico sobre *empoderamento* e das possibilidades de apropriação dos objetos midiáticos por parte dos fãs, ver Freire Filho, 2007.
31 Cartas, *Fluir* 21, 1987, p.20-2.
32 Anos depois, com o esporte consolidado, parece um pouco menos problemática a associação entre drogas e surfe, ao menos no caso do álcool: filmes como *Mick, Myself & Eugene* e *Surf Adventures* mostram atletas tomando cerveja – mas as cenas são poucas e rápidas. O primeiro, sobre o australiano Mick Fanning (campeão mundial de 2007), foi produzido por seu patrocinador (Rip Curl). Cf. *Mick, Myself & Eugene*. Austrália, 2006, dir. Jon Frank, 74 min., documentário.

e socialmente. Dadas as possíveis consequências – funestas, sem dúvida – da associação com as drogas para a imagem do esporte, não é de se espantar que tanto a revista quanto os demais agentes evitem referências ao uso das mesmas. Contudo, a dica de "não usar drogas *para entrar na água*", dirigida por Tinguinha aos demais surfistas, indica que o uso era mais frequente do que as referências a ele em *Fluir* poderiam fazer supor.[33] Na explicação sobre o que é "ser profissional do surf", um item apontado por outro iniciante na categoria é "nunca tomar drogas".[34] Em uma espécie de Credo do Surfe, um leitor invoca Deus, enaltece as qualidades do esporte e afirma: "tudo isso me faz crer no surf, sem: a maconha, o jeito de vagabundo, a gíria de malandro, *sendo antagônico a maioria dos surfistas de hoje*".[35] Está ficando barra pesada? Enquanto uns aconselham e outros rezam, Roberto Valério, surfista profissional e dono da marca Cyclone, espeta o dedo na ferida de atletas e empresas: "o que eu vejo é malandrinho ir ao exterior e vender drogas para poder se manter, pegando trocado de patrocinador e tirando onda de patrocinado."[36]

Na entrevista que compõe a ácida epígrafe deste capítulo, a dureza do diagnóstico e do trabalho a realizar – promover, organizar, *limpar* a imagem, comercializar – é tratada com otimismo. Flávio Boabaid declara: "futuramente estes atletas [os mirins de hoje] poderão sobreviver exclusivamente do surf".[37] Por sua vez, um dos mirins da época, o futuro surfista profissional Peterson Rosa, aos 13 anos (em 1987), afirmava que "eu acho que vai melhorar

---

33 Entrevista a Bruno C. Alves, *Fluir* 3, mar 1984, p.28. Grifos meus. Booth (2001) afirma que o uso de drogas, significativo dentro da subcultura, é minimizado em boa parte da cobertura midiática.
34 Entrevista com Neno, Alexandre Andreatta e Bruno C. Alves, *Fluir* 8, fev 1985, p.76.
35 Cartas, *Fluir* 11, ago-set 1985, p.20. Grifos meus.
36 Entrevista a Alceu Toledo Júnior, *Fluir* n. 15, maio 1986, p.88. Entre as manifestações midiáticas sobre o surfe que fazem referência ao uso de drogas ou o mostram claramente estão os filmes *Nos Embalos de Ipanema* e *Menino do Rio* (ainda que o uso de drogas seja apresentado de forma bastante diferente em cada um).
37 Flávio Boabaid em entrevista a Edison "Lêdo" Ronchi, *Fluir* 8, fev 1985, p.96-7.

ainda mais se todos se dedicarem a isso. Se eu, o Neco [Padaratz] e os outros que estão vindo agora nos dedicarmos realmente a isso. Antigamente o surf era uma coisa de maconheiro, agora estão parando com isso, estão dando mais apoio".[38] A previsão de Rosa se revelou correta: ele e Neco Padaratz estão entre os surfistas brasileiros que se destacaram no Circuito Mundial de Surfe nos últimos 20 anos.

Tais passagens, embora numericamente reduzidas, são importantes porque apontam para a existência de um problema – grave – da subcultura do surfe negligenciado pela revista, a não ser quando reclama de perseguição da polícia. A paulista,"na ânsia de encontrar pessoas que portassem drogas" em um campeonato em Ubatuba, vasculhava quem passava pelo ponto de entrada dos automóveis,"enquanto os ladrões agiam na boa na praia".[39] A reclamação frente à revista de carros e à insegurança vigente na areia se repete em relação a praias do Rio de Janeiro. A estratégia argumentativa é, por um lado, apresentar a ação policial como uma perseguição sistemática e injusta aos surfistas ("policiais param todos os carros que têm pranchas em cima") e, por outro, contrapor a preocupação de parar os carros aos furtos ocorridos nas areias e áreas de estacionamento das praias.[40]

O panorama da repressão não se limitava à revista de veículos. Em Salvador, era proibido entrar com pranchas em ônibus, o que impedia muitos adeptos de irem à praia.[41] A polícia militar pernambucana, por sua vez, teria "ordens para *quebrar* as pranchas dos surfistas que ousarem entrar no mar", denúncia confirmada por um jornalista de *Fluir*.[42] Anos antes, houvera reclamações quanto a

---
38 Alex Andreatta,"Convidados especiais"*Fluir* n. 26, dez 1987, p.130.
39 1º Sundek Classic – vida nova para o surf brasileiro em Ubatuba, Alceu Toledo Júnior e Carlos Loro, *Fluir* 17, set 1986, p. 51. Um ano depois, a polícia é criticada por repetir a dose, no mesmo campeonato.
40 Pedágio na Prainha?, *Fluir* 22, ago 1987, p.27.
41 Cartas, *Fluir* 16, jul 1986, p.30.
42 O jornalista em questão, Alceu Toledo Júnior, considera a situação "lamentá-

restrições ao surfe: "na praia de Boa Viagem (Acaiaca) aos domingos até as 14:00 hs, mesmo depois de terminado o período de férias (há muito tempo) e sendo esse o único local surfável em toda a orla de Recife". O episódio foi classificado como "absurdo" e causa de "constantes atritos entre os surfistas e os policiais, chegando a serem apreendidas pranchas e surfistas num total desrespeito à galera que fez daquela área um ponto de encontro famoso pelas gatinhas lindas que ali iam pegar seu sol e apreciar a rapaziada nas ondas". O resultado da "repressão": "a moçada está cada vez mais saindo fora aos domingos, deixando os brotos na saudade".[43]

Há um longo histórico de restrições e perseguições de surfistas por forças policiais e autoridades, tanto no Brasil (Lorch, 1980; Barickman, 2006) quanto em países como Austrália (Booth, 2001). De acordo com Gutenberg (1989, p.187), "no início dos anos 1970, o surf ocupava amplo espaço nas páginas policiais". Os acidentes com banhistas, somados à própria situação do surfista, que "era um cabeludo, vagabundo de praia e viciado em drogas", levaram à adoção de proibições e limites quanto a horários e locais para a prática.

Praticamente todas as menções à polícia foram negativas. Ela é retratada perseguindo surfistas, cometendo abuso de poder e deixando de cumprir suas obrigações. As restrições abrangem policiais estrangeiros como os "federales, a feroz polícia do exército local, que mais parecem invasores da cidade, intimidando e intimando toda a população".[44]

---

vel", destacando que Pernambuco era "governado por um homem considerado 'progressista' – Miguel Arraes, exilado e perseguido pela ditadura" e que "destruir o patrimônio dos atletas [...] que eu saiba, é crime". Cartas, *Fluir* 22, ago 1987, p.18.

43 O texto não deixa claro se a proibição referia-se *apenas aos domingos* ou *a todos os dias (incluindo os domingos)*. Note-se a referência às mulheres em função de suas características estéticas e como espectadoras dos surfistas. "Pernambuco", Yalor Araújo, *Fluir* n. 5, jul 1984, p.14.

44 "México – Puerto Escondido", Alfredo Bahia e Bruno Alves, *Fluir* n. 4, maio 1984, p.38.

Um problema singular era a postura de vários atletas durante as competições, reclamando constantemente da avaliação dos juízes e das decisões dos organizadores. Um organizador atribui as reclamações à imaturidade do surfista, que fica querendo "arrumar um culpado", embora "em muitos casos a culpa [seja] do próprio competidor, mas ele não admite essa possibilidade".[45] Outro surpreendeu-se quando, em um evento, "não houve nenhuma reclamação mais violenta por parte dos desclassificados, tão comum em campeonatos".[46] A declaração sugere a *expectativa* quanto ao comportamento agressivo dos atletas. O dirigente fez um mea-culpa assumindo "publicamente a responsabilidade de ter escolhido juízes incapazes de honrar o compromisso assumido – proclamar vencedor quem surfasse melhor". Segundo ele, um "acesso de provincianismo" de dois juízes gaúchos fizera com que um surfista de São Paulo fosse "literalmente roubado".[47] Todas as citações são de 1984. No decorrer da década, as menções ao assunto se reduzem, o que pode ser explicado pela evolução dos campeonatos e da esportividade dos atletas e/ou por mudanças na ênfase da cobertura realizada pela revista.

O ímpeto de reclamar das notas e das regras denotava, na visão de *Fluir*, falta de profissionalismo dos competidores, que deveriam obedecer às normas e aceitar de forma pacífica os resultados, mas muitas vezes sequer conheciam as regras de disputa e os critérios de julgamento.[48] Paradoxalmente, a própria publicação abre espaço para queixas em várias de suas matérias, sejam elas elaboradas por seus quadros ou colaborações de atletas. No primeiro caso é possível citar a cobertura de uma etapa do circuito paulista 1984-5: "a partir daí [3ª fase], começaram a ocorrer

---

45 Critérios de julgamento parte III, Flávio Boabaid, *Fluir* 7, dez 1984, p.42.
46 Atlântida Pro, Ricardo Hecker Luz, *Fluir* 7, dez 1984, p.142-3.
47 Idem.
48 Seria a preguiça e/ou falta de interesse por conhecer as regras um exemplo da *vagabundagem* (sempre apontada de forma genérica)?

resultados totalmente injustos em algumas baterias. O mais claro de todos foi a desclassificação do representante do Rio, Rodolfo Lima, que apesar de apresentar o melhor surf de sua bateria ficou em 3º lugar [...]."[49] Exemplificando a segunda situação, o autor do texto denunciando a "fabricação de resultado" de um campeonato em Niterói (RJ), em que fora derrotado na final.[50]

Ao que parece, os colaboradores da revista se julgam mais qualificados para identificar e criticar erros dos juízes. Apontam quem foram os melhores de maneira (aparentemente) incontestável e indiscutível, sem apresentarem os parâmetros para tal conclusão ou quem os corrobora. O leitor não sabe se trata-se da posição (opinião) de quem está escrevendo ou de um consenso entre o público presente e os profissionais da imprensa, por exemplo.[51]

Resta abordar a violência. Há quem afirme que ela é gratuita, como o cantor Léo Jaime: "o surf era uma coisa muito radical, era um lance isolado [...] e os surfistas viviam querendo dar porrada em todo mundo. Só que o surf começou a ficar popular e quando isso acontece o radicalismo vai sumindo em função de que mais pessoas vão se misturando nesse ambiente".[52] Um sinal de melhora, portanto.

Contudo, muitos viam com maus olhos o crescimento do número de praticantes, acirrando a disputa pelas ondas e levando a acidentes e brigas. Um editorial afirma:

---

49 "1ª Etapa do Circuito Paulista 84/5", Bruno C. Alves (t/f), *Fluir* n. 7, dez 1984, p.46-9.
50 Fred D'Orey, "O campeonato de Itacoatiara", *Fluir* 6, set 1984, p.27.
51 Os exemplos citados, envolvendo atletas do Rio de Janeiro, não são quantitativamente representativos das preferências de *Fluir*, que reclama com mais frequência da eliminação de surfistas paulistas.
52 Entrevista a Alceu Toledo Junior, *Fluir* 14, mar 1986, p.105. No documentário *Paralamas em Close-Up*, Herbert Vianna declara que, quando chegou ao Rio de Janeiro, vindo de Brasília, foi surfar para tentar fazer amigos. E conseguiu *um único* amigo. Contudo, o alvo da crítica do cantor é a cidade, e não o esporte. Cf. *Paralamas em Close Up*. Brasil, 1998, dir. Andrucha Waddington, 70 min, documentário.

Assumimos nossa responsabilidade. Os mais antigos que nos desculpem mas, realmente, cada aumento de tiragem de nossa revista corresponde a um aumento diretamente proporcional na quantidade de surfistas presentes nos picos brasileiros. É o famoso 'crowd', por sinal cada vez mais insuportável.[53]

Por um lado, o gesto humilde de admitir a culpa e pedir desculpas. Por outro, a ostentação de um sucesso que se podia medir no imenso litoral brasileiro. É óbvio que a expansão de uma publicação não pode ser responsável, sozinha, pelo interesse de milhares de pessoas por aprender um esporte. Neste sentido, o segundo período da citação está mais para ostentação retórica de poder do que para descrição acurada da realidade. Mas, sem dúvida, ajuda a estabelecer parâmetros e a despertar curiosidade em todo o país. O editorial estabelece regras para decidir de quem é a prioridade na onda e evitar brigas, e não há como saber se o editor de fato acreditava que suas palavras poderiam se firmar como norma na subcultura. Criara-se um problema – excesso de surfistas na água –, que, aliado a outros, trouxe novas dificuldades. Havia "total desrespeito e desentendimento entre os próprios surfistas", convertendo a modalidade "em muitos lugares [...] num palco de agitos, gritos, ameaças etc [...]"[54], onde se desenvolvia "a arrogância, a violência, a richa [sic] com os companheiros."[55] Como visto antes, Evandro Mesquita guardava posição semelhante e via a agressividade como um traço da nova geração de surfistas.

A violência combinava-se com o fenômeno conhecido como localismo (ver item 4.2.1). Em certas praias, seu significado é aprendido desde cedo: um membro da redação conta que, quando novato, recebia "uma cara feia, um palavrão ou mesmo um cascudo"

---

53 Editorial, *Fluir* 14, mar 1986, p.13.
54 "Crowd" no surf: afinal, de quem é a onda?, Motaury Porto, *Fluir* 6, set 1984, p.28.
55 Cartas, *Fluir* 8, fev 1985, p.16.

quando *rabeava* alguém.⁵⁶ Trata-se de mecanismo para os menos experientes e os *de fora* aprenderem a respeitar a "lei do pico", ou seja, as normas dos surfistas de um lugar a respeito da *posse* da onda.⁵⁷ Na série intitulada "Surf School", o diretor de fotografia de *Fluir* ensinava: "*Evite atrapalhar os mais experientes* logo na primeira vez."⁵⁸ Muitos leitores escreviam reclamando do localismo. Em geral, iniciantes que – estimulados, em parte, pela leitura de *Fluir* – desejavam aprender o esporte e não tinham chance, pois eram intimidados pelos que já o dominam. Nas entrevistas, *todos* os atletas brasileiros, quando perguntados sobre o localismo, criticam-no. Alguns ponderam que quem chega de fora precisa respeitar "os surfistas que estão ali diariamente. É aquele ditado: respeite para ser respeitado."⁵⁹

No inverno havaiano de 1986-7, o localismo feroz bateu de frente com o comportamento de alguns brasileiros. A edição de setembro de 1986 trouxera uma entrevista com três irmãos que figuravam entre os locais mais temidos do Havaí.⁶⁰ Embora premonitória, a matéria não surtiu efeito. Em maio do ano seguinte, na cobertura do inverno, quando o arquipélago recebe levas de surfistas de todo o mundo, *Fluir* destacava as boas ondas e as confusões envolvendo brasileiros:

> Gostaria apenas de lamentar a atitude de alguns poucos brasileiros (e brasileiras) que deixaram a impressão de que os brasileiros,

---

56 E o "crowd" continua..., Motaury Porto, *Fluir* 7, dez 1984, p.128.
57 *Rabear* ou *rabiar* significa entrar "em onda que já está sendo surfada por outro" (Silva, 2004, p.160). No dia a dia, os critérios para decidir quem rabeou quem, são bastante controversos.
58 Significativamente, o grifo é do original. "Surf School – 2ª parte", Bruno C. Alves, *Fluir* 10, jun-jul 1985, p.106. A música "Surfista Calhorda", cujo *homenageado* pela letra "não surfa nada", fez sucesso em 1986. Seus autores, da banda Replicantes, foram entrevistados na edição de maio de 1986.
59 Entrevista com Neno, Alexandre Andreatta e Bruno C. Alves, *Fluir* 8, fev 1985, p.75.
60 "Você está pensando em ir ao Hawaii esta temporada? So, get to know da boys...", Alberto A. Sodré, *Fluir* 17, set. 1986, p.116-9.

em geral, não têm a menor educação: gritando dentro das lojas e nas ruas; comendo procurando parecer o mais nojento possível [sic]; roubando supermercados e surf shops; rabeando todo mundo dentro d'água; falando alto para aparecer (e infelizmente conseguindo).[61]

Após pintar um quadro medonho para descrever a atitude dos brasileiros, o texto explica pacientemente as razões históricas e culturais pelas quais "os havaianos se sentem no direito de pegar as ondas que bem entenderem". Um artigo mencionava o inverno de 1969-70, quando os havaianos atacaram os "surfistas hippies e cabeludos principalmente da Califórnia [sic] que traziam drogas e se sentiam os donos de tudo".[62] Anos depois, fora a vez dos australianos, que teriam aprendido da mesma forma – apanhando – a lição de surfar com discrição e mantê-la quando fora d'água.[63] Agora os brasileiros quebravam a "paz relativa" reinante "por quase uma década".[64] Os havaianos fizeram "'diligências' atrás de brasileiros, culminando com o cerco da casa [...] onde residia a maioria do pessoal". O sítio repetiu-se algumas vezes e só foi suspenso com apelos à polícia e ao consulado brasileiro.[65]

A postura em relação às polêmicas em torno do surfista varia. Em certas ocasiões, *Fluir* assume papel moralizante, colocando-se no lugar de quem determina o que é certo e errado e, principalmente, atribui valor positivo ou negativo à conduta dos demais agentes. Em outras ocasiões, atua como mediadora, prestando esclarecimentos, apaziguando os ânimos ou esquematizando para o leitor prós e contras dos diferentes pontos de vista,

---

61 Alberto A. Sodré, "Hawaii: um inverno quente nas ilhas", *Fluir* 20, maio 1987, p.43.
62 Reinaldo Andraus, "Arrepio: só nas ondas", *Fluir* 20, maio 1987, p.48.
63 Idem
64 Alberto A. Sodré, "Hawaii: um inverno quente nas ilhas", *Fluir* 20, maio 1987, p.44.
65 Idem.

como na greve dos surfistas em janeiro de 1988. As duas funções não são mutuamente excludentes, podendo combinar-se.

A cobertura enfatiza aspectos positivos: crescimento do número de praticantes, presença maciça de público nos principais campeonatos, aumento na venda de produtos ligados ao esporte e, claro, da tiragem e dos anunciantes da própria revista. Sendo um produto de mídia, busca atrair a atenção do público e vendê-la aos anunciantes. Para cumprir tal meta, os valores nobres associados ao surfe (harmonia com a natureza, desapego a bens materiais, vida natural, magia etc.) são, sem dúvida, mais atrativos para leitores e anunciantes que problemas como falta de educação, violência, localismo, uso e tráfico de drogas. Trata-se de um *negócio*. Portanto, quanto mais exemplares vendidos, melhor – mesmo sob o risco de, a manter-se constante o crescimento do interesse pelo público, o surfe tal como conhecido até então ser praticamente inviabilizado pelo excesso de aficionados no mar. Porém, mesmo com a ênfase nos pontos positivos e a adoção de uma atitude propositiva em relação à tarefa de tornar o surfe respeitável e rentável, em certos momentos as dificuldades e, sobretudo, os estigmas vieram à tona.

Sustento que, nessas ocasiões, há mazelas apresentadas com o intuito de serem rapidamente superadas, como o processo burocrático para reconhecimento no CND. Entretanto, as mais graves e profundas, como o localismo e as drogas, são colocadas em segundo plano ou silenciadas. Afinal, embora o surfe tenha percorrido, entre os anos 1970 e 1980, o caminho de "passatempo de vagabundos" a "esporte da juventude sadia",[66] o processo de *limpeza* esteve longe de ser total e homogêneo. Em 2007, Alexandre Zenini, diretor do Ibrasurf (Instituto Brasileiro de Desenvolvimento do Surf), comentava sua trajetória: "[...] quando comecei a surfar, em 1988, o surfe era rotulado como coisa de vagabundo, mesmo tendo inúmeros adjetivos

---

66 "Editorial", *Fluir* n. 12, out. nov. 1985, p. 9.

positivos".[67] Trata-se do mesmo ano celebrado nas páginas de *Fluir* como o de maior sucesso até então da história do surfe brasileiro.

3.3 Surfe e cultura pop

Diversos autores têm chamado a atenção para as ligações próximas entre esporte, mídia e indústria do entretenimento (Beattie, 2003; Booth, 2001; Borges, 2003; Castro, 2003; Fisher, 2005; Fortes e Melo, 2009; Melo, 2003; Scott, 2005; Stedman, 1997; Wheaton e Beal, 2003). Como define um deles, observa-se a construção "[d]esse cenário multimídia, no qual o esporte moderno foi transformado" (Pilatti, 2006). Os estudos mencionados tratam dos anos mais recentes, e nenhum deles diz respeito à década de 1980, quando a imbricação entre os três setores não chamava tanto a atenção dos pesquisadores.

Articular surfe e cultura pop significa ampliar o escopo do trabalho e articular o objeto de estudo com aspectos da vida social e da comunicação social. Este foi um dos caminhos apontados por Pierre Bourdieu para o estudo do esporte dentro das ciências humanas:

> [...] esse espaço dos esportes não é um universo fechado sobre si mesmo. Ele está inserido num universo de práticas e consumos, eles próprios estruturados e constituídos como sistema. Há boas razões para se tratar as práticas esportivas como um espaço relativamente autônomo, mas não se deve esquecer que esse espaço é o lugar de forças que não se aplicam só a ele. Quero simplesmente dizer que não se pode estudar o consumo esportivo, se quisermos chamá-lo assim, independentemente do consumo alimentar ou do consumo de lazer em geral (1990, p.210).

Embora jamais tenha se dedicado sistematicamente ao assunto, o sociólogo aponta a necessidade de articular os estudos

---

67 Adriano Vasconcellos, "Viver do surf – o surf é amador", *Alma Surf* n. 40, set-out 2007, p.113.

sobre esporte com a inserção do mesmo no contexto social, como faz este texto. Por exemplo, o sucesso de *Fluir* está relacionado à emergência do jovem como sujeito e como consumidor, processo do qual o esporte é apenas uma parte. Mas, ao contrário do que afirma o editorial citado anteriormente, divide a responsabilidade pelo notável crescimento do surfe e de sua indústria, ao menos no plano da divulgação midiática, com muitos outros produtos, veículos e mídias. Ignorá-los, portanto, seria um duplo erro, magnificando o objeto de estudo e descolando-o do contexto material em que se inseria.

Portanto, mapear a presença do surfe em outras mídias (mesmo de forma breve) significa matizar o papel desempenhado por *Fluir*. A revista não foi criada no vácuo, e de forma alguma deteve o monopólio das representações construídas sobre o esporte. Nem mesmo foi o órgão de maior audiência a abordá-lo. Todos esses fenômenos fazem parte do contexto em que *Fluir* e os temas que cobre são recebidos pelo público.

Esse efeito de apropriação social faz com que, a todo momento, cada uma das 'realidades' oferecidas sob o nome de esporte seja marcada, na objetividade, por um conjunto de propriedades que não estão inscritas na definição puramente técnica, que podem até ser oficialmente excluídas dela, e que orientam as práticas e as escolhas (entre outras coisas, dando um fundamento objetivo aos juízos do tipo 'isso é coisa de pequeno burguês' ou 'coisa de intelectual' etc.) (Bourdieu, 1990, p.213-4).

Nesse ponto da argumentação, ainda que este texto não se volte para a recepção, é nítida a referência ao conceito de mediações elaborado por Martin-Barbero (2003). A citação de Bourdieu levanta um ponto importante a se considerar nos estudos de esporte e aponta rigorosamente na mesma direção. Uma prática esportiva pode ter diferentes significados ao longo do tempo, relacionados a fatores como: quem a realiza e que valores lhe são atribuídos socialmente, como intelectualidade, riqueza material, brutalidade, violência etc. A articulação com diferentes manifestações da cultura pop é fundamental no desenvolvimento da subcultura do surfe, na medida em que estas são decisivas para a representação do surfe na sociedade e para atrair para a indústria do surfe um grande número de consumidores, muitos dos quais não conhecerão a subcultura, nem farão parte dela. As subseções a seguir desmembram o tema, tratando de mídia sonora e audiovisual.

3.3.1 Surfe e mídia sonora

Desde o início, *Fluir* reservou espaço para a música. A edição inaugural trouxe o já citado artigo "Esse tal de rock'n'roll", cujo autor ataca os preconceitos que cercam a imagem do rock no Brasil e afirma: "se eu tenho alguma fé hoje em dia, isso se deve única e exclusivamente ao rock".[68] A intervenção agradou em cheio uma leitora, para quem o *rock* tem tudo a ver com "quem curte surf, voo livre, enfim liberdade".[69]

O número três levou a música para a capa, com a chamada "Som: Stones Devo". O artigo sobre a banda Devo fazia menção a *skate*,[70] enquanto o dedicado aos Rolling Stones não aludia a qualquer esporte (havia sido publicado na *Folha de S. Paulo* e "reproduzido sob permissão do autor").[71] A seção dedicada à música completava-se com a lista intitulada "Os 10 do mês". Dividida em "nacionais" e "importados", era composta, em sua maioria, por bandas de *pop* e *rock*. Chegara-se a ela, segundo informava o texto, "através de pesquisas realizadas nas principais casas noturnas; lojas

---

[68] "Esse tal de rock'n'roll", Chacal, *Fluir* n. 1, set-out 1983, p.10.
[69] *Fluir* n. 2, nov-dez 1983, p.65.
[70] "Devo – o som dos anos 80", Paulo de Oliveira Brito (Anshowinhas), *Fluir* n. 3, mar 1984, p.59.
[71] "Stones, explosão subterrânea com cheiro de sexo e suicídio ou isso deve ser o inferno", por Pepe Escobar, *Fluir* n. 3, mar. 1984, p.58.

de discos e da opinião da moçada que curte esportes radicais (surf, skate, bicicross, voo etc.). Agora é a sua vez, mande suas opiniões para a FLUIR, e vejamos se seu grupo será o melhor do mês". Na edição seguinte, novo chamado à participação: "o objetivo desta seção é cada vez mais basear-se apenas em cartas enviadas por vocês; portanto, mexam-se".[72] A lista tinha a finalidade de servir como termômetro das preferências dos jovens aficionados por esportes radicais. Esse tipo de iniciativa acaba funcionando também de forma inversa, ou seja, como fonte de informação para os próprios adeptos da subcultura a respeito de que bandas e músicas ouvir. Tanto publicações nacionais quanto importadas participaram ativamente da formação do gosto musical dos entusiastas dos esportes radicais.[73]

As revistas estrangeiras circulavam bastante entre os membros da subcultura do surfe. Incrementavam o interesse pelo esporte, traziam novidades, disseminavam gostos e – o que é fundamental – serviram como modelos inspiradores para quem se dispôs a criar similares por aqui.[74] Segundo Gutenberg (1989, p.113-4), "depois de ler muita revista americana, Pecegueiro resolveu fazer a sua própria revista", referindo-se à pioneira *Brasil Surf*, de 1975. Sociedade entre Alberto Pecegueiro e Flavio dias, saiu de circulação em 1979, acompanhando a decadência do surfe (Gutenberg, 1989, p.114).

---

72 "Som", *Fluir* n. 4, maio 1984, p.79
73 De acordo com Janice Caiafa, entre os *punks* do Rio de Janeiro circulavam revistas importadas de *skate* como *Skateboarder*, *Thrasher* e *TWS*. Os exemplares passavam de mão em mão e traziam mais do que conhecimento sobre o esporte: através das informações e indicações sobre música, os skatistas conheceram bandas estrangeiras e foram gradualmente aderindo ao *punk* e ao *hardcore*. O *punk* carioca foi aos poucos transformando-se em um "movimento" independente do skate (Caiafa, 1985, p.74-7). Na primeira metade da década, muitos punks compareciam aos campeonatos de *skate*: uns para competir, outros para participar (da plateia das provas, durante o dia; e das festas e atrações musicais, à noite).
74 Agradeço a Edmundo de Drummond Alves Júnior por chamar minha atenção para este ponto.

A publicação de imagens feitas pelo fotógrafo internacional Craig Peterson propiciou que se revelasse a importância do contato com publicações estrangeiras:

> Eu, o Carlos e o Bruno somos da geração que viveu a adolescência na época do 'milagre brasileiro' [...] o dólar era barato e os produtos importados, como as revistas de surf, eram acessíveis a muita gente. A revista americana SURFER, por exemplo, chegou a vender mais de 10 mil exemplares por edição num país em que pouquíssimas pessoas falavam inglês. Nós crescemos com ela [...] Aquele tipo de trabalho nos influenciou demais.

Os três citados trabalhavam em *Fluir* – dois deles, sócios-fundadores. A facilidade de acesso à *Surfer* se insere no *boom* de consumo da classe média brasileira durante os anos 1970. Revistas como ela contribuíram, no passado, para os então adolescentes se apaixonarem pelo surfe e, mais à frente, para a ideia de trabalharem com o esporte – fotografando (Carlos Lorch e Bruno C. Alves) e criando sua própria publicação (Alexandre Andreatta e Bruno C. Alves).[75]

Castro (2003, p.93) e Goldenstein (1991) reiteram a frequência do hábito de ouvir música e sua importância entre jovens e adolescentes. Um dos fatores que marcam a passagem de um simples praticante ou admirador de esportes radicais à condição de membro da subcultura é o compartilhamento de preferências musicais com os demais integrantes, os quais em geral são ouvintes assíduos de um (ou mais) estilo musical específico.

A música foi particularmente importante como elemento agregativo no *skate*, cujos praticantes, durante os anos 1980, ouviam sobretudo *new wave, punk, rock* e *hardcore*. Perguntado sobre semelhanças entre *skate* e bicicross, um piloto e skatista responde que várias manobras são parecidas, mas que "a moçada de skate

---

75 "Craig Paterson", Alexandre Andreatta, *Fluir* n. 12, out-nov 1985, p.118-9.

tem mais o pique de horrorizar, ouvindo som *punk, new wave*".[76] O gosto musical é trazido à baila para evidenciar as diferenças entre os grupos não apenas no tipo de música ouvido, mas nos sentidos atribuídos ao gosto, como o de "horrorizar" as pessoas. Reforçando as fronteiras entre as modalidades, as dicas do quadro "som para skate" configuravam um espaço à parte, separado da cobertura de música da revista.

Uma legenda de foto vinculava a radicalidade exibida por um skatista à participação no movimento *punk*: "Tatu (coquetel molotov) carrega todas suas influências punks numa das manobras que ainda hoje é de destaque".[77] O skatista em questão era membro de uma das bandas acompanhadas na pesquisa sobre os punks do Rio de Janeiro realizada por Caiafa (1985).

O gênero musical mais destacado foi o *rock*, que se caracteriza pela reivindicação de valores como rebeldia e contestação e, ao mesmo tempo, uma inserção comercial profunda (Villaça, 2002). Exemplo foi o interesse despertado pelo festival Rock in Rio. Em setembro de 1984, um artigo sem assinatura e semelhante a um *release* chamava a atenção para o festival Rock in Rio e dizia que "em janeiro o Brasil vai parar. [...] Resumindo: VAI SER DEMAIS! A FLUIR estará lá, e você?".[78] Meses depois, a revista trouxe uma matéria com a cobertura do evento.

A explosão do rock nacional – e, particularmente, de certas bandas – nos anos 1980 apoiou-se na existência de emissoras de rádio que tocavam *fitas demo* de artistas então desconhecidos e sem contrato com gravadora (Silva, 2008). A principal delas foi a Fluminense FM, de Niterói (RJ), cujo papel no crescimento do rock nacional é constantemente ressaltado pelos próprios artistas.[79] A

---
76 "Quem é Tchap-Tchura", Reinaldo Negreiros Ribeiro, *Fluir* n. 4, maio 1984, p.66.
77 *Fluir* n. 4, maio 1984, p.70.
78 "Rock in Rio Festival", *Fluir* n. 6, set 1984, p.108.
79 Ver as declarações de vários deles no filme *Paralamas em Close-Up*. Sobre a Fluminense FM, ver Mello (1992) e Silva (2008).

emissora cumpriu papel importante ao levar ao ar músicas e notícias relacionadas ao surfe, bem como divulgar, cobrir e até organizar e patrocinar campeonatos, como a Copa Rádio Fluminense 83[80] e a Copa Fluminense FM de Surf (1984),[81] ambas realizadas na praia de Itacoatiara (Niterói). A "Maldita", como ficou conhecida, chegou a apoiar competições fora do estado do Rio de Janeiro, como a etapa de Ubatuba (SP) do primeiro Circuito Brasileiro de Surf Profissional, em 1987.[82] Estabeleceu parceria para divulgação mútua com o Realce (programa televisivo sobre esportes radicais do Rio de Janeiro). Artistas cujas músicas tocavam na rádio eram entrevistados ou tinham seus videoclipes exibidos no programa, ao passo que a emissora veiculava canções que integravam o gosto musical dos surfistas (Silva, 2008). A veiculação de músicas em emissoras de rádio e em trilhas sonoras de filmes e vídeos de surfe tornaram certas bandas conhecidas entre surfistas e admiradores.

Diversas emissoras de rádio lançaram mão da forma mais comum de divulgação – propaganda paga – e publicaram anúncios de página inteira em *Fluir*: Fluminense,[83] Transamérica FM (idem),[84] 89 FM (São Paulo/SP), 95 FM (Santos/SP).[85] Uma propaganda da Rádio Bandeirantes FM (São Paulo, Porto Alegre e Salvador), com os dizeres "sempre abrindo novos caminhos", mostrava um surfista caminhando e carregando sob um braço uma prancha, e o outro, um aparelho de som.[86] Exemplo do esforço empreendido por certos anunciantes para se aproximarem do universo do surfe e do público-alvo do veículo.

Voltando ao *rock* brasileiro, as seções de música e de notas noticiavam lançamento de discos e as gravadoras veiculavam pro-

---
80 *Fluir* n. 6, set 1984, p.26-7.
81 *Fluir* n. 7, dez 1984, p.123.
82 *Fluir* n. 20, maio 1987, p.4-5.
83 *Fluir* n. 12, out-nov 1985, p.130.
84 *Fluir* n. 26, dez 1987, p.127.
85 *Fluir* n. 20, maio 1987, p.127.
86 *Fluir* n. 2, nov-dez 1983, p.67.

pagandas dos mesmos. O registro do lançamento de "dois discos do melhor rock nacional",[87] de Lobão e Plebe Rude, apareceu na edição posterior àquela que estampou anúncios de página inteira de ambos. Boa parte dos artistas de maior sucesso foi entrevistada em *Fluir* durante a década de 1980: Camisa de Vênus, Os Paralamas do Sucesso, Ultraje a Rigor, Rita Lee, Evandro Mesquita, Léo Jaime. O conteúdo das conversas versava sobre o trivial – carreira, novidades, influências, estilo – e a relação com os esportes radicais.

Integrantes do Ultraje a Rigor, cujo disco *Nós vamos invadir sua praia*, lançado em 1985, fez enorme sucesso, elogiaram o gosto musical dos surfistas e destacaram a afinidade entre estes e sua música. Quando os entrevistadores lembraram que "surfista e roqueiro sempre foram considerados marginais", um dos membros respondeu: "quem é que manda nesta merda aqui? São os jovens, então o negócio agora é rock e surf".[88]

Membros da banda Replicantes igualmente destacaram a articulação entre música e surfe e explicaram que não surfavam, mas admiravam o esporte. A revista mencionou que a canção "'Surfista Calhorda' teve uma grande aceitação entre a galera do surf exatamente porque retrata uma realidade surfética". O baterista Carlos Gerbase, compositor da música, respondeu que buscou "pegar a coisa comercial porque surgiram centenas de surf shops. Acho que lá em Porto Alegre tem mais surf shop do que aqui em São Paulo".[89] O "surfista calhorda" criticado na letra usa roupas de surfe e é proprietário de duas lojas, mas "quando entra n'água [...] ele não surfa nada". Um dos pontos destacados era a presença dos esportistas em shows, como nos da banda Camisa de Vênus, realizados em São Paulo, em que "skatistas [...]

---
87 "Rádio Fluir", *Fluir* n. 23, set 1987, p.98.
88 "Ultraje a Rigor", entrevista a Alceu Toledo Junior, Célia Almudena e Alexandre Andreatta, *Fluir* n. 11, ago-set 1985, p.112-6.
89 "Entrevista Replicantes", *Fluir* n. 15, maio 1986, p.120.

dominavam completamente a área em frente ao palco, com suas danças 'pogo' e 'power diving' (se jogando de cima do palco de todas as formas) [...]".[90]

O fato de um ou mais integrantes de uma banda ser adepto ou admirador do surfe sempre recebia destaque, como a californiana Oingo Boingo.[91] Já citei declarações de artistas que surfavam, como Léo Jaime. Um artigo narrando a história do surfe no lendário município de Saquarema (RJ) destacou a articulação entre surfe e música, especialmente o pop/rock nacional que surgia naquele momento. O surfista Zeca Mendigo "autor da música que lançou a Blitz com o hit 'Você não soube me amar'", a teria composto no quintal de uma casa em Saquarema, onde também morara o cantor Evandro Mesquita.[92] Cantor da Blitz e ator, Mesquita interpretou um surfista no filme Menino do Rio.

Por último, vale destacar a presença da música nos campeonatos. Durante o dia, através do sistema de som; na programação noturna, aparecia nas festas e shows. A inclusão de shows na programação dos campeonatos datava da década anterior, quando foram realizados eventos como Festival Rock, Surf e Brotos, na praia da Joaquina (Florianópolis, SC) e Som, Sol e Surf (Saquarema, RJ) (Gutenberg, 1989, p.146; Bueno, 2005, p.167).

Nos campeonatos em Itacoatiara, a Fluminense FM não apenas ajudava na divulgação, mas narrava a competição "passo a passo, [...] fato este, que contribuiu fortemente para a informação dos detalhes técnicos do evento".[93] O "excelente"[94] trabalho da emissora na narração de competições auxiliava público e atletas a acompanhar e compreender o desenrolar das mesmas. De manhã

---
90 "Som", Paulo de Oliveira Brito, Fluir n. 6, set 1984, p.108.
91 "Dr. Anshowinhas Responde", Fluir n. 6, set 1984, p.99.
92 "A verdadeira história de surf de Saquarema", Otávio Pacheco, Fluir n. 27, jan 1988, p.77.
93 "Itacoatiara", Elvio Pereira, Fluir n. 6, set 1984, p.37-40.
94 "O campeonato de Itacoatiara", Fred D'Orey, Fluir n. 6, set 1984, p.27.

cedo, convocava os surfistas e anunciava as condições das ondas. Durante o dia, seus programadores criavam "um clima muito descontraído, ao som de DIRE STRAITS, PRETENDERS e THE POLICE".[95] A emissora foi eleita três vezes (1989, 1991 e 1992) a "melhor rádio surfe do mundo" pela Associação dos Surfistas Profissionais (ASP).[96]

Da mesma forma, as coberturas de campeonato realizadas pela Bandeirantes FM (São Paulo) foram objeto de comentários e elogios em *Fluir*: "diretamente de Itamambuca para São Paulo, num excelente trabalho jornalístico da equipe comandada por Lizandro Antonio".[97] A presença de emissoras de rádio e televisão era vista como uma contribuição para o crescimento do esporte e ao mesmo tempo um sintoma de seu sucesso.

Resta mencionar duas maneiras pelas quais o surfe esteve presente em certas emissoras que auxiliaram a divulgação e o crescimento da modalidade e, em contrapartida, ganharam audiência e prestígio entre os aficionados. Primeiro, deve-se destacar o papel das rádios de informar os surfistas sobre as condições do mar através de entradas na programação, conhecidas como *informativo das ondas* ou *boletim das ondas*. Este tipo de serviço evidentemente atraía a audiência de surfistas e poderia ser patrocinado por empresas da indústria do surfe, como ocorria com a Gazeta FM de São Paulo.[98] Segundo, programas especializados como o semanal "Surf Show" (Pool FM, São Paulo capital), dirigido por "um surfista das antigas, o conceituado Julinho Mazzei" com "controle de qualidade e toda a assessoria editorial da Revista Fluir", trazendo "música, entrevistas e informações de ondas, tempo, estradas".[99]

---

95 "Itacoatiara", Elvio Pereira, *Fluir* n. 6, set 1984, p.37-40.
96 A ASP é a entidade máxima do surfe e a organizadora dos circuitos mundiais profissionais. "ASP Awards", sítio da ASP. Disponível em: http://www.aspworldtour.com/2008/pdf/aspawards.pdf. Consulta em 22/4/2008.
97 "Campeonatos universitários", Bruno C. Alves, *Fluir* n. 3, mar 1984, p.38-9.
98 "Toques", *Fluir* n. 7, dez 1984, p.124.
99 *Fluir* n. 8, fev 1985, p.102.

3.3.2 Surfe e audiovisual

Há uma relação próxima e de longa data entre esporte e cinema (Melo, 2003, p. 173). No caso específico do surfe, como afirma uma epígrafe deste capítulo, foi a versão californiana que se disseminou pelo Pacífico, e isto não se deu por acaso: lá estão sediados os grandes estúdios cinematográficos estadunidenses – os mais poderosos do mundo –, e o estado é o mais próximo do arquipélago havaiano, onde muitos californianos de classe média e alta iam (e vão) passar férias acompanhados pelos filhos. Na passagem, o historiador australiano Douglas Booth não só corrobora a ideia central deste livro – os meios de comunicação são fundamentais para a cultura do surfe –, mas associa a disseminação da cultura surfe à mídia *desde o princípio*. Mas quando se deu este início?

O autor (2001, p. 91) estabelece um filme específico como marco da ligação entre cinema e cultura surfe: "produtores de Hollywood identificaram cedo o potencial comercial da nova cultura, e a Columbia Pictures lançou o gênero hollywoodiano em 1959 com *Gidget*", uma adaptação do livro homônimo de Frederick Kohner, que vendera bastante (Scott, 2005). O filme foi um grande sucesso de bilheteria.[100] Duas articulações se dão nesse momento: cultura do surfe e mídia; cultura do surfe e lucro/entretenimento/ exploração comercial. Ambas, embora contestadas de diversas formas e submetidas a tensões, não se quebraram desde então. Vários filmes sobre praia (*beach party films*) cuja trama destacava o surfe foram realizados na primeira metade da década de 1960 – por sinal, período em que surgem as primeiras revistas dedicadas ao esporte na Austrália e nos EUA (Booth, 2001; Scott, 2005). "As histórias de praia de Hollywood eram aventuras musicais e ajudaram a popularizar a *surf music*", estilo musical cujo expoente máximo é o grupo Beach Boys. Os discos de *surf music* e filmes foram grandes

---

100 Curiosamente, tem como protagonista uma personagem feminina, embora a subcultura do surfe tenha valores predominantemente masculinos.

sucessos comerciais. A veiculação de músicas dos principais astros da música *pop* durante os filmes contribuía para a vendagem dos discos com a trilha sonora (Booth, 2001, p.93).

O sucesso dos filmes não significava unanimidade entre os praticantes: muitos reclamavam da imagem pasteurizada da modalidade produzida por Hollywood. Um contraponto ao olhar dos grandes estúdios era o das produções caseiras, iniciadas já em 1930. Duas décadas depois, começou, de forma precária a realização de filmes especializados (Booth, 2005, p.106). Configura-se o quadro no qual Booth (2001) estabelece duas categorias: filmes hollywoodianos (foco na "vida praiana") x filmes de surfe especializados (foco em "camaradagem do surfári, ondas grandes, ondas perfeitas, locais exóticos e 'secretos', novos desenhos de prancha e manobras"). Os primeiros se dirigem a um público amplo; os últimos, a jovens surfistas (Booth, 2001, p.94; Scott, 2005). O cinema, portanto, é um dos setores em que se travam disputas por representação em torno do esporte.

Para Booth (2001, p.95), mais do que tipos de filme, a dicotomia representa duas formas distintas de encarar os valores relacionados ao esporte.

> Diferentemente do gênero hollywoodiano que retratava o surfe como um passatempo conformista, os homens e mulheres jovens nos filmes de surfe especializados, que desciam ondas e viajavam incessantemente, e que nunca trabalhavam ou se preocupavam, carregavam a mensagem potencialmente subversiva de que surfistas eram menos previsíveis, menos confiáveis e não tão prontos a se conformar.

Nesta interpretação, os filmes especializados seriam um canal para divulgação da rebeldia e inconformismo característicos da subcultura do surfe na Califórnia. As películas, exibidas fora dos grandes circuitos, eram recebidas com avidez pelos interessados em surfe: "ao fim da década [de 1950], milhares de entusiastas e fãs se reuniam em clubes privados e salões públicos para assistir a filmes especializados" (Booth, 2001, p.94). Porém, seu alcance não deve ser exagerado: a audiência era significativamente menor em relação à dos filmes hollywoodianos, o que, para Booth, tem relação direta com o conteúdo: "o público pequeno dos filmes especializados de surfe significava que o potencial subversivo de uma cultura puramente hedonista permanece altamente restrito – ao menos naquele momento" (Booth, 2001, p.95).

Booth confere papel central aos meios de comunicação na expansão desta visão de surfe para além da Califórnia, entre fim dos anos 1950 e início da década seguinte: "a subcultura do surfe californiana se difundiu para a Austrália com surfistas visitantes, filmes especializados e revistas". Cinema e impresso estavam articulados, pois revistas como *Surfer, Surfing World, Tracks* haviam surgido com o objetivo específico de divulgar filmes, tanto na Austrália quanto nos EUA. Algumas fizeram tanto sucesso que se tornaram publicações regulares (Booth, 2001, p.95-6, citação à p.95; Scott, 2005).

Dias (2008) defende a ideia de que não se pode dissociar a divulgação do surfe e seu intenso caráter imagético da larga influência cultural que os EUA exercem sobre o Brasil e sua classe média a partir da segunda metade do século xx. Nos anos imediatamente anteriores à criação de *Fluir* houve uma significativa produção nacional de filmes em que o surfe ocupava papel relevante: *Nas ondas do surf* (1978), *Nos embalos de Ipanema* (1978), *Menino do Rio* (1981) e *Garota dourada* (1983), os três últimos dirigidos por Antonio Calmon.[101] Todos tiveram bilheterias relevantes e contribuíram para divulgar o esporte e seu estilo de vida junto ao público brasileiro. Somam-se a estes os filmes hollywoodianos exibidos no cinema e/

---

101 Para uma análise dos quatro filmes e de suas relações com o contexto brasileiro da época, ver Melo e Fortes (2009). Para uma análise da articulação entre os filmes de Calmon e *merchandising*, moda, música e cultura jovem, ver Bueno (2005), especialmente p.165-80. Cf. *Nos embalos de Ipanema*. Brasil, 1978, dir. Antonio Calmon, 100 min., ficção.

ou na televisão, desde o clássico *The Endless Summer*, passando por *Surfe no Havaí*, (sucesso repetido numerosas vezes na *Sessão da Tarde* da Rede Globo), e, mais recentemente, *A Onda dos Sonhos*.[102]

O cinema é fundamental para a configuração da subcultura do surfe e para as disputas em torno de valores no seu interior (Stedman, 1997; Fisher, 2005). Isto pode ser percebido pelas referências à exibição de filmes, inclusive nas festas e eventos noturnos realizados durante – mais comumente no encerramento – dos principais campeonatos: "No final, à noite na boite New 88 todos os surfers fizeram um encontro, onde rolavam todas e onde foi exibido o filme Bali High [...]".[103]

Fluir divulgava e publicava anúncios de sessões especiais de filmes ou vídeos estrangeiros de surfe que itineravam por cidades do país.[104] O anúncio da exibição de *Follow The Sun*, por exemplo, trazia datas e locais em São Paulo, Rio de Janeiro e Niterói e a previsão de sessões em Santos e Porto Alegre.[105] O texto sobre *Adventures Paradise* elogiava detalhes técnicos do filme e da empresa responsável por trazê-lo ao país, além de descrever a atmosfera de tais sessões: "ir ver um filme de surf é sempre um momento clássico, em que a rapaziada, num clima de muita fissura e energia, acompanha os melhores surfistas do mundo em aventuras que são a matéria-prima dos sonhos de todos nós – ondas perfeitas, lugares exóticos e maravilhosos".[106] Menos numerosos foram os anúncios de venda de vídeos oficiais de competições, como os das etapas do Circuito Mundial disputadas em Florianópolis em 1986 e 1987.[107]

---

102 *The Endless Summer*. EUA, 1966, dir. Bruce Brown, 95 min., documentário. *Surfe no Havaí (North Shore)*. EUA, 1987, dir. William Phelps, 96 min., ficção. *A onda dos sonhos (Blue Crush)*. EUA, 2002. dir. John Stockwell, 102 min., ficção.
103 Bruno C. Alves, "3º Festival Olympikus de Surf", *Fluir* n.3, mar 1984, p.18-23.
104 "Coluna Social", *Fluir* n. 5, jul 1984, p.12.
105 *Fluir* n. 10, jun-jul 1985, p.61.
106 "Cinema – O filme Adventures Paradise", Ivo Piva Imparato, *Fluir* n. 7, dez 1984, p.131.
107 *Fluir* n. 26, nov 1987, p.102.

O cinema recebe menos espaço que a música, mas está igualmente presente desde o lançamento, com um texto sobre o filme "The Wall" (por sinal intimamente ligado à música).[108] Segue-se a publicação intermitente de artigos sobre filmes com temática ligada a esportes radicais até a criação de uma seção de vídeo em 1988, quando as locadoras de fitas VHS estavam na moda no Brasil, ao menos entre a classe média.[109]

O mercado de vídeos de surfe inclui desde produções caseiras até vídeos oficiais de campeonatos e promocionais (financiados por patrocinadores). A circulação desse material varia muito, sendo mais restrita aos adeptos da cultura do surfe: em geral eram vendidos por reembolso postal e, em casos mais raros, encontrados em locadoras; havia exibições públicas nos moldes mencionados anteriormente; cópias oficiais ou *piratas* circulavam entre os membros da subcultura e eram assistidas nas residências, individualmente ou em grupo. Nos últimos anos, adventos como *internet*, digitalização e barateamento do custo de cópias aumentaram consideravelmente o número de títulos e a circulação: são vendidos, vistos e baixados na *internet* e continuam circulando por meios tradicionais (ofertados como brinde na compra de revistas ou alugados em locadoras especializadas).

O aparecimento dos vídeos financiados por patrocinadores provocou mudanças na produção e no próprio esporte. De acordo com Stedman (1997, p.80), todos os filmes de surfe australianos entre 1961 e 1987 foram feitos por indivíduos, ao passo que, de 1988 em diante, "todos os filmes listados foram produzidos por uma 'companhia do surfe', como 'Quicksilver' ou 'Billabong'". A inserção das empresas impõe mudanças no perfil das produções. Os vídeos de marcas apresentam exclusivamente os atletas patrocinados por

---

108 *Fluir* n. 1, set-out 1983, p.46. O filme inspira-se no disco homônimo do grupo Pink Floyd.
109 "Drop-Out Vídeo", Davilson Ribeiro, *Fluir* n. 28, fev 1988, p.104.

elas (Lewis, 2003, p.72). Fisher (2005, p.20) destaca que há surfistas escolhidos e pagos por patrocinadores para *não competir*. Eles ganham a vida viajando o mundo e pegando onda no *free surf*, o que é registrado em fotos e vídeos para o patrocinador, cujo objetivo é estar associado ao capital simbólico destes surfistas.

Na televisão, novelas que abordavam a cultura de praia – como *Água Viva* (1980) – atuaram na mesma direção. Fluir destacou a participação do ator paulista Kadu Moliterno, que "passou a acompanhar surfistas para aprender seus costumes e sua linguagem, uma vez que seu sotaque de paulista, filho de italianos, não era o que se poderia chamar de ideal para o papel" na novela *O Pulo do Gato* (1978), da Rede Globo. Moliterno tornou-se surfista e interpretou personagens ligados ao esporte em produções como *Partido Alto* (1984), com sequências filmadas no Havaí, onde foi "acolhido" pelo "mundo do surfe". Um artigo publicado em *Fluir* destaca a contribuição do ator por retratar o surfe "com uma imagem limpa e positiva". Como resultado, "conseguiu prender-nos todos à televisão por uns bons dois meses... E prá ver novela!".[110] Na edição seguinte, Carlos Lorch reiterou os elogios e estendeu-os: "Werner e Marcos, interpretados por Kadu Moliterno e André de Biase, eram ali, para todos os surfistas, os embaixadores do surf para o mundo dos 'outros'. E, como embaixadores, cumpriram bem seus papéis".[111] Na sequência, o próprio ator explicava o trabalho com André de Biasi no Havaí – foram responsáveis pela produção, contratação de equipe etc. – e ressaltava o privilégio de trabalhar nas férias surfando no Havaí, com as despesas pagas pela empresa.[112] Nota-se o reconhecimento da televisão como mídia que fala a todos, daí a preocupação com a representação dos surfistas: colocar dois deles no horário nobre da TV significa que aquela imagem representará, para milhões de pessoas, o que é o esporte.

110 "Gente que surfa – Kadu Moliterno", Carlos Lorch, *Fluir* n. 6, set 1984, p.24.
111 "Tubos na TV", Carlos Lorch (t), Gordinho (f), *Fluir* n. 7, dez 1984, p.32-3.
112 "Um papel para poucos", Kadu Moliterno, *Fluir* n. 7, dez 1984, p.34-5.

Desde então o surfe apareceu em diversas novelas – *Top Model* (1989-90), *Vira-Lata* (1996), *Corpo Dourado* (1998), *Da Cor do Pecado* (2004)[113] –, duas delas de autoria de Antonio Calmon. Na mesma TV Globo, o seriado *Armação Ilimitada* (1985-88) obteve grande sucesso e introduziu uma série de inovações na linguagem televisiva brasileira (Cannito e Takeda, 2003;[114] Maior, 2006). Protagonizado pela dupla Moliterno e Biasi, que viveram Juba e Lula, surfistas e praticantes de esportes na natureza como montanhismo e mergulho, teve como coordenador artístico e um dos roteiristas Antonio Calmon, contratado pela emissora por sua capacidade de comunicação com o público juvenil (Ramos, 1995, p.101). *Armação* combinava linguagens e temas de interesse dos jovens, como histórias em quadrinhos, *rock*, esportes radicais, cinema e música, e foi decisivo para transformar o surfe em moda no Brasil (Ramos, 1995, p.77; Mira, 2001; Cannito e Takeda, 2003). Inspirado em *Menino do Rio* e *Garota Dourada*, o cerne da trama era o seguinte:

> São quatro personagens vivendo aventuras, romances e constituindo uma família alternativa. Dois surfistas (Juba e Lula) sócios de uma empresa de prestações de serviço chamada "Armação Ilimitada", dublês e praticantes de esportes radicais que vivem a paquerar e a disputar mulheres, adotam um menor abandonado ("Bacana") e namoram uma jornalista (Zelda Scott) feminista e independente, mas também romântica e sonhadora (Cannito e Takeda, 2003).

Para os autores, esse núcleo central representava uma contestação do "modelo tradicional de família nuclear e monogâmica" e, junto com a abordagem de problemas brasileiros como o dos povos indígenas e das crianças abandonadas e as inovações esté-

---

113 Para informações sobre as novelas, ver Memória Globo. Disponível em: http://memoriaglobo.globo.com/Memoriaglobo/upload/0,27723,5265,00.html. Acesso em: 15 dez. 2008.
114 Agradeço aos autores o gentil envio do artigo.

ticas, insere o programa nas tentativas de experimentação fazendo frente à censura, em um período de abertura política. Assim como Mira, Cannito e Takeda (2003) destacam o impacto do seriado em relação ao público: "Esse tom anárquico e a irreverência do programa marcaram época influenciando os hábitos e o imaginário dos jovens [...]". O sucesso foi tão grande que os protagonistas criaram uma empresa (Kadu e André Promoções Artísticas) com o objetivo de licenciar produtos com a marca Juba & Lula, lançando dezenas de itens como roupas e acessórios, história em quadrinhos e o LP "Juba e Lula – o disco". Um longa-metragem foi planejado, mas não chegou a ser produzido (Bryan, 2004, p.284; Mira, 2001, p.165).

Mas a presença dos esportes radicais na telinha não se limitou à dramaturgia. Em 1983 estreava o primeiro programa de esportes radicais da TV brasileira: *Realce*. Segundo Antonio Ricardo, um dos fundadores, a ideia de criar a revista *Realce*, precursora do programa televisivo, surgiu quando *Brasil Surf* acabou.[115] *Realce* deixou de circular como impresso e teve seu conteúdo e formato adaptados para a televisão, tornando-se fundamental para a divulgação e consolidação do surfe no Brasil. Além de reportagens sobre a modalidade, tratava de *skate*, voo livre, *windsurf* e música. Veiculado na TV Record do Rio de Janeiro, era retransmitido para outros estados (Bryan, 2004, p.281). Entre os programas de televisão que abriram espaço para o surfe é possível citar ainda *Videosurf*, com Ivo Piva Imparato e Tonico Mello.[116]

A presença na tevê ajudava decisivamente a atrair curiosos, interessados e adeptos. *Fluir* elogiava a aparição na televisão e a realização de reportagens sobre campeonatos em telejornais locais. A cobertura dos meios de comunicação – sobretudo da mídia não

---

115 Cláudia Cecília, "Realce: feliz aniversário", *Zine*, Jornal do Brasil, 18 abr 1993, p.12-3.
116 Ivo Piva Imparato, *Fluir* n.10, jun-jul 1985, p.24-5. Em 1988, ia ao ar em São Paulo o programa *Grito da Rua*, que contribuía para a disseminação dos esportes radicais focando no skate (Honorato, 2004). No Rio, *Vibração* fazia uma dobradinha com *Realce* e abordava a mesma modalidade (Mira, 2001; Honorato, 2004).

especializada – era encarada pelos envolvidos com as competições como prova irrefutável do crescimento dos esportes radicais e do interesse da sociedade em relação a eles.

Ainda no que diz respeito às relações entre televisão e surfe, Rico de Souza afirma ter trazido, entre 1976 e 1988 (sem especificar o ano) "os primeiros filmes de surf para a televisão brasileira, que eram exibidos no Esporte Espetacular [programa da TV Globo]. Isso ajudou a disseminar o esporte entre nós" (Souza, 2004, p.54).

Alguns órgãos de mídia patrocinaram atletas. O mesmo Rico diz ter sido patrocinado pela TV Globo "de 1976 a 1988" (Souza, 2004, p.54). Uma foto dos finalistas do "campeonato brasileiro, Saquarema, 1978" mostra Rico e mais um surfista cujo patrocinador principal era uma empresa de comunicação: Cauli Rodrigues, com adesivo da Rádio Cidade na prancha (Souza, 2004, encarte entre as p. 80-1). No final de 1983, a emissora FM A Tribuna de Santos foi um dos patrocinadores da ida de Picuruta e Almir Salazar ao Havaí.[117]

No que diz respeito às demais formas de arte e cultura pop, a exibição de arte organizada em 1985 pela Anocas e pelo Museu de Arte de Joinville, com "todo material ligado direta ou indiretamente ao surf: fotos, cartazes, minioficina de pranchas, projeção de slides, vídeos, pranchas antigas e novas, acessórios e outros" foi saudada como uma iniciativa inédita e importantíssima que "desmistificou a imagem negativa do surf e do surfista, apresentando a evolução do movimento surfístico" e contribui para que mais pessoas se interessassem pelo esporte.[118] E a partir de 1988, Fluir destinou uma página aos quadrinhos do personagem-surfista Sabão.

---

117 "Picuruta", entrevista, Fluir n.2, nov-dez 1983, p.32.
118 "Toques", Fluir n. 11, ago-set 1985, p.36.

3.4 O surfista e o leitor de Fluir: mediação de classe social

Surfista não constitui uma categoria única. A definição de *quem é surfista* é negociada e objeto de controvérsias dentro da subcultura do surfe (Ford e Brown, 2006, p.71). Pessoas com diferentes perfis podem praticar (e efetivamente praticam) o esporte – esta é uma das conclusões da etnografia realizada por Souza (2003). Esta discussão não passa em branco nas páginas de *Fluir*.

Novamente, Bourdieu ajuda a situar melhor a questão. Para o autor, os praticantes guardam um grau de autonomia individual em relação ao esporte:

> Num dado momento, um esporte é um pouco como uma obra musical: uma partitura (uma regra do jogo, etc.), mas também interpretações concorrentes (e todo um conjunto de interpretações do passado sedimentado); e é com tudo isso que cada novo intérprete se defronta, mais inconsciente do que conscientemente, quando propõe 'sua' interpretação (Bourdieu, 1990, p.215-6).

A reflexão é particularmente instigante no caso do surfe, pois nele não há regras escritas a obedecer em sua dimensão cotidiana, uma vez que os surfistas não disputam partidas ou corridas contra outrem. A modalidade não é praticada contra um adversário. Por outro lado, há uma série de códigos, conhecimentos e constrangimentos tácitos a serem obedecidos por quem entra na água para surfar, sejam o respeito às regras impostas pelos surfistas locais (preferência na escolha de ondas, por exemplo), as condições do mar (conhecimento de marés, correntes, profundidade e tipo de fundo, vento, presença de animais) ou mesmo a própria destreza para subir em uma prancha e surfar. Embora o ato cotidiano de surfar seja em tese uma prática individual, raras são as ocasiões em que o adepto não se vê submetido à necessidade de disputar ondas com outros surfistas e demais frequentadores das praias (ver o item 4.1.1).

Para Bourdieu (1990), há um sentido prático e um sentido social na prática esportiva. No primeiro caso trata-se de examinar quem pode (ou consegue) praticar um determinado esporte. Em uma dada sociedade, a possibilidade efetiva de se engajar em uma modalidade não está aberta a todos, por uma série de razões: preparo físico, aptidão, tempo livre, força, peso e altura, condição financeira, proximidade e oferta de locais adequados (ou necessários) para a prática etc. Já o sentido social diz respeito aos valores atribuídos coletivamente a um esporte e, por conseguinte, a seus praticantes. Certas modalidades são mais valorizadas por uma classe social e menos valorizadas por outra; consideradas esporte *de homem* ou esporte *de mulher*; *de jovem* ou *de velho* – diversas escalas de valores poderiam ser citadas, todas elas sujeitas à variação no tempo e no espaço. Portanto, às questões objetivas – quem pratica ou não um esporte específico – somam-se os valores atribuídos coletivamente, cuja naturalização cabe ao pesquisador tentar evitar.

Outro aspecto sobre o qual o sociólogo francês lança luz é a relação entre a prática esportiva e o desenvolvimento do profissionalismo, gerando "[...] o contínuo aumento da ruptura entre profissionais e amadores, que vai *pari passu* com o desenvolvimento de um esporte-espetáculo totalmente separado do esporte comum" (Bourdieu, 1990, p.217). A passagem permite pensar o desenvolvimento do esporte no sentido mercadológico de profissionalismo (realização de grandes eventos, circuitos e campeonatos; patrocínio; prêmios em dinheiro), bem como a articulação com a mídia, pois a divulgação (transmissões ao vivo, cobertura jornalística cotidiana, filmes, publicidade, jogos eletrônicos etc.) é essencial para a emergência do esporte-espetáculo, cujo ápice em termos mundiais são os Jogos Olímpicos e as Copas do Mundo de futebol. Para Bourdieu (1990, p.218), a profissionalização gera autonomia em relação aos espectadores, e a difusão via televisão tende a aumentar a proporção e a quantidade de espectadores que não praticam o esporte a que assistem.

O surfe, contudo, guarda ao menos uma diferença crucial nesse aspecto: a ocorrência de eventos a que os fãs residentes em um determinado lugar possam comparecer e a oferta de competições (locais, nacionais ou internacionais) é, em geral, muito menor que na maioria dos principais esportes.[119] Soma-se a isso a escassa veiculação de competições na televisão aberta, tanto ao vivo quanto em *videotape*. Para ficar com um exemplo: nas manhãs de domingo, o programa *Esporte Espetacular*, da Rede Globo, transmite ao vivo eventos de modalidades que não costumam ter espaço na grade das emissoras de TV aberta (incluindo a própria Globo), como ciclismo, atletismo, triatlo, bicicross, handebol, *skate* e ginástica. O surfe nunca foi transmitido.

Mas de que forma *Fluir* define o surfe e o surfista? Como tem sido dito nestas páginas, arte, cultura, espetáculo, esporte, estilo de vida, modo de vida, prazer, subcultura, trabalho e até dança ("dança harmônica e fluida que experimentamos"[120]) estão entre as palavras e expressões utilizadas para se referir ao surfe. Os termos são muitos, mas paradoxalmente as tentativas de definir o esporte são raras e pontuais. A cobertura de um campeonato, por exemplo, destacou a presença de público na praia "apreciando o surf como esporte e espetáculo".[121] A atração do público não se dirigia exclusivamente aos competidores e às manobras realizadas no mar, mas a todo o *entourage* que cerca os campeonatos e envolve parentes

---

119 Por principais esportes, refiro-me aos que contam com maior número de praticantes e de admiradores. No caso brasileiro, o exemplo por excelência é o futebol, mas modalidades como vôlei, basquete, natação e futsal podem ser citadas.
120 "Cartas do Leitor", *Fluir* n.2, nov-dez 1983, p.65.
121 Bruno C. Alves (t, f), "2º Festival Brasileiro de Surf de Matinhos", *Fluir* n. 2, nov-dez 1983, p.12.

e amigos de atletas, empresas, patrocinadores, fãs, curiosos, vendedores; ocupação da areia por barracas, grupos, pessoas, palanque, pessoas que trabalham no evento; e todos os fatores mencionados no item 2.1. Esta definição aplica-se aos campeonatos, uma das possibilidades de se surfar e se assistir a quem o faz.

Seja em campeonatos ou nas demais situações, o ato de surfar é, via de regra, articulado com valores positivos e com resultados benéficos para quem o realiza:"felizes são aqueles que sabem entender e aproveitar a grande magia do Surf".[122] A dimensão do surfe como atividade que proporciona saúde para o corpo e a alma é explorada adiante neste capítulo. Parte desses benefícios é explicada pela proximidade com a natureza: "no Surf estamos ligados às leis da natureza física [...] Assim, o Surf nos põe em contato com os verdadeiros impulsos da vida no planeta".[123]

O binômio competição e viagem acompanha toda a trajetória de *Fluir*, mas apresenta-se de forma mais clara em 1985, com uma edição "totalmente voltada às competições, ou seja, ao lado puramente esportivo do surf, com suas regras e técnicas específicas." A explicação prossegue:

> Mas o surf não se resume às competições. Pelo contrário, seu lado mais emocionante e atraente é aquele praticado solitariamente ou em pequenos grupos. É o espírito nômade do surfista, sempre em busca de melhores ondas, "daquela" onda, da onda mais perfeita da face da Terra. A magia e a aventura das viagens fazem parte do cotidiano de milhares de surfistas espalhados por todo o planeta, sempre em constante movimento, sempre à procura de novas emoções e sensações.
> A este espírito e a estes surfistas é que será dedicado o nosso próximo número, uma edição especial comemorando nosso segundo aniversário. VIAJE![124]

---

122 Trecho de fala de Alexandre Salazar, 50 anos, pai de Picuruta."Picuruta", entrevista, *Fluir* n.2, nov-dez 1983, p.32.
123 "Cartas do Leitor", *Fluir* n. 2, nov-dez 1983, p.65.
124 "Editorial", *Fluir* n. 11, ago-set 1985, p.8-9.

Apontar as competições e as viagens como o *surfe* é uma *escolha* e também uma *delimitação*. Significativamente, o editorial – e o material analisado como um todo, salvo poucas exceções – silencia sobre dois pontos importantes: a) o caráter comercial do surfe competitivo; b) o surfe praticado cotidianamente pela maioria de seus adeptos no mundo inteiro, o qual não se dá nem em viagens, nem em competições. Se viajar fazia parte, já nos anos 1980, do "cotidiano de milhares de surfistas", certamente os que podiam surfar nos municípios em que residiam formavam um contingente muito maior. É verdade que há quem esteja sempre viajando, mas estes ou são profissionais (incluindo os que têm patrocínio, mas não competem) ou possuem fonte de rendimentos que lhes permita despender recursos e passar períodos sem precisar trabalhar. É o caso, portanto, de se pensar em qual dos dois grupos – os que surfam onde moram, antes ou depois de trabalhar ou estudar, e os que viajam para surfar – mais se aproxima da noção de "cotidiano" e no caráter de classe vinculado a esta definição. Dois anos mais tarde, a questão é retomada quase nos mesmos termos:

> O surfe hoje, mais que tudo, é um esporte de contrastes. Ao mesmo tempo em que ele definitivamente amadureceu como um esporte profissional a nível mundial, não morreu ainda o lado nômade na alma do surfista que o leva mundo afora na busca incessante da onda perfeita. O free surf, a desvinculação do surf como competição e o instinto de estar em contato com a natureza – sentir a liberdade que o mar proporciona –, é uma rotina diária para milhares e milhares de surfistas ao redor do planeta. Nesta edição a Fluir proporciona a você uma pitada dos dois lados do surf: a aventura e a competição.
> Nosso fotógrafo Bruno C. Alves reuniu um pequeno grupo de surfistas do primeiro escalão nacional e zarpou num pequeno veleiro em busca da onda perfeita. Foram três longos dias de viagem e apenas quatro dias de ondas, mas suficientes para que Bruno trouxesse um material fotográfico esplêndido. Veleje com a gente a 4º ao sul do Equador, pois nesse lugar temos ondas de nível internacional. [Segue-se um parágrafo tratando de competições.][125]

---

[125] "Editorial", *Fluir* n. 22, ago 1987, p.11.

O primeiro parágrafo é antológico ao conciliar de forma não problemática a exploração comercial e a manutenção da aura de amadorismo e sonho. A classificação do surfe como competição e viagem permanece firme e forte. Ao contrário do que uma leitura apressada poderia fazer supor, a "aventura" que é "rotina diária para milhares e milhares de surfistas ao redor do planeta" não diz respeito a alguém que acorda cedo e vai à praia pegar onda antes do trabalho, mas sim às viagens, como deixam claro a sequência do texto, a edição em questão e as demais pesquisadas. O aspecto mais corriqueiro segue ignorado: quem surfa todo dia (ou sempre que pode), no cotidiano, porque gosta; aquele que não é nem se tornará um profissional, muito menos tem dinheiro e condições de viajar pelo mundo em busca da onda perfeita – ou de pertencer ao "primeiro escalão nacional" e ser convidado por uma revista para fazê-lo.

Na medida em que "[...] o mundo competitivo profissional do surfe é pequeno e elitista e a vasta maioria dos surfistas não compete" (Ford e Brown, 2006, p.129), definir a modalidade como competição e viagem significa – como toda definição – restringi-la. Na verdade, a estratégia revelou-se uma construção duradoura e eficaz, na medida em que até hoje permanece a representação do surfe dominante na revista (e em diversos produtos midiáticos), fazendo com que a prática cotidiana permaneça excluída da pauta durante a maior parte do tempo. Definições, identificações e representações – às quais se refere à mediação – não são um dado inato; são *construções*, portanto encontram-se permanentemente em andamento e em disputa. Com essa preocupação em mente, passo à discussão do segundo ponto: quem é surfista.

Perguntado sobre a "receita para ser um bom surfista", Picuruta Salazar, um dos principais surfistas brasileiros dos anos 1980, respondeu: "muita dedicação e garra são essenciais, mas um pouco, acredito, já está no sangue. Sinto isto dentro de mim, nasci para surfar e surfar bem".[126] Nessa visão, esforço e treinamento somam-se a uma espécie de dom obtido no nascimento.

A apresentação de uma entrevista com o competidor Fred D'Orey, do Rio de Janeiro, buscou dissociá-lo das qualificações negativas genéricas atribuídas aos praticantes: "é o protótipo do 'garotão' da zona sul carioca, mas é uma pessoa preocupada em mudar essa imagem esteriotipada [sic] do jovem, em especial do surfista, que, se dependesse dele, não seria um ser alienado da sociedade."[127] A preocupação de mostrar que o atleta tem ideias na cabeça obriga que se fale da imagem negativa que paira sobre os praticantes (item 3.2). O determinismo aparece de novo como uma explicação para a preferência pelo surfe. Desta vez, contudo, o fator preponderante é geográfico, e o surfe constitui uma das possibilidades de manifestação da adoração dos esportes. O atleta estabelece um antagonismo entre participação *esportiva* nas grandes cidades brasileiras e *política* em cidades europeias:

> Não conheço nenhuma cidade grande assim como o Rio, em que todo mundo faz esporte: wind-surf, vôo livre, surf, futebol... O jovem brasileiro, principalmente no Rio e em São Paulo, é um desportista nato, ao contrário de outros grandes centros do mundo, como por exemplo, Londres, onde o jovem tem uma cabeça totalmente diferente, mais voltada para reivindicações sociais e coisas do gênero.[128]

Em primeiro lugar, salta aos olhos o determinismo de atribuir o gosto pelo esporte ao fato de se nascer no Brasil, e considerá-lo mais acentuado nas suas duas maiores cidades. O contraponto utilizado é a capital de um dos países centrais do capitalismo. A ideia de que todos os jovens praticam esporte aponta para uma

---

126 "Picuruta", entrevista, *Fluir* n. 2, nov-dez 1983, p.32.
127 "Rosaldo Cavalcanti entrevista Frederico D'Orey", *Fluir* n. 7, dez 1984, p.58.
128 Idem.

visão a partir das classes mais abastadas. Nas classes populares, a possibilidade de praticar esporte é muito mais restrita, como afirma um estudo sobre o lazer das classes operárias na época em São Paulo (Goldenstein, 1991). Infelizmente, a edição publicada da fala de D'Orey não aprofunda a argumentação, portanto não se sabe a que fatores o atleta atribui tal predisposição de brasileiros e ingleses. Mas o sentido da fala claramente apaga conteúdos de classe, generalizando uma realidade que está mais próxima dos *garotões da Zona Sul* do que dos membros da periferia que cedo abandonam a escola para ganhar a vida trabalhando. A caracterização do surfe como algo *nato* na fala dos surfistas apaga diferenças quanto a fatores como classe, lugar, oportunidades para surfar (tempo livre, acesso ao mar, posse de prancha e acessórios). Embora a representação elimine estes elementos, na prática eles são decisivos e constituem as condições estruturais que determinam se um indivíduo poderá ou não ser surfista (como foi visto na discussão das ideias de Gilberto Velho e de Pierre Bourdieu).

Entre os que podem escolher a profissão, muitos optam por uma ocupação que permita ter tempo disponível para surfar quando as condições são boas e/ou viajar com frequência e por períodos extensos. As preferências mais comuns são tornar-se profissional liberal ou abrir seu próprio negócio (Ford e Brown, 2006, p.75). Da mesma forma, há surfistas que optam por mudar-se para viver perto das ondas. No caso do Brasil, creio que as cidades com boas ondas do litoral de Santa Catarina são o melhor exemplo de deslocamento. Desde os anos 1970, pessoas oriundas de diversos estados mudaram-se para lá movidas principalmente pelo desejo de viver próximo às ondas. Esta decisão está relacionada aos valores vigentes na subcultura: surfar regularmente e ter surfado determinadas ondas e lugares são credenciais importantes (Ford e Brown, 2006, p.130).

A identidade de *surfista* tende a ser importante, mas ao contrário do que pode parecer, não é necessariamente a única ou a principal para os membros da subcultura (Ford e Brown, 2006, p.71). Na verdade, salientam os autores:

> Como em qualquer carreira esportiva (no sentido de qualquer tempo gasto progredindo no esporte), o caminho raramente é linear; envolve níveis flutuantes de compromisso, com suspensão temporária ou permanente do envolvimento e períodos de reengajamento (Ford e Brown, 2006, p.75).

Isto quer dizer que, não obstante as particularidades da identificação desenvolvida com os membros da subcultura e os adeptos, a relação das pessoas com o surfe possui pontos em comum e está sujeita a idas e vindas, da mesma forma que o envolvimento com as demais modalidades.

Em regra, *Fluir* não distingue explicitamente surfistas profissionais e comuns.[129] Uma das raras ocasiões em que a diferença veio à tona foi o texto em que um *shaper* explicava a importância da escolha da prancha correta e afirmava ter "mais carinho e dedicação" com o surfista comum, "pois ele é maioria: a garotada que renova o esporte e faz girar a máquina social e monetária nos

---

129 Com isso, caiu uma das hipóteses principais da pesquisa, de que haveria três categorias: surfista comum, surfista profissional e admirador não surfista. Contudo, a ausência de diferenciação explícita no discurso da revista não implica sua inexistência – tanto no universo do surfe quanto em sua representação em *Fluir*. Um exemplo para ilustrar o que quero dizer é a identificação dos fotografias. Quase todas são acompanhadas por nome ou apelido do surfista retratado. Em muitos casos, especialmente nos campeonatos, a tarefa é facilitada, uma vez que os atletas são conhecidos e há uma organização em relação à ordem em que entram na água, camisetas de cores diferentes para identificá-los etc. Reconhecer os praticantes se torna mais difícil em situações comuns, com "anônimos" dentro d'água. Embora as fotos com surfistas não identificados sejam poucas, podiam gerar discussão. Ora *Fluir* convocava os leitores, dando mais uma indicação de que se dirigia primordialmente a praticantes: "venha procurar sua foto na seção dos não identificados de nosso arquivo fotográfico de surf." Ora eram os surfistas e patrocinadores que escreviam identificando-se ou pedindo correção. Resumindo, gostaria de destacar que a representação quantitativa dos surfistas comuns na revista (bastante reduzida) é inversamente proporcional à dimensão que têm na realidade (onde constituem ampla maioria). Isto sem dúvida configura uma forma – implícita – de diferenciação.

mercados surfísticos do Brasil".[130] O fabricante de pranchas especifica o público que compõe a ampla maioria dos consumidores da indústria do surfe. Seu texto aconselhava os iniciantes a adquirir uma prancha adequada. O trecho citado não traz qualquer informação nova. Porém, destaca-se justamente por afirmar algo mais ou menos óbvio, mas que os demais agentes (incluindo a própria revista) não explicitam: que o mundo do surfe é constituído majoritariamente por aficionados comuns e anônimos, mesmo que esse universo não esteja representado em *Fluir*.

Reconhecer a importância do surfista *ordinário* significa apontar não apenas seu caráter etário – jovem –, mas também a importância do *consumo* de pranchas, roupas e acessórios para a definição do *status* de membro. De acordo com Ford e Brown (2006, p.74), pode-se afirmar que quanto mais novo o surfista, maior a probabilidade de usar roupas ligadas ao esporte; e que, inversamente, os praticantes mais idosos tendem a não considerar o vestuário um elemento tão relevante.

O caráter de classe retorna neste ponto de vista através da valorização do poder econômico: os usuários comuns são importantes porque gastam e movem (e o não dito: enriquecem) a indústria do surfe. Na maioria das vezes, ao contrário da fala do *shaper*, o conceito de *jovem* disfarça o conteúdo de classe, pois cria uma distinção supostamente universal em torno de um conjunto: a) limitado; b) que tem como parâmetro de inserção e delimitação a compra de produtos.

Por fim, cabe abordar esta característica presente em numerosas passagens citadas ao longo: a associação entre surfe e juventude. O *jovem* entra em cena na cultura contemporânea ocidental após a Segunda Guerra Mundial, seja como agente político

---

[130] "Shape – uma arte tecnológica", Alexandre Morse, *Fluir* n.7, dez 1984, p.38.

(por exemplo, nos movimentos *hippie* e estudantil), econômico (como consumidor) ou cultural (*hippies*, subculturas juvenis, música – Festival de Woodstock, *rock'n'roll*):

> A ativação do jovem de classe média como ator emergente que caracterizaria a condição juvenil situa-se, entre outros fatores, no forte crescimento populacional do século XX, acelerado na década de 1940 com a urbanização da população, o crescimento econômico do pós-guerra, a expansão e decadência da classe média, o desenvolvimento dos meios de comunicação com seu papel na formação de protótipos juvenis e a segregação socioespacial urbana (Arce, 1999, p.75).

Mais uma vez, nota-se a associação entre geração e classe. A emergência da juventude como ator político e econômico está diretamente ligada às possibilidades inéditas de consumo de seus membros no período definido por Hobsbawm (1995) como os "anos de ouro" do capitalismo (ver também Vizentini, 2000). A juventude passa a ser extremamente valorizada pelos meios de comunicação e pela sociedade, fenômeno que Morin (1997, p.39, 147) denominou "dominante juvenil".[131]

Como visto no primeiro capítulo, a própria revista define a si mesma como uma publicação *jovem* que fala de igual para igual com o público. Empresas também associam surfe e juventude e buscam vincular-se a esta: "a REFORPLÁS [...] apoia o surf jovem [...]".[132] A maioria dos anúncios dirige-se a este público, o que pode ser percebido na linguagem, nos modelos (pessoas), nas roupas (corte, cores, desenhos). Ou de forma explícita, como a propaganda afirmando que "ser surfista é também criar nova linguagem, sem-

---

[131] Ainda que não seja abordado por Morin, o esporte é um flanco interessante para pensar o processo de juvenilização da sociedade descrito por ele, uma vez que muitos esportistas são crianças, adolescentes e jovens. No caso dos esportes radicais, a articulação com a juventude (incluindo a proporção de jovens entre praticantes e admiradores) é ainda maior. Sobre juventude, ver Arce (1999), Hall e Jefferson (1976), Passerini (1996) e Roszak (1972).
[132] *Fluir* n.2, nov-dez 1983, p.30.

pre na vanguarda, lançar moda da cor viva, da bermuda, sempre acompanhado e admirado pelos brotos e nem sempre da pele queimadíssima e cabelo louro de tanto sol. É ser jovem [...]".[133] Há empresas que tentam parecer simpáticas ao supostamente alargarem a faixa etária da juventude e, por conseguinte, do público consumidor: "contagiando jovens de todas as idades".[134]

No que diz respeito ao público leitor, a primeira característica, já mencionada, é ser jovem. De acordo com um anúncio de assinatura, "Fluir é uma revista dirigida a um público específico: jovem, atuante e radical".[135] Na maior parte das vezes, a definição do leitor é, ao mesmo tempo, ocasião para elogios: "exigente" foi a palavra mais utilizada. Em 1985, um integrante da banda Ultraje a Rigor lançou mão de uma comparação para comprovar sua argumentação de que os jovens estariam mais exigentes do que antes: "a revista FLUIR, por exemplo, a Brasil-Surf era a maior porcaria perto dela".[136]

Como visto no capítulo um, *Fluir* dirige-se aos surfistas, mas há ocasiões em que fica evidente que muitos leitores não dominam o assunto, que dirá a prática. Em resposta às inúmeras cartas solicitando explicações e ensinamentos, publicou matérias e explicações sobre os esportes, como, no caso do skate, esta legenda: "esta rampa é uma half-pipe".[137]

Em várias destas ocasiões, *Fluir* deixava claro que tais espaços deviam-se ao número e à insistência das reivindicações dos leitores. Interpreto esta postura como uma tentativa de agradar a gregos e troianos. Por um lado, mostra-se simpática com os admiradores e curiosos que a compram, mas não praticam as

---

133 "O espírito do surf", Paulo Issa, *Fluir* n. 5, jul 1984, p.51.
134 *Fluir* n. 6, set 1984, p.112.
135 *Fluir* n. 6, set 1984, p.109.
136 "Ultraje a Rigor", entrevista a Alceu Toledo Junior, Célia Almudena e Alexandre Andreatta, *Fluir* n. 11, ago-set 1985, p.116.
137 *Fluir* n. 3, mar 1984, p.48-9.

modalidades nem dominam o vocabulário e as técnicas. Por outro, dá aos membros da subcultura uma justificação, que às vezes soa quase como um pedido de desculpas, a respeito da publicação de conteúdos que não são do conhecimento e domínio de todos. Desta forma, busca manter o difícil equilíbrio entre o *status* de mídia de nicho para iniciados, interessante aos membros da subcultura e fundamental para sua sobrevivência, bem como se manter atrativa para os não membros ou os membros menos afinados com a prática e os valores centrais da subcultura, os não surfistas, os moradores de cidades interioranas etc.

Fica evidente que uma parcela importante deles – ou, no mínimo, dos leitores que escreviam para a redação – era formada por curiosos querendo dar os primeiros passos nas modalidades. A preocupação com este público se faz presente em quase todas as entrevistas sobre surfe, *skate* e bicicross, através de perguntas sobre dicas para leitores, para iniciantes e/ou para quem quisesse começar a competir. As instruções de uso do raspador de parafina ("wax-saver") dado como brinde sugerem que parte dos leitores não saberia do que se trata, nem como utilizá-lo.[138] Havia até leitores que faziam troça de si mesmos pela pouca intimidade com as ondas: "[...] em lance de surf posso dizer que sou um jeca do grotão, pois não manjo nada, fico só instigado".[139] A carta fora enviada de Cabo Frio (RJ), cidade praiana frequentada por famílias dos interiores fluminense e mineiro. Somente em duas ou três ocasiões explicitou-se o fato de que parte do público mora longe do mar – logo, não pode surfar regularmente, o que contraria um

---

138 *Fluir* n.7, dez 1984, p.8. A parafina, adquirida em tabletes de tamanho semelhante ao de um sabonete, é passada na prancha para aumentar a aderência, possibilitando a firmeza necessária para o surfista ficar em pé, direcionar a prancha e realizar manobras. Periodicamente é preciso raspar a parafina velha e passar uma ou mais camada(s) nova(s) – nesta tarefa, utiliza-se o raspador de plástico dado como brinde. Uma alternativa ao uso de parafina para adquirir aderência é o uso de um aplique de borracha sobre a(s) parte(s) da prancha em que se coloca(m) o(s) pé(s).
139 "Cartas do Leitor", *Fluir* n.4, maio 1984, p.14.

valor importante da subcultura mencionado acima –, como neste anúncio de venda de assinaturas: "receba em casa [...] todas as ondas do momento, mesmo se você mora longe da praia."[140] Manifestações de leitores que assumem não entender do assunto e pedem explicações são bastante comuns nos três primeiros anos, e começam a decrescer a partir de 1986. Dentro dos limites da pesquisa empreendida, não é possível saber se a mudança se deve a uma modificação no perfil dos leitores, à redução percentual daqueles menos identificados com os valores e a prática do surfe, a uma opção editorial por reduzir o espaço para tais manifestações ou a ambos os fatores. A hipótese de opção editorial é reforçada pelo fato de que matérias de caráter didático, explicativo e instrutivo a respeito das modalidades, facilmente encontradas de 1983 a 1985, praticamente desaparecem a partir de 1986.[141]

3.5 Gênero

3.5.1 Corpo masculino e saúde

Nos últimos anos, o corpo converteu-se em objeto de estudo que desperta bastante interesse no meio acadêmico. Ponderando que, no período investigado, o corpo despertava menos mobilização e preocupação entre os brasileiros do que ocorre hoje,[142] existem pontos a discutir com relação a este aspecto da mediação exercida por *Fluir*. Afinal, os "corpos praianos comunicam uma pletora de valores, ideias e significados culturais [...]", e entre eles estão os dos (e das) surfistas (Booth, 2001 p. 9).

Castro (2003, p.18) situa no início dos anos 1980 a ascensão do culto ao corpo – aliando preocupações com estética e saúde – no

---
140 *Fluir* n.3, mar 1984, p.65.
141 Eis uma exceção: "Reef Point Beach Breaks", *Fluir* n.24, out 1987, p.68-89.
142 Para uma discussão abrangente e crítica das visões relacionadas à ideia de *corpo* na época atual, bem como a articulação entre a valorização do corpo e o papel da mídia em nossa sociedade, ver Costa (2004).

Brasil. A autora ressalta o papel exercido pela "mídia como agente difusor do culto ao corpo como tendência de comportamento". Na verdade, o que está em questão não é o culto a um corpo qualquer, mas a um modelo *único* de corpo *belo* e *perfeito*. As academias de ginástica – cujo *boom* no Rio de Janeiro (Gontijo, 2002, p. 60) situa na segunda metade dos anos 1980 – tornaram-se os locais por excelência para a busca deste modelo. Dentro e fora das academias, diversas modalidades esportivas foram e são procuradas como forma de modelar o corpo e/ou mantê-lo saudável.[143]

No que diz respeito ao surfe, praticamente não houve menção a frequentar academias (exceto referências genéricas a "preparação física", "ginástica" e "musculação" por parte de atletas) no material pesquisado. Encontrei nas fontes uma academia como anunciante – situava-se no mesmo bairro da redação e oferecia matrícula grátis para quem apresentasse um exemplar.[144]

De acordo com Ford e Brown (2006, p. 43, 70, 143), a dimensão corporal – o ato em si de descer a onda e as sensações que dele resultam – é o cerne da experiência de surfar na visão dos próprios adeptos. A forma como a pessoa percebe a prática do surfe, em termos de valores e projeções, varia muito de surfista para surfista, em função de uma série de fatores, mas o fundamental é estar sobre a onda – o resto é produção e elaboração de importância secundária. Em meio às comemorações de dois anos de *Fluir*, o editorial celebrava o prazer de trabalhar cobrindo o esporte favorito, mas ao ponderá-lo, afirmava que "o maior prazer de todos é poder surfar as ondas dos oceanos".[145]

O corpo é um tema pouco abordado na cultura do surfe, embora quase sempre latente pelas referências a sensações

---

[143] Novamente é útil chamar a atenção para as diferenças de classe que marcam determinadas práticas sociais. Referindo-se à classe operária paulistana dos anos 1980, Goldenstein (1991, p.31) afirma que, quando seus membros praticam esporte, o fazem por lazer e diversão, e não culto ao corpo.
[144] *Fluir* n. 5, jul 1984, p.82.
[145] "Editorial", *Fluir* n. 12, out-nov 1985, p 9.

(Ford e Brown, 2006, p.119). De fato, há poucas alusões diretas ao assunto nos textos de *Fluir*. Porém, embora não *fale* sobre corpos, ela os *mostra* o tempo todo, e a principal referência, claro, são os surfistas. No Brasil, o vestuário básico para a prática do esporte é apenas uma bermuda. Roupas de neoprene são utilizadas quando a temperatura – atmosférica ou da água – é fria a ponto de causar desconforto e exigir proteção. Em condições mais extremas, o uso de roupas grossas que isolam termicamente o corpo do surfista é a única forma de viabilizar o esporte. Já nos campeonatos, o uso de camisetas é obrigatório, pois elas estampam o nome do patrocinador do evento e as cores servem para identificar os competidores durante as baterias. Portanto, por tratar-se de um esporte praticado na praia, geralmente com tempo bom, as revistas são repletas de fotos em que aparecem corpos de surfistas. Na maioria das vezes são imagens de ação, estampando as manobras realizadas ou a onda como um todo (especialmente no caso das grandes). Secundariamente, aparecem fotos da areia mostrando os próprios surfistas ou os demais frequentadores: imagens abertas do público são comuns na cobertura de campeonatos; imagens fechadas em partes do corpo feminino, ainda mais corriqueiras, são analisadas adiante.

A exploração do caráter plástico do esporte inclui o corpo dos praticantes. O surfe exige condicionamento físico: força para realizar manobras, resistência e fôlego para remar contra as ondas, enfrentar correntezas, segurar a respiração debaixo d'água e permanecer horas no mar sem beber água ou comer.[146] Para o surfista e instrutor Rico de Souza, consciência do corpo, postura e sensações estão entre os benefícios advindos da prática do surfe (Souza, 2004). Não obstante declarações de que o surfe "é uma

---

146 Em uma época em que havia menos restrições à propaganda, comércio e uso de cigarros no Brasil, o fabricante que patrocinou um evento de voo livre recebeu muitos elogios. Nelson Veiga (t, f), "1º Desafio Camel de Voo Livre", *Fluir* n. 2, nov-dez 1983, p.53.

atividade que pode ser praticada por qualquer um" (Souza, 2004, p.9), poucos são os que escapam ao biótipo magro, *normal* ou forte.[147] Estabelece-se uma relação de mão-dupla: o surfe fornece condicionamento físico ao atleta; este, por sua vez, precisa cuidar do corpo para manter-se em condições de praticá-lo. Há que se considerar, porém, que, dada a ênfase das fotografias nas manobras e nas ondas – e não nas qualidades estéticas de quem surfa –, as fotos não costumam enquadrar os corpos em ângulos muito próximos (o que realçaria seus atributos físicos). Convém lembrar que a maior parte do público leitor é composta pelo sexo masculino e heterossexual, ressalto. Como visto, a revista se vangloria de ser feita *de surfista para surfista* e *de jovem para jovem*. No que diz respeito a gênero, cabe notar que praticamente todos os artigos assinados, fotografias e reportagens foram elaborados por homens – mas em momento algum se *verbaliza* que a publicação é feita *de homem para homem*. Neste ponto, a mediação funciona naturalizando a postura heterossexual masculina segundo a qual homens não devem olhar o corpo de homens.

Ao tratar de revistas masculinas cujo destaque são fotos de mulheres, Mira (2001, p.117) afirma que os corpos destas são capturados a partir do olhar masculino. De acordo com a autora, a experiência de se observar o corpo feminino nas revistas traduz um tipo de prazer. Embora esteja se referindo a publicações caracterizadas pela numerosa presença de fotos de mulheres seminuas ou nuas, guardadas as devidas diferenças, é possível afirmar que em *Fluir* o corpo feminino também aparece como objeto do olhar masculino, para ser consumido por ele. Ao contrário dos surfistas, a presença das mulheres se dá quase exclusivamente pelos atri-

---

[147] De acordo com Uvinha (2001), o discurso de muitos adeptos do *skate*, segundo o qual qualquer um pode praticá-lo, contradiz a evidência empírica observada na pesquisa de campo: nunca viu gordos ou deficientes praticando a modalidade. Tal observação, em linhas gerais, se estende aos demais esportes radicais. Caiafa (1985, p.73) destacou o corpo esbelto e forte dos skatistas.

butos físicos: em geral são fotografadas de costas, usando biquíni, e muitas fotos sequer recebem legenda. Figuram praticamente como um elemento decorativo (ver item 4.5.2).

Inversamente, o corpo atlético dos praticantes é uma das razões para a atração que o surfe desperta no público feminino. Contudo, há pelo menos duas diferenças marcantes. A primeira diz respeito ao olhar feminino.[148] A segunda, à maneira como o corpo masculino é exposto em *Fluir*, como venho discutindo nesta seção. A ênfase está no surfe, na manobra, na prancha, na onda – e não no corpo do atleta.

Exceção digna de registro foi a capa da edição de janeiro de 1988, trazendo o primeiro campeão brasileiro, Paulinho do Tombo, em close, com o corpo molhado: rosto, parte do ombro e peito estão à mostra. Trata-se da primeira e única capa que não é ocupada majoritariamente por uma onda ou surfista em ação. Produzida em estúdio, a estética da imagem aproxima-se bastante da linguagem e da utilização de modelos (pessoas) pela publicidade. A dessemelhança em relação às demais capas foi explicada desta forma: "estamos quebrando uma tradição, pois, pela primeira vez nesses anos todos, não temos uma cena de AÇÃO explícita em nossa capa. Mas, na verdade, ela está implícita no rosto desse paulista [...]".[149] A iniciativa recebeu elogios entusiasmados de duas leitoras de Mogi das Cruzes (SP): "[...] a capa de janeiro arrebentou! Gente o Paulinho tá o maior gato! Continuem engrandecendo o surf como estão fazendo. Ah, e continuem também colocando esses gatos brotíssimos na capa! Nós, gatinhas, deliramos!".[150] Não se sabe a reação da maior parte dos leitores, mas a experiência não se repetiu.

---

148 Por razões – culturais – que não cabe discutir aqui, a relevância dos atributos estéticos de uma pessoa para o sentimento de atração não costuma ser o mesmo entre homens e mulheres heterossexuais: homens se preocupam mais com o corpo das mulheres do que as mulheres em relação ao corpo masculino. Refiro-me à situação predominante na realidade urbana brasileira das últimas décadas.
149 "Índice", *Fluir* n. 27, jan 1988, p.9.
150 "Cartas", *Fluir* n. 29, mar 1988, p.22.

Copyright: Revista Fluir

As falas sobre a dimensão corporal transcendem o aspecto estético e reiteradamente aludem ao surfe como uma prática ligada à saúde física e mental. Entre os fatores considerados importantes para adquirir e manter um corpo saudável, a alimentação foi o mais destacado. Tanto que recebeu uma coluna específica na segunda edição: "Alimentação Natural", com dicas dadas por um "médico e surfista."[151]

---

[151] José Roberto Lazzarini Neves, *Fluir* n.2, nov-dez 1983, p.62. Segundo Souza (2004, p.40), a preferência por sucos e sanduíches "naturais" está entre os hábitos da subcultura do surfe desenvolvidos durante os anos 1970 em Ipanema, bairro praiano da Zona Sul do Rio de Janeiro. Nos dias atuais, algumas lanchonetes da Zona Sul, frequentadas por jovens e especializadas em sucos e sanduíches naturais, disponibilizam exemplares de *Fluir* para leitura (agradeço a Cecilia Garcez por essa observação). Para Gutenberg (1989, p. 215-6), o estilo e o jeito de ser do surfista brasileiro têm origem no Rio de Janeiro.

A coluna de estreia apresentava uma lista de problemas, levando ao diagnóstico de que

> o Homem está cada vez mais doente, se alimenta de produtos artificiais, se medica dos químicos, esquecendo que ele também faz parte da natureza. Mas porque [sic] toda essa desgraça aqui numa Revista de Surf? Justamente porque somos nós que amamos a natureza, conversamos a sua língua, nos alimentamos de seus frutos, aquecemos nossos corações quando o Rei Sol brilha nos enchendo de luz e alegria. Nós, que fluimos nas ondas límpidas e transparentes, presentes infinitos do mar que nos dá força e vitalidade. Nós, que bebemos da fonte da natureza é que temos que mostrar ao mundo como se constrói e vive em paz e em equilíbrio. Nossa missão é fundamental.[152]

O trecho é repleto de significados. Primeiro, a associação entre surfe e vida natural. A prática do esporte é encarada como uma experiência de vivência íntima com a natureza que habilita o surfista como um ser especial dotado de responsabilidades e de uma "missão". Que missão é essa? Harmonizar-se com a natureza. Como? Livrando-se de todos os males e artificialismos que decorrem: da exploração intensa da natureza por parte do homem; do distanciamento com relação a ela "a ponto de nossas crianças de hoje, criadas nas cidades grandes entre o cimento e o asfalto, já não saberem o que é uma vaca, uma galinha; que as frutas vêm de árvores [...]"; da ingestão de comidas repletas de componentes artificiais "produzidos em laboratórios e, portanto, de origem oposta à nossa, que 'ainda' fazemos parte da natureza"; e das decisões irracionais que priorizam fabricação de armas em vez do combate à fome. Ressalta o contexto de Guerra Fria, que, embora não estivesse mais no auge, fazia pairar sobre o mundo a ameaça de destruição via guerra nuclear. O surfista é caracterizado como alguém dotado de algo *especial*. Para auxiliá-lo a cumprir sua missão e integrar-se melhor à natureza, o médico apresenta "uma

---

[152] José Roberto Lazzarini Neves, *Fluir* n. 2, nov-dez 1983, p.62.

espécie de esquema diário para uma Dieta Equilibrada" – série de recomendações quanto aos alimentos a preferir e a evitar. Nas cinco edições em que foi publicada, a coluna prescreveu dicas voltadas especificamente para os praticantes do surfe, como o que comer "antes de entrar no mar".[153]

Na mesma linha, um anúncio de comida congelada – uma novidade da primeira metade dos anos 1980, ligada à venda de freezers e de geladeiras com compartimento separado para congelador – explicava que os alimentos mantém-se conservados e não perdem nutrientes nem gosto, e os associava às viagens de surfe:

> não maltrate seu corpo: chega de sanduíches [...] que não alimentam. No próximo fim de semana passe na GEL-SHOP antes de cair na estrada [...] E depois do surf, quando a fome já estiver 'daquele' tamanho, bastam 10 (dez) minutos de aquecimento em banho-maria e seu prato já estará pronto. [...] Sem dúvida, é a opção mais prática para o seu fim de semana.[154]

A publicidade apela a dois valores para vender o produto novo e desconhecido: praticidade e alimentação saudável. Produto inacessível às classes populares, a comida congelada foi trabalhada de maneira a conquistar um público específico – surfistas – dentro do universo potencial do produto, as camadas médias e altas. Não se tratava de qualquer surfista, mas do que viajava com frequência nos fins de semana e tinha um freezer ou geladeira de duas portas para guardar os alimentos congelados. O anúncio dirigia-se especificamente aos surfistas paulistanos, ao convidá-los para visitar a loja, localizada em Moema, mesmo bairro da redação de *Fluir*, antes de pegar a estrada.[155]

---

153 "Alimentação natural (2ª parte) – Os Cereais", José Roberto Lazzarini Neves, *Fluir* n.3, mar 1984, p. 64.
154 *Fluir* n. 4, maio 1984, p. 7.
155 Em entrevista na edição comemorativa de 20 anos, Cláudio Martins de Andrade, sócio-fundador de *Fluir* e responsável pelos contatos comerciais, ao lembrar da

O historiador australiano Douglas Booth afirma que, "não importando a fonte daquela energia [das ondas], se criação divina ou simplesmente os movimentos da terra, lua, correntes e vento, surfistas concordam que a união com a onda é uma experiência orgástica" (2001, p.84). A afirmação de que o surfe é algo transcendental aparece nos mais variados tipos de produção, desde obras acadêmicas a declarações de surfistas eventuais, como muitos dos entrevistados do filme *Step into Liquid*.[156] O ato de surfar aparece em numerosas manifestações como uma espécie de elixir natural capaz de tratar e curar uma miríade de males corporais e espirituais, entre os quais se destacam as tensões do trabalho e da vida na cidade grande. Como nas fontes tais referências estão majoritariamente relacionadas a viagens, essa discussão é travada no próximo capítulo.

Foi bem menos frequente a articulação entre os outros esportes e a ideia de saúde do espírito. Uma exceção é a fala de um piloto de 15 anos: "além de um esporte, o bicicross é uma forma de união entre as pessoas: pais, filhos, moçada etc. Fiz muitas amizades. E também muita saúde, física e mental, cabeça fresca sempre, livre dos vícios".[157] Na mesma toada, um leitor de Sorocaba (SP), em carta informando a criação da Associação Bandeirante de Bicicross (ABBX), acrescentava que "através do esporte, ainda se é possível fortalecer, em parte, a saúde física e moral dos nossos jovens", esforço necessário em meio à "lamentável decadência de valores que vivemos".[158] O tom moralista combina com a imagem

---

dureza dos primeiros anos, lembra que "para comer, eu fazia uma permuta com a Gelomar, empresa de comida congelada". Não é possível saber ao certo se Gelomar e Gel Shop eram a mesma empresa; se a diferença de nomes se deve ao lapso de 20 anos; ou se *Fluir* tinha permuta com mais de um fabricante de congelados. "5 Minutos", entrevista de Cláudio Martins a Adrian Kojin, *Fluir* n. 216, out 2003, p.52.
156 *Step into liquid*. EUA, 2003, dir. Dana Brown, 88 min., documentário.
157 "Quem é quem – Robin James Toogood", *Fluir* n.2, nov-dez 1983, p.48.
158 "Cartas do leitor", *Fluir* n.3, mar 1984, p.65.

positiva construída em torno do bicicross, que surge como salvação para os jovens (ver capítulo um).

Retomando a discussão que inicia esta seção, vale dizer que um caminho de pesquisa interessante é a comparação da situação nos anos 1980 com a atual a partir dos autores que se debruçam para a temática do corpo. Hoje vive-se na "moral da 'boa forma'", segundo a qual cuidar do corpo significa "fazer algo por você" (Goldenberg e Ramos, 2002, p.25; Castro, 2003, p.75). Para Costa, vigora a *moral do espetáculo* ou *das sensações*, na qual "o corpo dos indivíduos, sobretudo o dos grupos privilegiados do ponto de vista social, econômico e cultural, se tornou o objeto-alvo do ideal de felicidade sensorial" (Costa, 2004, p.119-20). O gozo com os esportes radicais, uma das formas de hedonismo muito valorizadas na *moral das sensações* (que sucede a *moral do sentimento* hegemônica no período anterior), é para poucos (Costa, 2004, p.92-3). Ao fazer tais afirmações, o autor situa claramente o corte de classe relativo aos modelos de corpo perfeito e às possibilidades de fruição das sensações proporcionadas pelos esportes radicais.[159]

No período estudado, vivia-se um estágio diferente quanto à preocupação com o corpo e à busca de *perfeição*. Parece-me que tal raciocínio se aplica à sociedade brasileira (ao menos a boa parte dos habitantes da Região Metropolitana do Rio de Janeiro) e à subcultura do surfe. Tratava-se de etapa anterior à atingida mais recentemente, quando o culto ao corpo (preocupação com o corpo e a busca de corpo perfeito) é exacerbado. Tal diferença fica nítida ao se assistir a filmes da época que tratam do surfe, como *Menino do Rio* e *Garota Dourada*, e embora realizado alguns anos

---

159 A consideração do corte de classe é um dos aspectos dignos de nota e elogio no livro em questão. Contudo, parece-me que a questão geográfica ficou em segundo plano na análise do assunto. A preocupação exacerbada com o corpo parece-me mais presente no Rio de Janeiro (em particular), sendo talvez extensiva às cidades litorâneas em geral, mas guardo reservas em relação à generalização para o restante do Brasil.

mais tarde, *Manobra Radical*. Os corpos não são *sarados* como os dos símbolos sexuais e esportistas mais desejados e cultuados ultimamente. Aliás, no Rio de Janeiro o surfe predominava como esporte preferencial da juventude – ao menos a de classe média –, ao passo que, a partir dos anos 1990, o jiu-jitsu e lutas correlatas, assim como a malhação em academias e a busca de músculos hipertrofiados ascenderam ao primeiro plano, estabelecendo, por sua vez, múltiplas formas de associação, convivência e divergência com a subcultura do surfe.

3.5.2 Corpo feminino e representações esportivas na mídia

Antes de entrar nas manifestações em relação ao corpo feminino, convém situar a discussão no plano mais amplo das relações entre esporte, mídia, sociedade e gênero, entendido aqui, resumidamente, como uma construção social ou, como definiu Scott (1996, p.1), como a "organização social da relação entre os sexos". Isto é feito a partir de breve discussão bibliográfica e de considerações sobre campanhas publicitárias da empresa Reef, as quais, creio, são paradigmáticas para situar um determinado olhar sobre o corpo das mulheres no universo do surfe.

Para Silvana Goellner (2005), a pouca presença (e, muitas vezes, ausência) de mulheres nos filmes que tratam de esporte é consequência da realidade – ou seja, dos problemas e preconceitos enfrentados por elas em diversas modalidades –, mas também ajuda a (re)produzi-la. Neste sentido, a indústria cultural tem responsabilidade no processo, pois participa do reforço de problemas e estereótipos.

Isto se deve em parte ao fato de o esporte ainda ser um terreno visto majoritariamente como masculino. Para a autora (2005, p.69), a dicotomia estabelecida entre características masculinas – "agressividade, competitividade, risco, potência, vigor físico, velocidade e determinação" –, associadas comumente ao esporte, e femininas – "fragilidade, delicadeza" etc. – estabelece lugares rígidos e leva ao "não estranhamento diante da ausência de mulheres em determinados locais sociais e esportivos". Embora a participação feminina no esporte tenha sido "sempre crescente", uma série de problemas persistem, a começar pela predominância masculina, não apenas nos lugares de prática e assistência, mas "nos meios de comunicação de massa, que destinam aos atletas homens mais destaque e projeção". Outro fator importante é o preconceito, como, por exemplo, as insinuações de homossexualismo a perseguir as praticantes de certas modalidades (Goellner, 2005, p.72).

Apesar de a análise da autora ser mais geral e, quando trata de um objeto específico, seu foco ser o filme *Carruagens de Fogo*, cujos personagens centrais são masculinos e participam dos Jogos Olímpicos no atletismo, sua reflexão pode ser articulada com este estudo em pelo menos dois pontos: há dificuldades para as mulheres que surfam, assim como a presença feminina na mídia do surfe é reduzida e problemática.

Os problemas relativos à desigualdade de gênero são matizados, a partir da discussão de casos específicos, por autores como Rojo (2008), para quem, ao cobrir grandes eventos como Jogos Olímpicos e Pan-Americanos, a "mídia esportiva especializada" está mais preocupada com "a conquista da vitória" e do sucesso do que com "o sexo ou mesmo a identidade de gênero do atleta" (p.6). A reflexão de Rojo é instigante, mas refere-se aos principais eventos e à *necessidade* que a mídia esportiva especializada tem de destacar os feitos de atletas brasileiros, em um contexto de cobertura em muitos veículos e briga intensa por audiência – cenário bastante diferente do discutido neste livro.

No caso australiano, a questão é controversa. Durante décadas as mulheres que desejavam surfar sofreram discriminação nas praias, ainda que declarações de incentivo fossem dadas por alguns surfistas importantes e por revistas (Booth, 2001, p.102-3). Segundo Booth (2001, p.105-6), há quem atribua o fenômeno à insegurança masculina frente às mulheres. Outros defendem que a disputa se dá por causa do estilo de surfar das mulheres, diferente da agressividade dos australianos.

Com a profissionalização, uma questão fundamental se impõe: como vender os atletas e o esporte? Questão complicada para homens, e mais ainda para mulheres. Nas décadas de 1970 e 1980 as surfistas lutavam para serem reconhecidas como tais, e não por sua beleza e feminilidade. A afirmação feminina era buscada através da competência e da esportividade, e não do apelo ao corpo e à sensualidade; na verdade, *contra* o apelo ao corpo e à sensualidade. Contudo, a luta por espaço era difícil. Na Austrália, tal como no Brasil, em muitos campeonatos de surfe (masculino) a única competição aberta às mulheres era a de biquínis. Porém, nas duas últimas décadas diversas praticantes investiram na beleza como ferramenta de marketing e usando uma imagem sensual para atrair patrocinadores e melhores contratos. Dentro da subcultura do surfe – principalmente entre as mulheres –, as posições divergem: umas não veem problema nesta tática; outras a criticam por considerar que "corpos tornados sexuais ainda são um obstáculo para e reforçam barreiras nos esportes femininos" (Booth, 2001, p.139-40, citação à p.140).

No caso do surfe, a aceitação maior das mulheres nos últimos anos pode não ser fruto apenas de uma redução da discriminação de gênero, mas também de outros fatores, como a conversão progressiva das atletas ao estilo agressivo, antes tipicamente masculino, de surfar: "no início dos anos 1990, a abordagem agressiva e forte se tornou predominante no surfe feminino. [...] A consolidação do circuito profissional no fim dos anos 1990 forçou mais mulheres a surfar de forma agressiva" (Booth, 2001, p.106). Se por um lado isso significa a submissão ao padrão masculino de surfar, por outro representa a incorporação ao estilo hegemônico. Com isso, reduz-se a diferença entre o desempenho de praticantes dos dois sexos, o que potencialmente pode enfraquecer a discriminação, quando provém da falta de força ou de estilo atribuída às mulheres; ou por se considerar o surfe esporte *de homem*.[160] Outro fator seria a constituição de um mercado de consumidoras de produtos ligados à modalidade. Assim como no caso dos homens, consumir roupas e produtos – como mochilas e cadernos – de marcas de surfe tornou-se febre entre as pré-adolescentes e adolescentes, ampliando significativamente o público consumidor.

Uma visão bastante crítica em relação à participação da mídia do surfe na construção da desigualdade de gênero é a de Stedman (1997). Segundo a autora, dos anos 1970 até meados da década seguinte as revistas de surfe australianas estimulavam a participação das mulheres no esporte, e as fotos publicadas eram de corpo inteiro e de frente para a câmera. A partir do fim dos anos 1980, elas passam a ser representadas com frequência de biquíni, com as nádegas viradas para a câmera: "as mulheres são excluídas não pela negação do acesso à experiência em si de praticar o surfe, mas através da negação do acesso à comunidade simbólica dos surfistas como uma base para suas próprias identidades" (Stedman, 1997, p.83). Para a autora, esta forma de (não) representação tem efeitos deletérios para as surfistas, estabelecendo um novo padrão que se caracteriza pela exibição de *pedaços* do corpo, negando a elas até mesmo o *status* de objeto inteiro e completo.

A multinacional Reef, com sede na Califórnia, é um exemplo ímpar de uso do corpo feminino pela indústria do surfe. Pôsteres, faixas e propagandas em shoppings, lojas e revistas comumente

---

[160] Uma das razões para o *bodyboard* ser discriminado por muitos surfistas é ser visto como um esporte *de mulher*.

apresentam um surfista patrocinado pela marca e uma mulher usando biquíni, de costas, com destaque para as nádegas. Na seção do sítio da empresa chamada "Miss Reef", todas as mulheres retratadas aparecem da forma descrita acima, sem que se veja o rosto, e são identificadas apenas pelo primeiro nome. O texto institucional informa:

> Fernando e Santiago sabiam que tinham um grande produto, mas desejavam separar-se das outras empresas de surfe. Inspirados pelas notoriamente belas mulheres das praias da América do Sul, os irmãos viram uma oportunidade de introduzir o mercado do surfe a um *elemento exótico* que eles chamaram Miss Reef. Nunca revelando seu rosto ou identidade, os irmãos usaram Miss Reef para ajudar a propagar sua idéia do estilo de vida do surfe. A primeira propaganda envolvendo Miss Reef foi rejeitada pelas revistas de surfe pelo conteúdo *controverso*, mas depois de alguma persuasão os anúncios finalmente saíram. Os surfistas que lêem as revistas ficaram instantaneamente *intrigados* com a *exótica* e *bonita* figura nos anúncios. Desde então, Miss Reef se tornou um *ícone global da comunidade do surfe*. Ela permanece um componente integral do DNA da Reef e contribuiu para o sucesso da Reef. (grifos meus)[161]

Fora o fato de que os irmãos em questão, criadores e donos, são argentinos, mas o perfil das mulheres fotografadas, os nomes próprios e o tamanho dos biquínis usados são típicos de brasileiras – e não "da América do Sul" como um todo –, salta aos olhos a forma de referir-se a "Miss Reef". Segundo o texto, trata-se de apresentar um "elemento exótico" ao mercado do surfe. O fato de a mulher ser apresentada pela região glútea, nunca pelo rosto, explicaria-se pelo objetivo de causar curiosidade nos leitores.

À luz do que se vê nas peças de propaganda da marca, a afirmação de que "Miss Reef" foi usada "para ajudar a propagar sua ideia do estilo de vida do surfe" pode ser interpretada de

---

[161] Cf. http://www.reef.com/company. Significativamente, o texto não está disponível no sítio brasileiro da empresa (http://www.reef.com.br). Consultas em julho de 2007.

pelo menos duas formas. Primeiro, os anúncios podem ser compreendidos como uso do corpo feminino como objeto sexual, de maneira a atrair atenção para a marca. Segundo, como se trata de propagar a concepção dos proprietários a respeito do estilo de vida do surfe e a mulher que esconde o rosto e aparece com os glúteos é considerada "exótica e bonita", não é exagero sugerir que os anúncios contribuem para disseminar uma visão do surfe em que as mulheres são objeto, e o corpo feminino pouco pode representar além de algo para deleite e desfrute do homem. O subtexto é: mulheres não surfam.

Não se pode ignorar, porém, que o apelo ao machismo e que determinadas visões a respeito das mulheres não foram criados pela Reef ou qualquer empresa específica, mas são elementos constitutivos da subcultura do surfe e dos valores hegemônicos em numerosos esportes. Por outro lado, ao apresentarem a mulher em situações que correspondem aos estereótipos machistas, certamente as empresas contribuem para mantê-los e reforçá-los.

O caso da Reef foi trazido à baila por seu caráter, a meu ver, paradigmático e ilustrativo. Contudo, ele diz respeito a um período recente. Mas, afinal, como o assunto aparece em *Fluir*?

Corpo feminino em Fluir

Raramente viam-se mulheres nas fotos das primeiras edições. As que apareciam quase sempre estavam de biquíni e, na maioria das vezes, de costas e sem identificação.[162] Não raro, a única foto sem legenda de uma seção ou reportagem era a que mostrava parte de um corpo feminino.[163] Uma foto mostrando o rosto de uma mulher teve como legenda "Itamambuca", nome de uma praia famo-

---

162 Cf. *Fluir* n. 2, nov-dez 1983, p.12.
163 Cf. "Fluindo no Surf", *Fluir* n. 4, maio1984, p.40-9. A única foto sem legenda está na p.40.

sa do litoral norte paulista.[164] Na cobertura de um campeonato na mesma Ubatuba, o canto inferior de quatro páginas ímpares trouxe a sequência de fotos de uma mulher agachada tirando o vestido para ficar de biquíni. Na última, a legenda: "Yarinha".[165] "Momentos cariocas" foi a legenda utilizada para descrever a imagem flagrando uma mulher com a mão entre as nádegas, a ajeitar o biquíni.[166]

No período poliesportivo não houve diferença significativa nas matérias dos diferentes esportes no que diz respeito ao tratamento dispensado às mulheres. Na reportagem sobre um campeonato de bicicross, a única foto sem legenda é de uma jovem vestindo um casaco onde se lê "Caloi Cross".[167] Registrou-se a presença de "muitos brotinhos" em um campeonato de skate.[168]

Na matéria sobre um campeonato de voo livre: "a praia do Pepino, local dos pousos de precisão, estava lotada, com muita gente bonita. As gatas desfilavam seus biquinis [sic] e tangas cada vez mais reduzidos (graças à [sic] Deus)".[169] A foto de uma mulher de biquíni deitada na areia de barriga para cima tinha a seguinte legenda: "um excelente público presenciou o Desafio em todas as suas etapas".[170] A ironia, evidente, está na foto mostrando uma pessoa, em vez de uma multidão. As mulheres em trajes "cada vez mais reduzidos" somavam-se à natureza para compor o visual deslumbrante: um quadro, objeto ou cenário a ser observado e admirado pelo olhar masculino.

A imagem de duas mulheres de biquíni, deitadas de bruços sobre toalhas na areia, acompanhava a reportagem sobre um

---

164 "Fluindo no Surf", *Fluir* n. 5, jul 1984, p.51.
165 *Fluir* n. 6, set 1984, p.47-53.
166 *Fluir* n. 6, set 1984, p.89.
167 Antonio Celso Fortino, "Segunda Copa Brasil Caloicross", *Fluir* n.2, nov-out 1983, p.40.
168 II Campeonato de Skate de Guaratinguetá", *Fluir* n. 2, nov-dez 1983, p.59.
169 Nelson Veiga (t, f), "1º Desafio Camel de Voo Livre", *Fluir* n.2, nov-dez 1983, p.50.
170 Nelson Veiga (t, f), "1º Desafio Camel de Voo Livre", *Fluir* n.2, nov-dez 1983, p.52.

campeonato de surfe: "o sol brilhava para satisfação dos brotinhos dourados que desfilavam pela areia".[171] Quantidade e *qualidade* das mulheres são atributos comentados e elogiados nos campeonatos realizados em certas cidades: um "grande contingente feminino, uma característica marcante dos campeonatos de Niterói" compareceu à solenidade de abertura de uma competição;[172] "sem falar no já tradicional desfile de gatas que é Ubatuba".[173]

A discussão quanto às condições reais para a presença das mulheres no mar ficou restrita às entrevistas nas quais o jornalista fazia uma pergunta específica sobre o surfe feminino. As respostas variavam pouco: incentivavam as garotas a surfar, pois "elas sempre são bem recebidas em qualquer lugar, é um ótimo visual, e mais um incentivo";[174] "[Amaro Matos] aprecia muito o surf feminino e gostaria que as garotas começassem a surfar, pois lá no sul (SC) ele achou demais ver os brotinhos surfando e colorindo o mar".[175] e ressaltavam a inexistência de perigo ou hostilidade: "não há o que temer, o mar está lá para todos".[176] A reiteração da ausência de risco permite supor que, real ou imaginário, ele contribuía para manter afastada parte das interessadas em surfar. Uma das raras oportunidades em que se tocou no assunto foi a carta de uma leitora de São Paulo que disse surfar "desde os 10 anos" e torcer para que "as garotas que também querem surfar não deem ouvidos aos

---

171 Bruno C. Alves, "3°. Festival Olympikus de Surf", *Fluir* n.3, mar 1984, p.18.
172 "Itacoatiara", Elvio Pereira, *Fluir* n.6, set 1984, p.37-40.
173 "Sobre o Brasileiro de Ubatuba (Quase um editorial...!)", Ana W. de Avellar, Cláudio Martins de Andrade e Alexandre Andreatta, *Fluir* n.6, set 1984, p.54. Curiosamente, o texto assinado a seis mãos é um dos raros com participação feminina.
174 Entrevista de Tinguinha a Bruno C. Alves, *Fluir* n.3, mar 1984, p.28. O padrão de pergunta e resposta se repetiu na entrevista concedida pelo piloto de voo-livre Roberto Cantusio a Ricardo Demasi. Às questões "O que você pensa das mulheres que praticam o voo livre, ou que pretendem praticá-lo? Qual o seu recado para elas?", o entrevistado respondeu estimulando a participação feminina. *Fluir* n.2, nov-dez 1983, p.54.
175 "Novos Talentos", *Fluir* n.4, maio 1984, p.54.
176 "Picuruta", entrevista, *Fluir* n. 2, nov-dez 1983, p.33.

preconceitos e sim aos incentivos".[177] A posição manifestada em relação ao surfe feminino é ambígua: todos dizem incentivá-lo e considerá-lo positivo, mas a ênfase recai sobre o caráter *decorativo* e estético, em detrimento do aspecto técnico e competitivo. Não é demais lembrar que se as mulheres começassem ou começarem a surfar na mesma proporção que os homens, a população a disputar as ondas virtualmente dobraria.

A primeira foto de uma mulher surfando foi veiculada em julho de 1984 e mostra "Kátia, uma sulista experimentando as ondas paulistas na Praia do Pernambuco [Guarujá, SP]".[178] Na edição seguinte veio a segunda, informando que "cada vez mais gatinhas começam a sentir as emoções do Surf. Cristina em Ubatuba".[179] A publicação de fotos deste tipo não se manteve constante.

As primeiras menções à participação das surfistas em competições não fazem referência à competência ou à habilidade, mas à beleza: "[...] bateria feminina onde Ana Gui (Primo/Positiva Propaganda) acabou sagrando-se campeã entre ante [sic] os olhares e sussurros da grande plateia".[180] Meses depois as duas brasileiras que participaram de um desafio entre Brasil e Nova Zelândia no litoral paulista "mostraram muita garra e coragem ao enfrentarem o forte swell de sul e a tarde fria do dia do campeonato, merecendo elogios de todos".[181] Ainda não se trata de uma menção à qualidade técnica das atletas, que ficaram com as duas últimas posições entre as quatro competidoras, mas tampouco se mencionam atributos físicos. O texto ressalta a bravura de se lançar em ondas grandes, uma das características intensamente valorizadas entre os surfistas (Stranger, 2001).

---

177 "Cartas do leitor", *Fluir* n.3, mar 1984, p.66.
178 "Fluindo no Surf", *Fluir* n.5, jul 1984, p.55.
179 "Fluindo no Surf", *Fluir* n.6, set 1984, p.92.
180 "Boletim de campeonatos", *Fluir* n.4, maio 1984, p.80-1.
181 "Brasil x Nova Zelândia", Paulo Tendas, *Fluir* n.6, set 1984, p.34.

Na segunda edição, uma leitora de Salvador (BA) conclamava que "meninas surfistas ou não, mas que gostam e apoiam esse esporte, se correspondessem comigo para organizarmos um Clube Feminino de Surf".[182] A notícia da criação de um clube de surfe feminino em Santos usou mais de uma vez a palavra "gatinhas": "As gatinhas do surf também estão se organizando em todo o país [...] Pois é, gatinhas, depois disso tudo vocês ainda vão ficar nessa de ir pra praia só pra largar o corpo na areia?".[183] As mulheres se organizavam para surfar e competir – a nota dava conta da criação da primeira "filial" do clube, no Rio de Janeiro. Ao mesmo tempo em que a revista incentiva tais movimentos, segue referindo-se a elas como "gatinhas", forma de tratamento relacionada a atributos estéticos. E o que é fundamental: não abre espaço efetivo para as mulheres surfistas em suas páginas. No material pesquisado, nenhuma esportista foi entrevistada, figurou na capa ou em seções como "Quem é Quem" e "Convidados Especiais".

Como ressaltado no primeiro capítulo, o público-alvo preferencial de *Fluir* é masculino. Porém, certos anúncios sinalizam que, apesar de minoritárias, a publicidade buscava atingir também as mulheres. Tal foi o caso de duas páginas consecutivas com três fotos de mulheres: duas praticando *bodyboard* ilustrando a propaganda de um curso de idiomas com a frase "vá ao HAWAII FALANDO INGLÊS", e a chamada para uma nova publicação: "aí, galera do BODY BOARD, a *Fluir* está armando uma surpresa pra vocês! [...] Aguardem a primavera..." e uma na capa da revista *Carícia*.[184]

Exceções à parte, a apropriação do corpo feminino é mais um aspecto em que não se nota diferença significativa entre jornalismo e publicidade. A mulher aparece como objeto para o olhar masculino, quase sempre usando biquínis ou shortinhos e, às

---
182 "Cartas do Leitor", *Fluir* n. 2, nov-dez 1983, p.65
183 "Toques", *Fluir* n. 6, set 1984, p.20.
184 *Fluir* n. 21, jul 1987, p.120-1.

vezes, camisetas brancas molhadas, de forma a realçar o contorno e volume dos seios. Na comparação das imagens de corpos feminino e masculino, os primeiros tendem a aparecer menos vestidos que os últimos, seja nos espaços jornalísticos ou publicitários. Uma marca de surfwear publicou anúncios de dois de seus produtos em edições consecutivas.[185] No primeiro, lia-se "Camisetas Wave Rider" acima da foto de uma criança e uma mulher, ambos sem camisa, vestindo calça amarela e usando óculos escuros. A mulher estava de perfil, com parte de um dos seios à mostra. No segundo, o título era "Calças Wave Rider", e lá estavam, de novo, mulher e criança, agora vestindo apenas camiseta, sem a parte de baixo e descalços. Chama atenção o fato de terem sido uma mulher e uma criança – mas não um adulto do sexo masculino – os escolhidos para ilustrar a brincadeira de deixar à mostra a parte do corpo que deveria estar vestida com o produto anunciado. Enquanto a exibição de apenas parte do corpo era comum, a nudez foi rara, mas esteve presente em um ou outro anúncio.[186]

Tudo isso ocorria não obstante a presença de mulheres sobre as pranchas, que, aliás ocorre desde as primeiras décadas de surfe no Brasil. Com o passar do tempo, o desenvolvimento tecnológico que levou à fabricação de pranchas mais leves – mais fáceis de transportar, manusear e manobrar – facilitou a inserção das mulheres no surfe (Dias, 2008).[187] Desde 1983 o circuito catarinense contava com uma categoria feminina. No mesmo ano, Picuruta enxergou maior presença das mulheres no Rio em relação a São Paulo e desejou que um dia o Brasil fosse como o exterior, "onde você facilmente pode ver na água, garotas com alto nível de Surf profissional."[188]

---
185 *Fluir* n. 7, set 1984, p. 16; *Fluir* n. 8, dez 1984, p.20.
186 *Fluir* n. 5, jul 1984, p20.
187 Este raciocínio aplica-se a equipamentos de diferentes modalidades esportivas.
188 "Picuruta", entrevista, *Fluir* n.2, nov-dez 1983, p.33.

A existência de mulheres surfistas, contudo, esteve longe de garantir igualdade na esfera competitiva e profissional do surfe, bem como nas manifestações midiáticas. Mais uma vez, não se trata de demonizar o objeto empírico escolhido, mas de situá-lo no quadro mais amplo dos valores em vigor no surfe, no esporte, na publicidade, no jornalismo e na sociedade brasileira. Estudos que abordam a questão de gênero ao analisar as relações entre surfe e meios de comunicação sugere haver diferenças entre os veículos da mídia do surfe internacional no que diz respeito ao tratamento dispensado às mulheres (Ford e Brown, especialmente p.102-5). Esta é uma área em que estudos comparativos abordando a mídia do surfe no Brasil e no exterior poderiam acrescentar bastante. De acordo com um estudioso,

> [...] há uma divisão clara na representação das mulheres na mídia do surfe dependendo de se elas surfam ou não. Aquelas que surfam recebem consideravelmente mais respeito e cobertura, e aquelas que não surfam são tratadas como objeto de desejo para a audiência com ampla orientação masculina (Henderson, 2001,[189] citado por Ford e Brown, 2006, p.104).

No caso de *Fluir*, o espaço para as mulheres como um todo – surfistas ou não – é pequeno. Nas fotografias publicadas houve clara preferência pelas mulheres que *não estão surfando* (ênfase diferente daquela observada por Henderson) e se enquadram em certo padrão de beleza. Quanto às demais modalidades, o quadro é mais drástico: não encontrei uma fotografia sequer de praticantes femininas. A questão de gênero refere-se, especificamente, à forma como *Fluir* opera a divisão de papéis estruturais e sociais no mundo do surfe. Por um lado o apagamento do corpo masculino, e por outro a atribuição de um papel passivo às mulheres. A mediação exercida pela revista sobrepõe divisão espacial e de

---

[189] M. Henderson. A shifting line-up: Men, women and Tracks surfing magazine. *Continuum*, 15(3), 319-32.

gênero na subcultura do surfe: existem as ondas (mar) e a areia. O primeiro é dos homens, e o segundo, das mulheres. Homens surfam, enquanto mulheres assistem e/ou colorem o ambiente. Apesar desta divisão social operando na praia e na mídia do surfe, as mulheres vão e entram na água. Como resultado... continuam colorindo o ambiente.

A leitura de *Australian Beach Cultures* (Booth, 2001) mostra que, durante algum tempo, revistas australianas publicaram cartas com reclamações das mulheres a respeito do tratamento recebido na água e, mais ainda, nas próprias publicações. Novamente, há uma diferença notável em relação a *Fluir*. Entre as possíveis razões para a ausência de reclamações desta natureza estão a decisão editorial – a meu ver mais provável, pois seria coerente com a política vigente na maioria dos veículos brasileiros em relação às cartas de leitores, como discutido no capítulo um – e a ausência de cartas sobre o assunto.

A produção de outros estudos sobre a mídia do surfe e dos esportes radicais no Brasil permitirá que, no futuro, sejam mapeadas as representações com relação à questão de gênero e sejam realizados estudos comparativos entre os veículos brasileiros e internacionais e entre veículos e mídias nacionais de diferentes períodos. No que diz respeito à produção cinematográfica, por exemplo, um artigo analisando os nove filmes brasileiros realizados entre 1979 e 2006 em que o surfe ocupa espaço relevante aponta que "as mulheres têm pouca participação nas cenas e sequências mais diretamente ligadas ao surfe" (Fortes e Melo, 2009).

Por fim, cabe ressaltar dois aspectos importantes do ponto de vista político e social: cor da pele e preferência sexual. Sem dúvida, tais questões estão mais em evidência hoje do que nos anos 1980, mas chama a atenção o fato de não serem debatidas em momento algum no material pesquisado. Tal atitude – consciente ou inconsciente – de não falar explicitamente sobre determinado assunto pode ser encarada como uma tomada de posição. Na verdade, embora não sejam *ditas*, estão presentes todo o tempo, na medida em que o modelo construído de surfista é nítido: sexo masculino, branco e heterossexual.

É digna de nota a ausência quase absoluta de pessoas de pele escura na revista,[190] seja nas fotos de surfe (onde ainda aparece um ou outro surfista que poderia ser classificado como *negro*), seja na publicidade (um dos poucos espaços em que a segregação é notória e aberta no Brasil, não obstante, como observa Fry (2002), haver pequenos avanços nos últimos anos), seja no espaço jornalístico. Como se sabe, a discriminação racial tem íntima e histórica ligação com a desigualdade social e econômica no Brasil.

No que diz respeito à orientação sexual, o assunto é pouquíssimo abordado na bibliografia acadêmica sobre surfe. No caso australiano, Booth (2001, p.114-5) afirma que há no surfe alto índice de homofobia, uso de símbolos nazistas e outros elementos reacionários. De acordo com Stedman (1997, p.81), houve tolerância com gays nas revistas de surfe australianas durante boa parte dos anos 1970 e 1980. No fim da década, sumiu das revistas – mas, obviamente, continuou existindo nas praias. O sumiço, segundo a autora, fez parte do processo de construção do surfe como uma prática exclusivamente de homens heterossexuais, excluindo mulheres e homens com preferências diversas. A propósito, Velho (1998, p.145) menciona escaramuças entre surfistas e gays em trechos da praia de Ipanema na primeira metade dos anos 1970. Não encontrei

---

190 Não me refiro, evidentemente, à pele morena queimada de praia. Há uma diferença entre pegar uma cor na praia e ser identificado como alguém que *tem* a pele escura. Cf. Barickman (2006); Farias (2002); Gontijo (2002). Menos significativa, mas também notável, é a ausência de fotos de surfistas japoneses. Nem mesmo na matéria de viagem da "Equipe Quicksilver Internacional" em que um dos cinco convidados era japonês foi publicada uma foto deste atleta em ação. "Uma aventura no arquipélago indonésio", Richard Cram (t), Peter Wilson (f), *Fluir* n. 28, fev 1988, p.42-51.

referências explícitas ao tema nas fontes – o que configura um dado eloquente –, e creio que a discussão travada neste capítulo fala por si. No que diz respeito a símbolos associados ao nazismo, houve um caso isolado: um anúncio da marca Local Motion com uma suástica (com sentido invertido em relação ao utilizado pelo nazismo alemão) acompanhada de um slogan muito comum no surfe: "For locals only" ("Só para locais").

Capítulo 4

DIMENSÕES E DISPUTAS ESPACIAIS: PRAIA, LOCALISMO E VIAGENS

Bem, tão logo comecei a surfar, fui imediatamente apresentado à "lei do pico" e não demorou muito para que eu entendesse, pois a cada onda que eu "rabeasse" alguém, era no mínimo uma cara feia, um palavrão ou mesmo um cascudo por parte do "rabeado". E assim fui aprendendo a conviver com essa norma e também impondo meu direito sobre a posse da onda.[1]

Reflexão: "num mundo de crowd e multidão, os que viajam ainda podem encontrar aquele momento, a onda e seu pensamento".[2]

A busca é eterna. Se você falar que está satisfeito, você morreu (Renan Rocha, surfista profissional, no filme *Surf Adventures*).

4.1 Praia: usos e disputas

O gosto pela praia e o hábito de frequentá-la, vistos por muitos como algo natural, na verdade são construções históricas. Nesse ponto estão de acordo autores que estudaram o fenômeno em diferentes lugares e períodos (Barickman, 2006; Booth, 2001; Corbin, 1989; Farias, 2000, 2002; Ford e Brown, 2006; Gontijo, 2002; Skinner, Gilbert, Edwards, 2005). Entretanto, as razões para circular

---

1 "E o 'Crowd' continua...", Motaury Porto, *Fluir* n. 7, dez 1984, p. 128.
2 Publicidade, *Fluir* n. 1, set-out 1983, p. 30.

pela beira-mar e as formas de uso da praia variam de acordo com o lugar e a época.

No que diz respeito às disputas pelo uso, destaco três aspectos: moral, gênero e classe. Do ponto de vista moral, em geral há dois tipos de "preocupação" em relação aos banhistas. Uma era com a convivência entre homens e mulheres. Na Europa, na primeira metade do século XIX, o espaço de certas praias dividia-se de acordo com o sexo dos banhistas. No Rio de Janeiro, casas e barcas para banho possuíam separação semelhante (Barickman, 2006). Os moralistas preocupavam-se com a possibilidade de mistura entre homens e mulheres nas areias e na água. Na Austrália, placas e até cercas de arame farpado foram instaladas para separar as áreas destinadas a cada sexo (Booth, 2001, p.29-32).

A segunda preocupação de ordem moral diz respeito às roupas. Proibições, regras e perseguições foram dirigidas a banhistas durante boa parte dos séculos XIX e XX, na Austrália e no Rio de Janeiro. No país oceânico, desde o século XIX os frequentadores da praia se organizaram para apresentar reivindicações e lutar por direitos. No Rio de Janeiro, o número de episódios de repressão em diferentes épocas denota descumprimento e discordância dos frequentadores quanto à legislação e à atitude repressora da polícia. Os moralistas cariocas mostravam-se contrariados devido às vestimentas "inadequadas" utilizadas pelos banhistas ao circularem pela cidade antes e depois de irem à praia. O que diferencia o Rio de Janeiro de outros destinos turísticos famosos é que, nele, a praia deixou de ser uma área à parte para lazer e turismo e converteu-se em parte do cotidiano: "[...] a cidade invade a praia e [...] a praia, por sua vez, invade certos bairros da cidade" (Barickman, 2006, p.4-6, citação à p.6). As medidas repressivas contavam com o apoio da Igreja Católica e de seus fiéis conservadores, cuja "principal preocupação [...] era com o corpo da mulher e com a sexualidade feminina" (Barickman, 2006, p.143-4, citação à p.144).

Portanto, a praia não é – e nunca foi – um espaço de real igualdade entre homens e mulheres e a questão moral, na verdade, traduz uma problemática de gênero, na medida em que o objeto das preocupações é o corpo feminino.

Embora pública e aberta, na praia observam-se e manifestam-se diferenças de classe. Elas podem se dar de maneira explícita, como nas praias europeias cuja separação privava homens e mulheres das classes populares do acesso a equipamentos (Corbin, 1989, p.296); ou na África do Sul dos tempos de *apartheid*, quando havia praias para brancos e praias para negros – nas primeiras, os negros só entravam se fossem vendedores de bebidas ou sorvete (Booth, 2001, p.19-21).

Formas veladas de separação podem estabelecer diferenças entre as praias em termos de frequentadores. Ao contrário do que propaga o senso comum carioca, a praia não é um lugar livre e harmonioso. De acordo com Velho (1999, p.19), referindo-se àquela cidade,

> O famoso espaço democrático da praia tem suas regras e convenções. Por outro lado, não está livre de conflitos, sendo o mais rotineiro o dos adolescentes e jovens favelados ou dos subúrbios em brigas internas ou hostilizando e sendo hostilizados pelas pessoas de nível social mais elevado, com situações de furto, roubo e mesmo agressões.

As praias do Rio de Janeiro possuem divisões e cada é uma ocupada por certo(s) grupo(s) ou tipo(s) de pessoa(s) (Gontijo, 2002, p.50-2). O ambiente aparentemente livre, relaxado e espontâneo na verdade está repleto destes códigos tácitos relativos à cor da pele, aparência e etiqueta, que por sua vez regem aspectos como comportamento, vestuário e consumo de comidas e bebidas (Farias, 2002; Booth, 2001).

Patrícia Farias (2000) destaca a letra da música "Nós vamos invadir sua praia" –sucesso do grupo paulistano Ultraje a Rigor –, lançada nos anos 1980 como um exemplo do pavor dos moradores de bairros praianos com a "invasão" dos moradores da periferia e de outras cidades durante o fim de semana e/ou o verão. A canção evidencia de forma bem humorada os códigos rígidos que regem a praia. No caso da cidade do Rio de Janeiro, a questão somava-se às novas linhas de ônibus que, a partir de 1984, passaram a ligar as Zonas Sul (área *nobre*) e Norte através do Túnel Rebouças, até então vedado aos coletivos. Em *Nos Embalos de Ipanema*, cujo protagonista é um surfista morador do subúrbio, uma personagem moradora da Zona Sul reclama que com a construção dos túneis Rebouças e Santa Bárbara, ligando as zonas Sul e Norte da cidade, as praias da Zona Sul ficaram "infestadas de suburbanos, farofeiros, paus de arara" e sugere a cobrança de pedágio.

Como se pode perceber, a praia guarda as marcas das hierarquias sociais vigentes, o que vale tanto para classe social e área em que se reside quanto para a cor da pele (Barickman, 2006). Para Gontijo (2002), "no Rio de Janeiro, um corpo são é um corpo moreno, mas não negro – as consequências de séculos de escravidão ainda relacionam a cor negra ao desprezo e à negatividade" (Gontijo, 2002, p.51).

A praia carioca tem diversos usos: religião, comércio, esporte, lazer, namoro, sexo, propaganda. Nas praias da Zona Sul do Rio de Janeiro, em especial, numerosos esportes são praticados, como surfe, *bodyboard*, surfe de peito (ou *jacaré*), futevôlei, futebol (que remonta ao início do século xx), frescobol (cuja origem é controversa) e pranchada[3] (Barickman, 2006; Santos, 1998, p.183). Usos e

---

[3] "Joga-se uma prancha de madeira bem fina no trecho da areia em que a onda desaba e pula-se em cima. Dá uma deslizada bacana" (Santos, 1998, p.183). A "pranchada" depois ficou conhecida também como *sonrisal* (em inglês, *skimboard*). Quanto ao frescobol, a afirmação categórica de Santos (1998, p. 183) de que foi inventado em 1958, no Arpoador, pelos irmãos Hélio e Millôr Fernandes é posta em dúvida por Barickman (2006), que apresenta dois outros registros do início da prática.

usuários variam ao longo do tempo, em função de fatores como a ampliação da faixa de areia de Copacabana, realizada nos anos 1960-70, que piorou consideravelmente a condição para o surfe.[4] Na medida em que grupos e usos variam, pode-se compreender a dimensão da praia como espaço de disputa. De que forma os surfistas lidam com a questão? Com que grupos estabelecem disputas e que mecanismos utilizam para resolvê-las?

4.1.1 Disputas

Os banhistas compõem o contingente principal de frequentadores das praias e o grupo com o qual, historicamente, se dá a maioria dos atritos dos surfistas. As relações nem sempre pacíficas são observadas em diferentes lugares com forte presença do surfe, como o sul da Califórnia:

> Fingir ignorar os outros é algo particularmente marcante entre grupos formados por praticantes da mesma atividade e especialmente surfistas do sexo masculino, para quem banhistas (na areia e na água), pescadores e turistas "não têm posição alguma. É como se eles não existissem" – exceto se calhar de serem mulheres atraentes.[5] (Zane apud Booth, 2001, p. 101)

Booth (2001) relata atitudes de desprezo semelhantes em relação aos banhistas na Austrália. No Rio de Janeiro, Gutenberg (1989) afirma que, durante os anos 1970, acidentes com banhistas levavam os surfistas a figurar constantemente nas páginas policiais. Na década seguinte, contudo, a ampla utilização da cordinha – evitando que as pranchas de surfistas que caíssem fossem levadas

---

4 No Rio de Janeiro, os *points*, lugares mais admirados e desejados por certos grupos, mudam ao longo das estações e dos anos, configurando espaços privilegiados dentro da praia, às vezes dividida entre espaços *a serem frequentados* e outros dignos de *desprezo*. Postos de salvamento e ruas transversais às praias das Zonas Sul e Oeste funcionam como delimitadores.
5 Wallace Zane, *Surfers of Southern California: Structures of Identity*. Dissertação de mestrado não publicada. McGill University, 1992, p. 87, 95-6, citado por Booth (2001, p.10).

pela onda e atingissem banhistas colocados na parte mais rasa e próxima à areia – ao redor do mundo reduziu bastante os problemas (Booth, 2001, p.118).

Encontrei apenas quatro referências isoladas ao assunto. As duas primeiras foram cartas de leitoras criticando os surfistas: uma afirmou que "os banhistas os detestam";[6] uma moradora do Leblon (Rio de Janeiro, RJ) mencionou uma garota que morreu afogada sem que os surfistas tomassem qualquer atitude a respeito.[7] Não houve resposta às manifestações nem o assunto foi pautado por *Fluir*, mas em várias entrevistas surfistas relatam ter salvado banhistas de se afogarem.

O terceiro exemplo na verdade trata o assunto de forma não problemática, fazendo uma brincadeira com a foto de um surfista manobrando na parte mais rasa (*inside*), em direção aos banhistas. Oito destes aparecem com posturas corporais que variam entre atenção, apreensão e pavor. A via do humor também foi utilizada por Manuel Tubino. Perguntado sobre "o que pensa dos surfistas", o presidente do CND respondeu:

> Posso lhe contar um caso que me aconteceu numa praia do Rio. As pessoas estavam sempre reclamando que os surfistas estavam atrapalhando os banhistas. Um dia respondi que não eram os surfistas que atrapalhavam os banhistas, mas, sim, os banhistas que atrapalhavam os surfistas, pois estes sim, estavam proporcionando um belo espetáculo na praia, não os banhistas.[8]

A fala espirituosa do dirigente demonstra a existência de olhares positivos sobre os praticantes do surfe, inclusive em situações de conflito com outros usuários da praia. Exceto pelos quatro exemplos citados, o assunto desapareceu – certamente não por falta de acidentes ou brigas entre surfistas e banhistas.

---
6 "Cartas do Leitor", *Fluir* n. 4, maio 1984, p.14.
7 "Cartas", *Fluir* n. 17, set 1986, p. 27.
8 "Convidados Especiais", Alex Gutenberg, *Fluir* n. 21, jul 1987, p.122.

Um grupo para o qual a praia e o mar têm grande importância e que em certas situações entra em conflito com os surfistas são os pescadores. A proibição do surfe na Praia da Guarda (Sc) "devido à época de pesca das tainhas" foi objeto de protesto pela revista: "o que é estranho é que, segundo os próprios pescadores do local, a prática do Surf não atrapalha em nada às suas atividades. Por que então a proibição? A quem interessa isso?"[9] A nota informando a fundação da Anocas (Associação Norte-Catarinense de Surf) saudou a "iniciativa inédita" de realizar "um acordo com a colônia de pescadores de São Francisco do Sul, estabelecendo normas que permitirão a prática do surf, mesmo durante a época da pesca de tainhas (1º de março a 15 de julho), quando todo o litoral catarinense fica vedado à prática do esporte."[10] Trata-se de uma das raras referências à legislação em torno do surfe – a qual, obviamente, os adeptos desobedeciam. Conflitos permanecem até anos recentes, como no caso dos pescadores e surfistas na praia da Barra da Lagoa, em Florianópolis (Sc) (Souza, 2003, p.74).

O tema pode ser mais bem compreendido a partir do estudo antropológico realizado por Delgado Cunha (2000), tendo como objeto as disputas entre surfistas e pescadores em uma praia do município de Arraial do Cabo (RJ), tradicionalmente um lugar piscoso. Os pescadores da Praia Grande usam um modelo artesanal, a pesca de canoa, cujas técnicas são atrapalhadas pelo surfe. A presença de surfistas na água afugenta os peixes das áreas mais próprias para a captura. Ambos os grupos "se sentem no direito de utilizar esse espaço, que é público", mas "a disputa [...] coloca em risco o tradicional modo de vida dos pescadores". Segundo o autor, sua primeira ida ao local, em 1983, como surfista, ficou marcada pela frustração devido ao clima de hostilidade, que não o permitiu surfar.

---
9 "Ecologia", *Fluir* n. 4, maio 1984, p 20.
10 "Toques", *Fluir* n. 6, set 1984, p. 22. Cf. também "Toques", *Fluir* n. 11, ago-set 1985, p.40.

Por mais que eu tivesse uma noção de que os surfistas podem de fato atrapalhar, eu considerava o surfe uma expressão de liberdade da qual eu não queria abrir mão. Assim sendo, independentemente dos critérios dos pescadores, eu sentia-me lesado. E mesmo hoje, conhecendo melhor esses critérios e levando-os em consideração, não deixei de compartilhar com os surfistas o desejo de que o surfe possa ser feito com respeito, atitude, criatividade e liberdade (Cunha, 2000, p. 56-8).

Enquanto o surfe restringia-se a gente de fora, o conflito era mais aberto e os pescadores não eram nada propensos a ceder. As relações tornaram-se mais complexas, porém, quando jovens da cidade começaram a surfar. Os pescadores foram levados "a ceder um pouco", pois os conflitos, ao contrário de representarem coesão e união – como ocorria quando "expulsavam os *surfistas de fora*" –, abriam fendas na "ordem social estabelecida" (Cunha, 2000, p.59). Um complicador extra surgiu com os primeiros surfistas profissionais de Arraial do Cabo: "eles têm que treinar para se destacarem nas competições e nas revistas especializadas, pois só assim atendem às expectativas de seus patrocinadores" (Cunha, 2000, p.59). Essa passagem é importante por mais de uma razão. Primeiro porque mostra que a questão de ceder espaço aos surfistas torna-se complexa quando os praticantes são locais e têm na atividade seu *trabalho*, ainda que este tenha um impacto – cultural, econômico e social – muito menor sobre a comunidade local que a pesca. Segundo, reitera o papel da mídia de nicho como central não só para o surfe profissional, mas também para os atletas, individualmente, pois a exposição conseguida é um dos principais fatores para obterem bons contratos de patrocínio. Terceiro, revela, a partir do estudo de uma realidade local, consequências e desdobramentos da disseminação do surfe e do profissionalismo que não entram na pauta das publicações sobre o esporte (mesmo na mídia de nicho). Ou seja, trata-se de mais um aspecto da relação entre esporte e contexto social que escapa aos recortes realizados pela cobertura especializada. A investigação dos impactos sobre a realidade local, seja em pequenas vilas ou grandes cidades, pode lançar luz sobre aspectos da expansão do surfe em suas dimensões esportiva, industrial e cultural, sobre os quais os meios de comunicação silenciam.

De acordo com Cunha (2000, p.72), "os surfistas do litoral fluminense sabem que os pescadores da Praia Grande não permitem o surfe nessa praia". Os conflitos ocorreram, sobretudo, a partir dos anos 1970, e houve episódios de pescadores tentando tirar surfistas do mar à força, com queixas de ambas as partes na delegacia local. Há inclusive uma lei municipal regulamentando o uso da praia e dando prioridade aos pescadores, o que não resolveu os problemas (Cunha, 2000, p.74-5, 102-3).[11]

Os estudos de Cunha (2000) e Gorayeb (2003) apresentam sugestões de organização dos surfistas e, posteriormente, participação em órgãos consultivos e de discussão e deliberação para, de forma legítima e coletiva, apresentar seus pontos de vista, defender seus direitos e interesses e/ou contribuir para a preservação ambiental. E destacam a importância da participação dos surfistas pela via *política* de forma a se inserirem nas comunidades e sociedades das quais fazem parte, mediando e negociando interesses e divergências particulares e coletivos. As contendas em torno da praia não se dão apenas entre grupos e classes ou diferentes tipos de usuário. Ocorrem entre os próprios surfistas e entre surfistas e outros grupos pelo uso das ondas.

---

11 "Tais conflitos resultaram na Lei Municipal n. 348, de 8 ago 1988, que dá prioridade para a pesca na Praia Grande [...] e limita a prática do surfe aos feriados de Carnaval, Semana Santa e Natal, e aos dias em que o mar está de ressaca. Esta lei estabelece uma multa para a retirada de uma prancha apreendida, que corresponde a um salário-mínimo vigente no país. Tais medidas, todavia, não eliminam o conflito, pois os surfistas (tanto os locais como os de fora) sentem-se injustiçados e persistem em disputar, dia após dia (principalmente naqueles dias em que as ondas estão boas para a prática do surfe), o direito ao uso da Praia Grande" (Cunha, 2000, p.11-2).

Uma modalidade que divide as ondas com o surfe é o *bodyboard*. Na Austrália, por exemplo, a relação entre ambos mudou ao longo do tempo: "antes uma fase de transição no aprendizado do surfe, o *bodyboard* se transformou em atividade independente", acabando com o monopólio do surfe entre os pré-adolescentes (Booth, 2001, p.172). No Brasil, muitos praticaram o *bodyboard* antes de optarem pelo surfe. Em diversos países, surfistas nutrem uma relação de desdém pelos *bodyboarders* e a eles referem-se em termos pejorativos. Um dicionário do surfe em língua inglesa lista 21 deles, entre os quais "tampa de privada" (*toilet lid*), "aperitivo de tubarão" (*shark appetizer*) e "sonho [de padaria] que vai ao mar" ("*sea-going muffin*") (Cralle, 2001, p. 339). O mesmo se dá no Brasil, através de expressões como "esponjinhas" ("como são chamados, preconceituosamente, os praticantes de *bodyboard*") e "sapos rastejantes" (Silva, 2004, p.64, 172).[12]

A maneira pela qual *Fluir* lidou com as demais modalidades variou ao longo do período estudado. Nos dois primeiros anos foi pequena a presença de notícias sobre *bodyboard* e outras modalidades de surfe (surfe de joelho, *longboard*), mas ocorreram registros como o da fundação da Amberj (Associação de Morey Boogie do Estado do Rio de Janeiro).[13] Com menos frequência ainda se via fotos dessas modalidades. A presença do *bodyboard* verificava-se sobretudo através dos fabricantes de pranchas que anunciavam em *Fluir*. No final de 1985 e início de 1986, a presença de fotos de *bodyboard* atinge o auge, com várias na seção "Fluindo no Surf". No entanto, por volta de 1986-7 aprofundam-se as fissuras entre surfistas e *bodyboarders*, principalmente *as bodyboarders*, autoras da maioria das cartas publicadas contendo algum tipo de *reclama-*

---

12 Para o surfe, a estimativa apresentada no *Atlas do Esporte no Brasil* é de 2.400.000 praticantes ocasionais, ficando o *bodyboard* um pouco abaixo, com 2 milhões. Agradeço a Ailton Fernando Santana de Oliveira pela indicação desta fonte.
13 "Toques", *Fluir* n. 6, set 1984, p. 22.

ção. O alvo variava entre os surfistas, acusados de desrespeitá-las, *rabeá-las* e machucá-las com as manobras de suas pranchas, e a falta de incentivo por parte de empresas e pais. Uma adepta reclamou que os pais não a levavam a sério nem a ajudavam a correr campeonatos.[14] Por outro lado, o impulso no número de praticantes das duas modalidades levava o *crowd* a níveis inéditos, acirrando os ânimos (assunto discutido adiante nesta seção). O editorial de setembro classificou como "babaquice total" a "insistência de algumas praticantes de *bodyboarding* junto à organização do Sundek [etapa do Circuito Brasileiro de Surfe Profissional] para que houvesse pelo menos uma bateria de demonstração no final do evento".[15] *Fluir* saudou a decisão de excluir o *bodyboard* tomada pela organização de certos campeonatos de surfe. Como visto no capítulo dois, a modalidade seguiria um rumo à parte, o que não impediu que seus fabricantes de pranchas continuassem anunciando após o esporte ser excluído de *Fluir* e, posteriormente, receber títulos especializados como *Fluir Bodyboard* e *Visual Bodyboard*. Um fabricante de absorventes internos escolheu uma mulher usando maiô e segurando uma prancha de *bodyboarding* e dois pés de pato para divulgar o novo produto: "ela não vai perder nenhum dia deste verão. E você? [...] Por mais que movimente, ninguém percebe que você está usando".[16]

No que diz respeito às demais modalidades, também há rivalidades e reclamações de parte a parte entre os adeptos do surfe de peito (jacaré) e os surfistas. Muitos surfistas, incluindo alguns nomes importantes na primeira metade dos anos 1980, começaram a descer ondas pegando jacaré (Lorch, 1980, p.45-8; Souza, 2004, p. 42). No que diz respeito ao surfe de joelho, já na segunda edição o "Boletim de Campeonatos" informou o resultado de um

---

14 "Cartas", *Fluir* n. 17, set 1986, p. 27.
15 "Editorial", *Fluir* n. 23, set 1987, p.11.
16 *Fluir* n. 28, fev 1988, p.86.

"Campeonato de Surf de Joelho" e o *ranking* da Associação Brasileira de Surf de Joelho (ASBJ).[17] Contudo, a cobertura da modalidade praticamente restringiu-se à publicação de resultados na seção. Quando se implantou o Circuito Brasileiro de Surf Profissional, as empresas patrocinadoras de algumas etapas optaram pela exclusão da modalidade, da mesma forma que o *bodyboard*.

Por fim, resta discutir as disputas entre os próprios surfistas. Embora na maior parte do tempo ignorem uns aos outros na água, "todo surfista sabe que outros estão a olhá-lo e julgá-lo", o que significa que existe preocupação com o desempenho (Booth, 2001, p.15). É preciso ainda seguir normas tácitas de boas maneiras e de respeito. Aqueles que as desrespeitam (por exemplo, *rabeando*) podem até apanhar em certas praias (Booth, 2001, p.4-5), como visto no item 3.2.2.

Em certas ocasiões, os surfistas são submetidos também ao olhar de repórteres e fotógrafos, cuja presença produz efeitos sobre o comportamento dos praticantes dentro e fora da água (Booth, 2001, p.15-6). Esse aspecto, discutido no capítulo um, evidencia que a mídia tem impacto sobre o surfe tanto em escala macro, ao abordá-lo e veiculá-lo, quanto em micro, já que sua simples presença interfere no ambiente e nos comportamentos na praia.

Portanto, embora no dia a dia o ato de surfar seja praticado individualmente e sem competição com um adversário, na medida em que se dá em um espaço ocupado por pares e por um público, está sujeito a restrições e constrangimentos – ou, no mínimo, a olhares. Tal como os demais frequentadores das praias, os surfistas deparam-se com mecanismos – uns mais subjetivos, outros menos – de regulação das condutas. Nas palavras de Ford e Brown (2006, p.77), o praticante vive uma "[...] mal-definida tensão entre o reconhecimento social de ser visto atuando e a orientação

---

17 *Fluir* n. 2, nov-dez 1983, p. 59.

mais espiritual e individualista do surfista solitário em comunhão com a natureza." A experiência de surfar sozinho e encontrar-se consigo mesmo surge nas viagens para destinos pouco conhecidos e disputados:

> As pessoas não vão para o México para "fazer figura", o surf lá não é uma exibição social, as pessoas não põem iniciais em suas pranchas, ninguém está preocupado com quem você é. No México quanto menos pretencioso [sic] melhor. A competência para sobreviver é o que importa, e de 2 a 20 pés você estará sozinho prá ver se "tem a manha".[18]

A viagem torna-se ritual de afirmação (seção 4.3.3). Na solidão frente às ondas, o desafio é provar algo a si mesmo, não aos outros. A reflexão sobre o comportamento e a situação que se impõem no país da América do Norte revela, por contraste, que há países onde se surfa para "fazer figura" e por "exibição social" e as "pessoas põem iniciais em suas pranchas" e "estão preocupadas com quem você é". A crítica aparentemente genérica dirige-se, claro, ao comportamento de surfistas brasileiros. Contudo, foi a única menção, em todo o material pesquisado, aos traços de exibicionismo citados. Se as atitudes criticadas fazem parte da conduta cotidiana dos surfistas, este é mais um ponto da subcultura silenciado na revista.

As relações dentro da água nem sempre são amistosas ou tranquilas. Uma das disputas se dá entre os surfistas *locais* e os de fora, comumente chamados de *haoles*, uma expressão havaiana, assunto explorado na seção 4.2.1. Um problema crucial é o *crowd*, "expressão da língua inglesa que se refere à multidão".[19] A eloquente foto que acompanha o primeiro texto tratando exclusivamente do assunto mostrava nada menos que sete surfistas entrando em uma

---

18 "México – Puerto Escondido", Alfredo Bahia e Bruno Alves, *Fluir* n. 4, maio 1984, p.32.
19 "'Crowd' no surf: afinal, de quem é a onda?", Motaury Porto (t, f), *Fluir* n. 6, set 1984, p.28.

mesma onda, a poucos metros um do outro. O autor contrapunha uma história idílica e harmônica do surfe à realidade de brigas e falta de educação, que se devia à sensação de "posse" da onda nutrida por certos surfistas. Isto inseria-se em um quadro mais amplo no qual "as pessoas estão acostumadas e 'vivem' (na real 'Não Vivem') em função de posses". À visão capitalista (a expressão é minha) do mundo que converte os elementos da natureza em bens a serem possuídos, contrapõe um olhar voltado para a essência dos mesmos, segundo o qual "uma onda não é sua, nem minha, ou de outra pessoa qualquer. Uma onda simplesmente é". O texto levantava o debate. Não tinha tom normativo nem apresentava solução para o problema, limitando-se a um genérico "deve haver respeito e entendimento".

Em março de 1986 o editorial já citado pedindo desculpas pelo crescimento do *crowd* afirmava que este "se torna insuportável na medida em que gera uma verdadeira guerra pelas ondas onde quer que se manifeste. Isto se deve principalmente à tradicional maneira de ser do brasileiro que jamais respeita alguém".[20] A limitação de recursos frente ao aumento de demanda agrava-se com a postura abusada que, na visão da revista, seria característica dos brasileiros.[21]

Face à constatação de que o "CROWD É E SERÁ INEVITÁVEL [...] e cada vez mais intenso", o texto clama pela adoção de "normas de comportamento que amenizem esse problema e evitem termos que, por exemplo, ir armados em busca das ondas (não ria porque é sério!)". Ao fazê-lo, a revista toma para si o triplo papel de: a)

---

20 "Editorial", *Fluir* n. 13, mar 1986, p.13.
21 Encontrei na bibliografia acadêmica uma única e discreta menção a respeito. Nick Ford registra em nota que há um senso comum entre surfistas de língua inglesa (EUA, Austrália, Grã-Bretanha) de que latinos (franceses, espanhóis, latino-americanos) frequentemente violam as boas maneiras do surfe, mas garante não conhecer evidência empírica que sustente – ou negue – essa visão (Ford e Brown, 2006, p. 178). Esta é uma observação empírica e lateral no estudo dos autores, mas relevante a ponto de ter sido registrada, mesmo que em nota. Coincidência ou não, a *única* referência ao Brasil ou a surfistas brasileiros trata de prisão por tráfico de drogas na Indonésia (p.55).

identificar o problema, assumir parte da responsabilidade por ele e decidir que é preciso fazer algo; b) determinar o que deve ser feito; c) divulgar o que deve ser feito e "conscientizar", pressupondo que os surfistas seguirão suas determinações. Para tanto, determina:

> A questão fundamental é a conscientização de todos para o tema "UMA ONDA, UM SURFISTA", e APENAS UM! Chega de rabeadas, todos têm o direito (independentemente do nível de surf de cada um) de surfar uma onda inteira. Se todos se respeitarem haverão sempre ondas para todos, basta respeito e um pouco de paciência. Para ficar mais claro ainda: 1) em ondas em que não há um "pico" definido, tem a posse da onda aquele que ficar de pé sobre a prancha em primeiro lugar, e todos que porventura estiverem remando para a mesma onda devem dar-lhe prioridade e passagem. 2) em ondas em que há um pico definido, tem a posse da onda aquele que dropa no pico, e todos devem dar-lhe passagem. Admite-se que, no caso do primeiro surfista surfar a onda para a direita, um outro surfista possa entrar no rabo da onda para a esquerda (caso este exista), ou vice-versa. É simples demais e, se todos se respeitarem, o clima dentro d'água se tornará mais tranqüilo e agradável.

O tom é educado e amistoso, mas nota-se claramente a pretensão de determinar aos surfistas o que fazer. A publicação de um editorial com tal forma e conteúdo repleto de referências bélicas: "campo de batalha", "armados", "guerra" é uma evidência da tensão existente e da vontade de minorá-la. Na subcultura do surfe, os neófitos comumente recebem olhares atravessados e reprovadores dos iniciados (Booth, 2001, p.10-1). Diversas cartas de leitores iniciantes contêm queixas a respeito de ameaças e violência no mar. Na epígrafe deste capítulo, um fotógrafo de *Fluir* narra sua iniciação no assunto.

O *crowd* e a decepção dos iniciantes com as condições no mar poderiam atrapalhar o crescimento do interesse pelo esporte e, consequentemente, pela própria revista. A linha adotada por *Fluir* buscava combinar aumento contínuo dos interessados no surfe e controle dos efeitos colaterais, para impedir que a situação se tornasse caótica. Apesar da simpatia pelos que não surfavam bem, *Fluir* dirige-se prioritariamente aos iniciados. Na verdade, a publicação depende, por um lado, de autoridade exercida e legitimada junto aos iniciados; por outro, dos iniciantes que a compram em grande número e, em última análise, a permitem existir. Coincidência ou não, nesta edição com pedido de desculpas aos que surfam há mais tempo desaparece a seção "Surf School" com dicas para aprender a surfar – a despeito de a edição anterior afirmar que a série continuaria. Ao que parece, os problemas advindos da quantidade de novatos e de seu comportamento (malgrado as recomendações de não "atrapalhar" os mais experientes) forçaram a mudança de atitude. A segunda alteração no mesmo número tampouco é fruto de coincidência: somem as fotos de *bodyboarders* (na edição anterior havia várias na seção "Fluindo no Surf"). O mesmo editorial dava

> um destaque especial aos body boarders (especialmente *às* body boarders) que, com raras exceções, têm se portado na água com uma agressividade e uma falta de respeito impressionantes. Aí gatinhas, que reca [sic] é essa? Se antes vocês eram recebidas na água com a maior simpatia, hoje a situação inverteu-se totalmente (por culpa de vocês mesmas, com raras exceções novamente) e pode chegar o dia em que a situação torne-se crítica. Portanto, respeito é bom e não faz mal a ninguém (desculpem se pareço agressivo, mas é a pura realidade).[22]

Ambos os desaparecimentos – de "Surf School" e das fotos de *bodyboarders* – não são explicitados, mas evidentemente decorrem de decisão da direção da revista, que pode estar relacionada à maneira ostensiva com que o crescimento do *crowd* foi tratado no editorial. Em outras palavras, a apreensão que os editores fazem da realidade – e da suposta responsabilidade de *Fluir* pela piora da situação – leva a correções no rumo editorial, ainda que o objetivo permaneça o mesmo: aumentar o interesse pelo surfe.

---

22 "Editorial", *Fluir* n. 13, mar 1986, p.13.

Em 1988, uma foto sobre a temporada de inverno havaiana em que se viam muitos surfistas na água trouxe a seguinte legenda: "fator 'crowd'. Se você não está preparado para enfrentá-lo, esqueça Rocky Point, Sunset, Haleiwa, Velzyland, ou, como no caso desta foto, Pipeline".[23] O *crowd* é uma realidade do surfe, mas só aparece nas fotos *sobre o crowd*, e não na cobertura *regular*. As referências ao *crowd* são pontuais e pouco numerosas. É mais comum encontrá-las no texto do que nas imagens e na fala dos agentes do que na fala da própria revista: "o Hawaii tem muita onda e muito crowd também".[24] A esmagadora maioria das fotos mostra ondas surfadas apenas por uma pessoa. Isto pode ser porque: a) de fato só há um surfista na onda (o que é possível garantir nas fotos que apresentam o surfista e a extensão da onda); b) em boa parte delas a imagem é um close de uma manobra – o que significa que pode haver mais gente surfando a mesma onda, mas fora do enquadramento do fotógrafo.

Ou seja, se o cotidiano é o *crowd*, a revista o faz desaparecer em suas imagens, porque seleciona aquelas em que há um surfista por onda. Em outras palavras, revista vende uma imagem glamourosa e *limpa*, francamente contraditória em relação ao *surfe realmente existente* para a maioria dos adeptos. Ford e Brown (2006, p.36-7) ressaltam que ao processo de seleção das fotos soma-se o de edição, amplamente facilitado nas últimas décadas pelos programas de computador, que ajuda a *limpar* a foto da presença de outros surfistas e tornar a imagem mais *pura*. O resultado são pouquíssimas fotos com *crowd* nas revistas, distanciando-se do dia a dia da maioria dos surfistas. Na medida em que a pesquisa que originou este livro não mergulhou nas rotinas produtivas, não é possível afirmar que mecanismos a redação utilizava para que o resultado de *Fluir* fosse o que descrevi acima – semelhante ao analisado por Ford e Brown (2006).

---

23 "Hawaii 87/88", *Fluir* n. 29, mar 1988, p. 84.
24 "Picuruta", entrevista, *Fluir* n. 2, nov-dez 1983, p.32.

O *crowd* trouxe dois resultados principais. No plano negativo, "em muitos lugares, a prática do surf se transformou num palco de agitos, gritos, ameaças".²⁵ Do ponto de vista positivo, os "já exaustos de atritos e desgastes na multidão aventuraram-se em busca de ondas solitárias" e descobriram "novos points".

Existe um problema que, tal qual o *crowd*, estava presente cotidianamente no surfe de São Paulo (e, talvez em menor escala, em boa parte do litoral brasileiro), mas não aparece nas imagens: a poluição.

O editorial da edição de lançamento citava a ecologia como um dos temas da revista. A partir do segundo número, *Fluir* dedicou-lhe uma seção ("Ecologia"). Desde a primeira edição há textos e imagens defendendo a conservação da natureza e criticando a poluição. O tema aparece com mais frequência no espaço editorial, mas há propagandas que lançam mão de apelos ecológicos, como a que protesta contra a liberação da caça da baleia pelo Senado. A ênfase principal, no plano macro, é a conservação da natureza e da limpeza do mar. No plano micro, busca-se conscientizar o leitor a tomar atitudes ecológicas, como não deixar lixo na praia.

Fluir reproduziu boletins da Cetesb (Companhia de Tecnologia de Saneamento Ambiental) com as condições das praias de São Paulo (se estavam próprias ou impróprias para banho e que problemas apresentavam).²⁶ Um deles acompanhava uma recomendação explícita "aos banhistas que evitem as praias onde as condições de banho são consideradas 'impróprias'".²⁷ Além de evidenciar preocupação com a saúde dos leitores e a circunscrição

---

25 "Crowd" no surf: afinal, de quem é a onda?", Motaury Porto (t, f), *Fluir* n. 6, set 1984, p.28.
26 *Fluir* n. 2, nov-dez 1983, p.63. É sempre bom lembrar que trata-se de um período em que sequer havia um número de telefone específico para se obter informações sobre as condições do mar – que dirá as informações em *tempo real* disponíveis via internet.
27 "Ecologia", *Fluir* n. 4, maio 1984, p.20.

dos mesmos ao litoral paulista, salta aos olhos a publicação dos boletins, quando a revista era bimestral. Afinal, as condições do mar às vezes mudam bastante em apenas 24 horas – quanto mais após semanas ou meses –, sendo possível que a informação não tenha permanecido útil e precisa por muito tempo.

A estreia de "Ecologia" denuncia problemas ecológicos em diversas regiões do país, mas discute especificamente vazamentos de óleo, petróleo e gasolina no litoral norte de São Paulo e cobra investimentos em infraestrutura e punição para os culpados. Critica o descaso com a ecologia no Brasil e termina com um "Deus nos acuda!"[28] Apesar do título genérico, o foco central da seção é a situação do mar e das praias.

Aborda-se a poluição como elemento que atrapalha a prática do surfe: "um dos melhores *points* do Guarujá apesar de poucas vezes surfável devido à alta poluição de suas águas. Poluições à parte, a Praia do Tombo abriga numerosos surfistas de alto nível."[29] A poluição industrial sofre críticas pesadas. Vale lembrar que devido à alta concentração de fábricas, o litoral paulista é particularmente castigado pelo lançamento de dejetos. Situação similar atingia Imbituba (Sc), caracterizada como "uma cidade que já foi alegre e bonita e hoje é triste e abandonada, graças à poluição causada pela Indústria Química IICC, que fabrica ácido sulfúrico para fertilizantes."[30] Tão ou mais grave era a ameaça em relação aos campeonatos, como "o vazamento criminoso de óleo de um

---
28 *Fluir* n. 2, nov-dez 1983, p. 6-7.
29 "Fluindo no Surf", *Fluir* n. 4, maio 1984, p. 45.
30 "Expedição Sul", Alberto C. Alves e Edison Leite, *Fluir* n. 7, dez 1984, p. 77. Contraditoriamente, o pôster central na página dupla anterior (p. 74-5) é da Praia do Porto de Imbituba. E uma foto grande na página 77 mostra vários surfistas na água com navios ao fundo. As legendas nada falam sobre poluição. Uma possível explicação seria o fato de as fotos não terem sido feitas nesta viagem, mas fornecidas por surfistas do local (não há informação ou explicação a respeito).

petroleiro no porto de São Sebastião" que atingiu "várias praias de Ubatuba [...] inclusive Itamambuca, local onde seria realizado" o campeonato.³¹

Contudo, no contexto da relação entre homem e natureza, a presença de surfistas é tratada como se não fosse *presença* ou *chegada* do homem a certos ambientes e não tivesse impacto sobre estes. Mesmo admitindo que o impacto do surfe seja reduzido se comparado a atividades como o turismo de massa – isso é particularmente válido quando se trata de áreas selvagens –, ainda assim ele *existe*. No que diz respeito aos campeonatos, para *Fluir*, quanto mais público, melhor. Em meio à celebração do surfe profissional, tornava-se inconveniente discutir os impactos ambientais da atividade. Um manto de silêncio encobriu o assunto. Neste sentido, cabe remeter às reflexões lançadas por um estudo na área de Engenharia Ambiental:

> Os campeonatos de Surfe não fogem a essa regra. Infelizmente, em sua maioria são realizados por pessoas sem conhecimentos ambientais, danificando os ecossistemas dos locais onde acontecem, gerando aumento no fluxo de pessoas, mais efluentes-lixo [sic], esgotos e danos aos ecossistemas, contribuindo para deteriorar a qualidade do ambiente e causando queda na qualidade de vida em longo prazo nas comunidades (Gorayeb, 2003, p.132).

O contraste entre a análise acima e a apologia dos festivais com milhares de pessoas à beira-mar (ver capítulo dois) é flagrante. Não obstante, a ecologia permanece em pauta durante todo o período pesquisado, e torna-se uma preocupação relevante na medida em que a degradação ambiental, somada à popularização do esporte, representa uma ameaça à viabilidade do surfe.

---

31 "14º Campeonato Paulista de Surf", Paulo Issa, *Fluir* n. 10, jan-jul 1985, p.102.

4.2 Duas dimensões do espaço: o localismo e o desbravamento do Brasil

4.2.1 Localismo

Antes de entrar na discussão propriamente dita sobre o localismo, considero útil abordar alguns conceitos trabalhados pela geografia, de forma a melhor situar as espacialidades (dimensões espaciais de um fenômeno) presentes na subcultura midiática do surfe construída em *Fluir*.

Santos (2002) propõe pensar o espaço em interação e integração com o homem, superando as visões que o tratam como algo isolado ou existente por si só. O espaço geográfico é produzido pela sociedade, e não apenas dado ou criado pela natureza (Moreira, 1998). Por *espaço geográfico* compreende-se a natureza acrescida dos significados históricos (políticos, econômicos, simbólicos) a ela atribuídos pelas sociedades humanas. Mesmo os espaços "naturais" são apropriados pelos seres humanos (Moreira, 1998; Santos, 1985). Além disso, as experiências frente ao espaço e ao tempo são culturalmente determinadas – o simbólico influencia a percepção que se tem de ambos (Moreira, 1998). Um exemplo é a atribuição da condição de *sagrado* a determinado lugar, o que fará com que a percepção dele por parte de quem assim o considera – e mesmo de quem não o faz, mas impressiona-se com isso – seja impregnada pelo simbólico. Como será visto adiante, a experiência de surfar em certas ondas e lugares considerados *sagrados* – notadamente o Havaí – ganha dimensões especiais para muitos surfistas.

O espaço total é o espaço real. Fracioná-lo significa realizar uma abstração (Santos, 1985, p.18). Para efeito de análise, pode-se dividi-lo em global (que inexiste na prática), nacional, regional e local (Santos, 2002, p.110). Contudo, o crescente papel da mídia na "uniformização dos hábitos em escala planetária" (Moreira, 1998, p.10) e a "difusão generalizada das técnicas e da informação" tornam os lugares locais *e* globais, articulação que resultou no neologismo *glocal*, que busca dar conta da forma como os estímulos globais são modificados por influência local. A diferença reside no quanto há de cada elemento (global e local) nos lugares a serem analisados e o que se quer enfatizar na análise. Opõem-se "espaços adaptados às exigências das ações econômicas, políticas e culturais características da globalização e outras áreas não dotadas dessas virtualidades". Em outras palavras, a globalização neoliberal carrega consigo exigências às quais alguns espaços se adaptam (em grau e forma variados), outros não (Santos, 2002, citações às p.81-2; 1994). Milton Santos (2003) denominou *globalitarismo* esta globalização regida pelo pensamento único.

O lugar, por sua vez, é o pedaço (ponto) do espaço apropriado pelo indivíduo ou grupo. O uso e a atribuição de um significado ao espaço fazem dele um lugar. Este diz respeito ao plano do *vivido*, do cotidiano, do compartilhado. Portanto, é "produto das relações humanas" e por elas definido (Carlos, 1996, p.29; Damiani, 1999). As inovações tecnológicas nos transportes e nas telecomunicações contribuem para a aceleração do cotidiano, configurando temporalidades e espacialidades hegemônicas, às quais as pessoas e grupos respondem com suas próprias formas de vivência. Neste contexto, o lugar converte-se em espaço de solidariedade e de resistência (Santos, 1994, 2003). Nas palavras de Milton Santos,

> Na Ásia, na África e mesmo na América Latina, a vida local se manifesta ao mesmo tempo como uma resposta e uma reação a essa globalização. Não podendo essas populações majoritárias consumir o Ocidente globalizado em suas formas puras (financeira, econômica e cultural), as respectivas áreas acabam por ser os lugares onde a globalização é relativizada ou recusada (2003, p.152).

Embora este capítulo trate majoritariamente de surfe, o melhor exemplo das tensões colocadas entre o local e o global e entre tradição e modernidade (ou pós-modernidade, como prefeririam certos autores) é a reportagem sobre o Terceiro Campeonato Brasileiro de Skate (em 1984) – tanto pela maneira como enfoca os acontecimentos quanto por estes em si.[32] Principal competição da modalidade no Brasil à época, realizava-se na cidade paulista de Guaratinguetá. A abertura do texto apresenta a cidade como um lugar pequeno e pacato, de 85.000 habitantes, com nome de origem tupi. Contudo,

> [...] a maioria de sua população urbana é jovem e ativa. Para esses mesmos jovens existem apenas dois lugares para se divertir, o Clube Literário e o Itaguará Country Club. O Itaguará, porém, consegue vencer seu concorrente com uma atração especial: uma pista de skate. Uma vez ao ano (às vezes duas) a cidade pára por causa do skate. É como se fosse uma invasão, verdadeiras hordas oriundas de todas as partes do país se aglutinando e mudando a imagem da pacata cidade que a cada campeonato se transforma.
> E isto já vem se tornando tradição em Guará, onde os poucos hotéis [...] lotam. Bares e restaurantes ficam repletos, e seus donos atônitos com toda essa multidão com fome de leão: abre-se assim um clima de confronto entre o tradicional e o ultra-moderno.

A riqueza do relato é notável. Em primeiro lugar, a oposição entre a cidade pacata e a juventude "jovem e ativa", que escolhe o *skate* como opção de divertimento, aproveitando a incomum existência de uma pista em um município daquele porte. Na disputa de clubes, o esporte supera a literatura.

Segundo, as *invasões bárbaras* que ocorrem a cada campeonato, contrastando com o ritmo de vida interiorano. A quantidade e os hábitos do público que abarrota os estabelecimentos comerciais criam "um clima de confronto entre o tradicional e o ultramoderno" – este, claro, representado pelo *skate* e seus praticantes. As categorias temporais utilizadas pelo autor traduzem-se em disputas concretas – desconfianças, no mínimo – no espaço.

---

32 "3º Brasileiro de Skate – Guará", Paulo de Oliveira Brito, *Fluir* n. 5, jul 1984, p.74-7.

Por outro lado, os comerciantes locais se beneficiam do movimento intenso, facilitado pela localização estratégica às margens da Rodovia Presidente Dutra, a cerca de metade do caminho entre Rio de Janeiro e São Paulo. A apropriação do espaço pelos forasteiros começa pela utilização da forma reduzida, íntima e carinhosa – "Guará" – para referir-se a ele. Do simbólico, passam rapidamente ao material. As "hordas" que se "aglutinavam" estabeleciam relações entre si: "o subcomércio do skate também acontecia, e por todos os lados via-se um skatista vendendo (ou trocando) suas camisetas, *shapes*, eixos, chaveiros ou simplesmente distribuindo adesivos". Chama a atenção o uso do prefixo "sub", difícil de se observar nas fontes brasileiras que tratam de esportes radicais. Como mencionado no capítulo três, pode ser lido tanto como *inferior* quanto como *alternativo*, *subterrâneo* (pouco perceptível, mas não inferior em termos de relevância, estética etc.). Instala-se um mercado autônomo em que os próprios entusiastas compram, vendem e trocam produtos. A realização de um campeonato de alcance nacional serve ao encontro destes jovens – e o encontro, como ressalta Milton Santos, só é possível no lugar.

Passando à competição, a reportagem cita categorias em disputa, principais participantes, juízes, reclamações sobre resultados e "ausência de muitos prêmios oferecidos pelos patrocinadores". O público disputava lugar para assistir às provas e ao que acontecia em volta:

> Punkalizando e andando, Tijolo (S.P.) fez uma apresentação bem humorada [...]
> As finais do *Bowl riding* foram realmente um espetáculo apoteótico. Câmeras das diversas redes de televisão presentes (Globo, Bandeirantes e Gazeta) se confundiam com a multidão de fotógrafos e skatistas que se plantavam em cima do bowl. E a música não pode ser esquecida. Afinal, o batalhão de punks, moicanos e hardcore horrorizavam a platéia, dançando "pogo" nas arquibancadas ao som de Camisa de Vênus. E cada skatista tinha seu

próprio som para efetuar sua rotina. De repente, começa a tocar uma música de Oingo Boingo, e o Prof. Dr. Anshowinhas não deixou por menos, não se conteve e começou a dançar no bowl, e todo o público com atenção acompanhava seus movimentos.

O comportamento dos skatistas, de membros da plateia e do próprio autor do texto ("prof. dr. Anshowinhas") chamava a atenção do restante do público e das lentes da imprensa. A presença maciça de espectadores e de equipes de Tv é destacada. A música – estilos e ritmos específicos, como o *punk* e o *rock* – desempenha papel central na *performance* dos atletas, que escolhiam a música tocada no sistema de som durante sua apresentação e do público. As duas referências à dança aparecem acompanhadas das reações do público e relacionam a *autenticidade* da *performance* à preocupação em notar sua recepção pelos que estão em volta.

A diferença, neste trecho, é marcadamente cultural, entre os que "horrorizam" e os "horrorizados". Ao contrário dos primeiros, os últimos não são identificados. Seriam a população local? Não é possível saber ao certo, na medida em que inexiste associação entre esta e a "plateia".

O último trecho a destacar segue falando de dança e música e retoma o conflito entre "tradição" e "ultramoderno" em contexto diverso: a festa de encerramento:

> Noite da New Wave no Itaguará, ligeiro tumulto na entrada. Alguns punks horrorizavam o pessoal local (não skatista), que por sua vez prometia revanche. Mesmo assim a festa rolou noite adentro [...]
> As músicas do Camisa de Vênus eram excessivamente tocadas e um altamente enérgico "Pogo" que parecia mais 'Island' era dançado pelos skatistas, fazendo seu estilo predominar na festa.
> Mas nem todos conseguiam entender porque esses garotos tinham de ficar chutando o ar e pulando de lá para cá, e foi daí que surgiu a ira de muitos outros jovens da cidade, que eram mais tradicionalistas e recusaram-se a aceitar tal comportamento.
> São 4 horas da manhã de terça-feira, todos começam a sair da festa-baile, e há uma sensação pairando no ar. A adrenalina puxa

seus nervos até o céu, e a cidade parece que vai explodir, e ela irá explodir, já! Numerosos grupos de jovens locais atacam os punks, e os skatistas também entram na confusão que se faz total. No final, o saldo: diversos skatistas feridos, um carro tombado e amassado (de Carlos Nóia, do Rio) e muita insegurança. Isto, sem dúvida, o mais grave ocorrido. No mais, SKATE or Die.

Na festa ao som do *new wave*, ritmo da moda, tem tumulto antes de começar. Pelo contexto, não é possível saber se, além do estilo de dançar, os punks faziam algo mais para "horrorizar" as pessoas do lugar. Porém, se estas prometiam revanche, é sinal de que reprovaram tal atitude. Note-se a preocupação de identificar os horrorizados: os guaratinguetaenses "não skatistas". Segundo a matéria, a inserção no esporte permite a compreensão do estilo de vida decorrente dele – incorporar, apropriar-se, re-significar o "ultra-moderno" ou globalizado no local –, ao passo que os que se recusam a aceitá-lo são considerados "mais tradicionalistas". Configuram-se as duas saídas principais para lidar com os impulsos globais no plano local: reapropriar/relativizar ou recusar. A reação contra o estilo de dançar formando *rodas de pogo*[33] e o comportamento geral dos skatistas é explicada como fruto de incompreensão. Na briga entre jovens locais e punks, rapidamente incorporando os skatistas, não se sabe que atitude tomaram os skatistas locais.

Passemos ao litoral. Como visto na seção anterior, a praia frequentemente constitui-se um lugar de disputas. No que diz respeito ao surfe, o fenômeno central chama-se *localismo*. O próprio nome indica a íntima relação entre a prática e a questão espacial. Trata-se de uma manifestação do lugar, apropriado pelos surfistas como *seu*, o que gera regras e restrições para seu uso pelos *de fora* ou *não habituais* (Souza, 2003, p. 78-9). O trecho a seguir sintetiza, de forma compreensiva, o localismo:

---

[33] Mistura de dança e brincadeira em que os participantes formam um círculo e o atravessam ou se mantêm em seu interior, trocando encontrões, "chutando o ar e pulando de lá para cá".

Algumas praias do litoral fluminense já são bastante freqüentadas pelos surfistas. Entre elas destaco a praia de Itacoatiara em Niterói, a praia de Itaúna em Saquarema e a Praia do Forte em Cabo Frio. Nessas praias, como em muitas outras, os surfistas exercem um forte localismo, e por mais que a maioria dos surfistas freqüentem diversas praias, há em cada uma delas um grupo que se autodenomina de *local*. Esses grupos de surfistas locais se encarregam, através de uma rede de relações, de garantir que eles tenham o "direito" de surfar as ondas dos seus respectivos "lugares", e a presença de estranhos é tolerada desde que estes respeitem os *locais* (Cunha, 2000, p.102).

O fenômeno se espalha por praias ao redor do globo. As viagens ao exterior possibilitam a articulação da subcultura do surfe com as culturas nacionais e a discussão da inserção da nacionalidade brasileira nas relações internacionais, como neste relato:

> Os brasileiros, por algum motivo inexplicável, todos querem conhecer, principalmente os mexicanos, que nos tratam de maneira muito carinhosa (somos latinos, somos hermanos!, nos diziam). Já com os norte-americanos esse tratamento é completamente diferente: parece que os mexicanos jamais esquecerão a guerra havida entre os dois países no século passado, quando os americanos tomaram mais da metade do território mexicano [...]. Os Americanos [sic] são os únicos que são chamados de GRINGOS, de uma maneira que não disfarça um certo rancor. E o reflexo disso: quando os locais entram na água, os GRINGOS tem que sair. Nós, ao contrário, surfávamos a qualquer hora.[34]

A passagem articula passado, pessoas comuns e os códigos que regem o comportamento no mar. Busca explicação histórica para a má vontade com os americanos, mas considera "inexplicável" o comportamento dos mexicanos, mesmo após estes dizerem que são irmãos latinos dos brasileiros, apesar do retrato simpático dos locais – traço típico das matérias de viagem –, ponto em que *Fluir* está em consonância com a notória cegueira da maior parte do jornalismo brasileiro em relação à América Latina, não considerando

---

[34] "México – Puerto Escondido", Alfredo Bahia e Bruno Alves, *Fluir* n. 4, maio 1984, p.35.

o país parte dela e estranhando a admiração e carinho nutridos em relação ao Brasil e aos brasileiros.

Ademais, o trecho evidencia que as formas assumidas pelo localismo guardam peculiaridades. No caso, os norte-americanos, cuja frequência à área é maior e o país de origem tem um histórico de guerra com o México, são obrigados a sair do mar, ao passo que os brasileiros, de um país distante, mas considerados irmãos dentro da Pátria Grande latino-americana, têm liberdade para surfar quando quiserem.

O localismo e a demonstração de que alguém é indesejado podem manifestar-se através de um simples olhar (Souza, 2003, p.45). Em locais e situações *barra pesada*, chega às vias de fato e à expulsão dos visitantes indesejáveis. O futuro campeão brasileiro de surfe profissional Tinguinha Lima narrou uma experiência:

> A primeira vez que fui pro Sul, foi no começo de 82 [...] para a praia da Guarda e tava cheio de carioca em cima das pedras, não conhecia ninguém [...] mas aí eu peguei a 1ª onda, um carioca me rabeou, e eu caí. Veio a 2ª onda e eu caí de novo! [...] O carioca que me rabeou nessa, saiu na gargalhada. Mas então, pintou uma série, encavalou uma onda em cima da outra, este dia tava um pouco grande, a rapaziada tudo no raso, peguei um tubo mais ou menos em pé, até o fim. Aí a rapaziada começou a respeitar.[35]

Portanto, o localismo podia ser exercido até por moradores de fora e, em certas condições, o bom desempenho formava um caminho para adquirir respeito e superá-lo. Souza (2003, p.78-9) relata a existência de localismo entre surfistas que frequentam praias situadas a poucos quilômetros de distância uma da outra em Florianópolis (Sc). O depoimento de Tinguinha dá conta de uma das práticas de intimidação usadas pelos adeptos do localismo:

---

[35] Entrevista de Tinguinha a Bruno C. Alves, *Fluir* n. 3, mar 1984, p.27.

"rabear". Quanto ao Rio de Janeiro, afirmava que "o pessoal olha meio tortinho... mas nunca houve grandes problemas".[36]

Ao mencionar as praias de Itajaí, a primeira matéria extensa sobre o litoral da Região Sul, lamentava:

> É uma pena que em certos dias o surf seja prejudicado, nestes ótimos points, pela presença de pessoas que se dizem surfistas, mas ainda carregam a ignorância e agressividade de alguns trogloditas. É claro que muita gente, do próprio lugar, se esforça para modificar essa mentalidade. Nós da FLUIR, Surf More e Holysport apoiamos todo e qualquer esforço que venha acabar com o localismo em qualquer parte do Brasil.[37]

Apesar de se colocar como um espaço aberto ao diálogo e não se pretender dona da verdade ou vanguarda, a revista adota posição clara e taxativa frente ao localismo. Veda qualquer ambiguidade, discussão ou interpretação sobre o fenômeno, enquadrado como um mal absoluto que precisa ser extirpado. Os adeptos do localismo são desqualificados em função de sua atitude e agressividade e excluídos do debate. Encontrei *duas* exceções. Primeiro, a citação demonstrando espanto e incompreensão em relação ao localismo dos mexicanos em Puerto Escondido, que expulsaram da

---

36 Entrevista de Tinguinha a Bruno C. Alves, *Fluir* n.3, mar 1984, p.28. Na primeira metade dos anos 1980 havia localismo em praias do Rio de Janeiro, como o Quebra-Mar (Barra da Tijuca). Contudo, segundo Júlio Adler, "raramente tinha problema de violência lá. O jiu-jitsu ainda não tinha chegado. Nem essa política primitiva que impuseram no pico hoje em dia". "Confira entrevista exclusiva com Júlio Adler", entrevista a Claudio da Matta, *Surfe Pensado* (blog), 30 ago 2005. Disponível em: http://surfepensado.blogspot.com/2005/08/confira-entrevista-exclusiva-com-julio.html. Acesso em: 12 dez 2009.

37 "Expedição Sul", Alberto C. Alves e Edison Leite, *Fluir* n.7, dez 1984, p.69. A praia de Atalaia (Itajaí, SC) é um exemplo famoso de localismo no sentido de franca hostilidade em relação aos de fora. O fenômeno já resultou em "carros que foram quebrados, haoles que foram apedrejados e até o palanque de um campeonato foi jogado na água". Segundo o presidente da associação de surfistas do município, "o localismo no Atalaia começou em 1972, quando os paulistas e cariocas botaram os itajaienses para correr". Ou seja, de acordo com a explicação, o localismo feroz teria sido causado pelo comportamento agressivo e abusado dos surfistas de fora em relação ao pessoal do lugar, levando a uma reação proporcional em direção contrária. "Good night little devil!", Fhabyo Matesick, *Alma Surf* n. 40, set-out 2007, p. 136-40.

água os norte-americanos e franquearam o acesso dos brasileiros. Segundo, *uma* entrevista – não por acaso, com irmãos havaianos – contendo uma dose de relativismo cultural, de forma a compreender e explicar o fenômeno, em vez de simplesmente julgá-lo e condená-lo. Salvo por estes casos, inexistiu qualquer debate aberto sobre o assunto e ninguém que se assuma adepto do localismo foi entrevistado ou teve espaço para opinar. No máximo, um ou outro surfista repetia a máxima "respeitar para ser respeitado". Observa-se, portanto, uma interdição do debate, que opera em dois níveis. No primeiro, o localismo é apagado: fenômeno comum e importante do surfe, raramente aparece. No segundo nível, quando o tema é pautado, aparece como mal absoluto, sem margem a ambiguidades ou a um debate que dê voz a possíveis intérpretes e defensores do fenômeno.

Neste ponto, é interessante pensar o contraste entre a representação que a revista constrói do surfe como uma prática globalizada, atraente, saudável e positiva, inclusive através da apologia das viagens, assunto da terceira parte deste capítulo, e a apropriação e reação realizada pelos frequentadores assíduos de certas praias. Proponho pensar o surfe em si e a circulação de seus adeptos pelo mundo como um exemplo de fenômeno potencializado pela globalização capitalista. Potencialização possível em função de arranjo de viagens e de conhecimento prévio de condições climáticas proporcionados pelas tecnologias, oferta de linhas aéreas interligando países e continentes etc., as quais se articulam com a questão da modernização discutida no capítulo dois. O esporte e a subcultura americanizados e permeados pela lógica do lucro das grandes empresas difundidos por *Fluir* esbarram nas apropriações locais. Na sua convivência diária e íntima do lugar, os frequentadores estabelecem uma experiência comum, ignorada na cobertura do surfe realizada pela revista. As explosões de violência por parte dos locais seriam ocasiões em que o choque entre dois etos conflitantes atinge seu auge e não é resolvido por outras vias, como o diálogo e a política. Pode-se imaginar o impacto que teriam sobre o processo de profissionalização e comercialização do surfe nos anos 1980 – acompanhado, como tenho defendido, de um trabalho árduo para melhorar a imagem do esporte e mostrá-lo *confiável* para empresas, autoridades políticas, investidores e meios de comunicação – episódios como os protagonizados pelos locais de Atalaia e os relatados por Gutenberg (1989, p.96): em 1974, revoltados com o julgamento realizado pelos árbitros de um campeonato, surfistas de Santos atearam fogo ao palanque, durante a madrugada. Sobraram apenas cinzas.

Como tenho argumentado, *Fluir* tendeu a criticar os problemas pontuais e de solução relativamente rápida do surfe, ao passo que as dificuldades de fundo estiveram pouco presentes em suas páginas. O localismo vem se somar às complicações estruturais do surfe brasileiro mencionadas ao longo deste trabalho. O antilocalismo de *Fluir* relaciona-se a uma postura globalizante em que o consumo do esporte – ou, nas palavras de Fontenelle (2005), a "experiência" de consumir – ocupa lugar relevante.

O Havaí constitui o caso único em que o localismo é abordado com ponderação, permeada por certo relativismo cultural. A despeito das críticas sobre os havaianos por suas atitudes e pela particular agressividade em relação aos brasileiros (ver capítulo três), enquadra-se o fenômeno mais como questão cultural que banditismo. Talvez por tratar-se do mitológico arquipélago, reverenciado como origem e meca[38] do surfe, o localismo de lá seja visto com uma dose de tolerância – um mal *inevitável*, por assim dizer.[39]

---

38 Tomo a liberdade de utilizar, por analogia, a cidade central do Islamismo, berço de Maomé, para onde milhões de fiéis convergem anualmente para cumprir a *Hajj* – peregrinação a Meca em uma época específica do ano, a qual, respeitadas certas condições, todo muçulmano deve realizar ao menos uma vez na vida. Guardadas as devidas diferenças entre a crença em uma religião e o pertencimento a uma subcultura esportiva, creio não ser de todo despropositado enxergar, metaforicamente, semelhanças entre a prescrição do Islã a seus adeptos e a maneira como surfistas e a mídia do surfe referem-se à *necessidade* de comparecimento ao Havaí durante a temporada de inverno.
39 No plano internacional, a importância do esporte para a identidade e o orgulho nacionais aparece em várias modalidades como futebol, *rugby* e basquete,

Há um caso em que *Fluir* não emite opinião sobre o assunto. Trata-se da presença de uma marca que explora comercialmente o localismo a partir do próprio nome, a qual publicou um polêmico anúncio contendo uma suástica.

As brigas referentes ao localismo são apenas uma parte de um aspecto bastante presente na subcultura do surfe, sobretudo nas praias e bairros adjacentes: as rixas entre surfistas (indivíduos), entre grupos/gangues de bairros diferentes e às vezes de um mesmo bairro, entre os locais e os de fora. A atribuição de valor aos atos e comportamentos destes grupos – considerá-los *rebeldia* ou conduta criminosa/violenta – guarda relação com a classe social a que pertencem. Quando se trata de jovens de classe média, como ocorre com frequência no Brasil, a tendência é que os conflitos sejam enquadrados da primeira forma. Já em casos como o do grupo de surfistas conhecido como Bra Boys, locais da praia de Maroubra, em Sydney (Austrália), a abordagem principal pelas autoridades e pelos meios de comunicação é bem diferente – os jovens são enquadrados como bandidos.[40] O duplo padrão de tratamento

---

nas quais atletas e equipes de regiões que não constituem Estados-nação *de fato* (como Palestina, Irlanda do Norte, País de Gales, Escócia e Porto Rico) competem sob nacionalidade e bandeira próprias, recusando as do dominador. No surfe, taitianos, havaianos, porto-riquenhos e bascos, entre outros, competem enquanto tais. Este esporte tem particular importância para a identidade havaiana.
40 *Bra Boys*. Austrália, 2007, dir. Sunny Abberton e Macario de Souza, 90 min., documentário. Naquele país, o envolvimento de gangues de surfistas em brigas com outros grupos data desde pelo menos o início dos anos 1960 e insere-se em uma longa história de conflitos com autoridades e classe dominante. Neste período aconteceram as brigas entre surfistas e os *rockers*, uma subcultura juvenil da classe trabalhadora cujos membros, revoltados com o desemprego e o estilo esbanjador dos jovens de classe média e alta, vagavam pelas praias agredindo surfistas (Booth, 2001, p.108; Stranger, Mark. Article about surfing. [mensagem pessoal] Mensagem recebida por correio eletrônico em 31 jul 2007). Booth (2001, p.108) afirma que os "surfistas também deram a esse antagonismo de classe uma dimensão espacial distinta ao marcar as praias como seu território". Sobre os locais de Maroubra, ver o documentário *Bra Boys*, que os apresenta como um grupo de jovens pobres que, desde criança, se juntaram para lutar pela própria sobrevivência em meio a lares desfeitos, drogas, ameaças de gangues e conflitos com a polícia. Dirigido e produzido por membros do grupo, expõe o localismo bravio como uma reação às gangues que iam à praia agredir e esfaquear surfistas nos anos 1990. Um dos notáveis contrastes entre a realidade australiana e a brasileira é que lá, malgrado a especulação

relaciona-se com o discurso ambíguo da subcultura do surfe nos últimos anos, o qual, de acordo com Booth (2001), radicaliza o estímulo à competitividade e à agressividade, ao passo que mantém a condenação da violência explícita entre seus membros ou dos mesmos com relação a outros grupos.

4.2.2 Descobrindo e desbravando o Brasil

As primeiras edições trouxeram reportagens com a proposta de mostrar as áreas e as condições para a prática de surfe situadas no Nordeste: a costa da Bahia até o Ceará e Fernando de Noronha. Um dos recursos largamente utilizados aliava a descrição da onda à comparação com outras. A Praia do Francês (Maceió, AL) continha "as melhores ondas nordestinas, quebrando sessões superperfeitas a cerca de 400 metros da praia e sobre um tapete de coral que lembra Nusa Doa, em Bali, ou qualquer outro point do Índico ou Pacífico"; a formação das direitas de Yellow Sands (East London, África do Sul), "lembra de Burleigh Heads, Austrália"; em Fernando de Noronha, a Praia da Conceição "lembrava Puerto Escondido no México" e o vento da ilha, constantemente *terral* no verão e *maral* no inverno, "funciona como Bali na Indonésia".[41] O uso da comparação como recurso descritivo – comumente utilizando nomes de ondas e praias do exterior para explicar como é uma determinada onda – implica que compreenderá melhor quem conhecer o lugar ao qual a comparação se refere, seja porque surfou lá, ouviu histórias ou adquiriu referências via mídia. Na verdade, o método revela a presunção de que o leitor conhece as ondas utilizadas como referência, ou seja, é um iniciado (ver cap. 3).

---

imobiliária, continuam existindo bairros pobres na beira de praias oceânicas, uma realidade impensável em cidades como Rio de Janeiro e Niterói.
41 Aldhemar J. Freitas Filho (Deminha), "Fernando de Noronha", *Fluir* n. 2, nov-dez 1983, p.16-20.

As matérias sobre o Nordeste somam-se a indícios de que o leitor-alvo é primordialmente morador da cidade de São Paulo. Eles aparecem sobretudo nos primeiros meses: a) o fato de a maior parte dos anunciantes que publicam seu endereço estarem sediados no município, principalmente lojas; b) divulgação de eventos como a "festa do Caramelo", promovida em São Paulo por um anunciante que prometia "distribuição de brindes [...] filmes de surf, concurso de dança, desfile de modas, Free-Food e muita descontração".[42]

Ao registrar a inauguração da "primeira pista PRO do país", no Morumbi (São Paulo), informou: "você já pode ir praticando pois a pista está aberta ao público diariamente, sendo exigidos equipamentos de segurança."[43] A recomendação deixa claro que o leitor a quem se dirige reside na capital ou próximo a ela, possui uma bicicleta de bicicross e equipamentos de segurança (artigos caros) e meios para levá-los ao bairro de classe alta paulistano, cujo acesso não é dos mais fáceis. Somando estes aspectos à dificuldade – muitas vezes impossibilidade – de transportar os equipamentos necessários à prática dos esportes radicais (com exceção do *skate*) através do sistema público de transporte, percebe-se o caráter de classe implícito nas observações.

A ênfase em São Paulo e as consequentes limitações de espaço para a cobertura dos demais estados chamou a atenção de leitores. O jovem surfista catarinense David Husadel escreveu para elogiar a publicação e reclamar da cobertura da Região Sul:

> O Sul é palco de grandes campeonatos nacionais, tanto a FLUIR quanto a Visual, cobrem estes campeonatos, mas só fazem isso no Sul. A minha reivindicação é a seguinte: a) No SUL não existe só OLYMPIKUS; b) No SUL há surfistas; c) No SUL há ÓTIMAS ondas; d) Porque não fazer reportagens aqui?[44]

---

42 "Toques", *Fluir* n. 3, mar 1984, p.11.
43 "Toques", *Fluir* n. 4, maio 1984, p.66.
44 "Cartas do Leitor", *Fluir* n. 6, set 1984, p.16.

[Resposta de *Fluir*] Aí David, adivinha só o que vem por aí no número 7?

A crítica nada tem de superficial. Trata-se de um questionamento de fundo, solicitando a realização sistemática de coberturas do litoral sulino. Tal mudança implicaria revisão de critérios editoriais e alteração nas escolhas de pauta e nas rotinas produtivas. Contudo, *Fluir* a encara como mera reivindicação de visibilidade, o que fica claro com a matéria da edição seguinte e a resposta de apenas uma linha. Longe de ser exceção, a postura constitui regra na relação da maior parte dos veículos de comunicação com o público: colocam-se como espaço aberto, mas as considerações dos leitores só podem ir até certo ponto. Em muitos casos, críticas de fundo sequer são publicadas. Mesmo quando isso ocorre, é praticamente impossível encontrar uma resposta – quando *há* resposta – que explique as opções editoriais, as rotinas produtivas etc. Via de regra, os veículos falam sobre diversos assuntos em sua pauta, exceto um, cuja presença é inteiramente interditada: eles próprios, suas posições e escolhas.

A capa do número sete, mencionado na resposta à carta, estampou: "Expedição Sul". A matéria considerava necessário "viver um ano ou mais no Sul para surfar e fotografar a todos" e saudava o fato de que "em todos os lugares se encontra sempre um sorriso amistoso e uma boa acolhida da gente finíssima que vive ali", aparentemente relevando a menção ao localismo feroz de Itajaí (Sc).[45] Em 1989, um dos primeiros números de *Skatin'* (publicação da mesma editora e com membros da redação com passagem por *Fluir*) trazia uma reportagem sobre o esporte nas cidades gaúchas de São Leopoldo e Novo Hamburgo, intitulada... "Expedição Sul". O nome dado a estas matérias realizadas em uma região importante para os esportes radicais e relativamente próxima (em termos de

---
45 "Expedição Sul", Alberto C. Alves e Edison Leite, *Fluir* n. 7, dez 1984, p.76-8.

para os esportes radicais e relativamente próxima (em termos de Brasil) de São Paulo, sede das revistas citadas, fala por si.[46]

Um ano e meio depois, um leitor cobrou cobertura sobre a Bahia e recebeu resposta muito parecida:

> A FLUIR esteve recentemente na Bahia para cobrir o II Campeonato de Surf da Festa do Cacau, em Ilhéus, sendo que o nosso fotógrafo Motaury teve uma acolhida muito calorosa por parte de nossos amigos baianos. Veja nesta edição a cobertura deste evento, mas aguarde para breve uma matéria especial sobre a Bahia e o litoral nordestino.[47]

Embora isso nunca tenha sido dito ou assumido de forma clara, o Nordeste e o Sul estavam fadados a ser objeto de matérias *especiais* – sempre muito simpáticas e repletas de elogios a ondas, surfistas e povo –, e, consequentemente, alijados da pauta.

Em dezembro de 1987 a seção "Viagem" sugeriu como destinos Rio de Janeiro e Santa Catarina. Trata-se de mais uma demonstração de que, apesar de se pretender nacional e de ter passado anos acusando a concorrente de bairrismo, *Fluir* de fato destinava-se aos paulistas. Não por acaso, a agência de viagens que patrocina a seção localiza-se em São Paulo. Entre as recomendações, o lugar comum sobre a periculosidade da capital fluminense: "no Rio de Janeiro o maior motivo para apreensão é com relação aos furtos. Se resolver deitar para tomar sol, fique sempre com pelo menos um olho aberto, pois sua prancha poderá sumir do seu lado, principalmente se você optar pela praia do Pepino".[48]

A face oposta da moeda é a ênfase dada aos paulistas, abordada no capítulo dois. Desde o primeiro número, sua presença nas praias e competições recebeu grande atenção. Até a ausência se destacava: "deve-se ressaltar a não participação (pois chegaram no dia do evento, devido às dificuldades: o excesso de chuva que

---
46 *Fluir* n. 7, dez/1984. *Skatin'* n. 6, jun-jul/1989.
47 "Cartas do Leitor", *Fluir* n. 13, jan 1986, p.26.
48 "Viagem", *Fluir* n. 26, dez 1987, p. 32.

fez a estrada do litoral ficar em péssimo estado) dos irmãos Salazar e do Feio, surfistas que sempre mostram um bom nível técnico nas competições."[49] Alex "Picuruta" Salazar, Almir Salazar e Luís "Feio" Sala eram paulistas, sendo o primeiro o surfista preferido de *Fluir*.

A revista muitas vezes identificava os atletas brasileiros, em textos e legendas, pela praia (ou pico específico), localidade, município ou estado de origem. Isto ocorre particularmente nos primeiros dois anos e quando se trata de surfistas de São Paulo. Uma das primeiras matérias de viagem destaca a ida "de quatro surfistas paulistas ao paraíso do Surf Brasileiro".[50] Como o título deste subcapítulo sugere, em certos casos a postura e o discurso adotados lembram um tom *colonizador*:" já em terra pudemos sentir o forte calor tropical [...]. Tudo lá é muito precário, o transporte é bastante difícil."[51] Há referências a precariedade, falta de civilização, incômodo causado pelo clima tropical, de onde se pressupõe que o autor do texto habita região inserida em zona climática distinta[52] e, por outro lado, exaltação a qualidades *naturais* do lugar ("o paraíso do surf brasileiro"[53]) e à simpatia de seus habitantes. Fernando de Noronha é apresentado como "o Caribe brasileiro", mas que "é tão Brasil quanto aqui (coisa difícil de se lembrar, em um local tão isento de preocupações)".[54] Ou seja, pelas diferenças em relação às boas condições para o surfe no verão e ao ritmo de vida, o lugar nem parece o Brasil. Na verdade, o texto é um relato de viajante,

---

49 *Fluir* n. 1, set-out/1983, p. 44-5.
50 Aldhemar J. Freitas Filho (Deminha), "Fernando de Noronha", *Fluir* n. 2, nov-dez 1983, p.16-21.
51 Aldhemar J. Freitas Filho (Deminha), "Fernando de Noronha", *Fluir* n. 2, nov-dez 1983, p.18.
52 De acordo com o ibge, a região metropolitana de São Paulo está toda inserida no clima Tropical Brasil Central, que compreende a totalidade de unidades federativas como Rj, Es, Mg, Go e Ms. "Mapa de Climas", sítio do ibge (Instituto Brasileiro de Geografia e Estatística), disponível em: http://mapas.ibge.gov.br/clima/viewer.htm. Acesso em 24 jan 2009.
53 *Fluir* n. 2, nov-dez/1983, p.10.
54 "Noronha Revisitada", Alfredo Bahia, *Fluir* n. 4, maio 1984, p.50-2.

tipo clássico de fonte historiográfica.⁵⁵ Reforçam esta característica as fotografias abordando aspectos *pitorescos* e/ou dificuldades enfrentadas para a realização das matérias.

Contudo, no plano retórico, a publicação demonstrava preocupação de ir além das divisas de São Paulo:

> [...] gostaríamos de solicitar a todas as Associações de Surf e de Vôo Livre, e também às Federações de Ciclismo (Diretorias Técnicas de Bicicross) de todo o Brasil, que nos enviassem seus calendários de eventos e promoções para 1984; para que possamos estudar e organizar uma COBERTURA NACIONAL, a mais ampla e abrangente possível, sem discriminações ou regionalismos.⁵⁶

O trecho aponta a pretensão de se tornar um título de alcance efetivamente nacional, tanto na circulação quanto no conteúdo. Anos depois, a revista se vangloria de sua abrangência:

> Entrando em nosso quinto ano de existência como uma publicação, agora mensal, de grande penetração de Norte a Sul do país, inclusive em localidades que se situam longe da costa brasileira – além de ter seu reconhecimento internacional – como uma das melhores revistas de surf do mundo [...].⁵⁷

Embora no plano discursivo *Fluir* se declarasse um "espaço aberto" e afirmasse a preocupação de mostrar todo o Brasil e chegar a todo o país, como tenho discutido nesta seção, a cobertura é feita a partir de São Paulo e com foco no estado.

Considero que esta perspectiva permeia todo o conteúdo da publicação. Desdobro minha interpretação em dois níveis. O primeiro nível refere-se aos *pressupostos* que atravessam a produção de *Fluir* sobre o espaço, ao passo que o segundo remete à *naturalização* dos mesmos.

---
55 Inclusive pelo fato de ser, de fato, um relato de viagem, e não um texto produzido por jornalista da redação.
56 "Editorial", *Fluir* n. 2, nov-dez 1983, p. 6.
57 "Editorial", *Fluir* n. 29, mar 1988, p. 11.

Primeiro, refiro-me à *cobertura centrada em São Paulo*, afirmação que pode ser entendida de duas formas: a) eleger o surfe e os surfistas paulistas como *principal assunto*, o centro das atenções; b) abordar o surfe e os surfistas de *fora de São Paulo* a partir de um olhar sediado em São Paulo. No primeiro caso, a evidência (e consequência) principal é a ampla cobertura dedicada ao litoral paulista, incluindo competições, e às performances dos atletas do estado.[58] Como contrapartida, os demais surfistas e lugares recebem espaço proporcionalmente reduzido. Se São Paulo (e, em menor escala, o Rio de Janeiro) constitui o espaço/pauta regular, próximo e cotidiano, por contraste as demais unidades da federação receberão abordagem irregular e "especial" (eventual). O segundo aspecto converte o restante do Brasil e do mundo em lugares a serem visitados em viagens. Esta postura, por si mesma, tem impactos no jornalismo realizado, pois este necessariamente é fruto de um deslocamento e produz estranhamento. Por mais familiar que uma onda ou local do litoral brasileiro ou estrangeiro seja, ela é e será tratada, encarada, enquadrada, vista, apresentada e tomada, em alguma medida, como *alteridade*. A centralidade da capital paulista como referência pode ser percebida, por exemplo, no elogio ao caráter natural e rural das praias afastadas dos centros urbanos. Neste caso, a dicotomia *São Paulo x de fora* se superpõe a *urbano x rural* (ver próxima seção).

Em um segundo nível, cabe destacar que estas diferenças sequer são discutidas – que dirá assumidas. O silêncio sobre as preferências editoriais e as escolhas e limitações intrínsecas à atividade jornalística naturaliza a assimetria no tratamento de São Paulo e das demais unidades da federação. No caso, *Fluir* atua em consonância com a postura hegemônica no jornalismo brasileiro: a recusa a assumir suas características e discuti-las em público

---

[58] Curiosamente, tanto Fluir quanto Gutenberg (1989, p.188) apontam como principal defeito das revistas *Realce* e *Visual* a cobertura focada no Rio de Janeiro.

serve para mantê-las intocadas; comporta-se como se elas não existissem, naturalizando-as junto a si mesmo e ao público. Consequentemente, as *escolhas* e *limitações* que poderiam ser trazidas ao conhecimento dos leitores, como o fato de que uma cobertura sistemática e bem feita necessita de mão de obra (repórter e/ou fotógrafo) no local, são silenciadas. Como visto, mesmo quando leitores questionam a cobertura – e a revista se dispõe a publicar tais manifestações, postura incomum no jornalismo brasileiro – e reivindicam espaço sistemático, a resposta se resume a elogiar os lugares e pessoas que nele residem e prometer para breve uma matéria "especial".

Ademais, em momento algum a revista admite que sua cobertura seja feita a partir de São Paulo e tenha o estado como foco central. Resultado: a naturalização apresenta a abordagem de *Fluir* não como determinada por ênfases e características próprias – como toda e qualquer produção jornalística –, mas como a *única* e *melhor* possível.

4.3 Viagens

Junto com as competições, as viagens figuram como o lado do surfe mais presente na revista. O número inaugural continha matérias sobre dois destinos: Nordeste brasileiro e África do Sul. Além de numerosas fotos, trazem dicas sobre os tipos de onda e condições de surfe. Com o passar do tempo, o número de informações para o leitor interessado em ir ao local se torna cada vez maior: condições de acesso aos picos, equipamento necessário, presença e comportamento de locais, custos de viagem e hospedagem, clima, período do ano propício para o surfe, transporte e acesso.

Do ponto de vista narrativo, várias matérias obedecem à mesma estrutura: começam com uma descrição da viagem ou das impressões da chegada e terminam com um balanço da viagem e frases relativas a saudade, pretensão de voltar (ao lugar visitado) etc. No que diz respeito às imagens, as fotografias abordam primordialmente surfistas em ação (visitantes e locais), aspectos naturais (coqueiros, animais, pôr-do-sol) e temas/objetos humanos como crianças, pessoas com roupas típicas, barcos e igrejas. Como mencionado no primeiro capítulo, *Fluir* aborda com parcimônia o risco envolvido no surfe. Boa parte dos casos em que o faz encontram-se nas matérias sobre viagens. Entre eles, identifiquei uma menção a terremotos.[59] Um texto sobre o "príncipe João de Orleans e Bragança" destacou sua bravura, coragem e pioneirismo e citou-o como um dos desbravadores da onda de Gradjagan (Indonésia), na qual aportou em 1976, na companhia de australianos, para surfar na "reserva florestal de Plunkgung, onde tigres passeiam na praia, tubarões e cobras d'água nos recifes e os mosquitos carregam malária".[60] Contrariando o senso comum, *Fluir* não encarou os tubarões como ameaça e saudou-os com humor em mais de uma ocasião: "[...] não atacam devido à grande quantidade de peixes no local, o que os deixa sempre muito bem alimentados";[61] "[...] os locais dizem ser ali a morada de um tubarão que, por aparecer frequentemente, ganhou até um apelido: "El Bruno" (xará do nosso fotógrafo)." Neste caso, a brincadeira usa a primeira pessoa para fazer referência a um membro da equipe, aproximando o tratamento do peixe daquele destinado a um animal de estimação.[62] Se há um elemento cuja presença perturba, é o homem: "a vida marinha é muito rica e quase totalmente

---

[59] "México – Puerto Escondido", Alfredo Bahia e Bruno Alves, *Fluir* n. 4, maio 1984, p.38.
[60] "Gente que surfa – João de Orleans e Bragança", Carlos Lorch, *Fluir* n. 7, dez 1984, p.44.
[61] Aldhemar J. Freitas Filho (Deminha) (t), "Fernando de Noronha", *Fluir* n. 2, nov-dez 1983, p.21.
[62] "México – Puerto Escondido", Alfredo Bahia e Bruno Alves, *Fluir* n. 4, maio 1984, p 37.

selvagem, não sabendo ainda o que são os efeitos destruidores do homem (frequentemente os pequenos tubarões se assustavam com a nossa presença surfando)".[63] Por fim, a maioria das matérias menciona riscos e problemas com transportes.[64] As dificuldades para se deslocar e as longas distâncias se convertiam em experiências que valorizavam viagem e viajantes: o "fechado clube dos aventureiros" reunia aqueles que se destacavam por virtudes como "coragem e resistência".[65]

4.3.1 Sonho, prazer e êxtase

Uma das ideias recorrentes nas matérias sobre viagens é a de "sonho".[66] A palavra aparece com frequência, no mesmo contexto: o surfista "sonha" o tempo todo com ondas perfeitas. Durante a maior parte do tempo, só lhe resta *sonhar* (acordado) com as ondas. Durante as viagens, continua a fazê-lo, mas tem a oportunidade de transformar o sonho em realidade, ou seja, vivê-lo. O discurso de *Fluir* apresenta esta estrutura (*sonhar* com ondas perfeitas e concretizá-lo ao viajar) como algo generalizado entre os surfistas. Referindo-se às direitas de Jeffrey's Bay (África do Sul): "ali está o sonho de cada surfista, onde tanto quanto Uluwatu, em Bali (aguardem reportagem), após o dia de surf, tudo parece maravilhoso, tudo leve, puro delírio, prazer... sonho. Mas é real. Existe. Acontece".[67]

A citação introduz uma segunda ideia, traduzida através de termos como êxtase, prazer e delírio – a de que as viagens de

---

[63] "Noronha Revisitada", Alfredo Bahia, *Fluir* n. 4, maio 1984, p.50-2.
[64] "México – Puerto Escondido", Alfredo Bahia e Bruno Alves, *Fluir* n. 4, maio 1984, p.34.
[65] "Gente que surfa – João de Orleans e Bragança", Carlos Lorch, *Fluir* n.7, dez 1984, p.44.
[66] Na cobertura de vôo livre há uma referência pontual à modalidade como realização do sonho humano de voar (ver item 1.2.2). Entrevista de Roberto Cantusio a Ricardo Demasi, *Fluir* n. 2, nov-dez 1983, p. 54.
[67] "África do Sul", Xan [t] e Bruno [f], *Fluir* n. 1, set-out/1983, p.25.

surfe permitem passar o dia fazendo *a melhor coisa do mundo*, sem preocupações de qualquer ordem: "praticamente extasiados (completamente loucos) pelo visual dos lugares e estradas e por surfar ondas indescritíveis [...]".

Muitos adeptos relatam a prática do surfe como uma experiência cósmica e articulada com forças positivas e superiores. As fontes pesquisadas estão repletas de exemplos deste discurso: "nas cristalinas e velozes ondas [...] nos transforma e nos aproxima do ritmo cósmico, da nossa essência vibratória, a energia que cria e destrói todas as coisas".[68] Um leitor agradece à publicação "por nos ajudar, a cada edição, a ver melhor a magia do surf, e fazer além de tudo, desta magia, uma evolução. Uma evolução do espírito".[69]

Tais experiências são proporcionadas pelo esporte em si e podem ser potencializadas pelos lugares: "[...] todos que lá estão [Puerto Escondido, México] sentem uma inexplicável magia própria do lugar, o que faz com que ninguém queira mais sair de lá (nós conhecemos um carioca que estava lá há 6 meses e já havia rasurado seu visto 3 vezes)";[70] "a força e a cor das ondas nos faz pensar que é tudo um sonho... mas esta onda é um sonho para qualquer surfista"[71] (legenda de foto); "na afrodisíaca praia de Itacoatiara, um beach-break que fica na cidade de Niterói [...]".[72] Restrições que se impõem, como a renovação do visto de permanência em uma pátria estrangeira, são rapidamente superadas pelos surfistas. Tampouco problemas locais parecem importuná-los: os destinos das viagens mágicas incluem a África do Sul do *apartheid* (visitada diversas vezes) e países repletos de pobreza e mazelas, como a Indonésia e locais do próprio litoral brasileiro e latino-americano.

---

68 "Cartas do Leitor", *Fluir* n. 2, nov-dez 1983, p.65.
69 *Fluir* n. 4, maio 1984, p.14.
70 "México – Puerto Escondido", Alfredo Bahia e Bruno Alves, *Fluir* n. 4, maio 1984, p.34.
71 Idem.
72 "Itacoatiara", Elvio Pereira, *Fluir* n. 6, set 1984, p.37-40.

Apesar do vocabulário repleto de alusões a valores e elementos transcendentais, há poucas referências diretas à religião. Entre as raras encontradas estão a alusão a um salmo em uma propaganda e a carta com uma espécie de Credo do Surfe (citada no item 3.2.2).[73] Booth atribui ao surfe de alma a aproximação do surfe com a contracultura, através da apropriação do esoterismo: "surfistas de alma aplicaram interpretações esotéricas ao surfe: ondas se tornaram sonhos, *playgrounds* [...] e até hospícios, e a busca da onda perfeita tornou-se uma procura sem fim" (Booth, 2001, p.113). A vertente marca posição dentro do esporte:

> O surfe de alma – deslizar sobre as ondas pelo "bem da própria alma" – articulava essa nova política e crítica, e unia surfe e contracultura. Os surfistas de alma rejeitavam o intenso consumismo, materialismo e competição; e expunham uma forma de individualismo "fraternal" que exaltava a criatividade e auto-expressão em um ambiente de cooperação (Booth, 2001, p.112-3).

Neste ponto a contracultura serve como referência para a recusa a certos valores da sociedade burguesa. No caso específico do surfe, muitos combatiam e combatem com veemência o profissionalismo e a realização de competições, bem como a exploração comercial promovida pelas empresas. É interessante pensar no uso da expressão "alma" para se referir a um esporte tão baseado em sensações do corpo. O surfe de alma chama a atenção para a dimensão não comercial e não remunerada, na qual descer as ondas converte-se em atividade transcendental que alimenta e eleva o espírito.[74]

A noção do surfista como desajustado em relação aos valores burgueses, que adota "comportamentos tidos como marginais pela sociedade", desagradando aos pais, viaja de forma errante e

---

73 *Fluir* n. 2, nov-dez 1983, p 62.
74 Metaforicamente, pode-se pensar no significado dos termos *onda e viagem* no vocabulário dos adeptos de substâncias relativas à "ampliação da consciência".

tenta se unir a crenças de civilizações antigas aproximam-no do Romantismo nos termos analisados por Enne (2005). A viagem ao oriente e o contato com civilizações seculares, por exemplo, guardam alguma semelhança com o caráter ritual e simbólico da ida anual ao Havaí, lugar *sagrado* com ondas de grande qualidade e tamanho e habitado por descendentes da civilização considerada inventora do surfe. Coincidência ou não, em diversas regiões de surfe – Peru, Ilhas Galápagos, Taiti, Bali e outras ilhas indonésias, Peru, México – vivem povos que descendem de civilizações e/ou praticam religiões milenares, aspecto normalmente mencionado nas matérias de viagem.

Porém, este traço da vinculação entre surfe e contracultura tem contradições: vários surfistas exploravam e exploram a imagem de rebeldes para vendê-la. Afinal de contas, como bem lembra Booth (2001, p.114), a indústria do surfe não é mais inocente ou menos capitalista que as demais. A voracidade capitalista avançou sobre o surfe de alma:

> O grande capital também se provou altamente adaptável ao surfe de alma. No auge do surfe de alma, ele continuou a impulsionar, incorporar e explorar as imagens limpas, refrescantes e esportivas do surfe. O surfe "naturalmente" complementou produtos preocupados com corpo, saúde e estilo de vida, e aparecia em mensagens de anunciantes em revistas e jornais, rádio, televisão, letreiros de néon, *outdoors* e cartazes. Agências de publicidade inverteram muitas imagens negativas, como a indiferença casual associada ao surfe de alma (Booth, 2001, p.117).

Mais uma vez o capitalismo apropria-se de valores que o questionam para colocá-los a seu serviço. A imagem do surfista como alguém que sabe viver a vida é utilizada em campanhas publicitárias de diversas empresas, marcas e produtos. Sobretudo para os que levam o ritmo tenso e corrido da vida na cidade grande, o ato de ir à praia surfar dota-se de uma carga de significados positivos.

Via publicidade, as empresas se associam a estes valores, como no anúncio da marca Visual Sports com a foto de uma onda e o texto: "Real e irreal se confundem num momento perfeito, especial. Você faz o tempo, o espaço o astral [sic]. Você é quem cria o seu visual".[75]

4.3.2 Redenção através da natureza e das pessoas simples

Esta seção aborda três traços recorrentes e bastante valorizados nas matérias sobre viagem, proporcionados pelo dia a dia: convivência com a) natureza; b) pessoas simples (moradores locais); c) amigos.

Eis o que uma ida a Fernando de Noronha pode proporcionar:

> Ficamos em F.N. durante 4 semanas. Para nós foi uma grande experiência não só pelas ondas indescritíveis mas também pelas pessoas, costumes e visuais raros do lugar. Todos os dias fazíamos longas caminhadas em busca das ondas, em praias completamente desertas e sem nenhuma pegada humana, onde os pássaros ficavam imóveis, nos observando sem qualquer medo.[76]

O trecho associa os dois primeiros pontos. A natureza se manifesta na proximidade dos animais, nas praias sem vestígios de presença humana (a dos próprios surfistas é descartada), na paisagem diferente. As pessoas que vivem em Fernando de Noronha e seus costumes compõem as peculiaridades que tornam a ilha tão especial.

O contato com a natureza ganha contornos relevantes considerando que o leitor para quem se escreve é primordialmente

---

75 *Fluir* n. 1, set-out 1983, p.13.
76 Aldhemar J. Freitas Filho (Deminha) (t), "Fernando de Noronha", *Fluir* n. 2, nov-dez 1983, p.16-20.

urbano (embora isso raramente seja tornado explícito). Entre os muitos exemplos que poderiam ser citados para discutir o assunto, utilizo uma matéria de 1985 sobre a região que fica na divisa entre os estados de São Paulo e Rio de Janeiro.[77] Localizada no Parque Nacional da Serra da Bocaina e de difícil acesso – simbolizado pelo "trecho conhecido como 'Deus Me Livre', nome sugestivo dado à maior ladeira da estradinha" –, lá "o Surf é bem selvagem" em "praias quase virgens" e não há energia elétrica ou local para hospedagem, sendo necessário acampar ou ficar em Paraty, a quilômetros de distância. Em meio a dicas como a de encomendar almoço pela manhã com "d. Clara (esposa do seu Antônio)" antes de ir surfar, a matéria adota certo determinismo geográfico ao discorrer sobre os moradores: "o povo local vive basicamente da pesca e de pequenas culturas. Essa é uma região altamente piscosa e com uma boa terra para o plantio, o que faz com que seus moradores sejam pessoas saudáveis e alegres."

De acordo com o texto, o local sofre com ameaças de "destruição e ao desequilíbrio ecológico causados pelo homem". A reportagem lista uma série de recomendações: "[...] não se esqueça de que lá é uma área de preservação, portanto, não moleste os animais, não arranque plantas e não espalhe lixo". O local estaria "com seus dias contados", por isso seria preciso fazer de tudo para preservá-lo, do contrário "talvez nossos filhos não tenham [o] privilégio [...] de surfar ali e de receber no corpo e espírito toda a energia positiva e mágica que envolve esse lugar". O lugar "começou a ser frequentado pela nata da contracultura paulista" e por estrangeiros entre 1974-6, "tempo de descobertas lisérgicas", tornando-se "o paraíso da liberdade", em meio à "repressão total que havia no país". Tudo corria bem, até que surgiram "freaks", "ladrões" e "os ladrões multinacionais". Os últimos, de maior periculosidade, materializaram-se

---

[77] "Ponta do Cepílio", Alexandre Andreatta, *Fluir* n. 10, jun-jul 1985, p.78-89.

na iniciativa de uma subsidiária da Brascan Imobiliária, que queria criar um "paraíso" turístico com hotel cinco estrelas. Para tanto, os "ladrões" "invadiram o local com todas as armas a que tinham direito: tratores, motosserras, motoniveladoras, muito dinheiro para corromper políticos, juízes e delegados, além de um bando de jagunços armados cuja principal função era instaurar o Terror." Seguiram-se espancamentos de moradores e incêndios criminosos de casas e plantações. Todavia, a mobilização local, somada ao esforço de turistas paulistas para divulgar os acontecimentos e buscar ajuda, conseguiu barrar a iniciativa. O texto prossegue:

> Você que está lendo esta matéria e que talvez tenha vontade de conhecer este lugar mágico onde rolam tubos alucinantes, lembre-se sempre que ali vivem pessoas muito diferentes de você e eu, habitantes das grandes cidades, e que essas pessoas devem ser tratadas com o máximo respeito por representarem valores que nós há muito perdemos. Pessoas que trazem a pureza do contato íntimo com uma natureza que explode em vida e cores por todos os lados. Pessoas que trazem o misterioso poder dos olhos brilhantes. E que sabem o que é a magia...

A reportagem aborda diversas representações do surfe discutidas neste trabalho – no caso, todas intimamente articuladas com a questão do espaço. Em primeiro lugar, salta aos olhos o estabelecimento de um corte nítido entre os hábitos e visões de mundo dos moradores locais e dos visitantes da cidade grande. Os primeiros são ingênuos, felizes e afortunados, detentores de valores e de um estilo de vida harmônico e positivo, enquanto os últimos desconhecem ou perderam esses atributos. O diferencial fundamental é o contato com a natureza: quem vive lá é privilegiado e preserva uma série de características positivas, ao passo que, para os visitantes, cuja inocência se perdeu "há muito", resta o "privilégio" de frequentar esse lugar, tentar aprender com a experiência e mantê-lo preservado, de maneira a que outros possam usufruí-la.

Segundo, afirma, de forma inequívoca, que o leitor de *Fluir*, assim como quem a faz, vive nas "grandes cidades" – uma das raras vezes em que situa geograficamente o público a quem se dirige. Isto permite complexificar o corte indicado no parágrafo anterior: na medida em que o diferencial fundamental é viver fora ou dentro das grandes cidades, o fato de elas estarem ou não próximas ao mar torna-se secundário. "A pureza do contato íntimo" com a natureza só é possível afastando-se dos centros urbanos. Trata-se de um exemplo da naturalização de referenciais definidos a partir de características peculiares ao surfista *paulistano*. Viver em uma metrópole e surfar, portanto, não significa experimentar o privilégio de que se fala, nem estar livre dos males inerentes a quem nela habita – visão que diverge claramente do *desejo de natureza* explorado por Dias (2008) em sua pesquisa sobre moradores do Rio de Janeiro. O "desejo de natureza" e a ligação da mesma a valores positivos (saúde, harmonia, bem-estar) esteve na base da disseminação do surfe e do montanhismo no Rio de Janeiro (Dias, 2008). Nas páginas de *Fluir*, o fenômeno vinha acompanhado da atribuição de valores negativos ao urbano, espaço que aparecia como opressor, poluído e incômodo. Este ponto de vista aparece de maneira mais explícita nas matérias sobre viagens, mas pode ser encontrado nas demais seções: uma nota recomendando a visita a uma loja de surfe no Centro de São Paulo apresentava-a como "um buraquinho mágico, uma brisa atlântica no meio do concreto [...]".[78] A proximidade da natureza é sempre encarada como algo positivo, mesmo que se esteja em uma loja no "Centrão", em meio ao "cinza da cidade".[79]

Terceiro, o modo de vida construído pelos habitantes é harmônico com a natureza e muito diferente da vida da cidade.

---

78 "Toques", *Fluir* n. 4, maio 1984, p.20.
79 *Fluir* n. 4, maio 1984, p.25. Cinco páginas após a recomendação, uma propaganda de página inteira da loja repetia as expressões "buraquinho mágico" e "brisa".

Este mesmo espaço é convertido em lugar de experiências pelos adeptos da contracultura, o que não representa ameaça ao modo de vida dos que lá residem. A presença dos surfistas pode ser harmônica, desde que respeitosa e atenta à preservação. Nesse sentido, a postura da revista é ambivalente, pois ao mesmo tempo em que estimula a visitação, ao revelar belezas e qualidades, inclusive com dicas sobre como chegar, onde ficar e como se alimentar, estabelece parâmetros para o comportamento dos visitantes e admite que o aumento da frequência pode destruir o local.

Se por um lado o aumento da frequência de surfistas é potencialmente nocivo, por outro é justamente a presença de pessoas apegadas à ideia de natureza que, juntamente com a resistência dos moradores, impôs limites à especulação imobiliária promovida pelo grande capital, que usou táticas truculentas e conhecidas na tentativa de apropriar-se do território. Na medida em que as iniciativas de luta das pequenas comunidades costumam receber pouco espaço nos meios de comunicação corporativos, o *barulho* feito pelos frequentadores – com uma menção ao apoio do jornal *Versus* – constituiu um importante aliado dos moradores para espalhar a notícia e angariar adeptos na árdua briga política para barrar o empreendimento. Chama a atenção a posição inequívoca adotada por *Fluir* de denúncia e crítica em relação a um tipo de intervenção capitalista – turismo, *resorts* etc. – que se apresenta ao público de forma positiva e limpa, ocupando amplo espaço jornalístico e publicitário na mídia corporativa, mas recorre aos velhos e costumeiros métodos de força, corrupção e espoliação, contando com o também repetido silêncio e beneplácito de governos e da mesma mídia.[80]

---

[80] Neste sentido, é flagrante o contraste com uma matéria do *mesmo autor* publicada 22 anos depois em *Alma Surf* (editada por seu irmão, Romeu Andreatta, outro ex-sócio de *Fluir*), sobre uma viagem à Costa Rica. Em meio a uma região "muito pobre e muito suja, com o lixo espalhado por todos os lados", ele e seus amigos alugaram uma casa em um lugar descrito como "um enclave gringo, os caras com-

Como foi visto anteriormente neste capítulo, as interações entre local e global podem se dar de múltiplas maneiras. Se por um lado o crescimento do turismo tende a alterar o espaço e a aumentar a destruição (sendo certos tipos de turista mais *perigosos* que outros), inclusive através da especulação imobiliária e da atração de grandes grupos privados, neste caso específico a solidariedade – acompanhada, evidentemente, do interesse de manter o lugar acessível a visitas e ao surfe – contribuiu para preservar, ao menos temporariamente, as condições de vida dos residentes.[81]

Inexiste reflexão sobre o papel exercido pela própria publicação ao estimular tanto o crescimento do número de surfistas quanto das viagens. O incentivo se dá de duas maneiras: a) via valorização simbólica das viagens dentro da subcultura do surfe; b) funcionando como um *catálogo* de turismo dos lugares a serem surfados mundo afora, sendo a já citada seção "Viagem" o exemplo típico. Reside aí um paradoxo: a valorização do sossego e do caráter isolado dos destinos em textos dirigidos a milhares de leitores, cujo conteúdo os estimula a conhecer estes mesmos lugares e descreve em detalhes as condições para o surfe (praias, bancada, ondulação, vento, tipo e tamanho de onda), tempo de viagem, linhas aéreas e estradas disponíveis, possibilidades de acesso às praias via barco ou carro (e onde e como negociar para alugá-los),

---

praram uma área enorme que cobre quatro praias, cercaram tudo, organizaram, botaram segurança, limparam, fizeram hotel, restaurante, mercado, e construíram altas casas ali nas encostas. Cinematográficas." Talvez o título da matéria tenha algo a ver com a explicação para a mudança: "Minha vida agora é cool... (Meu passado é que foi trash!!)", Alexandre Andreatta (t), Francisco Massei e Rodrigo Boaventura (f), *Alma Surf* n.40, set-out 2007, p.60-8.

81 O impacto do turismo ligado ao surfe sobre as economias locais é um dos pontos centrais de *Indo.doc*. O documentário retrata a viagem de quatro surfistas brasileiros por países do sudeste asiático atingidos pelo Tsunami (2004) e apresenta a presença de surfistas como bastante benéfica para a população local (incluindo falas dos próprios moradores). Um caminho interessante de investigação é pensar os locais da Indonésia mostrados no filme como exemplos de economia local de subsistência articulada à circulação global de turistas. O documentário está disponível na íntegra em http://www.lanho.com.br/indodoc/. Acesso em: 10 set 2008. Cf. *Indo.Doc*. Brasil, 2006, dir. Leondre Campos e André Pires, 74 min., documentário.

dicas de hospedagem (pousadas, dormir em casa de moradores, acampar) e de vida noturna.[82] Tomo como exemplo a reportagem sobre Puerto Escondido, cuja tranquilidade se elogia, "apesar de constante vai-vem de turistas".[83] O local "é um porto de pescadores, mas que a cada dia vai ficando menos escondido devido ao grande número de turistas vindos de todas as partes do mundo".[84] Ora, o turismo não deixa de ser uma forma de expandir o alcance e a exploração capitalistas a "praias, montanhas e outros espaços inicialmente 'improdutivos'" (Nicolas, 1994, p.91). Porém, em momento algum o lamento pelo crescimento da exploração turística é relacionado à publicação de matérias como esta, cuja circulação contribuía para torná-lo cada vez mais descoberto, efeito potencialmente acentuado pelas dicas sobre como chegar e onde ficar.[85] A revista se porta como se o problema não lhe dissesse respeito.

Ao mesmo tempo em que incentivava as viagens, *Fluir* fazia mistério quanto à identificação do local onde ficavam certas ondas, como nesta legenda: "território neutro! Albertinho surfando um dos melhores points do litoral brasileiro. Tal lugar não deve ser considerado como pertencente àquele estado ou àquele outro. Simplesmente território neutro".[86] O texto mantém em sigilo o local da foto. São os "picos secretos" ou "secret spots", cuja localização deve ser preservada até dos leitores. Nos anos 1990 a revista lançaria uma seção em que publicava a foto de uma onda não identificada e dicas de texto. Na edição seguinte, publicava a resposta correta e sorteava um prêmio entre os leitores que acertassem a identificação/localização.

---

82 Cf., por exemplo, "Expedição Sul", Alberto C. Alves e Edison Leite, *Fluir* n. 7, dez 1984, p.64-81. "Indonésia – 1ª Parte", Alberto A. Sodré, *Fluir* n. 12, out-nov 1985, p.52-67.
83 "México – Puerto Escondido", Alfredo Bahia e Bruno Alves, *Fluir* n. 4, maio 1984, p.38.
84 "México – Puerto Escondido", Alfredo Bahia e Bruno Alves, *Fluir* n. 4, maio 1984, p.34.
85 "México – Puerto Escondido", Alfredo Bahia e Bruno Alves, *Fluir* n. 4, maio 1984, p.32-9.
86 "Fluindo no surf", *Fluir* n. 5, jul 1984, p. 53.

Ainda no que diz respeito à natureza, as matérias apresentam fotos de animais, paisagens naturais e/ou rurais (campos, praias, árvores, palmeiras), paisagens subaquáticas (corais, peixes). A convivência com os animais e o ritmo lento da natureza proporciona aprendizado aos viajantes. A exaltação das qualidades aparece com frequência: "logo no primeiro contato percebe-se como é diferente a sua vegetação, como são lindos seus animais. Tudo ali [Farol de Santa Marta, SC] se mistura numa eterna harmonia, inclusive as ondas [...]".[87]

O contato com a natureza revigora os viajantes oriundos da cidade. Lugares como Fernando de Noronha são apresentados como paraísos que proporcionam paz aos viajantes em meio a um modo de vida "tão isento de preocupações".[88] Esta construção idílica, naturalmente, diz respeito ao olhar do viajante, que enxerga e valoriza a vida rústica, sem perigos ou ameaças como a da violência, permitindo que se dormisse "ao relento"[89] nas noites de calor (Fernando de Noronha) ou em "cabanas em estilo bem rústico, onde as janelas são simples buracos, pois chuva lá é raridade" (México).[90]

Nas viagens em grupo, é preciso considerar os laços de amizade entre os surfistas, inclusive os que trabalhavam na redação de *Fluir*. Nas primeiras edições, certas matérias surgem a partir de viagens de amigos que se reúnem para surfar, cujo relato vai parar nas páginas da revista, principalmente se entre eles estiver um fotógrafo da mesma. Em uma delas, três dos quatro viajantes trabalhavam ou colaboravam nela, sendo dois fotógrafos – o caráter intimista se revelava também na citação de familiares na parte dos agradecimentos.[91]

---

87 "Expedição Sul", Alberto C. Alves e Edison Leite, *Fluir* n. 7, dez 1984, p.77.
88 "Noronha Revisitada", Alfredo Bahia, *Fluir* n. 4, maio 1984, p. 50-2.
89 Idem.
90 "México – Puerto Escondido", Alfredo Bahia e Bruno Alves, *Fluir* n. 4, maio 1984, p.35.
91 "Trilhando o Pacífico – Peru, Equador e Galápagos", Alberto C. Alves e Motaury, *Fluir* n.12, out-nov 1985, p.36-49.

A temporada de inverno havaiana possibilitava a convivência com amigos e a feitura de novas amizades. Uma reportagem buscou descrever o *clima* de uma casa hospedando dezenas de brasileiros:

> As variações de sotaque eram tantas – havia representantes de todos os Estados da orla marítima brasileira – que o lugar mais parecia a torre de Babel da língua portuguesa. Para cada nova turma que chegava arranjava-se espaço em instantes. Varandas transformavam-se em quartos com paredes e beliches feitos pelos filhos da Milly (dona da casa) em poucas horas, numa prova de incrível habilidade na marcenaria de emergência.[92]

O trecho denota certo espírito de aventura aliado a alegria e ingenuidade. Percebe-se a importância da vivência proporcionada por tais condições de viagem e hospedagem para se conhecer situações novas e inesperadas, conviver com pessoas diferentes, forjar novas amizades. A experiência proporcionada pelas viagens leva muitos textos a se encerrarem com um lamento e promessas de volta: "num lugar assim o tempo passa rapidinho e chegou a ser triste o dia de seguir viagem, pois além das ondas perfeitas, a gente acabou fazendo muitas amizades no local."[93] A feitura de novas amizades (com locais ou viajantes) e o estreitamento das relações entre os membros do grupo que viaja junto estão entre os aspectos valorizados.

4.3.3 Classe social e peregrinação

Por fim, resta abordar dois traços que mencionei pontualmente em diversos momentos: o caráter de classe embutido na apologia das viagens e a busca eterna da onda perfeita. Há quem enxergue ausência de classes no surfe:

---

[92] "Hawaii: um inverno quente nas ilhas", *Fluir* n. 20, maio 1986, p.43.
[93] "África do Sul", Xan [t] e Bruno [f], *Fluir* n. 1, set-out/1983, p.24.

[Os surfistas] são amigos de seus patrões, viajam juntos, surfam juntos e recebem o apoio necessário (p.7).
[...] Essa indústria gera empregos para milhares de pessoas. Melhor ainda, permite que milhares de pessoas vivam do esporte e continuem a curtir a vida como aqueles pioneiros pretendiam (Gutenberg, 1989, p.111).

O ponto de vista do jornalista, autor de *A história do surf no Brasil* e fundador da Abrasp, é compartilhado por anunciantes presentes no próprio volume. Uma das propagandas garante:"para nós da administração, trabalhar com o surf é quase uma terapia, é unir o útil ao agradável, é pegar onda pela manhã e atender os amigos e fornecedores logo após".[94] Por estar ligado ao surfe, o trabalho é quase descaracterizado como tal, tornando-se, em um passe de mágica, livre de uma série de mazelas e da condição inerente de exploração nos marcos da sociedade capitalista. No entanto, a própria fala do anunciante traz, em seu cerne, elementos para a crítica da ideia de que *trabalhar com o surfe é como se não fosse trabalhar*: ao explicitar os benefícios para *os que administram*, deixa subentendido que a flexibilidade de horário para poder surfar e o encontro com amigos para tratar de negócios não estão à disposição dos demais empregados da indústria do surfe, submetidos a condições laborais como as de qualquer empresa.

Não se trata de negar ou discutir os benefícios enxergados pelos próprios agentes em trabalhar próximo ao surfe, o que certamente facilita o acesso à prática do esporte. Quando um anúncio afirma que estar no ramo é "um jeito de trabalhar com a coisa mais gostosa do mundo (mulher não conta)",[95] sem dúvida está realçando os ganhos, inclusive simbólicos, que a proximidade com uma atividade pela qual se é apaixonado pode trazer para o indivíduo. Trata-se de interpretar a fala de empresas e empresários no que

---
[94] Anúncio publicado em Gutenberg, 1989, p.58.
[95] Anúncio publicado em Gutenberg, 1989, p.65.

tem de ideológico. Afinal, convencer as pessoas de que vivem no melhor dos mundos é uma forma de naturalizar a desigualdade e manter a dominação.

Feito este preâmbulo, cabe perguntar: em que medida a questão da classe social está presente na fala de *Fluir* sobre viagens? O final de uma matéria sobre Fernando de Noronha fornece algumas pistas:

> À noite o espetáculo eram as estrelas e, quando o calor era muito forte, dormíamos ao relento. Ao fechar os olhos as imagens eram sempre aquelas ondas, não dava para ver outra coisa. Outras vezes, o agito era o forró local [...]. Dia sim, dia não, faltava luz. Às vezes chovia de madrugada.
> Na verdade, eu sinto muita dificuldade em explicar o que é F.N., o que eu vi e senti por lá nunca será transmitido a vocês em algumas páginas ou mesmo em muitas. Só mesmo quem já foi lá pode ter uma breve idéia do que seja aquilo tudo, imagine quem nunca pôs os pés ali.[96]

O trecho permite inferências importantes além das já abordadas neste capítulo. Primeiro, questiona uma premissa importante do jornalismo (mesmo que de forma enviesada): a pretensão de ser os olhos do leitor e dar a ele a sensação de poder *estar lá*, seja através de uma narrativa minuciosa e/ou do despertar de sensações.[97] Em um dos arroubos de sinceridade e honestidade do início de *Fluir*, o autor destaca a dificuldade de traduzir impressões em palavras. Não se trata de uma reportagem produzida por um membro da redação, mas do "relato da viagem de quatro surfistas paulistas ao paraíso do Surf Brasileiro", que "FLUIR publica com

---

96 Aldhemar J. Freitas Filho (Deminha) (t), "Fernando de Noronha", *Fluir* n. 2, nov-dez 1983, p. 21.
97 As formas de narrar como teatro e literatura realizam este despertar a muito mais tempo. Há extensa discussão acadêmica sobre a relação entre jornalismo, narrativa e gêneros de texto. No Brasil, ver diversos trabalhos de Ana Lúcia Enne, Luiz Gonzaga Motta, Marialva Barbosa e Muniz Sodré, entre outros. Uma breve discussão sobre as abordagens, por parte de alguns autores estrangeiros, das relações entre narrativa e autoridade jornalística pode ser encontrada em Fortes (2004, p.68-73).

exclusividade".[98] A mídia de nicho, que valoriza a participação dos agentes na subcultura e abre espaço para suas falas, publica um texto com estas características, atitude improvável em veículos sob as normas hegemônicas do jornalismo.

Se todo relato é necessariamente incompleto, o problema é agravado pelo caráter distintivo da viagem ao "paraíso": a diferença entre os privilegiados (nos vários sentidos do termo) que a fizeram e os leitores torna-se ainda maior, como decreta o fim do texto ao separar "quem já foi lá" e "quem nunca pôs os pés ali".

As duas inferências apontam para a deslegitimação do lugar ocupado pela revista, na medida em que um de seus atrativos consiste em levar ao leitor experiências novas: *estar* em lugares distantes, exóticos e paradisíacos e *surfar* ondas perfeitas. O trecho distingue não só entre os surfistas – quem esteve ou não em Fernando de Noronha –, mas também entre os próprios leitores, pois a última frase dá a entender que o leitor será incapaz de vislumbrar o que a reportagem está falando. Duvido que tamanha sinceridade tenha sido intencional – tanto que não veio a se repetir.

O editorial de aniversário de 12 anos, assinado pelo editor Zé Lúcio Cardim, radicaliza o destaque dado às viagens. A foto acima do texto mostra uma onda virgem, em praia deserta – um ambiente livre de presença humana. A legenda é bem direta: "Onde? Encontre você mesmo. Quando? Quando você encontrar. Por quê? Porque é o verdadeiro espírito do surf!". Define-se o ato de viajar em busca de ondas como a real encarnação do "espírito do surf". A sequência do texto é igualmente significativa:

> Quando doze anos dentro d'água significam simultaneamente doze anos na selva, doze anos no deserto, doze anos sob sol e chuva, sob areia e lama, pelos cinco continentes, nos sete mares, no cafundó do judas... Enfim, quando doze anos dentro d'água

---

98 Aldhemar J. Freitas Filho (Deminha) (t), "Fernando de Noronha", *Fluir* n. 2, nov-dez 1983, p.17.

> querem dizer doze anos na estrada? A FLUIR completa doze anos homenageando os surfistas que não economizaram sangue, suor ou lágrimas em troca de bons momentos na água salgada, mesmo que estejam a muitos quilômetros do que se convencionou chamar de civilização: os viajantes.[99]

As viagens são alçadas a tema central da edição comemorativa e da trajetória da revista. Identifico, aqui, um paradoxo: só é realmente surfista quem abre mão de conforto, segurança e civilização em busca de ondas perfeitas. A construção em torno das viagens traz consigo uma ideia de despojamento, de despreocupação com bens e conforto material, em busca de algo que alimenta o espírito: a prática do surfe em contato com a natureza – quanto mais intocada e afastada da civilização, melhor. O paradoxo está no fato de que é preciso possuir uma condição financeira privilegiada para surfar as ondas paradisíacas e pouco disputadas de lugares como Fernando de Noronha, Bali ou Taiti, para permanecer por semanas sem trabalhar, ou mesmo no caso do Brasil, para ter ou alugar um jipe com tração nas quatro rodas que permita chegar a praias de difícil acesso. Enfim, trata-se de um *despojamento por opção* só disponível a quem tem boa situação financeira, ou aos que têm talento suficiente e viajam integrando equipes bancadas por patrocinadores.[100]

---

99 "Editorial", *Fluir* n. 120, out 1995.
100 Boa parte das reportagens sobre viagens na verdade consistem no seguinte: uma empresa de surfe escolhe alguns atletas (em geral seus patrocinados) para uma viagem a um lugar com boas ondas. Recruta também um ou mais repórteres, fotógrafos e cinegrafistas, que produzirão reportagens, fotos e vídeos da *aventura*. Estes profissionais também viajam por conta do patrocinador, que se beneficia da veiculação – como jornalismo e/ou publicidade – dos produtos oriundos de seu trabalho. Cabe notar que este tipo de reportagem tem sido praticado em larga escala no jornalismo brasileiro nas últimas décadas, em variados veículos e, quase sempre, sem o devido esclarecimento ao leitor sobre as condições de produção, já que os veículos costumam limitar-se a um singelo e vago "viajou a convite de". Não se trata, portanto, de prática exclusiva da mídia do surfe. Ademais, o caráter de gênero subjaz na qualificação do surfista como viajante. A ideia de que o surfista é homem, solteiro e disponível para viajar fica clara na nota de coluna social da revista *Istoé* a respeito do casamento de Pepê (Pedro Paulo Lopes): "abdica [...] de

Com relação a este ponto, é importante considerar que a construção realizada pela mídia não é neutra, desinteressada ou desprovida de valores, mas, como afirma Ribeiro (2005, p.125), "o campo por excelência do ideológico, em que várias vozes disputam a hegemonia das representações". Constituem exceções aqueles que se mudam para locais bucólicos só para surfar – como o exemplo de Paul Muller, que abriu mão da vida na *civilização* para viver em uma cabana de sapê na Indonésia.[101] No mais, trata-se de afirmar como *reais surfistas* os poucos privilegiados que podem realizar uma viagem nas condições mencionadas acima.

Um anúncio de *Fluir* veiculado na edição inaugural de *Fluir Bodyboard*, em 1987, traz um mapa-múndi marcado com os locais visitados nas matérias sobre viagens. A propaganda aponta os surfistas como "a última grande tribo nômade do planeta" (reproduzindo frase de um editorial de 1985[102]) e ressalta que a revista leva os leitores a viajar através de suas páginas. Afinal, "não importa qual seja o local, o que vale é a busca da onda perfeita. Pode ser no meio do mato – num pico totalmente escondido – ou na beira de uma estrada, totalmente movimentada. O importante é viajar, sair do lugar habitual, surfar uma onda diferente."[103] Há momentos em que o ponto de vista se radicaliza: "*verdadeiros surfistas têm de viajar* e quem viaja sabe que a vibração positiva, a alegria pura e a alma sagrada do surfe ainda existem".[104]

Ora, tal afirmativa significa banir do esporte, no plano simbólico, os praticantes impossibilitados de viajar. Identifica-se o surfista como um turista, a quem cabe viajar em busca da onda

---

sua invejável condição de homem disponível para viajar muitas vezes por ano". *Istoé* n. 490, 14 maio 1986, p.82.
101 "Os viajantes – a busca da onda perfeita nunca termina", Adrian Kojin, *Fluir* n. 120, out 1995, p.64.
102 O editorial afirmava o prazer de "fazer parte da última grande tribo nômade do planeta: os surfistas." "Editorial", *Fluir* n. 12, out-nov 1985, p. 9.
103 Editorial, *Fluir* n. 24, out 1987, p. 11.
104 *Fluir* n. 120, out 1995, p. 68, grifos meus.

perfeita. Se, como afirma Bauman (1998, p.118), a "liberdade de escolha [...] é [...] o mais essencial entre os fatores de estratificação", a simultânea *obrigação* e *possibilidade* de viajar com frequência e escolher destinos evidencia a classe social privilegiada a que pertence o surfista de quem a revista fala e a quem se dirige. Uma avaliação sobre o surfe no Rio Grande do Sul afirmou que "muito da habilidade do surfista gaúcho é devido às constantes viagens ao exterior, facilitadas pela sua boa condição financeira".[105] Viagens longas pressupõem um campo de possibilidades em que há disponibilidade de dinheiro e tempo, sobretudo se envolvem ida ao exterior e utilização de avião.

Talvez seja possível estabelecer uma relação entre as constantes e numerosas referências, na revista, a viagens, e o fato de seus criadores e sede ficarem no município de São Paulo. Não sendo a capital – nem a maioria dos municípios do entorno – uma cidade praiana, o simples fato de surfar já significa, para seus habitantes, pôr o pé na estrada (ou no aeroporto). O ato de surfar está umbilicalmente ligado ao de viajar. Como tenho defendido, um dos objetivos deste ato é fugir do *crowd*. Pode-se supor que este sentido seja caro aos surfistas paulistanos (e paulistas): dado o contingente populacional do estado e o número de pessoas que se deslocam para o litoral nos fins de semana, feriados e férias, certamente o *crowd* é um dos maiores do mundo.[106]

A apologia das viagens abrange a publicidade. É comum a propaganda de uma marca exibir um surfista por ela patrocinado em ação em alguma praia do exterior – frequentemente a foto é fruto de uma viagem custeada pela empresa e reportada na mesma

---

105 "Rio Grande do Sul", Manlio Bertoluci, *Fluir* n. 7, dez 1984, p. 80.
106 Não que o fenômeno seja recente ou se restrinja ao litoral paulista. Uma revista australiana de 1962 relata o êxodo de surfistas da região metropolitana de Sydney, nos feriados, para fugir do *crowd*. Citado por Scott (2005). É preciso ter em conta o plano pessoal: boa parte da redação era composta por surfistas, portanto as viagens (a trabalho ou por diversão) representavam, para os próprios jornalistas, a possibilidade de surfar.

edição. Em outros casos, tal vínculo é explicitado através de texto, como no anúncio da marca Star Point, que propunha uma "reflexão: 'num mundo de crowd e multidão, os que viajam ainda podem encontrar aquele momento, a onda e seu pensamento'".[107]

A peregrinação em busca da onda perfeita tem um destino especial: o Havaí. A partir de março de 1985, *Fluir* publica, nos primeiros meses do ano, ao menos uma capa dedicada à cobertura do inverno havaiano. Cercada de pompa, a abordagem realça as ondas grandes. Aspectos como localismo e risco de acidentes, devido à força das ondas e às bancadas de coral rasas e afiadas, ajudam a compor o caráter mitológico da "temporada".[108] O caráter sagrado e de rito de passagem da ida ao Havaí é um exemplo de como a dimensão simbólica atribuída ao lugar faz parte da apreensão do mesmo pelas pessoas. *Surfar no Havaí* e *surfar bem no Havaí* são qualidades bastante valorizadas por *Fluir*. A importância da peregrinação anual ao Havaí pode ser percebida pela ausência de surfistas nas etapas finais dos circuitos estaduais e no principal campeonato do país (OP Pro) em 1985 e 1986, pois os atletas já haviam partido para o arquipélago. Vale lembrar a contribuição da ida ao Havaí para a melhoria técnica dos atletas, abordada no capítulo dois. Tais questões aparecem na produção cinematográfica sobre o surfe. A busca da onda perfeita é um dos temas centrais de *Endless Summer* (Lewis, 2003, p.70), filme que teve imenso impacto ao redor do mundo, encantando e atraindo muitos jovens para o surfe. A sofreguidão em torno do Havaí aparece em produções cinematográficas brasileiras como *Fábio Fabuloso, Menino do Rio, Nas Ondas do Surf* e *Surf Adventures*.[109]

---

107 *Fluir* n. 1, set-out 1983, p.30.
108 A "temporada" havaiana corresponde aproximadamente ao período entre novembro e abril, propício para ondas grandes no arquipélago. As atenções se voltam sobretudo para a costa norte (North Shore) da ilha de Oahu, onde se localizam picos famosos como Pipeline, Sunset, Waimea e Haleiwa.
109 Fábio Fabuloso. Brasil, 2004, dir. Pedro Cezar, Ricardo Bocão, Antônio Ricardo. 63 min., documentário.

Exemplo particularmente interessante é a edição de maio de 1986, a primeira em que membros da redação vão ao Havaí cobrir a temporada de inverno. A capa anuncia "reportagens, entrevista e altíssimas fotos!". Há matérias sobre os campeonatos e "os irmãos mais respeitados do surf mundial" (os Ho); o entrevistado é "Roberto Valério, o destaque brasileiro no Hawaii este ano"; "Fluindo no Surf" é toda dedicada ao Havaí. O índice traz uma foto com numerosos surfistas na água, um *jet ski* obstruindo parcialmente a visão do fotógrafo e quatro surfistas dropando a mesma onda. A legenda informa: "O Hawaii... Hawaii não é como todos pensam. Waimea na hora do rush".[110]

Esta legenda aponta uma contradição que só existe *na revista*. Raciocinando: quem vai ao Havaí *sabe* como ele é (disputa pelas ondas, *crowd*). Se "todos" pensam diferente, cabe perguntar: por quê? De que maneira os leitores (e mesmo os surfistas), que em sua maioria nunca estiveram no arquipélago, podem ter uma determinada imagem dele? E por que esta imagem não corresponde à realidade? Ora, através da representação construída nos meios de comunicação.

A sinceridade da confissão embutida na legenda é pontual, tal qual exceção que confirma a regra. Toda a edição em questão aponta na direção diametralmente oposta: mostrar – principalmente através das fotografias – o Havaí como um lugar em que o surfe obedece ao padrão *um surfista por onda*, onde se pode descer em paz e sozinho quantas ondas quiser. Eis a mistificação produzida pela revista e pela cobertura midiática do surfe em geral, incluindo os filmes, hollywoodianos ou não.

Para encerrar, considero oportuno remeter a uma ideia de Edgar Morin, para quem a condição de *voyeur* do espectador televisivo se estende ao leitor de revista, também convertido à

---

110 *Fluir* n. 15, maio 1986, p.13.

condição de consumidor passivo. Trata-se de uma nova categoria, o "espectador puro, isto é, destacado fisicamente do espetáculo" (1997, p. 70). Ele vê, mas não sente, toca, ouve, cheira o espetáculo, como poderia fazer se estivesse presente (pessoalmente). Embora esta visão tenha sido, em parte, superada pelo avanço dos estudos de recepção – com destaque para a atuação de pesquisadores ligados aos Estudos Culturais –, ela dá o que pensar. De fato, uma parte significativa dos leitores de *Fluir* pode consumir as fotos e matérias retratando ondas em lugares paradisíacos, mas nunca terá oportunidade de surfar aquelas ondas, naqueles lugares e daqueles tamanhos. Seja por razões econômicas (falta de dinheiro para viajar), seja por não serem, eles mesmos, surfistas (e mesmo que o sejam, nem todos têm técnica e coragem para descer certas ondas).

Se não é possível ver, tocar, sentir, usufruir de perto as maravilhas do mundo e as ondas perfeitas de Fernando de Noronha, Indonésia, Havaí ou Taiti, ao menos pode-se apreciá-las folheando as páginas de uma revista. De acordo com Morin, o estímulo produzido e despertado pela cultura de massa, no plano imaginário, traduz-se, em parte, em realizações concretas: demanda de produtos. A cultura de massa, ao mesmo tempo que desperta desejos, também os sacia (Morin, 1997, p.169). A conversão do surfe em fenômeno da cultura de massa aumentou o número de surfistas e, com intensidade ainda maior, a demanda por produtos ligados ao esporte, entre os quais incluem-se os comunicacionais. Neste sentido, duas cartas publicadas na mesma página, em 1986, dão conta das *viagens* mentais proporcionadas pela revista: seja *levando* aos lugares quem nunca esteve neles ("[...] apesar de estar dentro de um escritório fazendo coisas de rotina, pude viajar aos lugares mais mágicos e alucinantes" lendo o número anterior), seja reavivando a memória de quem os visitou, como o surfista peruano que, residente em São Paulo, agradeceu pelas "excelentes fotografias mostradas", que lhe permitiram "reviver momentos fantásticos".[111]

---

111 "Cartas", *Fluir* n. 13, mar 1986, p.20.

Referências bibliográficas

Assuntos diversos

BARBOSA, Marialva (2005). Meios de comunicação, memória e tempo: a construção da 'Redescoberta' do Brasil. In: HERSCHMANN, Michael e PEREIRA, Carlos Alberto Messeder (org.). *Mídia, memória & celebridades:* estratégias narrativas em contextos de alta visibilidade. 2.ed. Rio de Janeiro: E-Papers, p.131-151.

BARICKMAN, Bert (2006). "Um uso carioca": o banho de mar no Rio de Janeiro no século XIX e no início do século XX. In: II Simpósio Internacional de História do Brasil, Editora FGV, Rio de Janeiro, 20-1 de junho. p.188.

BAUMAN, Zygmunt (1998). Turistas e vagabundos: os heróis e as vítimas da pós-modernidade. In: *O mal-estar da pós-modernidade*. Rio de Janeiro: Jorge Zahar, p.106-20.

BENJAMIN, Walter (2005 [1936]). A obra de arte na época de sua reprodutibilidade técnica. In: LIMA, Luiz Costa (org.). *Teoria da Cultura de Massa*. São Paulo: Paz e Terra, p.221-254.

BENKO, Georges (1994). Organização econômica do território: algumas reflexões sobre a evolução no século xx. In: SANTOS, Milton; SOUZA, Maria Adélia A. de; SILVEIRA, Maria Laura. *Território:* globalização e fragmentação. 2. ed. São Paulo: Hucitec/Anpur, p.51-71.

BERGER, Peter L.; LUCKMANN, Thomas (1998). *A construção social da realidade*. 16.ed. Petrópolis: Vozes.

CARLOS, Ana Fani Alessandri (1996). Definir o lugar; O lugar na "era das redes". *O lugar no/do mundo*. São Paulo: Hucitec, p.19-26, 27-38.

CORBIN, Alain (1989). *O território do vazio:* a praia e o imaginário ocidental. São Paulo: Companhia das Letras.

COSTA, Jurandir Freire (2004). *O vestígio e a aura:* corpo e consumismo na moral do espetáculo. Rio de Janeiro: Garamond.

DAMIANI, Amélia Luisa (1999). O lugar e a produção do cotidiano. In: CARLOS, Ana Fani Alessandri. *Novos caminhos da Geografia*. São Paulo: Contexto, p.161-172.
ENNE, Ana Lucia S. (2005). O "defensor do indivíduo": Hermann Hesse e o processo de massificação nas primeiras décadas do século XX. *Alceu*. Rio de Janeiro, v.5, n.10, jan-jun, p.94-115. Disponível em: http://publique.rdc.puc-rio.br/revistaalceu/media/alceu_n10_enne.pdf. Acesso em: 12/10/2008.
FARIAS, Patrícia (2000). A praia carioca, da colônia aos anos 90: uma(s) história(s). *Contracampo*. Niterói, v. 4, janeiro, p.125-45.
_____. (2002). Corpo e classificação de cor numa praia carioca. In: GOLDENBERG, Mirian (org). *Nu e Vestido:* Dez antropólogos revelam a cultura do corpo carioca. Rio de Janeiro: Record, p.263-302.
FRY, Peter (2002). Estética e política: relações entre "raça" publicidade e produção da beleza no Brasil. In: GOLDENBERG, Mirian (org). *Nu e Vestido:* Dez antropólogos revelam a cultura do corpo carioca. Rio de Janeiro: Record, p.303-26.
GOLDENBERG, Mirian; RAMOS, Marcelo Silva (2002). A civilização das formas: o corpo como valor. In: GOLDENBERG, Mirian (org). *Nu e Vestido:* Dez antropólogos revelam a cultura do corpo carioca. Rio de Janeiro: Record, p.19-40.
GONTIJO, Fabiano (2002). Carioquice ou carioquidade? Ensaio etnográfico das imagens identitárias cariocas. In: GOLDENBERG, Mirian (org). *Nu e Vestido:* Dez antropólogos revelam a cultura do corpo carioca. Rio de Janeiro: Record, p. 41-77.
HALBWACHS, Maurice (1990). *A memória coletiva*. São Paulo: Vértice.
HOBSBAWM, Eric (1995). *Era dos Extremos:* o breve século XX (1914-1991). 2. ed. São Paulo: Companhia das Letras.
MATTA, Roberto da (2000). *A casa & a rua:* espaço, cidadania, mulher e morte no Brasil. 6. ed. Rio de Janeiro: Rocco.
MOREIRA, Ruy (1998). O tempo e a forma: a sociedade e suas formas de espaço no tempo. *Ciência Geográfica*, Bauru, v.4, n.9, jan-abr, p.4-10.
NEVES, Lucília de Almeida (1989). Democracia, República e cidadania hoje. *Análise e Conjuntura*, Belo Horizonte, v.4, n.2-3, maio/dez., p.339-347.
NICOLAS, Daniel Hieanaux (1994). Tempo, espaço e apropriação social do território: rumo à fragmentação na mundialização? In: SANTOS, Milton; SOUZA, Maria Adélia A. de; SILVEIRA, Maria Laura. *Território:* globalização e fragmentação. 2. ed. São Paulo: Hucitec/Anpur, p.85-101.
NORA, Pierre (1976). O retorno do fato. In: GOFF, Jacques Le; NORA, Pierre. *História:* novos problemas. Rio de Janeiro: Francisco Alves, p.173-93.

OXFORD Advanced Learner's Dictionary (1989). Oxford: Oxford University Press.

POLLAK, Michael (1989). Memória, esquecimento, silêncio. *Estudos históricos*, Rio de Janeiro, v.2, n.3, p.3-15.

REIS FILHO, Daniel Aarão (2002). *Ditadura militar, esquerdas e sociedade*. 2.ed. Rio de Janeiro: Jorge Zahar Ed. (Coleção Descobrindo o Brasil)

RIDENTI, Marcelo (2000). *In busca do povo brasileiro*. Rio de Janeiro: Record.

SANTOS, Joaquim Ferreira dos (1998). *Feliz 1958:* o ano que não devia terminar. 6.ed. Rio de Janeiro: Record.

SANTOS, Milton (1985). O espaço e seus elementos: questões de método; Estrutura, processo, função e forma como categorias do método geográfico. *Espaço e método*. São Paulo: Nobel, p.5-19, 49-59.

SANTOS, Milton (1994). Metrópole: a força dos fracos é seu tempo lento. *Técnica, espaço, tempo:* globalização e meio técnico-científico informacional. São Paulo: Hucitec, p.81-86.

SANTOS, Milton (2002) [org., apres. e notas de Wagner Costa Ribeiro]. *O país distorcido*. São Paulo: Publifolha.

SANTOS, Milton (2003 [2000]). *Por uma outra globalização:* do pensamento único à consciência universal. 10. ed. Rio de Janeiro: Record.

SCHERER-WARREN, Ilse (1999). *Cidadania sem fronteiras:* ações coletivas na era da globalização. São Paulo: Hucitec.

SCHIFFER, Sueli Ramos (1994). A globalização da economia e o território nacional: indagações prospectivas. In: SANTOS, Milton; SOUZA, Maria Adélia A. de; SILVEIRA, Maria Laura. *Território:* globalização e fragmentação. 2. ed. São Paulo: Hucitec/Anpur, p.116-124.

SCOTT, Joan (1996). Gênero: uma categoria útil para a análise histórica. In: _____ *Gender and the Politics of History*. New York: Columbia University Press, 1989. Tradução: Christine Rufino Dabat; Maria Betânia Ávila. SOS Corpo. 3. ed. Recife, abril, mimeo.

VENTURA, Zuenir (1994). *Cidade Partida*. São Paulo: Companhia das Letras.

VILLAÇA, Renato Costa (2002). O Rock e as bases de uma cultura musical pop. In: XI Encontro Anual da Compós, UFRJ, Rio de Janeiro, 04-7/6. Disponível em: http://www.compos.org.br/data/biblioteca_119.PDF. Acesso em: 21 jan 2008.

VIZENTINI, Paulo G. Fagundes (2000). A Guerra Fria. In: REIS FILHO, Daniel Aarão; FERREIRA, Jorge; ZENHA, Celeste (org.). *O século XX. O tempo das crises*. Vol. 2. Rio de Janeiro: Civilização Brasileira, p.195-225.

WOOD, Ellen Meiksins; FOSTER, John Bellamy (org.) (1999). In defesa da história: marxismo e pós-modernismo. Rio de Janeiro: Jorge Zahar Ed.

Comunicação social

CANNITO, Newton; TAKEDA, Marcos (2003). Armação Ilimitada e os potenciais da ficção televisiva. Mimeo.

ENNE, Ana Lúcia S. (2007). "O jornalismo está morto, viva o jornalismo!": reflexões sobre usos e práticas de comunicação. *Contracampo*, Niterói, v.16, 1°.semestre, p.49-70.

FONTENELLE, Isleide A. (2004). Os caçadores do cool. *Lua Nova: Revista de Cultura e Política*. São Paulo, n.63, p.163-77. Disponível em: http://www.scielo.br/pdf/ln/n63/a07n63.pdf. Acesso em: 13 nov 2007.

_____. (2005). O trabalho da ilusão: produção, consumo e subjetividade na sociedade contemporânea. *Interações*, v. 10, n.19, jan-jun, p. 63-86. Disponível em: http://pepsic.bvs-psi.org.br/scielo.php?script=sci_arttext&pid=S1413-29072005000100004&lng=pt&nrm=iso. Acesso em: 13 nov 2007.

FORTES, Rafael (2004). *A torcida "precisa e imparcial": Istoé, Veja e o Plano Cruzado*. Dissertação de mestrado, Programa de Pós-Graduação em Comunicação, Universidade Federal Fluminense. Disponível em: http://www.bdtd.ndc.uff.br/tde_busca/arquivo.php?codArquivo=1157. Acesso em: 15 nov 2008.

_____. (2005). Técnica, política e jornalismo nas disputas por legitimação de um plano econômico. *Revista Brasileira de Ciências da Comunicação*. São Paulo, vol.28, n.1, jan-jun, p.121-134.

LUCA, Tania Regina de (2005). História dos, nos e por meio dos periódicos. In: PINSKY, Carla Bassanezi (org.). *Fontes Históricas*. São Paulo: Contexto, 2005, p.111-153.

MAIOR, Marcel Souto (2006). *Almanaque da TV Globo*. Rio de Janeiro: Globo.

MARTIN-BARBERO, Jesús (2003). *Dos meios às mediações*: comunicação, cultura e hegemonia. 2.ed. Rio de Janeiro: Editora UFRJ.

MELLO, Luiz Antonio (1992). *A onda maldita*: como nasceu a Fluminense FM. Niterói: Arte & Cultura.

MIRA, Maria Celeste (2001). *O leitor e a banca de revistas*: a segmentação da cultura no século xx. São Paulo: Olho d'Água/Fapesp.

MORIN, Edgar (1997[1962]). *Cultura de Massas no Século XX. Volume 1: Neurose*. 9. ed. Rio de Janeiro: Forense Universitária.

PILATTI, Luiz Alberto (2006). A lógica da produção do espetáculo: o esporte inserido na indústria do entretenimento. *Revista de Economia Política de las Tecnologias de la Información y Comunicación*, vol.8, n.2, maio-ago. Disponível em: http://www2.eptic.com.br/arquivos/Revistas/VIII,n.2,2006/LuizPilatti.pdf. Acesso em: 6 mar 2008.

RAMOS, José Mário Ortiz (1995). *Televisão, publicidade e cultura de massa*. Petrópolis: Vozes.

RIBEIRO, Ana Paula Goulart (2005). A mídia e o lugar da história. In: HERSCHMANN, Michael e PEREIRA, Carlos Alberto Messeder (org.). *Mídia, memória & celebridades*: estratégias narrativas em contextos de alta visibilidade. 2. ed. Rio de Janeiro: E-Papers, p.105-129.

SILVA, Heitor Luz da (2008). *Rádio FM, Rock e Rio de Janeiro: uma análise das estratégias de incursão da "Fluminense Maldita" e da "Cidade do Rock" no domínio das guitarras*. Dissertação de mestrado, Programa de Pós-Graduação em Comunicação, Universidade Federal Fluminense (UFF).

WHEATON, Belinda; BEAL, Becky (2003). 'Keeping It Real': Subcultural Media and the Discourses of Authenticity in Alternative Sport. *International Review for the Sociology of Sport*, 38:2, p.155-76.

Estudos culturais, juventude, subculturas juvenis e cultura

ARCE, José Manuel Valenzuela (1999). *Vida de barro duro:* cultura popular juvenil e grafite. Rio de Janeiro: Editora da UFRJ.

BENTLEY, Nick (2005). The young ones: a reassessment of the British New Left's representation of 1950s youth subcultures. *European Journal of Cultural Studies*, v.8, n.1, p.65-83.

BORGES, Luís Fernando Rabello (2003). *O processo inicial de formulação de produtos de mídia impressa brasileira voltados ao público jovem – Um estudo de caso da revista Pop*. Dissertação de mestrado, Programa de Pós-Graduação em Ciências da Comunicação, Universidade do Vale do Rio dos Sinos (Unisinos).

BRYAN, Guilherme (2004). *Quem tem um sonho não dança:* cultura jovem brasileira nos anos 80. Rio de Janeiro: Record.

BUENO, Zuleika de Paula (2005). *Leia o livro, veja o filme, compre o disco:* a produção cinematográfica juvenil brasileira na década de 1980. Tese de doutorado em multimeios, Universidade Estadual de Campinas. Disponível em: http://libdigi.unicamp.br/document/?code=vtls000382800. Acesso em: 9 ago 2008.

CAIAFA, Janice (1985). *Movimento punk na cidade:* a invasão dos bandos sub. Rio de Janeiro: Jorge Zahar Ed.

CARMO, Paulo Sérgio do (2001). *Culturas da rebeldia*: a juventude em questão. São Paulo: Senac.

CLARKE, John e outros (1976). Subcultures, cultures and class. In: HALL, Stuart; JEFFERSON, Tony (ed.). *Resistance through rituals:* youth subcultures in post-war Britain. Hutchinson: London, p.9-75.

FÖRNAS, Johan (2000). The crucial in between: the centrality of mediation in Cultural Studies. *European Journal of Cultural Studies*, v.3, n.1, p.45-65.

FREIRE FILHO, João (2005). Das subculturas às pós-subculturas juvenis. In: *Contemporanea – Revista de Comunicação e Cultura*, Salvador, vol.3, n.1, janeiro-junho, p.138-166.

FREIRE FILHO, João (2007). Reivenções da resistência juvenil: os estudos culturais e as micropolíticas do cotidiano. Rio de Janeiro: Mauad X.

GOLDENSTEIN, Gisela Taschner (1991). Lazer operário e consumo cultural na São Paulo dos anos oitenta. *Revista de Administração de Empresas*, São Paulo, v.31, n.3, p.13-35, jul-set. Disponível em: http://www.rae.com.br/rae/index.cfm?FuseAction=Artigo&ID=792&Secao=ARTIGOS&Volume=31&numero=3&Ano=1991. Acesso em: 18 ago 2008.

HALL, Stuart; JEFFERSON, Tony (ed.) (1976). *Resistance through rituals:* youth subcultures in post-war Britain. London: Hutchinson.

JANOTTI JR, Jeder Silveira (2003). Mídia e cultura juvenil: das comunidades de sentido e dos grupamentos urbanos. Trabalho apresentado no 12º Encontro Anual da Compós, Recife, UFPE.

MURDOCK, Graham; MCCRON, Robin (1976). Consciousness of class and consciousness of generation. In: HALL, Stuart; JEFFERSON, Tony (ed.). *Resistance through rituals: youth subcultures in post-war Britain*. London: Hutchinson, p.192-207.

PASSERINI, Luisa (1996). A juventude, metáfora da mudança social. Dois debates sobre os jovens: a Itália fascista e os Estados Unidos da década de 1950. In: LEVI, Giovanni; SCHMITT, Jean-Claude (org.). *História dos jovens – vol. 2:* a Época Contemporânea. São Paulo: Companhia das Letras, p.319-82.

RONSINI, Veneza Mayora (2004). Fluxo midiático e cultura juvenil. In: XIII Encontro Anual da Compós, Universidade Metodista de São Paulo, São Bernardo do Campo, 22-5/6.

RONSINI, Veneza Mayora (2007). Mídia, cultura e classe: a ordem da diferença. In: XVI Encontro Anual da Compós, Universidade Tuiuti do Paraná, Curitiba, 13-6/6. Disponível em: http://www.compos.org.br/data/biblioteca_158.pdf. Acesso em: 21 jan 2008.

ROSZAK, Theodore (1972[1969]). *A contracultura:* reflexões sobre a sociedade tecnocrática e a oposição juvenil. Petrópolis: Vozes.

SILVA, Jailson de Souza e (2004). In: HOLLANDA, Heloisa Buarque de (org.). *Cultura e desenvolvimento*. Rio de Janeiro: Aeroplano, p.74-89.

THORNTON, Sarah (1996). *Club cultures:* music, media and subcultural capital. Hanover (NH, EUA): Wesleyan University Press/ University Press of New England.

VELHO, Gilberto (1981). *Individualismo e cultura:* notas para uma antropologia da sociedade contemporânea. Rio de Janeiro: Jorge Zahar Ed.

VELHO, Gilberto (1994). *Projeto e metamorfose:* antropologia das sociedades complexas. Rio de Janeiro: Jorge Zahar Ed.

VELHO, Gilberto (1998 [1975]). *Nobres e anjos:* um estudo de tóxicos e hierarquia. Rio de Janeiro: Editora FGV.
VELHO, Gilberto (1999). Os mundos de Copacabana. In: VELHO, Gilberto (org.).*Antropolologia urbana:* cultura e sociedade no Brasil e em Portugal. Rio de Janeiro: Jorge Zahar Ed., p.11-23. (Antropologia Social)
WRIGHT, Handel K (1998). Dare we de-centre Birmingham?. *European Journal of Cultural Studies*, v.1, n.1, p.33-56.

Esporte

BOURDIEU, Pierre (1990). Programa para uma sociologia do esporte. In: *Coisas ditas*. São Paulo: Brasiliense, p.207-220.
CASTRO, Ana Lúcia de (2003). *Culto ao corpo e sociedade:* mídia, estilos de vida e cultura de consumo. São Paulo: Annablume/Fapesp.
DACOSTA, Lamartine P. (2006). Cenário de tendências gerais dos esportes e atividades físicas no Brasil. In: _____ (org.). *Atlas do esporte no Brasil.* Rio de Janeiro: Confef. Disponível em: http://www.atlasesportebrasil.org.br/textos/173.pdf. Acesso em: 11 out 2007.
FREDERICO, Elias; TRISTÃO, José Américo M.; ROBIC, André R. (2008). Segmentação dos perfis de consumo infantil de vestuário e sua associação à moda e aos esportes de ação. *Revista Eletrônica de Administração*, ed.59, v.14, n.1, jan-abr. Disponível em: http://read.adm.ufrgs.br/edicoes/resumo.php?cod_artigo=590&cod_edicao=60&titulo_p=a&pagina=1&acao=busca. Acesso em: 18 ago 2008.
GOELLNER, Silvana Vilodre (2005). Jogos Olímpicos e desafios: carruagens de Fogo. In: MELO, Victor Andrade de; PERES, Fabio de Oliveira (org.). *O esporte vai ao cinema*. Rio de Janeiro: Senac, p.65-73.
INSTITUTO BRASILEIRO DE GEOGRAFIA E ESTATÍSTICA (2003a). Pesquisa de Esporte 2003. Disponível em: http://www.ibge.gov.br/home/estatistica/populacao/pesquisa_esporte2003/default.shtm. Acesso em 10 out 07.
INSTITUTO BRASILEIRO DE GEOGRAFIA E ESTATÍSTICA (2003b). Perfil dos Municípios Brasileiros – Esporte 2003. Disponível em: http://www.ibge.gov.br/home/estatistica/economia/perfilmunic/esporte2003/default.shtm. Acesso em: 10 out 07.
MARTINS, Dilson José de Quadros. *A formulação e a implementação das políticas públicas no campo do esporte no estado do Paraná entre 1987 e 2004.* Dissertação de mestrado em Educação Física, Universidade Federal do Paraná, 2004. Disponível em: http://dspace.c3sl.ufpr.br/dspace/bitstream/1884/4734/1/Disserta%C3%A7%C3%A3o%20Dilson%20-%20web.pdf. Acesso em : 19 ago 2008.

MELO, Victor Andrade de (2003). Memórias do esporte no cinema: sua presença em longa-metragens brasileiros. *Revista Brasileira de Ciências do Esporte*, Campinas, v.25, n.1, p.173-188. Disponível em: http://www.rbceonline.org.br/revista/index.php/RBCE/article/view/183/190. Acesso em: 19 nov 2008.

MELO, Victor Andrade de (2005). Cinema e esporte no Brasil: longas metragens, um panorama. In: MELO, Victor Andrade de; PERES, Fabio de Oliveira (org.) (2005). *O esporte vai ao cinema*. Rio de Janeiro: Senac, p.11-20.

OLIVEIRA, Ailton Fernando Santana de (2007). Gestão de Informações Quantitativas sobre o Esporte no Brasil. In: MORAGAS, Miquel; DACOSTA, Lamartine. (org.). *Universidad y estudios olímpicos: Seminarios España-Brasil 2006*. Bellaterra: Universitat Autònoma de Barcelona. Centre d Estudis Olímpics, 2007, p.592-602. Disponível em: http://olympicstudies.uab.es/brasil/pdf/65.pdf. Acesso em: 10 out 2007.

ROJO, Luiz Fernando (2008). 'Vitória': o gênero da mídia esportiva brasileira especializada na cobertura olímpica. *Recorde: Revista de História do Esporte*, Rio de Janeiro, v.1, n.2, dez, p.1-21. Disponível em: http://www.sport.ifcs.ufrj.br/recorde/pdf/recordeV1N2_2008_17.pdf. Acesso em: 05 jan 2008.

SPINK, Mary Jane P.; ARAGAKI, Sérgio Seiji; ALVES, Marina Pigozzi (2005). Da exacerbação dos sentidos no encontro com a natureza: contrastando esportes radicais e turismo de aventura. *Psicologia: reflexão e crítica*. Porto Alegre, vol. 18, n.1, jan-abr. Disponível em: http://www.scielo.br/scielo.php?pid=S0102-79722005000100005&script=sci_arttext&tlng=pt. Acesso em: 19 ago 2008.

UVINHA, Ricardo Ricci (2001). *Juventude, lazer e esportes radicais*. São Paulo: Manole.

Surfe

ARTHUR, Dave (2003). Corporate Sponsorship of Sport: Its Impact on Surfing and Surf Culture. In: *Some Like It Hot: The Beach as a Cultural Dimension*. SKINNER, James; GILBERT, Keith; EDWARDS, Allan (eds.). Oxford: Meyer & Meyer Sport, p.154-68. (Sport, Culture & Society, v. 3)

BEATTIE, Keith (2003). Radical Delirium: Surf Film, Video and the Documentary Mode. In: *Some Like It Hot: The Beach as a Cultural Dimension*. SKINNER, James; GILBERT, Keith; EDWARDS, Allan (eds.). Oxford: Meyer & Meyer Sport, p.129-53. (Sport, Culture & Society, v.3)

BOOTH, Douglas (2001). *Australian Beach Cultures: The History of Sun, Sand and Surf*. London: Frank Cass.

_____. (2005). Paradoxes of Material Culture: The Political Economy of Surfing. In: NAURIGHT, John; SCHIMMEL, Kimberly S. (ed.) *The Political Economy of Sport*. Basingstoke and New York, Palgrave Macmillan, p.104-25.

CRALLE, Trevor (ed., comp.) (2001). *The Surfin'ary: A Dictionary of Surfing Terms and Surfspeak*. 2.ed. (rev. and updated). Berkeley (CA)/Toronto: Ten Speed.

CUNHA, Delgado Goulart da (2000). *Pescadores e surfistas:* uma disputa pelo uso do espaço da Praia Grande. Dissertação de mestrado, Programa de Pós-Graduação em Antropologia e Ciência Política, Universidade Federal Fluminense.

DIAS, Cleber Augusto Gonçalves (2008). *Urbanidades da natureza:* o montanhismo, o surfe e as novas configurações do esporte no Rio de Janeiro. Rio de Janeiro: Apicuri. (Sport: História)

FISHER, Kevin (2005). Economies of Loss and Questions of Style in Contemporary Surf Subcultures. *Junctures: The Journal for Thematic Dialogue*, Dunedin, n.4 jun, p.13-20. Disponível em: http://www.junctures.org/issues.php?issue=04&title=Movement&colour=rgb(243,174,0). Acesso em: 07 nov 2008.

FORD, Nick; BROWN, David (2006). *Surfing and social theory:* experience, embodiment and narrative of the dream glide. London & New York: Routledge.

FORTES, Rafael (2007). Mídia e subcultura do surfe. In: XXX Congresso Brasileiro de Ciências da Comunicação, Santos (SP), 29 ago a 2 set. Disponível em: http://www.intercom.org.br/papers/nacionais/2007/resumos/R0087-1.pdf. Acesso em: 25 abr 2009.

FORTES, Rafael (2008). De "passatempo de vagabundos" a "esporte da juventude sadia": surfe, juventude e preconceito em Fluir (1983-1988). In: XIII Encontro Regional de História Anpuh-RJ, UFRRJ, Seropédica (RJ), 4-7 ago.

FORTES, Rafael (2009). Os anos 1980, a juventude e os esportes radicais. In: PRIORE, Mary Del; MELO, Victor Andrade de (org.). *História do esporte no Brasil:* do Império aos dias atuais. São Paulo: Ed. Unesp. (no prelo)

FORTES, Rafael; MELO, Victor Andrade de (2009). O surfe no cinema brasileiro. In: DIAS, Cleber Augusto Gonçalves Dias; ALVES Junior, Edmundo de Drummond (org.). *Em busca da aventura:* repensando o esporte, o lazer e a natureza. Niterói: EdUFF, 2009, p.109-24.

GORAYEB, Marco Antônio (2003). *O surfista como ator no processo de construção da sustentabilidade:* uma proposta participativa. Dissertação de mestrado, Programa de Pós-Graduação em Engenharia Ambiental, Universidade Federal de Santa Catarina. Disponível em: http://www.tede.ufsc.br/teses/PGEA0137.pdf. Acesso em: 27 dez 06.

GUTENBERG, Alex (1989). *A história do surf no Brasil:* 50 anos de aventura. São Paulo: Grupo Fluir/Ed. Azul.

JUVÊNCIO, José de Fátima; DUARTE, Maria de Fátima da Silva (2006). O trabalho informal de fabricantes de pranchas de surfe: uma análise das condições de saúde e trabalho. *Revista Brasileira de Cineantropometria e Desempenho Humano*, v.8, n.3, p.79-84. Disponível em: http://www.rbcdh.ufsc.br/DownloadArtigo.do?artigo=304. Acesso em: 27 dez 2006.

LEWIS, Jeff (2003). In Search of the Postmodern Surfer: Territory, Terror and Masculinity. In: *Some Like It Hot: The Beach as a Cultural Dimension*. SKINNER, James; GILBERT, Keith; EDWARDS, Allan (eds.). Oxford: Meyer & Meyer Sport, p.58-76. (Sport, Culture & Society, v.3).

LANAGAN, David (2003). Dropping in: Surfing, Identity, Community and Commodity. In: *Some Like It Hot: The Beach as a Cultural Dimension*. SKINNER, James; GILBERT, Keith; EDWARDS, Allan (eds.). Oxford: Meyer & Meyer Sport, p.169-84. (Sport, Culture & Society, v.3).

LORCH, Carlos (1980). *Surf:* deslizando sobre as ondas. Rio de Janeiro: Guanabara Dois.

MEMÓRIAS de Ipanema: 100 anos do bairro (1994). Joëlle Rouchou e Lúcia Blanc [entrevistas], Carlos Eduardo Barata e Cláudia Gaspar [pesquisa histórica]. Rio de Janeiro: Secretaria Municipal de Cultura/Assessoria de Projetos Especiais.

MODESTO, Edith. *Nas ondas do surfe*. São Paulo: Ática, 2001. (Série Vaga-Lume)

OSÓRIO, Miguel Brusell (1999). *Revista Expresso: a Emoção do Surf.* Projeto experimental (Graduação) – Faculdade de Comunicação, Universidade Federal da Bahia, Salvador. Disponível em: http://www.facom.ufba.br/pex/1999_2/miguel.pdf. Acesso em: 28 mar 2006.

SCOTT, Paul (2005). Australian Surfing Magazines: The First Wave (1961-1962). In: Journalism Education Conference, Griffith University, Surfers Paradise (Austrália), 29 nov – 2 dez.

SILVA, Fernando Alexandre Guimarães da (2004). *Dicionário do surf*. Ilustrações: Andrea Ramos. Florianópolis: Cobra Coralina.

SKINNER, James; GILBERT, Keith; EDWARDS, Allan (eds.) (2005). *Some Like It Hot:* The Beach as a Cultural Dimension. Oxford: Meyer & Meyer Sport. (Sport, Culture & Society, v.3).

SOUZA, Ana Maria Alves de (2003). *"Evoluindo": mulheres surfistas na Praia Mole e Barra da Lagoa*. Dissertação de mestrado, Programa de Pós-Graduação em Antropologia Social, Universidade Federal de Santa Catarina. Disponível em: http://www.tede.ufsc.br/teses/PASO0142.pdf. Acesso em: 27 dez. 2006.

SOUZA, Rico de (2004). *Boas ondas:* surfando com Rico de Souza. Rio de Janeiro: Ediouro.

STEDMAN, Leanne (1997). From Gidget to Gonad Man: surfers, feminists and postmodernisation. *Australian and New Zealand Journal of Sociology*, v.33, n. 1, mar, p.75-90.

STRANGER, Mark (2001). *Risk-Taking & Postmodernity: Commodification & the Ecstatic in Leisure Lifestyles – The Case of Surfing*. PhD thesis in Philosophy, University of Tasmania (Austrália).

OUTROS TÍTULOS PUBLICADOS NA COLEÇÃO:

URBANIDADES DA NATUREZA: o montanhismo, o surfe e as novas configurações do esporte no Rio de Janeiro
de Cleber Augusto Gonçalves Dias

NAÇÕES EM JOGO: esporte e propaganda política em Vargas e Perón
de Maurício da Silva Drumond Costa

PEDALANDO NA MODERNIDADE: a bicicleta e o ciclismo na transição do século XIX para o XX
de André Maia Schetino

ESPORTE E CINEMA: novos olhares
Orgs.: Victor Andrade de Melo e Maurício Drumond

EQUIPAMENTOS CULTURAIS NA AMÉRICA DO SUL: desigualdades
Orgs.: Victor Andrade de Melo e Fábio de Faria Peres

ESPORTE, LAZER E ARTES PLÁSTICAS: diálogos – uma história do esporte através de obras de arte (do século XIX à Primeira Grande Guerra)
de Victor Andrade de Melo

ESPORTE E LAZER: conceitos – uma introdução histórica
de Victor Andrade de Melo

VIDA DIVERTIDA: histórias do lazer no Rio de Janeiro (1830-1930)
Orgs.: Andréa Marzano e Victor Andrade de Melo

NEM SÓ DE PÃO VIVE O HOMEM: criação e funcionamento do Serviço de Recreação Operária (1943-1945)
de Angela Brêtas

GÊNERO E ESPORTE: masculinidades e feminilidades
Org.: Jorge Dorfman Knijnik

MAIS DO QUE UM JOGO: o esporte e o continente africano
Orgs.: Victor Andrade de Melo, Marcelo Bittencourt e Augusto Nascimento

OS *SPORTS* E AS CIDADES BRASILEIRAS: transição dos séculos XIX e XX
Org.: Victor Andrade de Melo

JOGOS DE IDENTIDADE: o esporte em Cabo-Verde
de Victor Andrade de Melo

1ª edição – julho de 2011
Capa: Cartão Supremo 250g/m²
Miolo: Offset 75g/m²
Fonte: Myriad Roman